Christoph Butterwegge · Karin Holm · Barbara Imholz
Michael Klundt · Caren Michels ·Uwe Schulz · Gisela Wuttke
Margherita Zander · Matthias Zeng

Armut und Kindheit

D1741715

Christoph Butterwegge · Karin Holm
Barbara Imholz · Michael Klundt
Caren Michels · Uwe Schulz
Gisela Wuttke · Margherita Zander
Matthias Zeng

Armut und Kindheit

Ein regionaler, nationaler und
internationaler Vergleich

2. Auflage

SPRINGER FACHMEDIEN WIESBADEN GMBH

VS Verlag für Sozialwissenschaften
Entstanden mit Beginn des Jahres 2004 aus den beiden Häusern

Bibliografische Information Der Deutschen Bibliothek
Die Deutsche Bibliothek verzeichnet diese Publikation in der Deutschen Nationalbibliografie;
detaillierte bibliografische Daten sind im Internet über <http://dnb.ddb.de> abrufbar.

1. Auflage April 2003
2. Auflage August 2004

Alle Rechte vorbehalten
© Springer Fachmedien Wiesbaden 2004
Ursprünglich erschienen bei VS Verlag für Sozialwissenschaften/GWV Fachverlage GmbH, Wiesbaden 2004

www.vs-verlag.de

Das Werk einschließlich aller seiner Teile ist urheberrechtlich geschützt. Jede
Verwertung außerhalb der engen Grenzen des Urheberrechtsgesetzes ist
ohne Zustimmung des Verlags unzulässig und strafbar. Das gilt insbesondere
für Vervielfältigungen, Übersetzungen, Mikroverfilmungen und die Einspei-
cherung und Verarbeitung in elektronischen Systemen.

Die Wiedergabe von Gebrauchsnamen, Handelsnamen, Warenbezeichnungen usw. in diesem
Werk berechtigt auch ohne besondere Kennzeichnung nicht zu der Annahme, dass solche
Namen im Sinne der Warenzeichen- und Markenschutz-Gesetzgebung als frei zu betrachten
wären und daher von jedermann benutzt werden dürften.

Umschlaggestaltung: KünkelLopka Medienentwicklung, Heidelberg

ISBN 978-3-531-33707-4   ISBN 978-3-663-09294-0 (eBook)
DOI 10.1007/978-3-663-09294-0

Inhalt

Vorbemerkungen

Hierzulande wurde (Kinder-)Armut lange fast ausschließlich mit Elendsbildern sowie Berichten über Hunger, Epidemien und das Massensterben aus der sog. Dritten Welt in Verbindung gebracht. Seit geraumer Zeit erregt freilich das Problem einer wachsenden und sich verjüngenden Armut in westlichen Wohlfahrtsstaaten ebenfalls öffentliche Aufmerksamkeit und fachliches Interesse, was sich in einer Flut wissenschaftlicher Publikationen und einer Zunahme von Forschungsprojekten niederschlug. Zu den ambitioniertesten Unternehmungen dieser Art gehörte ein vom Ministerium für Wissenschaft und Forschung des Landes Nordrhein-Westfalen im Rahmen seines Programms „Offensive zukunftsorientierte Spitzenforschung" 3 Jahre lang geförderter Projektverbund „Armut und Kindheit" der Universität zu Köln, der FH Düsseldorf sowie der FH Münster, dessen wichtigste Forschungsergebnisse das vorliegende Buch der Öffentlichkeit in komprimierter Form zugänglich macht.

Die *dynamische* Armutsforschung als in der Bundesrepublik dominierende Forschungsrichtung erweiternd und überwindend, entwickelte der genannte Projektverbund sein Konzept der *dualen* Armutsforschung, das eine (globalisierungs)kritische Gesellschaftstheorie mit einer fundierten Empirie und strukturell bedingte Aspekte von Kinderarmut mit der Subjektperspektive, also der Sicht direkt Betroffener, verbindet. Dabei wird die wachsende Dramatik der Kinderarmut auf die Weltmarktdynamik zurückgeführt, was Forscher/innen zur Berücksichtigung der Lebenslagen wie der Lebenswelt junger Menschen, d.h. objektiver Entwicklungstendenzen wie subjektiver Formen der Problemwahrnehmung, zwingt. Ein solches Konzept, das zu einem Paradigmenwechsel in der Armutsforschung führt, hilft sozialpolitische Handlungsperspektiven, aber auch subjektorientierte Handlungsansätze zu erschließen.

Ausgehend von der Globalisierung bzw. neoliberalen Modernisierung, durch die weltweit fast alle Bereiche der jeweiligen Gesellschaft, wie etwa Bildung, Kultur oder Freizeit, nach Marktgesetzen, Konkurrenzprinzipien und betriebswirtschaftlichen Effizienzkriterien umgestaltet werden, sollten mittels komparativer Methoden neue Erkenntnisse in Bezug auf Ursachen und Erscheinungsformen der Kinderarmut gewonnen sowie Maßnahmen dagegen entwickelt werden: Zu diesem Zweck wurden an der FH Düsseldorf die „Karrieren" von Straßenkindern in der sog. Ersten und der sog. Dritten Welt, an der Universität zu Köln die Kinderarmut in Ost- und Westdeutschland sowie an der FH Münster jene auf dem Land und in der Stadt miteinander kontrastiert. In einer subjektorientierten Forschungsperspektive interessierte uns besonders die Sicht der Kinder selbst, was Konsequenzen für das anzuwendende Untersuchungsverfahren hatte.

Ein regionaler, nationaler (innerdeutscher) und internationaler Vergleich der Kinderarmut kann nie vollständig, umfassend oder auch nur repräsentativ sein. Gleichwohl sind wir der Meinung, dass er notwendig ist, um das Phänomen in seiner Gesamtdimension zu verstehen, und hoffen, hiermit ein neues Forschungsfeld erschlossen zu haben. Ein spezifisches Profil hat die duale Armutsforschung u.E. bereits in folgenden Bereichen gewonnen:

- auf der Analyseebene (Berücksichtigung sowohl des Mikro- als auch des Makrobereichs),
- auf der methodischen Ebene (Verbindung des Einsatzes von quantitativen und qualitativen Methoden),
- auf der inhaltlich-konzeptionellen Ebene (d.h. Armut im Kontext einer Theorie sozialer Ungleichheit).

Barbara Imholz, Michael Klundt, Caren Michels, Uwe Schulz, Gisela Wuttke und Matthias Zeng haben die von uns geleiteten Teilprojekte als wissenschaftliche Mitarbeiter/innen durchgeführt, wobei ihnen Hortensia Klukow und Tatjana Schwedes als studentische Hilfskräfte zur Seite standen. Sie haben auch mit uns zusammen das vorliegende Buch verfasst. Die einzelnen Kapitel stammen von folgenden Autor(inn)en: Kapitel 1 wurde von Karin Holm und Uwe Schulz, Kapitel 2 von Margherita Zander, Kapitel 3 von Christoph Butterwegge, Kapitel 4 von Caren Michels, Kapitel 5 von Michael Klundt und Matthias Zeng, Kapitel 6 von Barbara Imholz und Gisela Wuttke, Kapitel 7 von Karin Holm, Kapitel 8 von Christoph Butterwegge und Kapitel 9 von Margherita Zander verfasst. Die Schlussredaktion besorgte Christoph Butterwegge, der auch die Auswahlbibliografie am Ende des Bandes zusammengestellt hat.

Mit der Neuauflage hoffen wir, die (Fach-)Öffentlichkeit noch stärker für das Problem der Kinderarmut zu sensibilisieren und die Politik für unsere Lösungsvorschläge zu interessieren.

Köln, Düsseldorf und Münster im Frühjahr 2004   *Christoph Butterwegge,*
                                                      Karin Holm und
                                                      Margherita Zander

1. Armut – Datenlage und Forschungsansätze

Die empirischen Studien der drei Teilprojekte des Projektverbundes zwischen der Universität zu Köln sowie den Fachhochschulen Düsseldorf und Münster befassen sich mit Verlaufsformen und Folgen der Armut bei Kindern, unterteilt nach folgenden Bereichen:

- Bildungsübergänge, Gesundheit und Wohlbefinden;
- Schule und Familie;
- Straßenkarrieren.

Alle drei Studien sind komparativ angelegt und repräsentieren

- einen internationalen Vergleich von Straßenkarrieren in Köln, Santiago/ Chile und La Paz/Bolivien;
- einen interregionalen Vergleich zwischen Nordrhein-Westfalen (Köln) und Thüringen (Erfurt);
- einen intraregionalen Stadt/Land-Vergleich zwischen der Stadt Münster und dem West-Münsterland.

Die drei Vergleichsebenen sollen dazu beitragen, eine Lücke in der bisherigen Armutsforschung, weltwirtschaftliche wie gesellschaftliche Ursachen, Verlaufsformen und Folgen von Armut in der Kindheit betreffend, zu schließen. Der komparative Anspruch unserer Studien erfordert einleitend die Präsentation nationaler und internationaler Armutsdaten. Sie werden mit Verweisen auf jeweils spezifische Literatur relativ knapp vorgestellt und – wenn notwendig – in den jeweiligen Kapiteln der empirischen Studien um einschlägige Informationen bzw. Hinweise auf Material ergänzt, das an anderer Stelle vorliegt.[1]

---

1 Vgl. für die Bundesrepublik Deutschland u.a.: Werner Hübinger, Prekärer Wohlstand. Neue Befunde zu Armut und sozialer Ungleichheit, Freiburg im Breisgau 1996; Hans-Jürgen Andreß, Leben in Armut. Analysen der Verhaltensweisen armer Haushalte mit Umfragedaten, Opladen/Wiesbaden 1999; Walter Hanesch u.a., Armut und Ungleichheit in Deutschland. Der neue Armuts- und Reichtumsbericht der Hans-Böckler-

Hier wird ein analytischer Zugang zum Thema „Armut" gewählt, um auf den noch relativ niedrigen Stand der Armutsberichterstattung, -forschung und -theorie national wie international aufmerksam zu machen. Das von den an der Studie beteiligten Wissenschafter(inne)n entwickelte Konzept einer „dualen Armutsforschung" schließt an die Theoriedebatten an und führt sie weiter.

1.1 Geschichte der Armutsforschung und -berichterstattung nach dem Zweiten Weltkrieg

Da in Deutschland eine Tradition der empirischen und theoretischen Armutsforschung weitgehend fehlt, ist dieses Forschungsfeld bis heute nur unzureichend erschlossen. Ausschlaggebend dafür war die politische bzw. Sozialgeschichte der Bundesrepublik.[2] Beeinflusst durch günstige weltpolitische und ökonomische Rahmenbedingungen, wurde die Nachkriegsarmut im Verlauf der 50er-Jahre sehr bald durch das sog. Wirtschaftswunder, die Vollbeschäftigung, die Verstetigung des Wachstums und die Steigerung des privaten Wohlstandes abgelöst. Die Große Rentenreform (1957) und das Bundessozialhilfegesetz (1961) schienen zu garantieren, dass Armut sozialpolitisch beherrschbar war. Als „nachrangige Restgröße" betrachtet, wurde sie weitge-

---

Stiftung, des DGB und des Paritätischen Wohlfahrtsverbands, Reinbek bei Hamburg 2000; Bundesministerium für Arbeit und Sozialordnung (Hrsg.), Lebenslagen in Deutschland. Der erste Armuts- und Reichtumsbericht der Bundesregierung, 2 Bde., Bonn, April 2001; Eva Barlösius/Wolfgang Ludwig-Mayerhofer (Hrsg.), Die Armut der Gesellschaft, Opladen 2001; für Europa: Benjamin Benz/Jürgen Boeckh/Ernst-Ulrich Huster, Sozialraum Europa. Ökonomische und politische Transformation in Ost und West, Opladen 2000; zur Kinderarmut: Christoph Butterwegge (Hrsg.), Kinderarmut in Deutschland. Ursachen, Erscheinungsformen und Gegenmaßnahmen, 2. Aufl. Frankfurt am Main/New York 2000; Andreas Klocke/Klaus Hurrelmann (Hrsg.), Kinder und Jugendliche in Armut. Umfang, Auswirkungen und Konsequenzen, 2. Aufl. Wiesbaden 2001
2   Analysen der gesellschaftlichen Diskurse über Armut in der Bundesrepublik finden sich u.a. bei Lutz Leisering, Zwischen Verdrängung und Dramatisierung. Zur Wissenssoziologie der Armut, in: Soziale Welt 4/1993, S. 486ff.; Stephan Leibfried u.a., Zeit der Armut. Lebensläufe im Sozialstaat, Frankfurt am Main 1995, S. 210ff.; Bernhard Schäfers, Zum offenkundigen Stellenwert von Armut im sozialen Wandel der Bundesrepublik, in: Stephan Leibfried/Wolfgang Voges (Hrsg.), Armut im modernen Wohlfahrtsstaat, Opladen 1992 (KZfSS-Sonderheft 32), S. 104ff.; Eva Barlösius/Wolfgang Ludwig-Mayerhofer, Die Armut der Gesellschaft, in: dies. (Hrsg.), Die Armut der Gesellschaft, a.a.O., S.13ff.; Christoph Butterwegge, Hintergründe der (Kinder-)Armut in Deutschland, in: Winfried M. Zenz/Korinna Bächer/Renate Blum-Maurice (Hrsg.), Die vergessenen Kinder. Vernachlässigung, Armut und Unterversorgung in Deutschland, Köln 2002, S. 10ff.

hend aus der fachwissenschaftlichen und politischen Diskussion verbannt.[3]
Unter diesen Voraussetzungen nahm man Armut praktisch gar nicht mehr
wahr, verdrängte und verleugnete sie.

Gerhard Weisser, ein Wissenschaftler der „ersten Stunde", welcher die
Grundstrukturen der deutschen Sozialpolitik nach dem Zweiten Weltkrieg
wesentlich beeinflusst hat, entwickelte in der Zeit des wirtschaftlichen Auf-
schwungs sein Konzept der Lebenslagen, das sich an den Prinzipien der Solidarität und der sozialen Gerechtigkeit orientierte. Er verstand unter einer Lebenslage jenen „Spielraum, den einem Menschen (einer Gruppe von Menschen) die äußeren Umstände nachhaltig für die Befriedigung der Interessen
bieten, die den Sinn seines Lebens bestimmen".[4] Weisser hat damit als erster
Forscher einen mehrdimensionalen Armutsbegriff entwickelt, der bis heute
als Leitfaden fachwissenschaftlicher Debatten dient.

Als der Arbeitsmarkt um die Mitte der 60er-Jahre zum ersten Mal wieder
Anzeichen der Schwäche erkennen ließ, konnte die Erwerbslosigkeit noch
durch antizyklische wirtschaftspolitische Maßnahmen („Konzertierte Aktion"
des damaligen „Superministers" Karl Schiller) eingedämmt und die traditionelle Armut von alten Frauen bzw. Witwen, Kranken und Behinderten („alte
Armut") mittels der bestehenden Versicherungs- und Versorgungssysteme
abgefedert werden. Das „Modell Deutschland" (SPD-Wahlslogan 1976) war
noch auf krisensichere Wohlfahrt ausgerichtet. Claus Offe machte allerdings
bereits Ende der 60er-Jahre darauf aufmerksam, dass sich ungeachtet des
weiter steigenden Wohlstandes und des Fortbestehens der Klassen ein neues,
„horizontales" Schema der Ungleichheit, von ihm „Disparität der Lebensbereiche" genannt, herausgebildet habe, das nicht durch Einkommensdefizite
allein erklärbar sei.[5]

1972 wurde an der Johann Wolfgang Goethe-Universität Frankfurt/Main
als Kritik an der „nur" einkommensorientierten Erfassung von Armut und als
Reaktion auf die zunehmende Erweiterung der Perspektive auf außerökono-
mische Aspekte prekärer Arbeits- und Lebensbedingungen ein erstes wissenschaftliches Großprojekt unter dem Titel „SPES – Sozialpolitisches Ent-
scheidungs- und Indikatorensystem" durchgeführt, das die Deutsche For-
schungsgemeinschaft (DFG) förderte. Die daran beteiligten Wissenschaftler
nahmen repräsentative, sich in regelmäßigen Abständen wiederholende Querschnittsbetrachtungen und Wohlfahrtsmessungen in ausgewählten Lebensbereichen vor, welche eine Dauerbeobachtung des sozialen Wandels garantieren

---

3 Siehe Thomas Rommelspacher, Armutsforschung in der Bundesrepublik, in: Gertrud
   Tobias/Johannes Boettner (Hrsg.), Von der Hand in den Mund. Armut und Armutsbewältigung in einer westdeutschen Großstadt, Essen 1992, S. 107
4 Siehe Gerhard Weisser, Wirtschaft, in: Werner Ziegenfuß (Hrsg.), Handbuch der Soziologie, Stuttgart 1956, S. 986
5 Siehe Claus Offe, Politische Herrschaft und Klassenstrukturen. Zur Analyse spätka-
   pitalistischer Gesellschaftssysteme, in: Gisela Kress/Dieter Senghaas (Hrsg.), Politik-
   wissenschaft. Eine Einführung in ihre Probleme, Frankfurt am Main 1969, S. 185

und dazu beitragen sollten, die Modernisierung und Lebensqualität der Gesellschaft langfristig zu sichern.[6] Später gewährleistete das Sozio-ökonomische Panel (SOEP), welches bis heute besteht und für sozialwissenschaftliche Forschungen umfangreiche Daten liefert, die Fortsetzung des SPES-Projekts.

Mit den Wirtschaftskrisen 1974/75 und 1981/82 wurde die bundesdeutsche Gesellschaft endgültig aus dem „kurzen Traum immerwährender Prosperität" gerissen.[7] Von diesem Zeitpunkt an verstummte die Armutsdiskussion bis heute nie mehr gänzlich, zumal die SPD/FDP-Koalition im Herbst 1982 von einer CDU/CSU/FDP-Regierung abgelöst wurde, die den Konjunkturrückgang und die Massenarbeitslosigkeit während ihrer 16-jährigen Amtszeit mit starken Einschnitten bei der Arbeitslosenversicherung beantwortete. Erstmals wurden Personen im erwerbsfähigen Alter langzeitarbeitslos und durch Leistungskürzungen in die Sozialhilfe abgedrängt. Der Terminus „neue Armut", von Werner Balsen und anderen gewerkschaftsnahen Wissenschaftlern eingeführt,[8] bezog sich auf diese Entwicklung. Peter Glotz spitzte die Debatte zu, indem er die Verharmlosung der Arbeitslosigkeit als „konjunkturell bedingt" mit dem Begriff „Zwei-Drittel-Gesellschaft" konterte und sie als Konflikt zwischen Arbeitsplatzbesitzer(inne)n und Dauerarbeitslosen sowie als grundlegendes Strukturproblem der industriellen Arbeitsgesellschaft kennzeichnete.[9]

Wissenschaftler/innen eines DFG-Sonderforschungsbereichs an der Universität Bremen nahmen die drastisch wachsende Langzeitarbeitslosigkeit und Ausgrenzung bestimmter Bevölkerungsgruppen ab 1987 zum Anlass, die biografische Dynamik der Armut genauer zu untersuchen. Stephan Leibfried, Lutz Leisering, Wolfgang Voges und ihre Mitarbeiter/innen stellten auf der Basis eines auf Bremen begrenzten Samples von Sozialhilfebezieher(inne)n fest, dass Armutslagen „als komplexe Gebilde, bestehend aus Armutsphasen, Unterbrechungen, Wiedereinstiegen und zum Teil endgültigen Ausstiegen" darzustellen seien.[10] Sie relativierten damit Pauschalvorstellungen über Ab-

---

6   Vgl. Wolfgang Zapf (Hrsg.), Lebensbedingungen in der Bundesrepublik. Sozialer
     Wandel und Wohlfahrtsentwicklungen, Frankfurt am Main/New York 1977; Wolf-
     gang Glatzer/Wolfgang Zapf (Hrsg.), Lebensqualität in der Bundesrepublik. Objektive
     Lebensbedingungen und subjektives Wohlbefinden, Frankfurt am Main/New York
     1984; Wolfgang Zapf u.a., Individualisierung und Sicherheit. Untersuchungen zur Le-
     bensqualität in der Bundesrepublik, München 1987
7   Siehe Burkart Lutz, Der kurze Traum immerwährender Prosperität. Eine Neuinter-
     pretation der industriell-kapitalistischen Entwicklung im Europa des 20. Jahrhunderts,
     Frankfurt am Main 1984
8   Siehe Werner Balsen u.a., Die neue Armut. Ausgrenzung von Arbeitslosen aus der
     Arbeitslosenunterstützung, Köln 1984
9   Vgl. Peter Glotz, Die Arbeit der Zuspitzung. Über die Organisation einer regierungs-
     fähigen Linken, Berlin 1984
10   Siehe Stephan Leibfried u.a., Zeit der Armut, a.a.O., S. 81

stiegskarrieren und konstatierten gleichzeitig, dass „die Erforschung der Frage, wie viel sich im Leben der Betroffenen durch zeitweiliges oder endgültiges Überschreiten der Armutsgrenze wirklich ändert, jedoch erst am Anfang" stehe. Diese in Anlehnung an US-amerikanische Studien gewonnenen Ergebnisse waren forschungspolitisch interessant, weil sie Armut hierzulande erstmals in den Kontext von Lebens(ver)läufen stellten, wurden von der konservativ-liberalen Regierung jedoch benutzt, um Entwarnung in Sachen Langzeitarbeitslosigkeit und -armut zu geben.[11]

Christoph Butterwegge gab den Bremer Armutsforscher(inne)n eine Mitschuld an dieser politischen Instrumentalisierung ihrer Resultate. Er warf ihnen Einseitigkeit und Kurzsichtigkeit vor, weil sie die „Doppelstruktur der Armut" ignoriert und eine bloße historische Momentaufnahme, die Dauer- und Langzeitarmut systematisch ausblende, verabsolutiert hätten. Wissenschaftler/innen seien aber nicht nur der Wahrheit verpflichtet, sondern müssten auch Verwertungszusammenhänge und den möglichen Missbrauch ihrer Untersuchungen antizipieren.[12] Von einer „Dynamik der Armut" zu sprechen könne überdies von deren wachsender Dramatik ablenken und trage dazu bei, dass die Weltmarktdynamik („Globalisierung") als Ursache der sozialen Polarisierung übersehen werde. Neben der lebenslauftheoretischen Dimension, welche die *dynamische* Armutsforschung erstmals und völlig zu Recht ins Blickfeld gerückt habe, müsse die gesellschaftstheoretische Dimension im Sinne einer *dualen* Armutsforschung stärker einbezogen werden. Die ausschließliche Thematisierung der Armut innerhalb des Lebenslaufregimes und des staatlichen Unterstützungssystems führe über die Verwechslung situativer Anlässe mit den tiefer liegenden Wurzeln von Armut zur Vernachlässigung der Ursachenanalyse im gesellschaftlichen, politischen und wirtschaftlichen Bereich. Damit sich die Strukturen der sozialen Ungleichheit nicht zu Einzelschicksalen verflüssigen, sei das Untersuchungskonzept so breit anzulegen, dass es nicht auf Lebensphasen, Statuspassagen und Übergangsprobleme beschränkt bleibe.

Während die CDU/CSU-geführte Bundesregierung, statt nach neuen Konzepten des Umgangs mit Armut, z.B. durch intensivere Forschungsanstrengungen und eine alternative Strukturpolitik, zu suchen, während ihrer gesamten Amtszeit bestritt, dass es Armut in Deutschland überhaupt gebe, und höchstens bereit war, von einer durch Arbeitslosen- bzw. Sozialhilfe

---

11 Anlass zum Missbrauch bot die Studie vor allem, weil die Rückbindung der Ergebnisse in einem gesellschaftlichen Entwicklungsrahmen nicht deutlich genug erfolgte. Sie wies (ebd., S. 90) darauf hin, dass Sozialhilfebezug auf der Basis von Arbeitslosigkeit im Bremer Sample durchschnittlich „nur" 8 Monate dauerte, während der Sozialhilfebezug aufgrund von Krankheit (48 Monate), familiären Ursachen (30 Monate) und sozialen Problemen (25 Monate) viel länger dauerte.

12 Vgl. Christoph Butterwegge, Nutzen und Nachteile der dynamischen Armutsforschung. Kritische Bemerkungen zu einer neueren Forschungsrichtung, in: Zeitschrift für Sozialreform 2/1996, S. 73

„bekämpften Armut" zu sprechen, entwickelte sich in den Wohlfahrtsverbänden und den Gewerkschaften gewissermaßen stellvertretend eine Armutsdebatte. Dadurch wurde zu Beginn der 90er-Jahre eine „inoffizielle Armutsberichterstattung" ausgelöst, deren Ziel es war, mit Hilfe von Indikatoren die alte und neue Armut zu erfassen. Insbesondere die Studien des DGB und des Paritätischen Wohlfahrtsverbandes zu „Armut in Deutschland" (1994) bzw. „Armut und Ungleichheit in Deutschland" (2000) sowie die Untersuchungen „Arme unter uns" des Caritasverbandes (1993), „Menschen im Schatten" des Diakonischen Werkes (1998) und „Gute Kindheit – schlechte Kindheit" der Arbeiterwohlfahrt (2000) füllten das Vakuum staatlicher Berichterstattung über Jahre aus.[13] Da die Konzentration von Armut in bestimmten Stadtteilen und Sozialräumen bereits deutlich sichtbar war, entwickelte sich parallel dazu eine Forschungsrichtung der Stadt- und Regionalsoziologie, welche der räumlichen Segregation von Armut in urbanen Quartieren besondere Aufmerksamkeit schenkte.[14] In den 90er-Jahren setzte sich die Armutsentwicklung weiter fort. Nach der Wiedervereinigung berichteten Armutsforscher/innen und Massenmedien über das Verarmen ganzer Landstriche im Osten Deutschlands, die alte und neu entstandene Migrantenarmut und vor allem die Armut von Kindern und Jugendlichen, die zur größten Betroffenengruppe avancierten.

Zumindest nach der Konjunkturkrise 1974/75 wies die Forschung ständig auf Armut als Symptom grundlegender Strukturprobleme hin. Allerdings vergingen noch einmal gut 25 Jahre, bevor die mittlerweile von der SPD und Bündnis 90/Die Grünen gebildete Bundesregierung ihren ersten Armuts- und Reichtumsbericht zu „Lebenslagen in Deutschland" vorlegte. Darin wird konzediert, dass es soziale Ausgrenzung auch in einem so wohlhabenden Land wie der Bundesrepublik gibt: „Die Hauptursachen für erhöhte Armutsrisiken liegen in der Erwerbssituation, im Bildungsstatus und in der Famili-

---

13   Vgl. Richard Hauser/Werner Hübinger, Arme unter uns. Ergebnisse und Konsequenzen der Caritas-Armutsuntersuchung, Freiburg im Breisgau 1993; Walter Hanesch u.a., Armut in Deutschland. Der Armutsbericht des DGB und des Paritätischen Wohlfahrtsverbands, Reinbek bei Hamburg 1994; Walter Hanesch u.a., Armut und Ungleichheit in Deutschland, a.a.O.; Werner Hübinger/Ulrich Neumann, Menschen im Schatten. Lebenslagen in den neuen Bundesländern, Freiburg im Breisgau 1998; AWO Bundesverband (Hrsg.), AWO-Sozialbericht 2000. Gute Kindheit – schlechte Kindheit. Armut und Zukunftschancen von Kindern und Jugendlichen in Deutschland, Bonn, Oktober 2000

14   Vgl. Hartmut Häußermann/Walter Siebel, Neue Urbanität, Frankfurt am Main 1987; Monika Alisch/Jens Dangschat, Die solidarische Stadt. Ursachen von Armut und Strategien für einen sozialen Ausgleich, Darmstadt 1993; Monika Alisch/Jens Dangschat, Armut und soziale Integration. Strategien sozialer Stadtentwicklung und lokaler Nachhaltigkeit, Opladen 1998; Jens Dangschat (Hrsg.), Modernisierte Stadt – gespaltene Gesellschaft. Ursachen von Armut und sozialer Ausgrenzung, Opladen 1999; Annette Harth/Gitta Scheller/Wulf Tessin (Hrsg.), Stadt und soziale Ungleichheit, Opladen 2000

ensituation. Daraus resultieren Risikogruppen, die – auch infolge von Problemkumulationen – in erster Linie von sozialer Ausgrenzung bedroht sind. Hierzu zählen vor allem Arbeitslose, Geringqualifizierte, allein Erziehende und Paare mit drei bzw. mehr Kindern sowie Zuwanderer einschl. Spätaussiedler. Eine genaue Analyse der sozialen Wirklichkeit ist notwendig, um Armut zielgenauer entgegenwirken und gesellschaftspolitische Reformmaßnahmen zur Stärkung sozialer Gerechtigkeit und gleicher Chancen für die Menschen ergreifen zu können."[15] Diese Aussage trifft zu, das Jahrzehnte andauernde politische Desinteresse an Armutsforschung hat allerdings verhindert, dass Präzises über die soziale Wirklichkeit und die Spaltung der Gesellschaft bekannt geworden ist. In der Geschichte der Bundesrepublik wurde die Armutsforschung nie umfangreich gefördert,[16] was sich negativ auf deren bis heute relativ niedrigen Stand auswirkte und dazu beitrug, dass keine Traditionen in diesem Bereich entstanden, an die man heute anknüpfen könnte.

1.2 Die aktuelle Armuts- und Reichtumsberichterstattung

Armut hat in der Bundesrepublik seit dem ersten großen Konjunktureinbruch ständig zugenommen. Die seit 1974/75 steigende Zahl der Arbeitslosen und Sozialhilfeempfänger/innen war ein deutlicher Beleg für wachsende Armut. (Auf die strukturellen, eher unsichtbaren Ursachen kommen wir später zurück.) Auch die Armutsquoten, gemessen auf der Basis von Einkommen, stiegen kontinuierlich, zeigen wegen unterschiedlich starker sozialpolitischer Interventionen aber keinen gleichförmigen Verlauf.

Die heute gebräuchlichste Armutsdefinition bezieht sich auf die Festlegung des EG-Ministerrates vom 19. Dezember 1984, wonach Einzelpersonen, Familien und Haushalte, „die über so geringe (materielle, kulturelle und soziale) Mittel verfügen, daß sie von der Lebensweise ausgeschlossen sind, die in dem Mitgliedsstaat, in dem sie leben, als Minimum annehmbar ist", als arm gelten.[17] Diese relative und mehrdimensionale Armutsdefinition verweist auf die Ungleichheit der Lebensbedingungen innerhalb europäischer Gesellschaften sowie die Ausgrenzung von einem als Minimum akzeptierten Lebensstandard. Damit ist ein Anspruch formuliert, der bis heute weder in der Armutspolitik noch in der Armutsforschung und -berichterstattung adäquat umgesetzt ist. Armut wird in den meisten statistischen Erhebungen eindimen-

---

15 Bundesministerium für Arbeit und Sozialordnung (Hrsg.), Lebenslagen in Deutschland, a.a.O., S. XXXV (Zusammenfassung)

16 Die zweimalige Förderung entsprechender Projekte durch die DFG kann eher als Ausnahme angesehen werden.

17 Zit. nach: Kommission der Europäischen Gemeinschaften, Schlussbericht des Zweiten Europäischen Programms zur Bekämpfung der Armut 1985-1989, Brüssel 1991 [KOM(91)29 endg.], S. 4

sional als Einkommensarmut erfasst, was mit Operationalisierungsschwierigkeiten im Hinblick auf andere Armutsindikatoren zu tun hat.[18] Eine rühmliche Ausnahme bildet das United Nations Development Program (UNDP), das diese Probleme überwunden hat und Indizes, d.h. Zusammenfügungen mehrerer Indikatoren, ausweist.

Abbildung 1:   Entwicklung der Sozialhilfe- und Arbeitslosenquote 1973
              bis 1998

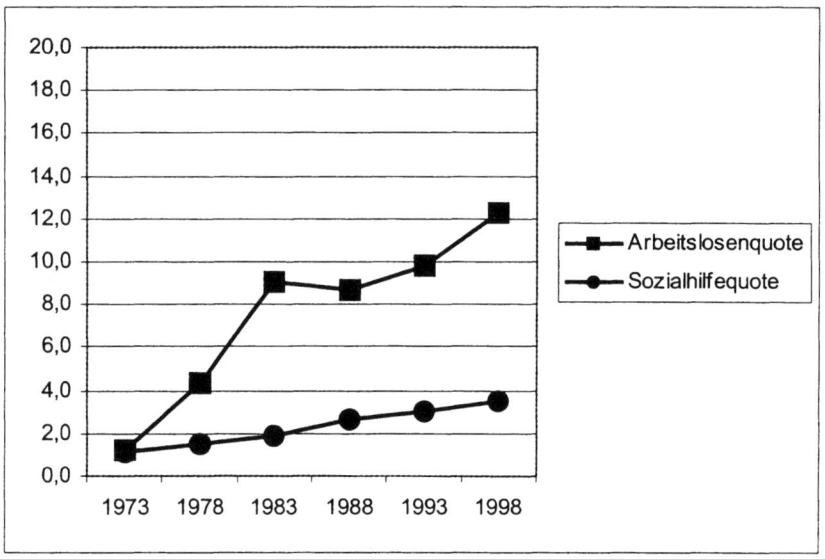

Quelle: Bundesministerium für Arbeit und Sozialordnung (Hrsg.), Lebenslagen in Deutschland. Der erste Armuts- und Reichtumsbericht der Bundesregierung, Materialband, Bonn 2001, S. 138

Die Armutsberichterstattung liefert eine Menge an Daten, deren Valenz ungeklärt ist. Allerdings fehlen viele Basisdaten über Einkommen und Vermögen, was dazu führt, dass die ausgewiesenen Daten statistisch nicht valide sind, weil sie sowohl Armut wie Reichtum unterrepräsentieren. Armut und Reichtum dürften jeweils höher als bisher ausgewiesen sein.

---

18 Vgl. Gunter E. Zimmermann, Ansätze zur Operationalisierung von Armut und Unterversorgung im Kindes- und Jugendalter, in: Christoph Butterwegge (Hrsg.), Kinderarmut in Deutschland, a.a.O., S. 65, 67 und 71

1.2.1 Armutsquoten

Die zur Handhabkeit der Armutsdefinition notwendige politisch-normative Festlegung von Armutsschwellen hat sich bei 40 Prozent des durchschnittlichen Nettoäquivalenzeinkommens, das US-amerikanische Forscher/innen als Maßstab für soziale Ungleichheit im Einkommensbereich in den 1960er-Jahren vorgeschlagen haben, als „extreme Armut", bei 50 Prozent als „Armut" und bei 60 Prozent als „prekärer Wohlstand" eingependelt.[19] Mittels des Äquivalenzeinkommens können die Einkommen von Haushalten verschiedener Größe miteinander verglichen werden. Gemäß der alten OECD-Skala galten folgende Gewichtungen der einzelnen Personen: Haushaltsvorstand = 1; weitere Haushaltsmitglieder ab 15 Jahren = 0,7; Jugendliche/Kinder unter 15 Jahren = 0,5. Die neue OECD-Skala gewichtet etwas anders. Die weiteren Haushaltsmitglieder ab 15 Jahren erhalten nur noch das Gewicht 0,5 und Kinder/Jugendliche unter 15 Jahren nur noch das Gewicht 0,3. Dadurch errechnet sich gegenüber der alten OECD-Skala ein höheres Nettoäquivalenzeinkommen und eine etwas höhere Armutsquote.

Bei allen im Schaubild ausgewiesenen Maßstäben der Einkommensarmutsmessung hat Armut zwischen 1973 und 1978 zugenommen. Nach der alten OECD-Skala lebten 1998 zwischen 5,7 Prozent (Median) und 10,1 Prozent (Mittelwert) der Einkommensbezieher/innen von weniger als der Hälfte des durchschnittlichen Nettoäquivalenzeinkommens. Bei 60 Prozent des Medians waren es 13,1 Prozent (alte und neue OECD-Skala). Das Niveau der Armutsquoten im Osten Deutschlands war 1998 noch um ca. ein Drittel höher als im Westen und lag zwischen 8,7 Prozent (Median) und 15 Prozent (Mittelwert). Tendenziell sind die Armutsquoten dort jedoch zwischen 1993 und 1998 wegen der Angleichung des Einkommensniveaus zurückgegangen. Hierzulande wird in den meisten Statistiken noch von 50 Prozent des durchschnittlichen Nettoäquivalenzeinkommens als Armutsschwelle ausgegangen. In der Europäischen Union ist aber mittlerweile die Marke von 60 Prozent des durchschnittlichen Nettoäquivalenzeinkommens (ermittelt im Medianwert) als Armutsschwelle verbindlich festgelegt worden.[20] Die Armutsquoten haben sich dadurch in Europa erhöht. In Deutschland lagen sie 1998 zwi-

---

19 In Deutschland wurden die unterschiedlichen Armutsschwellen von Werner Hübinger (Prekärer Wohlstand, a.a.O.) präzisiert. Für aktuelle Festlegungen der Armutsschwellen fehlen empirische Untersuchungen. Im Rahmen der europäischen Armutsforschung wird heute durchgängig mit diesen Schwellen gearbeitet.

20 Vgl. Richard Hauser, Soziale Indikatoren als Element der offenen Methode der Koordinierung zur Bekämpfung von Armut und sozialer Ausgrenzung in der Europäischen Union. Vortrag, gehalten im Rahmen des Aktionsprogramms zur Förderung der Zusammenarbeit der Mitgliedsstaaten bei der Bekämpfung der sozialen Ausgrenzung 2002-2006; Auftaktveranstaltung am 19. Februar 2002 in Berlin, durchgeführt vom Bundesministerium für Familie, Senioren, Frauen und Jugend und vom Bundesministerium für Arbeit und Sozialordnung, Berlin 2002, S. 6

schen 12,4 und 14,5 Prozent. Da präzisierende Forschungen zur objektiven bzw. subjektiven Armutslage in Deutschland, welche die unterschiedlichen Schwellen validieren könnten, bisher fehlen, muss man derzeit mit dieser unbefriedigenden Datenlage leben.

Abbildung 2:   Armutsquoten in Westdeutschland
                   1973-1998 in Prozent[21]

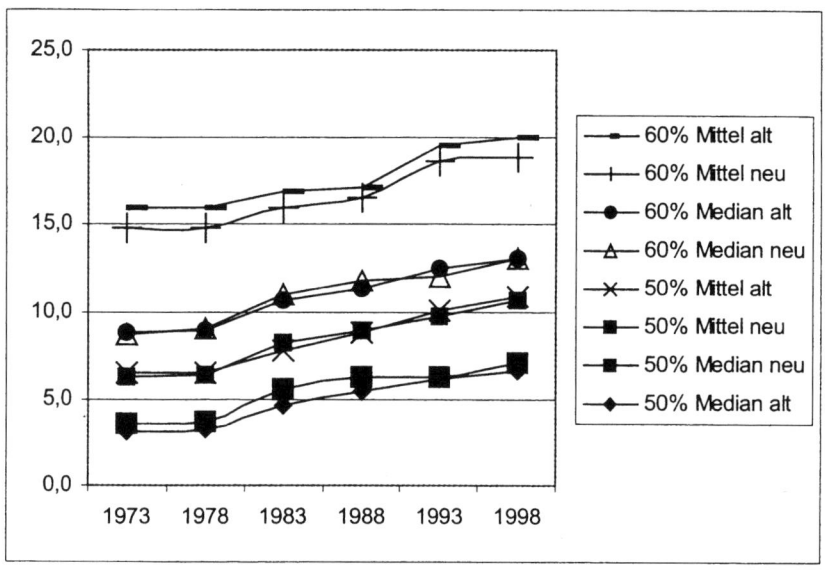

(Mittelwerte: arithmetisches Mittel der gesamten Einkommen in einer Periode, das in seiner Varianz anfällig ist für Extremeinkommen; Median: mittlerer Wert einer nach Größe geordneten Reihe, deshalb weniger empfindlich gegen die Extremwerte besonders niedriger bzw. besonders hoher Einkommen.)

Quelle: Bundesministerium für Arbeit und Sozialordnung (Hrsg.), Lebenslagen in Deutschland, a.a.O., S. 126

Die ausgewiesenen Daten beziehen sich überwiegend auf die Einkommens- und Verbrauchsstatistik (EVS). Da diese nur alle 3 Jahre erhoben wird und es ungefähr genauso lange dauert, bis die Finanzämter ihre Daten an die statistischen Landesämter weitergegeben haben, liegen erst nach 4 Jahren „aktuelle" Daten vor. Hier ausgewiesene Einkommenssteuerdaten aus dem Jahr 1998 beziehen sich daher auf das Jahr 1995.

---

21 Der Bezug von Hilfe zum Lebensunterhalt lag 1998 durchschnittlich unter 50 Prozent des Median-Nettoäquivalenzeinkommens. Da zeitadäquate Untersuchungen fehlen, lässt sich nicht angeben, wo genau zwischen 40 und 50 Prozent.

Tabelle 1:   Armutsquoten für Gesamtdeutschland im Jahr 1998

Indikator	Einkommens- und Verbrauchsstichprobe (ohne Ausländer)		Sozio-ökonomisches Panel (SOEP) (mit Ausländern)	
	Alte OECD-Skala	Neue OECD-Skala	Alte OECD-Skala	Neue OECD-Skala
Personenanteil unter 60% des Medians	12,4%	12,5%	14,5%	13,5%
Absolutbetrag von 60% des Medians des Nettoäquivalenzeinkommens p. Mt.	DM 1.464	DM 1.727	DM 1.303	DM 1.511
Personenanteil unter 50% des Medians	5,7%	6,2%	8,5%	8,4%

Quelle: Richard Hauser, Soziale Indikatoren als Element der offenen Methode der Koordinierung zur Bekämpfung von Armut und sozialer Ausgrenzung in der Europäischen Union, a.a.O., S. 6

Da die EVS-Statistik Haushalte mit besonders hohem Einkommen (ab 35.000 DM monatlich) unberücksichtigt lässt und im Bereich der jährlichen Haushaltsnettoeinkommen zwischen 150.000 DM und 420.000 DM nicht repräsentativ ist,[22] kann man davon ausgehen, dass die ausgewiesenen Werte ein verzerrtes Bild der Realität ergeben. Darüber hinaus steht eine Datenquelle, welche die Einschätzung der sehr reichen Haushalte ermöglichen würde, die Vermögenssteuerstatistik, seit 1995 nicht mehr zur Verfügung. Sie wurde von der CDU/CSU/FDP-Regierung unter Helmut Kohl abgeschafft.

In den statistischen Erhebungen sind auch die Niedrigeinkommensbezieher/innen unterrepräsentiert. So erfasst das Niedrigeinkommenspanel (NIEP) nur 2.000 Haushalte. Aus diesem Grund ist die Datenbasis für die Erhebung der Armuts- und Reichtumsquoten nicht repräsentativ. Wir wissen also nicht präzise, wie viel Armut und Reichtum es in Deutschland gibt, können aber davon ausgehen, dass beide real höher als ausgewiesen sind.

1.2.2 Armutsquoten nach Alter und Haushaltstypen

Seit den 1970er-Jahren hat Armut ihr Gesicht verändert: Waren davon 1973 vornehmlich ältere Witwen betroffen, die mit geringen Hinterbliebenenrenten auskommen mussten, so 1998 vor allem Kinder und Jugendliche. Auf diesen Trend wiesen der Sechste Jugendbericht des Landes Nordrhein-Westfalen

---

22   Vgl. Bundesministerium für Arbeit und Sozialordnung (Hrsg.), Lebenslagen in Deutschland, Materialband, a.a.O., S. 5 und 35. Danach werden Haushalte mit mehr als 35.000 DM monatlich (420.000 DM jährlich) nicht erfasst. Die Autoren weisen darüber hinaus darauf hin, dass eine möglicherweise unzureichende Erfassung der Haushaltseinkommen über 150.000 DM jährlich eine stärkere Verzerrung der Ergebnisse hervorruft als die obige Grenze von 420.000 DM.

und der Zehnte Kinder- und Jugendbericht der Bundesregierung hin,[23] bevor
ihn der erste Armuts- und Reichtumsbericht der Bundesregierung bestätigte.
Richard Hauser hat für die Verschiebung der Armut von den Älteren zu den
Kindern und Jugendlichen den Begriff „Infantilisierung der Armut" geprägt.[24]

Abbildung 3:   Armutsquoten nach Alter[25]

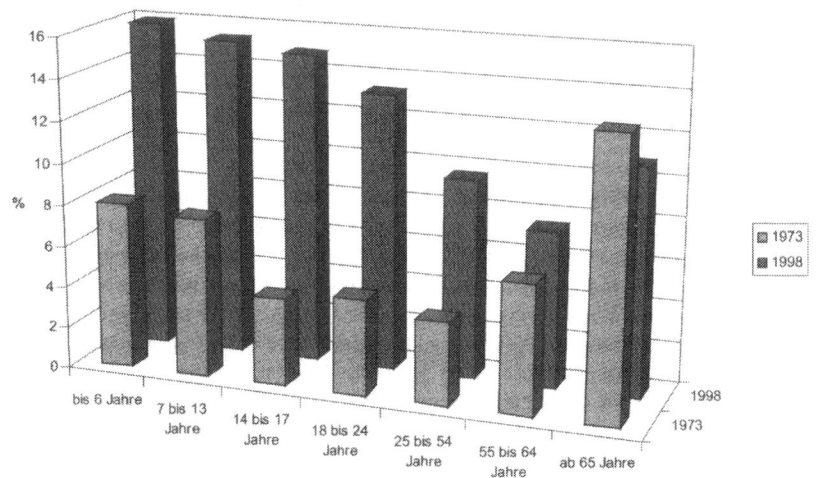

Quelle: Bundesministerium für Arbeit und Sozialordnung (Hrsg.), Lebenslagen in Deutschland, a.a.O., Materialband S. 48

Wie der Abbildung 3 zu entnehmen ist, wachsen in Deutschland etwa 15
Prozent der unter 24-jährigen 1998 unter Armutsbedingungen auf. Diese Armutsquote ist etwa dreimal so hoch wie die vergleichbare Armutsquote in der

---

23   Vgl. Ministerium für Arbeit, Gesundheit und Soziales des Landes Nordrhein-
     Westfalen (Hrsg.), Kinder und Jugendliche in Nordrhein-Westfalen, Düsseldorf 1995;
     Bundesministerium für Familie, Senioren, Frauen und Jugend (Hrsg.), Zehnter Kin-
     der- und Jugendbericht. Bericht über die Lebenssituation von Kindern und die Lei-
     stungen der Kinderhilfen in Deutschland, Bonn 1998
24   Siehe Richard Hauser, Entwicklungstendenzen der Armut in der Bundesrepublik
     Deutschland, in: Diether Döring/Richard Hauser (Hrsg.), Politische Kultur und Sozi-
     alpolitik. Ein Vergleich der Vereinigten Staaten und der Bundesrepublik Deutschland
     unter besonderer Berücksichtigung des Armutsproblems, Frankfurt am Main/New
     York 1989, S. 126
25   Die Daten beziehen sich auf den 50%-igen Medianwert. Würde man den 60%-igen
     Medianwert zugrunde legen, wie er jetzt in der EU verbindlich ist, ergäben sich höhe-
     re Armutsquoten.

Gesamtbevölkerung. Vor allem junge Familien mit Kindern unter 7 Jahren tragen das höchste Armutsrisiko. Gründe dafür finden wir vor allem in der Kumulation von Arbeitslosigkeit oder Sozialhilfebezug der Eltern, der Erosion der Kernfamilien und der nicht ausreichenden familienpolitischen Maßnahmen der Bundesregierungen in den vergangenen Jahrzehnten. Diese Daten haben auch dazu beigetragen, dass im letzten Jahrzehnt relativ viele Forschungsstudien zur Lebenssituation der Kinder erschienen sind. Besonders hoch ist, wie der Abbildung 4 zu entnehmen, das Armutsrisiko bei Kindern und Jugendlichen, die in kinderreichen Familien (vor allem auch Migrantenfamilien) und bei Alleinerziehenden aufwachsen. Da in den jeweiligen Kapiteln des Buches ausführlich auf Daten zur Kinderarmut eingegangen wird, sind an dieser Stelle nur wenige Daten aufgeführt, die sich aus der Armutsberichterstattung ergeben.

Abbildung 4:   Armutsquoten nach Haushaltstypen

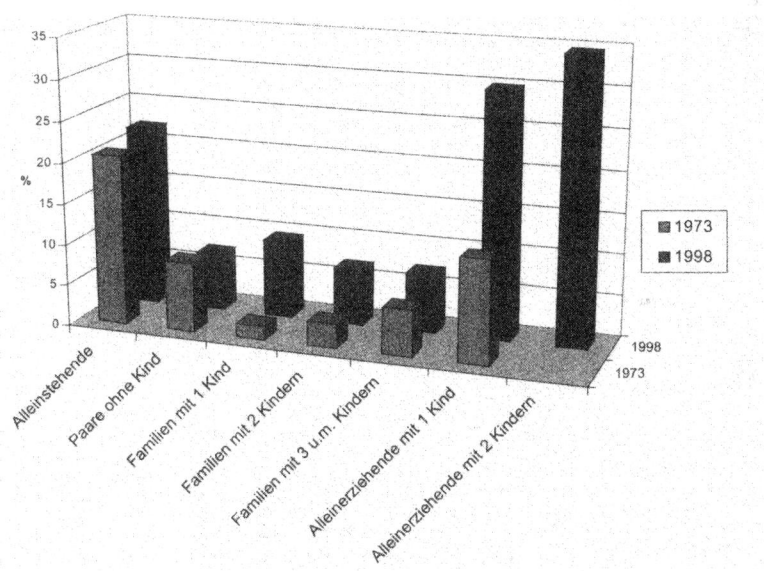

Quelle: Bundesministerium für Arbeit und Sozialordnung (Hrsg.), Lebenslagen in Deutschland, a.a.O., Materialband, S. 57 (Die Zahlen für das Jahr 1973, Alleinerziehende mit 2 Kindern, wurden nicht ausgewiesen.)

Die dramatisch hohen Armutsquoten bei den Alleinerziehenden sind durch eine Zunahme der Sozialhilfeempfänger/innen bedingt. 15,2 Prozent der Alleinerziehenden mit einem Kind, 22,6 Prozent mit zwei Kindern und 34,0 Prozent mit drei oder mehr Kindern müssen von der Sozialhilfe leben.

1.2.3 Ungleichverteilung der Einkommen

Nicht nur die Armutsquote ist seit 1973 gestiegen, sondern auch die Ungleichverteilung der Einkommen. 1995 haben laut Einkommens- und Verbrauchsstatistik 95 Prozent aller Einkommensbezieher/innen weniger als 95.510 DM netto jährlich verdient. Demzufolge waren 5 Prozent zu den Reichen zu zählen. Dazu gehörten 27.230 Einkommensmillionäre (0,04 Prozent aller Einkommensbezieher/innen) mit einem durchschnittlichen Jahreseinkommen von 2,7 Mio. DM und Einkommensbezieher/innen von mehr als 95.510 DM netto,[26] d.h. dem Doppelten des damaligen Durchschnittseinkommens.

Tabelle 2:   Ungleichverteilung des Nettoäquivalenzeinkommens
              1973-1998 in Dezilen[27]

Verteilungsmaß	Westdeutschland						Ostdeutschland		Gesamt-deutschland	
	1973	1978	11983	1988	1993	1998	1993	1998	1993	1998
Arithmetisches Mittel (DM p.M.)	981	1362	1756	2000	2648	2924	1783	2212	2477	2787
Gini-Koeffizient	0,2481	0,2473	0,2502	0,2527	0,267	0,2696	0,1994	0,217	0,2699	0,2678
Dezile	Dezilsanteile (Prozent des Gesamtnettoäquivalenzeinkommens)									
1.	4,6	4,6	4,3	4,2	4,0	4,0	5,3	4,9	4,1	4,1
2.	5,9	5,9	5,8	5,8	5,5	5,5	6,6	6,3	5,5	5,5
3.	6,7	6,7	6,7	6,8	6,5	6,5	7,4	7,2	6,5	6,5
4.	7,5	7,5	7,6	7,6	7,4	7,4	8,2	8	7,3	7,4
5.	8,4	8,4	8,5	8,5	8,3	8,3	9	8,8	8,2	8,3
6.	9,3	9,3	9,4	9,4	9,3	9,3	9,7	9,6	9,2	9,3
7.	10,3	10,4	10,5	10,5	10,5	10,5	10,5	10,5	10,4	10,4
8.	11,8	11,8	11,9	11,9	12	12	11,5	11,7	12	11,9
9.	14,0	13,9	14,0	14,1	14,4	14,3	13,2	13,3	14,4	14,3
10.	21,5	21,3	21,2	21,3	22,0	22,2	18,8	19,7	22,4	22,3

Quelle: Irene Becker/Richard Hauser, Zur Entwicklung von Armut und Wohlstand – eine Bestandsaufnahme, in: Christoph Butterwegge/Matthias Klundt (Hrsg.), Kinderarmut und Generationengerechtigkeit, 2. Aufl. Opladen 2003, S. 31[28]

Erkennbar wird, dass das reale Nettoäquivalenzeinkommen seit 1973 um fast 40 Prozent gestiegen ist. Der steigende Gini-Koeffizient (ein international gebräuchliches Verteilungsmaß) weist auf eine zunehmende Ungleichverteilung der Einkommen in der letzten Dekade des 20. Jahrhunderts hin (Steigerung um 9 Prozent seit 1973). In welchen Einkommensbereichen sich die Veränderung der Ungleichheitsrelation vollzogen hat, geht aus der Verände-

---

26 Das sind 2 Mio. steuerpflichtige Einkommensbezieher/innen.
27 Ohne Haushalte mit ausländischen Bezugspersonen
28 Die Berechnungen beruhen auf der Einkommens- und Verbrauchsstichproben-Datenbank der Professur für Sozialpolitik an der Johann Wolfgang Goethe-Universität Frankfurt/Main.

rung der Dezilsanteile, der Aufteilung der gesamten Einkommensbezieher/innen in 10%-Anteilen, hervor. Im Jahr 1998 betrug der Anteil der untersten 10 Prozent der Bezieher/innen am Gesamteinkommen 4,1%, der Einkommensanteil der obersten 10 Prozent dagegen 22,3%. In der prozentualen Veränderung (-13% beim unteren Dezilsanteil und +3% beim oberen Dezilsanteil) ergibt sich ein statistischer Hinweis auf die stärkere Verschiebung der Ungleichverteilung der Einkommen durch das Ärmerwerden der Armen und eine geringere Verschiebung durch das Reicherwerden der Reichen. Sowohl die Armuts- als auch die Reichtumsquote sind seit 1973 gestiegen. Wird berücksichtigt, dass sowohl die obersten als auch die untersten Einkommensklassen (u.a. Migranten) in der Einkommens- und Verbrauchsstichprobe nicht adäquat repräsentiert sind, können wir davon ausgehen, dass die Ungleichverteilung der Einkommen erheblich höher als ausgewiesen ist. Um wie viel, bleibt ungeklärt.

1.2.4 Ungleichverteilung der Vermögen

Einkommen und Vermögen werden unabhängig voneinander erhoben. Die Ungleichverteilung beim Vermögen fällt, statistisch gesehen, viel deutlicher aus als beim Einkommen. Im ersten Armuts- und Reichtumsbericht der Bundesregierung heißt es hierzu: „Das Vermögen in Deutschland ist sehr ungleichmäßig verteilt, wie aus allen bisherigen empirischen Untersuchungen bekannt ist. Dies ergibt sich schon, ohne dass diejenigen einbezogen sind, die im üblichen Verständnis als reich gelten (mit Vermögen in mehrstelliger Millionenhöhe bis zu mehreren Milliarden DM). Und es gilt nicht nur für die Vermögensbestände selbst, sondern ebenso für die Vermögenseinkommen, die aus den vorhandenen Vermögensbeständen resultieren, und auch für die Vermögensbildung, die zu den in einem Zeitpunkt vorhandenen Vermögensbeständen führt und aus der Ersparnis im Rahmen der laufenden Verwendung des gesamten verfügbaren Einkommens, aus Wertzuwächsen der vorhandenen Vermögensbestände und aus Vermögensübergängen in Form von Erbschaften und Schenkungen gespeist wird (...). Alle drei Dimensionen der privaten Vermögensverteilung – Vermögensbestände, Vermögenseinkommen und Vermögensbildung sind im Zusammenhang zu sehen. Sie stehen nicht nur in enger Beziehung zueinander und zum verfügbaren Einkommen, sondern sind auch gleichermaßen eng mit dem Lebens- und Familienzyklus verbunden."[29] An dieser Stelle wird zwar darauf hingewiesen, dass Einkommen und Vermögen (Vermögensbestände, Vermögenseinkommen, Vermögensbildung) gemeinsam den Lebens- und Familienzyklus grundlegend beeinflus-

---

[29] Bundesministerium für Arbeit und Sozialordnung (Hrsg.), Lebenslagen in Deutschland, a.a.O., S. 45

sen, allerdings gibt es bisher keine gemeinsame haushaltsbezogene statistische Erfassung.

Abbildung 5:   Ungleichverteilung des Vermögens 1998 in Quintilen[30]

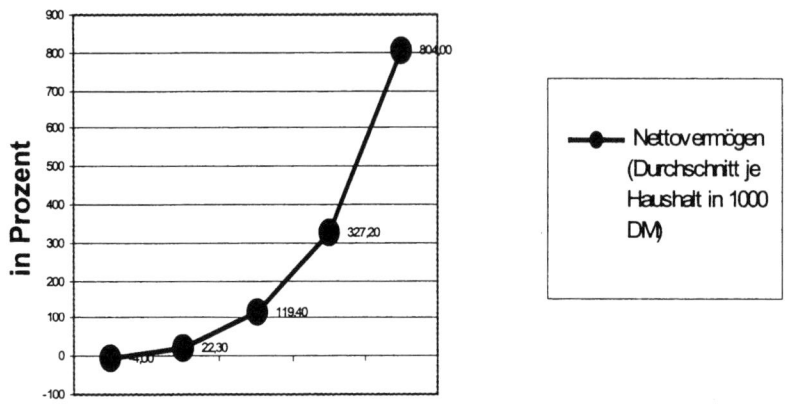

Quelle: Bundesministerium für Arbeit und Sozialordnung (Hrsg.), Lebenslagen in Deutschland, a.a.O., S. 46

Ausgewiesen werden in Deutschland für das Jahr 2000 1,5 Mio. Vermögensmillionäre, d.h. Haushalte mit mehr als 1 Mio. DM Netto-Privatvermögen.[31] Die Ungleichheit der Vermögensverteilung lässt sich statistisch darstellen, wenn die Haushalte nach der Höhe ihres Nettovermögens (= Geldvermögen plus Lebensversicherungen und Immobilien minus Bau- und Konsumschulden) in 20%-Quintile zusammengefasst werden.[32] Das erste Fünftel der vermögenden Haushalte in den alten Bundesländern hatte durchschnittlich kein Vermögen, sondern 4.000 DM Schulden, das zweite Fünftel 22.300 DM Vermögen, das dritte Fünftel 119.400 DM, das Vierte 327.200 DM und das letzte Fünftel 804.000 DM Vermögen. Das heißt, der Unterschied im Vermögen des obersten Quintils beträgt das 800-fache des untersten, das 40-fache des 2. Quintils, das 7-fache des mittleren Quintils und das 2,5-fache des obersten Quintils. In den östlichen Bundesländern ist das Vermögen im Durchschnitt noch erheblich niedriger und stärker ungleich verteilt als in den westlichen Bundesländern. Wenn weiterhin bedacht wird, wie viele Vermögensteile der reichen Deutschen im Ausland (Schweiz, Luxemburg und ande-

---

30   Quintile: Aufteilung der gesamten Einkommen in 20%-Anteile
31   Vgl. Bundesministerium für Arbeit und Sozialordnung (Hrsg.), Lebenslagen in Deutschland, a.a.O., S. 65
32   10%-Dezile wären interessanter, um Armut und extremen Reichtum nachzuweisen, werden an dieser Stelle aber nicht ausgewiesen.

ren Steuerparadiesen) in „Sicherheit" gebracht sind, kann davon ausgegangen werden, dass die Diskrepanz zwischen den unteren und den oberen Quintilen um ein Vielfaches höher ist. Die einkommensschwächsten 20 Prozent der westdeutschen Haushalte verfügten 1998 über 6,8% aller verfügbaren Einkommen, hatten aber nur 3,1% des Nettovermögens, 1,9% der Vermögenseinkommen und eine negative Ersparnis, d.h. Schulden in Höhe von 2,8% der gesamten Ersparnisse aller Haushalte. Umgekehrt betrugen die entsprechenden Anteile der einkommensstärksten 20 Prozent der Haushalte 41% aller verfügbaren Einkommen, 46% des Nettovermögens, 49% der Vermögenseinkommen und 69% der Ersparnisse.[33]

Tabelle 3:   Verteilung des Vermögens, der Vermögenseinkommen und der Vermögensbildung der westdeutschen Haushalte in Abhängigkeit vom Einkommen (1998) in Prozent

	Einkommen	Nettovermögen	Vermögenseinkommen	Ersparnis
1. Quintil	6,8	3,1	1,9	-2,8
5. Quintil	41,0	46,0	49,0	69,0

Quelle: Bundesministerium für Arbeit und Sozialordnung (Hrsg.), Lebenslagen in Deutschland, a.a.O., S. 53

Die Ungleichverteilung der Vermögen wird noch dadurch vergrößert, dass vom gesamten Produktivvermögen, das 1995 in der Bundesrepublik vorhanden war, schätzungsweise 1,3 Billionen DM privates Betriebsvermögen (das keiner Aktiengesellschaft gehörte) in den statistischen Erhebungen nicht dem ausgewiesenen Privatvermögen zugerechnet wurde. Die geringe Valenz der staatlichen Statistiken im Hinblick auf die Vermögensmessung der privaten Haushalte bestätigt auch die Deutsche Bundesbank. Sie schätzt das Nettovermögen der privaten Haushalte Ende 1999 auf 14,6 Bio. DM. Nur für 8,2 Bio. DM gibt es Verteilungsinformationen in der Einkommens- und Verbrauchsstatistik 1998.[34]

Demnach müssten folgende Konsequenzen für die Armuts- und Reichtumsberichterstattung gezogen werden:

1. vollständige und repräsentative Erfassung der Bevölkerung (incl. extrem Arme und Reiche, Ausländer etc.) in Einkommens- und Verbrauchsstichproben, Mikrozensus und Steuerstatistiken;
2. Erweiterung der bestehenden Panelbefragungen (z.B. Sozio-ökonomisches Panel des DIW, europäische Panelbefragung von Eurostat), um Wirkungsanalysen von Armut und Reichtum haushaltsbezogen zu erfassen;

---

33   Vgl. Bundesministerium für Arbeit und Sozialordnung (Hrsg.), Lebenslagen in Deutschland, a.a.O., S. 53
34   Vgl. ebd., S. 84

3. gemeinsame haushaltsbezogene Erhebung von Einkommen *und* Vermögen (einschließlich privatem Betriebsvermögen);
4. ein kürzerer Turnus der Erfassung von Einkommen und Vermögen sowie schnellere Aufbereitung des Materials durch die Forschung;
5. Abstimmung der erhobenen Daten mit der Volkswirtschaftlichen Gesamtrechnung;
6. Analyse der Auswirkungen steuer- und sozialpolitischer Instrumente (z.B. zur Reduktion der Ungleichverteilung bzw. Kinderarmut);
7. Erfassung der Auswirkungen der Ungleichverteilung auf die Arbeitsmarktpolitik (z.B. durch Deregulierung der Arbeitsmärkte) von Arbeitgebern und Gewerkschaften;
7. Analyse der Auswirkungen einer solchen Ungleichverteilung des Einkommens und Vermögens auf die nachhaltige Entwicklung der Gesellschaft, insbesondere auch der Einflüsse auf staatliche Handlungsspielräume.[35]

Evident ist, dass eine „repräsentative" Erfassung der Einkommens- und Vermögenssituation der bundesrepublikanischen Haushalte mit Sicherheit ganz andere Daten erbringen würde und eine weitaus größere Ungleichverteilung der Einkommen und insbesondere der Vermögen nachweisen könnte. Es wäre also in Zukunft vor allem wichtig, persönliche Einkommen, Vermögen (Vermögensbestände, Vermögenseinkommen und realisierte Möglichkeiten der Vermögensbildung) sowie zusätzlich private Betriebsvermögen gemeinsam haushaltsbezogen auszuweisen. Nur so ließe sich eine gerechte, soziale Ungleichheit und Exklusion reduzierende Steuerpolitik begründen und neoliberaler Standortpolitik der ideologische Boden entziehen. Dafür, dass die soziale Schieflage bzw. Verteilungsungerechtigkeit in der Bundesrepublik sozialpolitisch initiiert wurde, sprechen viele Indizien und die steuerpolitischen Maßnahmen zumindest der letzten 20 Jahre.

1.3 Konzepte der empirischen Armutsforschung

Auch die empirische Armutsforschung in der Bundesrepublik hat konzeptionell nie richtig Fuß gefasst. Letztlich haben sie drei unterschiedliche Ansätze wesentlich geprägt und bestimmen sie bis heute:

1. Die *ressourcenorientierte* Armutsforschung (u.a. das SPES-Projekt) konzentrierte sich seit Mitte der 70er-Jahre auf die Erfassung von Einkom-

---

35 Vgl. auch Richard Hauser, Einkommensverteilung im Querschnitt und im Zeitverlauf 1973-1998. Gutachten, erstellt für den ersten Armuts- und Reichtumsbericht der Bundesregierung, in: Bundesministerium für Arbeit und Sozialordnung (Hrsg.), Lebenslagen in Deutschland, a.a.O., Materialband, S. 35ff.

mens- und Vermögensarmut (eindimensionaler Armutsbegriff). Forscher wie Wolfgang Glatzer und Wolfgang Zapf suchten eine repräsentative, quantitative Darstellung von Armut mit dem Schwerpunkt auf Querschnittsbetrachtungen sowie langfristiger nationaler und kommunaler Sozialberichterstattung zu etablieren. Hieraus ging das SOEP hervor, die umfangreichste sozialwissenschaftliche Datenbasis der empirisch orientierten Armutsforschung, welche in regelmäßigen Zeitabständen Querschnittsdaten zur sozialen Lage der deutschen Bevölkerung liefert.[36] Im Rahmen der ressourcenorientierten Forschungsrichtung haben Armutsberichte der Wohlfahrtsverbände eine Schlüsselrolle gespielt. Dieser Ansatz ist bis heute der zentrale Datenlieferant für die sozialwissenschaftliche Forschung im Armutsbereich. Moniert wird aber, dass weder die Verknüpfung der einzelnen Lebenslagendimensionen noch die Aufnahme subjektiver Perspektiven der Armutsverarbeitung ausreichend realisiert wurde.

2. Die *lebenslagenorientierte* Forschungsrichtung stützt sich auf Gerhard Weisser und benutzt den einem bzw. einer Gruppe von Menschen durch die äußeren Umstände zur Befriedigung eigener Interessen gebotenen, den Sinn des Lebens bestimmenden Spielraum als Basiskonzept. Dabei wird Armut als krasseste Form sozialer Ungleichheit und Unterversorgung in zentralen Lebensbereichen (Einkommen, Bildung, Beruf, Wohnen und Gesundheit) begriffen. Während die ressourcenorientierte Armutsforschung zumindest den eher objektivistischen, quantifizierenden Forschungsmethoden zugänglichen Teil der Weisser'schen Definition aufgegriffen hat, blieb der eher subjektorientierten, qualitativen Forschungsmethoden zugängliche Teil des Spielräumekonzepts unterentwickelt. Mitte der 70er-Jahre hat Ingeborg Nahnsen dieses konkretisiert, ein Jahrzehnt später Klaus Lompe mit seiner Forschungsgruppe den ersten Operatonalisierungsversuch im Rahmen einer Lebenslagenanalyse bei Sozialhilfeempfänger(inne)n unternommen.[37]

3. Die *dynamische* bzw. *lebenslauforientierte* Armutsforschung des Zentrums für Sozialpolitik an der Universität Bremen hat ihr Forschungsdesign mit einem Ansatz aus der soziologischen Biografieforschung angereichert, um zeitliche Dimensionen von Armutsphasen im Lebensverlauf zu untersuchen. Gegenüber den übrigen Forschungskonzepten hat ein Perspektivenwechsel von der Querschnitts- zur Längsschnittbetrachtung

---

36 Dieses heute von Infratest im Auftrag des Deutschen Instituts für Wirtschaftsforschung (DIW) in Berlin bei 5.800 westdeutschen und 1.900 ostdeutschen Haushalten (incl. ausländischen Haushalten) erhobene Einkommenspanel existiert seit 1984.

37 Vgl. Ingeborg Nahnsen, Bemerkungen zum Begriff der Sozialpolitik in den Sozialwissenschaften, in: Martin Osterland (Hrsg.), Arbeitssituation, Lebenslage und Konfliktpotential, Frankfurt am Main 1975, S. 144ff.; Klaus Lompe (Hrsg.), Die Realität der neuen Armut. Analysen der Beziehungen zwischen Arbeitslosigkeit und Armut in einer Problemregion, Regensburg 1987

und von der objektiven Lebenslagenforschung zur subjektiven biografischen Forschung mit dem Ziel stattgefunden, die „Zeiten der Armut" in
einzelnen Lebensphasen und ihre Auswirkungen auf Betroffene zu analysieren. Damit konnte Armut teilweise als zeitlich begrenzte Statusphase
im Lebenslauf bestimmt werden. Moniert wurde vor allem, dass man
verfestigte Formen der Armut und sozialer Ausgrenzung ignoriert bzw.
negiert.

1.4 Ansätze zur Entwicklung einer Armutstheorie

Bisher existiert in der Bundesrepublik kein Versuch, eine originäre und gesellschaftlich umfassende Theorie der Armut zu entwickeln, wie ihn etwa
Peter Townsend in Großbritannien unternommen hat.[38] Ein gewisses Niveau
haben hierzulande nur drei Konzepte, welche für die Weiterentwicklung von
Armutstheorie interessant sein könnten, erreicht:

1. das Konzept sozialer Ungleichheit,
2. das Konzept sozialer Ausgrenzung (social exclusion),
3. das Konzept sozialer Gerechtigkeit. Darin wird Armut nur als eine der
   Dimensionen, die soziale Ungleichheit und Gerechtigkeit bestimmen,
   entwickelt.

Die neuere Theorie *sozialer Ungleichheit* legt einen weiten und einen engen
Ungleichheitsbegriff zugrunde. Vertreter/innen des weiteren Begriffs sozialer
Ungleichheit gehen – ähnlich wie das Konzept der „horizontalen Disparitä-
ten" – davon aus, dass in den letzten Jahrzehnten „neue, nicht-vertikale Ungleichheiten zunehmend strukturprägendes Gewicht gewonnen" haben.[39]
„Soziale Ungleichheit im *weiteren* Sinne liegt überall dort vor, wo die Möglichkeit des Zugangs zu allgemein verfügbaren und erstrebenswerten sozialen
Gütern und/oder zu sozialen Positionen, die mit ungleichen Macht- und/oder
Interaktionsmöglichkeiten ausgestattet sind, dauerhafte Einschränkungen erfahren und dadurch die Lebenschancen der betroffenen Individuen, Gruppen
oder Gesellschaften beeinträchtigt bzw. begünstigt werden."[40] Darunter fallen
alle Formen der sozialen Diskriminierung, z.B. gegenüber Frauen, Mi-
grant(inn)en, Behinderten etc.

---

38 Vgl. Peter Townsend , Poverty in the United Kingdom, London 1979
39 Siehe Reinhard Kreckel, Politische Soziologie der sozialen Ungleichheit, Frankfurt
    am Main/New York 1997, S. 18. Einbezogen wurden Angehörige diskriminierter ge-
    sellschaftlicher Teil- und Randgruppen, z.B. Frauen (!), Ausländer, Farbige und Be-
    wohner rückständiger Gebiete.
40 Ebd., S. 17

Soziale Ungleichheit i.e.S. bezieht sich auf deren vertikale Dimension, um das soziale „Höher und Tiefer" mittels eines Modells von hierarchisch übereinander angeordneten Klassen, Schichten, Statusgruppen oder ähnlichen Rangabstufungen zu erfassen. Allerdings spielt das Thema „Armut" darin nur eine geringe Rolle. So behandelt Stephan Hradil, einer der bekanntesten Theoretiker sozialer Ungleichheit, Armut auf nicht einmal 12 seines 483 Seiten starken Buches.[41] Reinhard Kreckel bettet das Thema der vertikalen Einkommensverteilung in einem zentralen Kapitel über „Strukturelle Asymmetrien im Kernbereich kapitalistischer Staatsgesellschaften" ein, diskutiert Armut allerdings auch nicht vertiefend.[42] Insgesamt wird die Ungleichheitsdebatte dadurch verengt. Sie verliert ihren eindeutigen gesellschaftstheoretischen und -politischen Bezugsrahmen. Wichtig könnten Untersuchungen zur sozialen Ungleichheit als Ergänzung der Armutsforschung vor allem deswegen sein, weil es dieser bisher nicht gelungen ist, zentrale Kategorien, die eine Benachteiligung ausdrücken können, wie Einkommen, Beruf, Bildung, Macht, Status, Prestige, Gesundheit und Wohnen, mit gesellschaftlichen Stratifizierungsebenen (Klassen und Schichten) in Verbindung zu bringen.

Das theoretische Konzept *sozialer Exklusion* ist in der sozialwissenschaftlichen Debatte relativ neu. Die EG-Kommission beschloss 1989, den Kampf gegen Arbeitslosigkeit und Armut in Europa unter das Motto einer Vermeidung von „social exclusion" zu stellen.[43] Dieser Terminus gewann in der öffentlichen bzw. Fachdiskussion sehr schnell hohe Attraktivität und hat damit den Armutsbegriff weitgehend ersetzt. „Poverty was no longer the right word. The phenomenon was not simply related to material wealth or lack of it, but involved a complicated interaction between – wealth, certainly – but also access to social rights, attachment to the labour market, the strength of informal networks (...) a situation involving several dimensions of deprivation, and not simply relevant to a residual minority of the population."[44]

Erkennbar ist, dass Exklusion nicht nur als Ausdruck materieller Armut gesehen wird, sondern als multidimensionale Deprivation hinsichtlich sozialer Rechte, von Arbeitsmarktbezügen und der Güte informeller Netzwerke. Erweiternd wird darauf verwiesen, dass es sich um ein Problem handelt, welches „not simply relevant to a residual minority of the population" sei, sondern sich hier das Bewusstsein einer tiefgreifenden gesellschaftlichen Veränderung bündle, das eng mit der Wiederkehr von Arbeitslosigkeit und Armut als sozialen Problemlagen verbunden ist. Zu Recht, meint Martin Kronauer,

---

41 Vgl. Stephan Hradil, Soziale Ungleichheit in Deutschland, 7. Aufl. Opladen 1999, passim

42 Vgl. Reinhard Kreckel, Politische Soziologie der sozialen Ungleichheit, a.a.O., S. 17

43 Vgl. Commission of the European Communities, Social Europe, Towards Europe of Solidarity: Combatting Social Exclusion, Supplement 4/93, Brüssel 1993, S. 5

44 Ebd., S. 7

wird die Tendenz zur Ausschließung hervorgehoben, die mit der Massenar-
beitslosigkeit, insbesondere jener von Un- und Angelernten, einhergeht: „Die
Widersprüche innerhalb des Beschäftigungssystem werden in wachsendem
Maße ergänzt und überlagert von einer Spaltung zwischen ‚innen' und ‚außen', zwischen abgestufter Teilhabe an und weitestgehendem Ausschluss von
den Gratifikationen der Erwerbsgesellschaft."[45]
Das Konzept der sozialen Exklusion weise stärker als das der sozialen
Ungleichheit auf Spaltungen hin, „die nicht ohne weiteres in die traditionelle
Klassen- und Schichtungsstruktur zu passen scheinen und insofern neue Tat-
bestände darstellen (*neue* Armut, *neue* Unterklasse, *neue* Spaltungen)", konstatiert Sebastian Herkommer.[46] Martin Kronauer bemerkt, dass der Exklusi-
onsgedanke ambivalent sei und kritisch gegen gesellschaftliche Verhältnisse
gewendet werden könne, die ausgrenzend wirken. „Er kann aber auch perso-
nalisierend die Ausgegrenzten ins Zentrum der Aufmerksamkeit rücken, ihre
Andersartigkeit hervorheben und damit seinerseits zu ihrer weiteren Ausschließung beitragen."[47] Diese schillernde Doppeldeutigkeit zeigt sich in der
aktuellen sozialpolitischen Debatte zwischen denen, welche die Inklusion der
Arbeitslosen in den Arbeitsmarkt fordern, und denen, welche ihre Exklusion
aus dem Arbeitsmarkt mit Blick auf die Konkurrenzfähigkeit des „Standorts
D" zu legitimieren suchen. An dieser Stelle schließt die Exklusionsdiskussion
an die angloamerikanische „underclass"-Debatte an. In beiden wird davon
ausgegangen, dass Langzeitarbeitslosigkeit und Armut einen Teil der Bevölkerung, eben die „underclass", von der Mehrheitsgesellschaft dauernd isolie-
ren. Die jeweiligen ideologischen Begründungen sind konträr.
        Eine noch zu entwickelnde Theorie der Armut könnte ihren normativen
Bezug allenfalls aus den essenziellen Ideen demokratischer Verfassungen
und ihrer Bekenntnisse zur *sozialen Gerechtigkeit* entwickeln, welche „die
Frage nach der Bedeutung und den Implikationen des in einem demokrati-
schen Gemeinwesen unabdingbaren Prinzips vollwertiger Mitgliedschaft"
aufwerfen. Als gleichberechtigter Staatsbürger anerkannt zu sein heißt, soziale Rechte auf die Teilnahme am gesellschaftlichen und kulturellen Leben
bzw. die Mittel für ein „gesellschaftliches", nach den jeweiligen Maßstäben
anerkennenswertes Leben sowie zur Verwirklichung liberaler und demokratischer Rechte zu haben.[48] Das Prinzip gleicher Teilhabe bildet den Kern von
John Rawls' „Theorie sozialer Gerechtigkeit", die bis heute als Basis aller
wissenschaftlichen Debatten um soziale Gerechtigkeit fungiert. Rawls definiert Ausgangsannahmen für grundlegende Gerechtigkeitsprinzipien: Sie be-

---

45   Siehe Martin Kronauer, Exklusion. Die Gefährdung des Sozialen im hoch entwickel-
     ten Kapitalismus, Frankfurt am Main/New York 2002, S. 14
46   Siehe Sebastian Herkommer, Deklassiert, ausgeschlossen, chancenlos – die Überzäh-
     ligen im globalisierten Kapitalismus, in: ders. (Hrsg.), Soziale Ausgrenzungen. Ge-
     sichter des neuen Kapitalismus, Hamburg 1999, S. 13
47   Martin Kronauer, Exklusion, a.a.O., S. 11f.
48   Vgl. Rainer Forst, Kontexte der Gerechtigkeit, Frankfurt am Main 1994, S. 215

ziehen sich einerseits auf die institutionelle *Grundstruktur* einer Gesellschaft, auf „die Art, wie die wichtigsten gesellschaftlichen Institutionen Grundrechte und -pflichten und die Früchte der gesellschaftlichen Zusammenarbeit verteilen",[49] sowie andererseits auf die Verteilung bestimmter gesellschaftlicher *Grundgüter*, womit „Rechte, Freiheiten und Chancen sowie Einkommen und Vermögen" gemeint sind.[50] Die Liste der Grundgüter spielt eine zentrale Rolle bei der Herstellung gesellschaftlicher Chancengleichheit. Dafür gilt es, Prinzipien zu finden, nach denen die Grundgüter so gerecht wie möglich verteilt werden, „ohne die individuelle Freiheit der Gleichheit zu opfern und umgekehrt."[51] Für die Realisierung sozialer Gerechtigkeit sowohl in der institutionellen Grundstruktur als auch in der Verteilung der Grundgüter sollten folgende Grundsätze als politische Handlungsmaxime gelten: Erster Grundsatz: „Jedermann hat gleiches Recht auf das umfangreichste Gesamtsystem gleicher Grundfreiheiten, das für alle möglich ist." Zweiter Grundsatz: „Soziale und wirtschaftliche Ungleichheiten müssen folgendermaßen beschaffen sein:

1. Sie müssen unter der Einschränkung des gerechten Spargrundsatzes den am wenigsten Begünstigten den größtmöglichen Vorteil bringen und
2. sie müssen mit Ämtern und Positionen verbunden sein, die allen gemäß fairer Chancengleichheit offen stehen."[52]

Diese Gerechtigkeitsgrundsätze fordern „keine gleiche Verteilung gleicher Grundgüter, sie fordern jedoch eine absolute Gleichheit an Grundrechten und -freiheiten der Person, eine größtmögliche Chancengleichheit und eine relative Gleichheit materieller Ressourcen, der zufolge Ungleichheiten rechtfertigungsbedürftig, aber eben auch gegebenenfalls zu rechtfertigen" seien.[53] Rawls stellt klar, dass der erste Grundsatz Vorrang vor dem zweiten, dem sog. Differenzprinzip, hat. Der interne normative Zusammenhang beider ist evident. Chancengleichheit kann nur realisiert werden, wenn grundlegende individuelle Rechte demokratisch institutionalisiert sind. Aber Demokratie und soziale Gerechtigkeit bleiben auf halbem Wege stecken, wenn sie Chancengleichheit nur formal(rechtlich), nicht materiell einlösen. Für die Konkretisierung einer Konzeption sozialer Gerechtigkeit gibt Rawls in seiner Theorie einige Anhaltspunkte; dabei wird die formale Realisierung demokratischer Freiheiten mehr oder weniger vorausgesetzt.

Nach dem Differenzprinzip haben jene Gruppen, die am wenigsten vom gesellschaftlichen Reichtum profitieren, ein Recht darauf, dass diese soziale Ungleichheit ihnen gegenüber gerechtfertigt wird; Rawls billigt ihnen ein

---

49 Siehe John Rawls, Eine Theorie der Gerechtigkeit, Frankfurt am Main 1970, S. 23
50 Siehe ebd., S. 83
51 Siehe Rainer Forst, Kontexte der Gerechtigkeit, a.a.O., S. 217
52 Ebd., S. 136
53 Siehe ebd., S. 218

Vetorecht zu,[54] quasi als essenzielles Recht der Teilhabe im Rahmen der Verwirklichung ihrer bürgerlichen Rechte. „Die Mitglieder der Gesellschaft, die über ungenügende Ressourcen verfügen, um ihre Ziele im Rahmen ihrer Freiheiten angemessen realisieren zu können, genießen nicht die gleichen Freiheiten im gleichen Ausmaß; ihre Freiheit ist weniger wert. Dies gilt für subjektive Freiheitsrechte ebenso wie für politische Teilnahmerechte: Es gilt, den ‚fairen Wert der Freiheit' zu sichern. Wirtschaftliche und soziale Ungleichheiten dürfen nicht zu politischen Benachteiligungen führen."[55] Bürgerliche Rechte können nach Rawls nur realisiert werden, wenn „die Selbstachtung" der Bürger/innen als wichtigstes Grundgut überhaupt gewährleistet ist.[56] Sie hat zwei Dimensionen: das Selbstwertgefühl und das Selbstvertrauen in die eigenen Fähigkeiten. Selbstachtung kann in der politischen Dimension nur über die Anerkennung der Personen als vollwertige Mitbürger/innen entstehen, in der ethischen Dimension nur im Geschätztwerden als Individuen mit einem anerkennenswerten Lebensplan.

Prozedural stellt Rawls sich vor, eine Liste der Grundgüter zu erstellen, die den Bürger(inne)n die vollwertige Mitgliedschaft in der politischen Gemeinschaft ermöglichen.[57] Nach dem Differenzprinzip muss lediglich untersucht werden, welchen Anteil die sozial am wenigsten Begünstigten an Grundgütern haben. Der allgemeine politische Diskurs muss darüber entscheiden,

a)   welche Grundgüter
b)   auf welche Weise
c)   welchen sozialen Gruppen

gewährleistet werden sollen.

Die bisher in der Bundesrepublik realisierte wohlfahrtsstaatliche Verwaltung der sozialen Exklusion am Arbeitsmarkt verweigert Langzeiterwerbslosen den sozialstaatlichen Schutz nicht, dieser wird allerdings immer mehr eingeschränkt. Deshalb besteht die Gefahr des Verlustes der sozialen Bürgerrechte, denn sie büßen ihre partizipatorische Substanz ein. „Die Gesellschaft entwickelt sich in Richtung einer Demokratie der Eliten, gestützt auf Repression gegen Minderheiten."[58] Damit droht der „universalistische Kern der

---

54   Vgl. John Rawls, Eine Theorie der Gerechtigkeit, a.a.O., S. 175
55   Rainer Forst, Kontexte der Gerechtigkeit, a.a.O., S. 219
56   Vgl. John Rawls, Eine Theorie der Gerechtigkeit, a.a.O., S. 479
57   Vgl. Rainer Forst, Kontexte der Gerechtigkeit, a.a.O., S. 220. Diese Aussage bezieht sich auf eine Aussage von John Rawls (Political Liberalism, New York 1993, S. 76): „At the bases of the parties' reliance on primary goods is their recognition that these goods are essential all purpose means to realise the higher – order interests connected with citizens' moral powers and their determinate conceptions of the good."
58   Martin Kronauer, Exklusion, a.a.O., S. 231

Demokratie"[59] außer Kraft gesetzt zu werden. Eine Theorie der Armut müsste den Prozess der sozialen Exklusion verfolgen und klären, wie weit demokratische Grundrechte durch die Zunahme der Armut tangiert sind. Normative Maßstäbe zur Beurteilung des Ausmaßes von Armut, sozialer Ungleichheit und sozialer Exklusion lassen sich innerhalb der jeweiligen Ansätze schwerlich entwickeln. Dazu bedarf es einer Theorie der Armut.

1.5 Die duale Armutsforschung: Vergleich der Lebenslagen und der Lebenswelt von Kindern in Armut

Die allgemein- und forschungspolitische Abstinenz im Bereich der Armutsberichterstattung und -forschung hat dazu beigetragen, dass der Stand des Wissens und der Theorieentwicklung noch relativ niedrig ist. Wir wissen weder genau, wie viel (Kinder-)Armut es gibt, noch wissen wir genau, welche Folgen die Armutserfahrungen gesamtgesellschaftlich und individuell hervorrufen.

Es gibt zwar eine relativ große Anzahl phänomenologischer Beschreibungen bzw. Analysen darüber,

– dass erhöhte Armutsquoten die nachhaltige Entwicklung einer Gesellschaft stören;
– dass soziale Gerechtigkeit möglicherweise in ihren Fundamenten tangiert ist;
– dass die soziale Exklusion von Armut Betroffener durch populistische und stigmatisierende Ausgrenzungsdebatten vorbereitet und später durch haushalts- und finanzpolitische Maßnahmen realisiert wird;
– dass soziale Ungleichheit vor allem in der Verteilung gesellschaftlicher Reichtümer ab einem bestimmten Niveau sozialer und gesellschaftlicher Sprengstoff ist.

Wir wissen nicht genau, welche Folgen kindliche Armutserfahrungen haben, besitzen aber Hinweise darauf,

– dass die Selbstachtung als Grundgut sozialer Gerechtigkeit (John Rawls) tangiert ist;
– dass „soziales" und „kulturelles Kapital" (Pierre Bourdieu) unter Bedingungen sozialer Ungleichheit schwinden und die Bildungs- bzw. Chancengleichheit darunter leidet;
– dass multiple Deprivationen hinsichtlich materieller, sozialer und individueller Ressourcen abweichende Karrieren begründen und dass sich die-

---

59 Siehe Jürgen Habermas, Die Einbeziehung des Anderen. Studien zur politischen Theorie, Frankfurt am Main 1996, S. 149

se im sozialen Raum bzw. in den Lebenswelten von Kindern und Jugendlichen mit einer bestimmten Regelmäßigkeit konstituieren und perpetuieren.

Unklar ist weiter, wie sich die gesellschaftlichen bzw. gesellschaftspolitischen (Makroebene) mit den subjektiven Handlungen (Mikroebene) und diese wiederum auf habituelle Weise mit den Strukturen (Makroebene) verbinden.

Um diese vielfältigen und schwierigen Fragen beantworten zu können,
bedarf es der dualen Armutsforschung: Sie möchte zwei Forschungsrichtungen, Erkenntnisweisen und Methoden miteinander verbinden, die in der Geschichte der Sozialwissenschaften immer aufeinander bezogen waren, sich
aber unabhängig voneinander, lange Zeit sogar gegeneinander entwickelt haben. Diese Trennung muss in produktiver Weiterentwicklung sozialwissen-
schaftlicher Theorie überbrückt werden.

Die duale Armutsforschung sucht in einem einheitlichen und umfassenden Zugriff die Mikro- und Makroansätze soziologischer, ökonomischer, po-
litikwissenschaftlicher und sozialpädagogischer Forschung zu integrieren.
Erst die Verbindung von Makro- und Mikrotheorien, Gesellschaft und Individuum, Handlungs- und Systemtheorie (Jürgen Habermas) sowie objektiven
Verhältnissen und subjektiven Erfahrungen (Pierre Bourdieu) ermöglicht valide Aussagen über objektiv bestehende Armut *und* deren subjektive Verar-
beitungsformen. *Mikro*ansätze orientieren sich an Individuen und deren Interaktionen untereinander, wobei die Abhängigkeit von den sozialen Strukturen zwar gesehen wird, aber nicht im Mittelpunkt des Forschungsinteresses
steht. Dagegen verfolgen *Makro*ansätze vorrangig gesamtgesellschaftliche
Perspektiven.

Ein spezifisches Profil gewinnt die duale Armutsforschung auf folgenden
Ebenen:

–   der wissenschaftstheoretischen, wo sich objektivistische und subjektivi-
    stische Erkenntnisweisen miteinander kombinieren lassen;
–   der analytischen, wo Gesellschafts- und Handlungstheorie miteinander
    verbunden werden und ihre Einbettung in armutstheoretische Zusam-
    menhänge von sozialer Ungleichheit, sozialer Exklusion und sozialer Ge-
    rechtigkeit erfolgt;
–   der methodischen, wo hermeneutische, phänomenologische sowie quan-
    titative und qualitative Methoden einander ergänzen;
–   jener des Theorie-Praxis-Transfers, wo Theoriepraxis und Praxistheorie
    als Folie für Strategien zur Armutsbekämpfung dienen.

Die einzelnen Ebenen müssen so miteinander ins Verhältnis gesetzt werden,
dass gesamtgesellschaftliche Dynamiken und Verlaufsprozesse von Armut
deutlich werden und aufzeigbar ist, wie sich diese in den Individuen „inkorporieren" (Bourdieu) und damit unter bestimmten Bedingungen materielle,

soziale und individuelle Ressourcen von Armutsbetroffenen stabilisieren, die langfristig wiederum Armut und die sie bedingenden gesamtgesellschaftlichen Strukturen perpetuieren.

1.5.1 Die wissenschaftstheoretische Ebene

Hier soll die duale Armutsforschung an Theoriedebatten angeschlossen werden, die in den letzten zwei Jahrzehnten innerhalb der Soziologie stattgefunden haben. Beteiligt waren daran vor allem:

- Jürgen Habermas mit seiner (Mega-)„Theorie des kommunikativen Handelns", die versucht, „System" und „Lebenswelt" über kommunikatives Handeln zu vermitteln;[60]
- Pierre Bourdieu mit seinen Bemühungen um eine dialektische Verbindung objektivistischer und subjektivistischer Forschungen und mit seiner Theorie des sozialen Feldes, des Habitus sowie des ökonomischen, sozialen, kulturellen und symbolischen Kapitals;[61]
- Anthony Giddens mit seiner „Theorie der Strukturierung";[62]
- Ulrich Beck mit seiner Theorie der „Risikogesellschaft".[63]

Bourdieu stellt fest, dass es in den Sozialwissenschaften bislang „zwei Modi der Erkenntnis der sozialen Welt" gebe,[64] die er als objektivistische bzw. subjektivistische Erkenntnisweise bezeichnet: „Von allen Gegensätzen, die die Sozialwissenschaften künstlich spalten, ist der grundlegendste und verderblichste der zwischen Subjektivismus und Objektivismus."[65] Die subjektivistische Forschungspraxis konzentriert sich auf die Primärerfahrung sozialer Akteure und verabsolutiert sie. Von Bedeutung ist all das, was an alltäglicher Erkenntnis stattfindet. Hierzu gehören praktisch erlebte Handlungen und Interaktionen sowie die damit einhergehenden Ideen, Erwartungen, das Wissen

---

60 Vgl. Jürgen Habermas, Theorie des kommunikativen Handelns, 2 Bde., Frankfurt am Main 1981
61 Vgl. Pierre Bourdieu, Entwurf einer Theorie der Praxis auf der ethnologischen Grundlage der Kabylischen Gesellschaft, Frankfurt am Main 1976; ders., Eine intelligente Kunst. Die sozialen Gebrauchsweisen der Fotographie, Frankfurt 1983; ders., Die feinen Unterschiede. Kritik der gesellschaftlichen Urteilskraft, Frankfurt am Main 1987
62 Vgl. Anthony Giddens, Die Konstitution der Gesellschaft, Frankfurt am Main/New York 1995
63 Vgl. Ulrich Beck, Risikogesellschaft. Auf dem Weg in eine andere Moderne, Frankfurt am Main 1986
64 Siehe Pierre Bourdieu, Entwurf einer Theorie der Praxis auf der ethnologischen Grundlage der Kabylischen Gesellschaft, a.a.O., S. 146
65 Ders., Sozialer Sinn. Kritik der theoretischen Vernunft, Frankfurt am Main 1987, S. 49

um etwas, vorgestellte Ziele u.Ä.m.[66] Primärerfahrung wird gerade dadurch, dass sie im unmittelbaren Handlungs- und Erfahrungshorizont des sozialen Akteurs stattfindet und der alltagspraktischen Wahrnehmung direkt zugänglich ist, von diesem als vollkommen selbstverständlich erlebt, also nicht weiter auf ihre konstituierenden, strukturellen und gesellschaftlichen Bedingungen hinterfragt. Die subjektivistische Erkenntnisweise der Forscher/innen versucht nun, diese implizite Erfahrung in ihrer realen Bedeutung explizit zu machen.[67] Problematisch daran ist nach Bourdieu, dass der subjektivistischen Theorie damit die kritische Distanz zum Erkenntnisgegenstand fehlt. Sie geht nicht über eine phänomenologische Bestandsaufnahme der sozialen Welt hinaus, weshalb sie der „Illusion unmittelbarer Erkenntnis" unterliegt.[68] Man versuche, so kritisiert Bourdieu, „eine Wissenschaft von der Gesellschaft einer Bestandsaufnahme des krud gegeben, kurz, der herrschenden Ordnung gleichzustellen."[69]

Gegenstand des Objektivismus sind die objektiven Strukturen und Funktionen. Bourdieu zählt hierzu vor allem die Erkenntnisweisen des Strukturalismus (auch in der marxistischen Variante) und den Funktionalismus. Die objektivistische Sichtweise der sozialen Welt konstruiert Modelle von ihr, die vom Willen und Bewusstsein sozialer Akteure unabhängig sind. Sie stellt auf von der Primärerfahrung der sozialen Akteure relativ unabhängige Sachverhalte ab. Strukturelle, ökonomische, politische und kulturelle Bedingungen sind quasi überindividuell und dadurch die Erfahrung vieler sozialer Akteure strukturierend wirksam. Solche die Erfahrung vorstrukturierenden Bedingungen, welche sich auf eine große Anzahl von Menschen bzw. sozialen Klassen und Schichten beziehen, liegen außerhalb der subjektivistischen Erkenntnisweise. Zwar entwickelt erst der Objektivismus die Bedingungen primärer Erfahrung, aber er muss dazu auch mit ihr brechen. In seinem erkenntnisleitenden Interesse spielt die Primärerfahrung sozialer Akteure nur eine untergeordnete Rolle, wenn sie nicht sogar (absichtlich) vollständig ignoriert wird. Damit unterliegt der Objektivismus nach Bourdieu „der Illusion absoluten Wissens" und begeht den gleichen Fehler wie der Subjektivismus, indem er im nächsten Schritt auch nicht nach den Bedingungen der Möglichkeit seiner, der objektiven Erkenntnis selbst, fragt.[70]

Bourdieu will die wesentlichen Anteile von Subjektivismus und Objektivismus zusammenführen, sieht er doch in beiden Erkenntnisweisen gültige

---

66 Daher wird der Begriff der „subjektivistischen" Erkenntnis von Bourdieu mit jenem der „phänomenologischen" Erkenntnis fast synonym verwendet. Letzterer ist ganz wörtlich als die Lehre von den Erscheinungen zu verstehen.
67 Vgl. Pierre Bourdieu, Sozialer Sinn. Kritik der theoretischen Vernunft, Frankfurt am Main 1993, S. 50
68 Siehe Markus Schwingel, Pierre Bourdieu zur Einführung, Hamburg 1995, S. 45
69 Siehe Pierre Bourdieu, Entwurf einer Theorie der Praxis auf der ethnologischen Grundlage der Kabylischen Gesellschaft, a.a.O., S. 150
70 Siehe Markus Schwingel, Pierre Bourdieu zur Einführung, a.a.O., S. 45

Zugänge zur sozialen Welt. Deren Wahrnehmung hat eine objektive wie eine subjektive Seite. Die Zusammenführung gelingt gerade dadurch, dass Bourdieu auf die dialektische Beziehung zwischen beiden Erkenntniswegen hinweist. Die Dialektik von objektiven und inkorporierten subjektiven Strukturen lässt nach Bourdieu erst soziale (gesamtgesellschaftliche und individuelle) Praxis entstehen.

1.5.2 Die Analyseebene: Verbindung von Gesellschafts- und Handlungstheorie

Um die Folgen von Armut für die Gesellschaft und die einzelnen Individuen erfassen zu können, müssen Gesellschafts- und Handlungstheorie bzw. die objektivistische und die subjektivistische Erkenntnisweise miteinander verbunden werden. Bei der Entwicklung eines theoretischen Rahmens folgte der Forschungsverbund „Armut und Kindheit" den Überlegungen Bourdieus mit seinen Begriffen des Habitus, des ökonomischen, sozialen und kulturellen Kapitals und des sozialen Feldes.

In einem zweiten Schritt wurden die Überlegungen Bourdieus näher an bestehende Debatten über Lebenslagen und Lebenswelt herangeführt. Dies geschah erstens, um Anschluss an bestehende armutstheoretische Debatten zum Lebenslagen- und Spielräumekonzept Weissers bzw. Nahnsens zu bekommen, zweitens, um der lebensweltlichen Komponente im sozialen Raum, d.h. den direkten Einflüssen der personellen Umwelt des sozialen Akteurs, mehr Bedeutung zu geben, als Bourdieu es getan hat, und drittens, um Handlungsempfehlungen für den Theorie-Praxis-Transfer sowohl strukturell-lebenslageorientiert (beschäftigungs-, bildungs-, familien- und sozialpolitisch) wie auch sozialpädagogisch-lebensweltorientiert im sozialen Feld zu verorten.

1.5.2.1 Bourdieus Theorie des Habitus, der Kapitalien und des sozialen Raums

Unter dem Habitus versteht Bourdieu Dispositionssysteme sozialer Akteure, die in der „Dialektik von objektiven und einverleibten Strukturen" entstehen.[71] Die „für einen spezifischen Typus von Umgebung konstitutiven Strukturen" erzeugen seiner Ansicht nach „Habitusformen, d.h. Systeme dauerhafter Dispositionen, strukturierte Strukturen, die geeignet sind, als strukturierende Strukturen zu wirken".[72]

---

71 Siehe Pierre Bourdieu, Entwurf einer Theorie der Praxis auf der Grundlage der Kabylischen Gesellschaft, a.a.O., S. 164f.
72 Ebd., S. 165

Die Strukturen, aus denen der soziale Raum besteht, führen daher sozusagen ein Doppelleben. „Sie existieren zweimal, einmal in der ‚Objektivität erster Ordnung‘, die durch die Distribution der materiellen Ressourcen und der Möglichkeit der Aneignung von gesellschaftlich seltenen Gütern und Waren gegeben ist, und ein zweites Mal in der ‚Objektivität zweiter Ordnung‘, die aus den mentalen und körperlichen Schemata besteht, die als symbolische Matrix des praktischen Handelns fungieren, also der Verhaltensweisen, Gedanken, Gefühle und Urteile der sozialen Akteure."[73] Diese Idee der Dopplung als Struktur- und Handlungsfeld ermöglicht es Bourdieu, die gleichzeitige strukturelle und individuelle Formung des Habitus zu analysieren. Entstehen die Strukturen der Objektivität zweiter Ordnung (Habitus) durch Inkorporierung der Strukturen erster Ordnung, findet die Analyse der objektiven Strukturen ihre konsequente Fortsetzung in der Analyse der subjektiven Dispositionssysteme sozialer Akteure. „Ein Habitus ist also gesellschaftlich – und damit zugleich historisch – bedingt, d.h. er ist nicht angeboren, sondern beruht auf individuellen und kollektiven Erfahrungen, genauer gesagt, ‚er gewährleistet die aktive Präsenz früherer Erfahrungen, die sich in jedem Organismus in Gestalt von Wahrnehmungs-, Denk- und Handlungsschemata niederschlagen‘."[74]

Bourdieu hat mehrfach darauf hingewiesen, dass die subjektive Lebenspraxis durch den Habitus nicht im strengen Sinne determiniert ist, sondern im sozialen Raum lediglich die Grenzen von Handlungspraktiken festgelegt sind, nicht aber die Praktiken an sich. Vor allem gesellschaftliche bzw. soziale Ungleichheit und die damit verbundenen ungleich verteilten Chancen legen nach Bourdieu Spielräume fest, in deren Grenzen die Freiheit für Variationen und Innovationen besteht. Diese Freiheit nennt er „konditioniert und bedingt", weil sie sich in bestehenden Strukturen abspielt.[75] Indem die Habitustheorie die beiden Extreme eines mechanistischen Strukturdeterminismus, der das Prinzip sozialer Praxis in einer Mechanik struktureller Zwänge sieht, und eines subjektivistischen Handlungsvoluntarismus, der soziale Praxis in den freien Entscheidungen eines selbstgewählten Entwurfs begründet sieht, gleichermaßen zurückweist, sucht sie auf der handlungstheoretischen Ebene eine Art goldenen Mittelweg zwischen Subjektivismus und Objektivismus.

Bourdieus Kapitalbegriffe sind eng mit dem Habituskonzept verbunden. Am bedeutendsten ist für ihn das *ökonomische* Kapital, wozu er sämtliche Formen des materiellen Reichtums (Einkommen und Vermögen) rechnet, also nicht nur das Eigentum an Produktionsmitteln, wie es Marx tat. Kulturel-

---

73 Loïc J.D. Wacquant, Auf dem Wege zu einer Sozialpraxiologie. Struktur und Logik der Soziologie Pierre Bourdieus, in: Pierre Bourdieu/Loïc J.D. Wacquant, Reflexive Anthropologie, Frankfurt am Main 1996, S. 24

74 Pierre Bourdieu, Sozialer Sinn (1987), a.a.O., S. 101, zit. nach: Markus Schwingel, Pierre Bourdieu zur Einführung, a.a.O., S. 56

75 Pierre Bourdieu, Sozialer Sinn (1987), a.a.O., S. 103

les Kapital existiert in *objektivierter* Form als Bücher, Gemälde, Kunstwerke, Maschinen, technische Instrumente etc. Kulturelles Kapital in *inkorporierter* Form meint kulturelle Fähigkeiten, Fertigkeiten und Wissensformen, die man durch „Bildung" nicht nur im schulischen bzw. akademischen Bereich erwerben kann. Es ist grundsätzlich personen- und körperbezogen, also nicht übertragbar, wie z.B. ökonomisches Kapital. „Inkorporiertes Kapital ist ein Besitztum, das zu einem festen Bestandteil der ‚Person', zum Habitus geworden ist; aus ‚Habitus' ist ‚Sein' geworden."[76] Die Summe der „Lernzeiten" ist daher ein relativ guter Maßstab für inkorporiertes kulturelles Kapital (Schulbesuche, Studium, Ausbildungen etc.). Kulturelles Kapital in *institutionalisierter* Form bezieht Bourdieu auf Bildungstitel, die er „legitimes kulturelles Kapital" nennt. Die Zulassung zu Berufen z.B. ist insbesondere in Industriegesellschaften von legitim erworbenen Bildungs- und Ausbildungstiteln in jeglicher Form abhängig. Neben dem ökonomischen und kulturellen Kapital erwähnt Bourdieu als dritte Kapitalform das *soziale* Kapital. Hierbei handelt es sich um eine eigenständige Ressource, die auf der Zugehörigkeit zu einer Gruppe beruht (z.B. Familie, Ehemalige von Eliteschulen, Clubs, Adelsgruppen, politische Parteien usw.).[77] Soziales Kapital kann einen „Multiplikatoreffekt" bezüglich der anderen Kapitalformen übernehmen.[78] Je umfangreicher ein Netz an sozialen Beziehungen ist, umso größer sind die Chancen zur Reproduktion ökonomischen und kulturellen Kapitals. Das *symbolische* Kapital schließlich bildet die Summe aller vorgenannten Kapitalformen und kann sie damit potenzieren, ist aber nicht notwendigerweise daran gebunden, sondern stellt sozusagen einen Kredit „an legitimer gesellschaftlicher Anerkennung und Wertschätzung" dar,[79] der einem Menschen auch unabhängig von den anderen Kapitalformen entgegengebracht wird.

Der Begriff „sozialer Raum" fungiert bei Bourdieu als Grundmatrix, die sowohl der klassen- und schichtenspezifischen Entwicklung des Habitus als auch den unterschiedlichen Kapitalformen eine Grundlage gibt. Bourdieu entwickelt aber den sozialen Raum nicht nur in handlungstheoretischer Absicht, sondern sucht darüber auch Anschluss an die gesellschaftstheoretischen Dimensionen der sozialen Ungleichheit. Zur Konstruktion seines Modells des sozialen Raums orientiert er sich am Klassenmodell von Marx, wonach das Kriterium des Besitzes bzw. Nichtbesitzes von Produktionsmitteln die sozialen bzw. gesellschaftlichen Positionen objektiv verteilt. Von der Marx'schen Klassentheorie ausgehend konstruiert Bourdieu einen Raum sozialer Positionen, den er mit dem Raum der Lebensstile kontrastiert, welchen er aus dem Weber'schen Schichten- und Ständemodell herausfiltert. Diese beiden sozialen Räume der sozialen Position und Lebensstile transformiert er entlang ei-

---

76 Ders., Die verborgenen Mechanismen der Macht, Hamburg 1992, S. 56
77 Vgl. ebd., S. 63
78 Siehe ebd., S. 64
79 Siehe Markus Schwingel, Pierre Bourdieu zur Einführung, a.a.O., S. 88

ner horizontalen und vertikalen Achse gemäß den Kriterien des Kapitalvolumens und der -struktur (kulturelles und ökonomisches Kapital).

Abbildung 6: Bourdieus Sozialraum-Modell

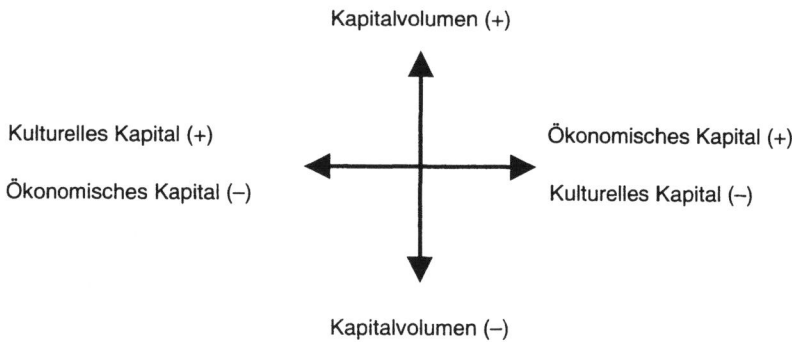

Kapitalvolumen (+)

Kulturelles Kapital (+)   Ökonomisches Kapital (+)

Ökonomisches Kapital (–)   Kulturelles Kapital (–)

Kapitalvolumen (–)

Im Unterschied zu den eindimensionalen Klassen- und Schichtungsmodellen, die nur entlang der vertikalen hierarchischen Achse sozialer Positionen strukturiert sind, gewinnt Bourdieu durch die horizontale Dimension der Lebensstile (in der Kombination von ökonomischem und kulturellem Kapital) ein Modell zur Darstellung gesellschaftlicher Ungleichheit, das es ermöglicht, soziale Positionen (in Form der Kapitalvolumina) mit den korrespondierenden kulturellen und materiellen Kapitalformen als Ausdruck für bestimmte Lebensstile zu verbinden. Auch dem klassen- und schichtspezifischen Habitus gibt Bourdieu damit einen gesellschaftstheoretischen Rahmen, indem er nachweist, dass „soziale Positionen mit korrespondierenden typischen Praktiken und Objekten des kulturellen Konsums und der Lebensführung verbunden sind. Genauer gesagt, zwischen den objektiven Klassenpositionen und den symbolischen Formen der Lebensstile bestehen systematische Beziehungen."[80]

1.5.2.2 Weissers Lebenslagenbegriff, Nahnsens „Spielräume" und Perspektiven der „Lebenswelt"

Die relativ ausführliche Darstellung der Kategorien Bourdieus sollte deutlich machen, dass sich die Konzepte des Habitus, der verschiedenen Kapitalien und des sozialen Raumes dazu eignen, die zentrale Frage nach den Folgen von (Kinder-)Armut umfassend zu beantworten. In die empirische Konzeption der am Forschungsverbund „Armut und Kindheit" beteiligten Einzelpro-

---

80 Siehe Markus Schwingel, Pierre Bourdieu zur Einführung, a.a.O., S. 109

jekte flossen weitere, hier nicht zu erläuternde Theorien ein, die in den jeweiligen Expertisen (Kapitel 4, 5 und 6) offengelegt werden. Einen gemeinsamen Rahmen bildete hingegen das Lebenslagenkonzept von Gerhard Weisser. Wie bei Bourdieu wird der Zusammenhang zwischen objektiven, strukturellen Dimensionen und den subjektiven, auf Aktion zielenden Dimensionen der Handlungsspielräume und Interessenrealisierung benannt. Helmut Hartmann erachtet das Verhältnis zwischen objektiv gegebenen Handlungsspielräumen und den subjektiv vorhandenen Interessenorientierungen (im Rahmen der äußeren Umstände) als das Wichtige an der Definition Weissers.[81] Er weist auch darauf hin, dass Weissers Konzept die soziale Exklusion berücksichtigt: Armut sei erst zu reduzieren, wenn sich den Betroffenen die Chance eröffne, ihre prekäre Situation durch Eigentätigkeit zu verbessern.

Operationalisierungsprobleme verhinderten bisher die Umsetzung des Lebenslagenkonzepts in empirischen Studien, geschweige denn in der Armutsberichterstattung. Ingeborg Nahnsen hat jedoch wichtige Hinweise dafür gegeben, indem sie die Bedingungskomplexe der Lebenslagen mit fünf Handlungs-„Spielräumen" verband:

- dem Versorgungsspielraum;
- dem Kommunikations-, Interaktions- und Kooperationsspielraum;
- dem Lern- und Erfahrungsspielraum;
- dem Dispositions- und Entscheidungsspielraum;
- dem Muße- und Regenerationsspielraum.[82]

Werner Hübinger verweist auf die Probleme der angemessenen Umsetzung des Weisser'schen Konzepts. Es sei notwendig, vorher schwierige theoretische und empirische Aufgaben zu lösen, darunter:

- die Bestimmung der gesellschaftlichen Faktoren, welche auf die Lebensbedingungen der Menschen einwirken;
- die Ausarbeitung der handlungstheoretischen Bezüge des Lebenslagenbegriffs;
- die inhaltliche Bestimmung der einzelnen Komponenten, welche die verschiedenen Handlungsspielräume enthalten;
- die Bestimmung und Analyse des Zusammenhangs der Einzelspielräume, welche die Lebenslage determinieren;
- die Umschreibung der Handlungsspielräume im Hinblick auf Lagen, welche Armut anzeigen;

---

81 Vgl. Helmut Hartmann, Lebenslage Armut – ein Konzept zur Armutsbeschreibung und Armutspolitik, in: Theorie und Praxis der sozialen Arbeit 12/1992, S. 454

82 Vgl. Ingeborg Nahnsen, Lebenslagenvergleich. Ein Beitrag zur Vereinigungsproblematik, in: Heinrich A. Henkel/Uwe Merle (Hrsg.), Magdeburger Erklärung. Neue Aufgaben der Wohnungswirtschaft. Beiträge zum deutschen Einigungsprozeß, Regensburg 1992, S. 101ff.

– die Bestimmung einer Gesamtheit von beschränkten Handlungsspielräumen, aus der Armut erst hervorgehen kann oder die sie definiert.[83]

Neben der Notwendigkeit einer Verbindung von Struktur- und Handlungs-
theorien wird hier noch einmal die Komplexität des Themas deutlich, welche
die duale Armutsforschung durch Einbettung des Weisser'schen Lebenslagenbegriffs in Bourdieus Konzept des Habitus, der Kapitalien und des sozialen Raums zu reduzieren sucht. Dabei hilft ihr ein weiterer Schlüsselbegriff,
nämlich jener der *Lebenswelt*. Er wird in der Fachliteratur so inflationär benutzt, dass ihn Niklas Luhmann die „erfolgreichste Erfindung des Jahrhunderts" nannte.[84] Sein Bedeutungsgehalt ist bis heute schwer fassbar. Bernd
Dewe zählt allein 10 differierende Begriffe bzw. Konzepte auf.[85] Nachfol-
gend werden drei Perspektiven skizziert.

Aus der *makrosoziologischen, objektivistischen* Perspektive lässt sich
Lebenswelt mit Habermas charakterisieren.[86] Im dualen Modell von „Lebenswelt und System" sind beide über die Handlungsrationalität (Unterscheidung zwischen zweckrationalem und kommunikativem Handeln) miteinander
verbunden. System und Lebenswelt analysiert Habermas mit Hilfe unterschiedlicher Rationalitätsbegriffe – Handlungsrationalität und gesellschaftliche Rationalisierung. Diesen zwei Rationalitäts- bzw. Rationalisierungstypen
ordnet er unterschiedliche Formen sozialen Handelns zu: das zweckrationale
(teleologische, normative, dramaturgische) und das kommunikative Handeln.

Habermas spricht von „kommunikativen Handlungen, wenn die Handlungspläne der beteiligten Akteure nicht über egozentrische Erfolgskalküle,
sondern über Akte der Verständigung koordiniert werden. Im kommunikativen Handeln sind die Beteiligten nicht primär am eigenen Erfolg orientiert,
sie verfolgen ihre individuellen Ziele unter der Bedingung, dass sie ihre
Handlungspläne auf der Grundlage gemeinsamer Situationsdefinitionen aufeinander abstimmen können. Insofern ist das Aushandeln von Situationsdefinitionen ein wesentlicher Bestandteil der für kommunikatives Handeln erforderlichen Interpretationsleistungen."[87] Kommunikatives Handeln ist inter-
subjektives Handeln, es ist nicht strategisch, nicht zweck- bzw. erfolgsorien-
tiert, sondern auf das gemeinsame Ziel der Verständigung orientiert.

Diesen Typ sozialen/kommunikativen Handelns charakterisiert Habermas als Prototyp des Handelns in der Lebenswelt, worunter er versteht, was

---

83   Vgl. Werner Hübinger, Prekärer Wohlstand, a.a.O., S. 65f.
84   Siehe Niklas Luhmann, Die Lebenswelt – nach Rücksprache mit Phänomenologen, in:
     Archiv für Rechts- und Sozialphilosophie 2/1986, S. 176
85   Vgl. Bernd Dewe, Lebenswelt – eine Orientierung für Sozialarbeit, in: Peter Pantu-
     cek/Monika Vyslouzil (Hrsg.), Theorie und Praxis Lebenswelt-orientierter Sozialar-
     beit, St. Pölten 1989, S. 14f.
86   Vgl. Jürgen Habermas, Theorie des kommunikativen Handelns, Bd. 1: Handlungsra-
     tionalität und gesellschaftliche Rationalisierung, a.a.O., S. 452
87   Ebd., S. 385

für die interaktiv handelnden Individuen als Hintergrund ihres Handelns unreflektiert immer existiert und in der Sozialisation stattfindet. „Die Sozialisation der Angehörigen einer Lebenswelt stellt schließlich sicher, dass neu auftretende Situationen in der Dimension der historischen Zeit an die bestehenden Weltzustände angeschlossen werden: sie sichert für nachwachsende Generationen den Erwerb *generalisierter Handlungsfähigkeiten* und sorgt für die *Abstimmung* von *individuellen Lebensgeschichten* und *kollektiven Lebensformen.*"[88]

Das Lebensweltkonzept gewährleistet für Habermas den Anschluss der Handlungs- an die Gesellschaftstheorie: „Erst mit der Rückwendung auf den kontextbildenden Horizont der Lebenswelt, aus der heraus sich die Kommunikationsteilnehmer miteinander über etwas verständigen, verändert sich das Blickfeld so, dass die Anschlussstellen der Handlungstheorie für die Gesellschaftstheorie sichtbar werden: das Gesellschafts-Konzept muss an ein zum Begriff des kommunikativen Handelns komplementäres Lebenswelt-Konzept angeknüpft werden."[89]

Den Systembegriff koppelt Habermas an das zweckrationale Handeln. Dieser Handlungstyp, der die gesamte Gesellschaft dominiert, tangiert auch die Lebenswelt und ruft hervor, was Habermas als „Kolonialisierung der Lebenswelt" bezeichnet: „Die Frontlinie zwischen System und Lebenswelt bekommt damit eine ganz neue Aktualität. Heute dringen die über die Medien Geld und Macht vermittelten Imperative von Wirtschaft und Verwaltung in Bereiche ein, die irgendwie kaputt gehen, wenn man sie vom verständigungsorientierten Handeln abkoppelt und auf solche mediengesteuerten Interaktionen umstellt. Das sind Prozesse, die nicht mehr in das Schema der Klassenanalyse passen, aber man kann zeigen, daß es einen funktionalen Zusammenhang gibt zwischen den Konflikten, die in Kernbereichen der Lebenswelt auftreten, und den Funktionsnotwendigkeiten kapitalistischer Modernisierung."[90] Dieser Satz könnte aus der heutigen Zeit stammen, charakterisiert er doch die aktuelle Armut als Folge der Funktionsnotwendigkeiten kapitalistischer Modernisierung.

Aus der *subjektivistischen* Perspektive schließt die Lebenswelt nicht nur die Natur, sondern auch die Sozial- und Kulturwelt ein, in der sich eine Person befindet.[91] So lässt sich die Lebenswelt als mikrosozialer Raum der sozialen Begegnung und Einbettung von sozialen Akteuren in informelle, selbstverständliche soziale Gruppen definieren. Aus der subjektivistischen Perspektive von Edmund Husserl, Alfred Schütz, Peter L. Berger, Thomas

---

88 Jürgen Habermas, Theorie des kommunikativen Handelns, Bd. 2: Zur Kritik der funktionalistischen Vernunft, a.a.O., S. 213 (Hervorh. im Original)
89 Jürgen Habermas, Theorie des kommunikativen Handelns, Bd. 1, a.a.O., S. 452
90 Ders., Dialektik der Rationalisierung, in: Jürgen Habermas., Die neue Unübersichtlichkeit, Frankfurt am Main 1989, S. 189
91 Vgl. Alfred Schütz/Thomas Luckmann, Strukturen der Lebenswelt, Bd. 1, Frankfurt am Main 1979, S. 27

Luckmann, Harold Garfinkel und Erving Goffman ist die Lebenswelt gleichbedeutend mit dem Alltag bzw. unbewussten, nicht mehr hinterfragten Regeln, die das Alltagshandeln und -wissen steuern und darüber soziale Praxis
herstellen.

Eine *dritte*, als *praxeologisch* zu bezeichnende Perspektive des Lebens-
weltbegriffs hat die Sozialarbeit/-pädagogik in Anlehnung an Pierre Bourdieu
entwickelt. Das Handlungskonzept der Lebensweltorientierung zielt primär
auf die „Eigen-Sinnigkeit" der Handlungs-, Wahrnehmungs- und Deutungs-
muster ihrer Adressat(inn)en. Soziale Arbeit bemüht sich um die Stützung
primärer Hilfebeziehungen und orientiert sich an den Sichtweisen, Bedürfnissen und Möglichkeiten der sozialen Akteure. Sie will Handlungskompetenz
fördern sowie die Aktivierung/Selbstorganisation der Betroffenen voranbrin-
gen. Lebensweltansätze in der Sozialen Arbeit werden kritisiert, wenn sie in
der subjektivistischen Perspektive verharren und die gesellschaftliche Dimension übergreifender Steuerungsprobleme der Sozialen Dienste, d.h. die
Systemperspektive, aus dem Auge verlieren. Hier schließt die Sichtweise der
Sozialarbeit/-pädagogik an Habermas' Kolonialisierungsthese an.

Die duale Armutsforschung ergänzt aus zwei Gründen die Dimensionen
der Lebenswelt und der Lebenslagen: Erstens konkretisiert sie Bourdieus sozialen Raum hinsichtlich des „Ortes", wo der Habitus gebildet wird. Gemeint
sind damit alle Sozialisationsinstanzen im sozialen Raum, die eine Rolle spielen können. Zweitens nimmt der Lebenswelt- gegenüber dem Lebenslagenbegriff primär die Subjektperspektive auf. Insofern besteht zwischen der Objekt-
Subjekt-Perspektive des Lebenslagenkonzepts und der Subjekt-Objekt-Pers-
pektive des Lebensweltkonzepts ein dualer Struktur-Handlungs-Bezug, welcher
auch das Konzept Bourdieus durchzieht. Dadurch wird die „Punktgenauigkeit"
der Strategien zur Armutsreduktion erhöht: Auf die strukturorientierten Le-
bensweltdimensionen zielen eher sozialpolitische, auf die handlungsorientierten
Lebenweltdimensionen eher sozialpädagogische/-arbeiterische Handlungsstrategien.

1.6 Die vergleichende Berichterstattung zu Kinderarmut in Europa und weltweit

Abschließend soll ein Schlaglicht auf die vergleichende Kinderarmutsberichterstattung im Rahmen der Europäischen Union sowie der Vereinten Nationen geworfen werden.[92] Hierbei erweist sich, dass die wissenschaftliche

---

92 Vgl. dazu auch: Uwe Schulz, Kinderarmut (re)visited oder: Vorübungen für Wunder,
    in: Zeitschrift für internationale Bildungsforschung und Entwicklungspädagogik
    1/2001, S. 35ff.; Christoph Butterwegge/Michael Klundt, Kinderarmut im internatio-

Repräsentation von Kinderarmut im Rahmen der allgemeinen (man könnte auch sagen: „konventionellen") Armutsforschung stattfindet und darüber trotz der Besonderheit kindlicher Lebenslagen und -welten konzeptionell kaum hinausgeht.

Generell werden Kinder als „arm" mitverbucht, wenn die Haushalte, in denen sie leben, unterhalb einer festgelegten Einkommensschwelle liegen. Zwar kann das Wohlergehen von Kindern in der Regel nicht unabhängig vom Wohlergehen ihrer Familien oder der gemeinschaftlichen Bezüge, in denen sie leben, gesehen werden. Obwohl die sozialpolitische Bekämpfung von Kinderarmut im Zusammenhang allgemeiner wirtschafts-, sozial- oder familienpolitischer Interventionen steht, muss die Armut von Kindern getrennt von der Armut Erwachsener betrachtet werden: Genauso, wie Frauen von Armut anders betroffen sind als Männer,[93] sind Kinder auch anders betroffen als Erwachsene.

Die Armut von Kindern hinsichtlich gesundheitlicher Konsequenzen oder ungleicher Bildungs- und späterer Erwerbs- und Einkommensmöglichkeiten zu untersuchen, wie es häufig getan wird, hat seine Berechtigung. Diese Problemsicht erfolgt jedoch oft genug aus einer „Humankapital"-Perspektive, bei der gefragt wird: Werden aus Kindern, die unter solchen Umständen aufwachsen, produktive Mitglieder der Gesellschaft oder Erwachsene, die auf Leistungen des Sozialstaates angewiesen sind? Kinder haben aber jenseits zukünftiger Produktivität ein Leben aus sich heraus. Daher muss die Armut von Kindern separat analysiert und vergleichbar erfasst werden. Wie H. Gerhard Beisenherz bemerkt, ist noch viel zu wenig darüber bekannt, was Armut für die betroffenen Kinder im konkreten Alltag heißt.[94] Kinder machen sich ihre eigenen Gedanken und erleben „objektive" Deprivationen auf andere Weise als Erwachsene. Um das Bedingungsgefüge von Armutsursachen und -wirkungen hinreichend zu verstehen, muss man Kinder nicht nur hinsichtlich einer „subjektiven Armutsdefinition" zu Wort kommen lassen, sondern auch die über Güter und Ressourcen hinausgehenden individuellen, sozialen und kulturellen Kapitalien als Bestandteil kindlicher Lebenswelten in Armut verstehen.

---

nalen Vergleich. Hintergründe, Folgen und Gegenmaßnahmen, in: WSI-Mitteilungen 6/2002, S. 326ff.

93   Vgl. dazu beispielsweise: Ruth Köppen, Armut und Sexismus, Berlin 1994; Eva Mädje/Claudia Neusüß, Frauen im Sozialstaat. Zur Lebenssituation alleinerziehender Sozialhilfeempfängerinnen, Frankfurt am Main/New York 1996

94   Vgl. H. Gerhard Beisenherz, Kinderarmut in der Wohlfahrtsgesellschaft. Das Kainsmal der Globalisierung, Opladen 2002, S. 293

1.6.1 *(Kinder-)Armut in den EU-Staaten*

1.6.1.1 Politischer Hintergrund und Datenlage

Seit dem Inkrafttreten des Amsterdamer Vertrages am 1. Mai 1999 gehört die „Bekämpfung von sozialer Ausgrenzung" (Art. 136) insbesondere auch mit Blick auf Kinder explizit zu den sozialpolitischen Zielsetzungen der Europäischen Union. Zur Umsetzung dieser politischen Agenda entwickelten die 15 EU-Staaten sog. Nationale Aktionspläne zur Bekämpfung der sozialen Ausgrenzung und Armut, welche die Grundlage des „Aktionsprogramms der Gemeinschaft zur Bekämpfung der sozialen Ausgrenzung 2002-2006" bilden, das aufgelegt wurde, „um die Zahl der von Armut und sozialer Ausgrenzung bedrohten Menschen bis 2010 erheblich zu senken".[95] Im Jahr 1998 lebten 68 Mio. Menschen oder 18 Prozent der EU-Bürger/innen in Armut bzw. waren von Armut bedroht.[96]

Mit dem European Community Household Panel (ECHP) gibt es seit Mitte der 1990er-Jahre eine Datenquelle, mit deren Hilfe in vergleichender Perspektive einigermaßen verlässliche Aussagen über die soziale Situation von Kindern und Jugendlichen in Europa gemacht werden können, was ein großer Fortschritt ist.[97] Erheblich mehr Berechnungen von Kinderarmut sind jedoch im Gefolge der auf die Organisation für wirtschaftliche Zusammenarbeit und Entwicklung (OECD) bezogenen Luxembourg Income Study (LIS) entstanden. Beide Datenquellen haben drei Dinge gemeinsam:

1. Bei beiden Projekten handelt es sich um ressourcenorientierte Haushaltsdatensätze, die nicht spezifisch für eine vergleichende Armutsforschung und -berichterstattung angelegt worden sind.
2. Sowohl das ECHP als auch die LIS fördern zum Teil erheblich veraltete Ergebnisse zu Tage. Beispielsweise bezieht sich die aktuelle ECHP-Benutzerdatenbank vom Dezember 2001 auf Einkommenserhebungen aus dem Kalenderjahr 1997.
3. Die Vergleichbarkeit der Kinderarmutsquoten zwischen den einzelnen Ländern bleibt trotz der Bestrebungen zur Harmonisierung der jeweils national erhobenen Daten aufgrund einer Reihe von Besonderheiten begrenzt. Vor dem Hintergrund dieser Einschränkungen stellt Tabelle 4 die Daten von drei aktuellen Erhebungen in vergleichender Absicht nebeneinander.

---

95 Siehe Rat der Europäischen Union, Schlussfolgerungen des Vorsitzes, Barcelona, 15./16.3.2002, Bulletin v. 18.3.2002, Dokument PE 316.165, Punkt 24
96 Vgl. Eurostat, Die soziale Lage in der Europäischen Union. Kurzfassung, Brüssel 2002, S. 9
97 Das ECHP ist nach insgesamt 8 Jahren Laufzeit (1994-2001) eingestellt worden. 2003 soll es durch die European Union-Statistics on Income and Living Conditions (EU-SILC) ersetzt werden.

Tabelle 4: Kinderarmutsquoten auf der Grundlage von jährlich durchschnittlich zur Verfügung stehenden Äquivalenzeinkommen (in %)

Land	European Community Household Panel Anteil der Kinder in Haushalten mit >60% des nationalen Medians (1998)[98]	Luxemburg Income Study Anteil der Kinder in Haushalten mit >50% des nationalen Medians[99]	Immervoll u.a. 2001 Anteil der Kinder in Haushalten mit >50% des EU-15 Mittelwerts (alle 1994)[100]
Belgien	18	7,7 (1997)	11,0
Dänemark	3	8,7 (1997)	3,1
Deutschland	26	10,6 (1994)	13,8
Finnland	6 (1997)	2,8 (2000)	2,3
Frankreich	22	7,9 (1994)	11,4
Griechenland	21	–	35,0
Großbritannien	26	15,4 (1999)	22,2
Irland	23	16,8 (1997)	35,1
Italien	28	20,2 (1995)	30,6
Luxemburg	17 (1996)	4,5 (1994)	2,5
Niederlande	17	8,1 (1994)	9,2
Österreich	16	15,0 (1995)	14,3
Portugal	27	–	51,7
Schweden	11	2,6 (1995)	5,1
Spanien	25	12,2 (1990)	38,3
EU-15	24		

Bezogen auf die ECHP-Daten war 1998 in der EU etwa jedes 4. Kind unter 16 Jahren einkommensarm. Im Vergleich zur EU-Gesamtbevölkerung (18%) weisen Kinder somit ein um ein Drittel höheres Armutsrisiko auf. Es ist für Kinder besonders hoch, wenn sie mit einem Elternteil (35%) oder mit zwei oder mehr Geschwistern in einer Familie mit zwei Erwachsenen leben (41%). In Irland (48%), Deutschland (47%) und Großbritannien (45%) ist laut ECHP-Berechnungen beinahe jeder 2. Haushalt von Alleinerziehenden einkommensarm; im Falle zweier Erwachsener mit 3 oder mehr Kindern sind es in Deutschland sogar 56 Prozent – die höchste Quote in der gesamten EU. Einschränkend

---

98 Vgl. Eurostat, Die soziale Lage in der Europäischen Union 2002, Luxemburg 2002, S. 125. Die Daten entstammen dem Europäischen Haushaltpanel, Welle 5, Dezember 2001 (Kinder <16 Jahre)

99 Vgl. Luxemburg Income Study (LIS) Key Figures, http://www.lisproject.org/keyfigures.htm v. 2.12.2002. Die Daten für Irland entstammen nicht dem LIS-Datensatz, werden jedoch wiedergegeben in UNICEF, A league table of child poverty in rich nations. Innocenti Report Card No. 1, Florenz 2000, S. 4 (Kinder <18 Jahre)

100 Vgl. Herwig Immervoll u.a., Reducing child poverty in the European Union: the role of child benefits, in: Koen Vleminckx/Timothy M. Smeeding (Hrsg.), Child well-being, child poverty and child policy in modern nations. What do we know?, Bristol 2001, S. 407ff. Die Werte basieren auf Daten der 2. ECHP-Welle; bei Schweden und Finnland wurden nationale Einkommensverteilungsstatistiken herangezogen (Kinder <16 Jahre).

lässt sich jedoch sagen, dass in diesen von einem Armutsrisiko am stärksten betroffenen Haushaltstypen nur 12 Prozent aller EU-Bürger leben.[101]

1.6.1.2 Kinderarmut und/oder soziale Ausgrenzung von Kindern

Wie bereits erwähnt, hat sich im Laufe der 90er-Jahre insbesondere in der EU eine konzeptionelle Verschiebung von „Armut" zu „sozialer Exklusion" ergeben. Der hohen Popularität des Konzepts steht dabei ein Mangel an Klarheit über seine Bedeutung gegenüber. Schon die EU-Armutsdefinition operiert mit dem Begriff „ausschließen"[102]; überhaupt weisen eine Reihe der Versuche, soziale Exklusion definitorisch zu fassen, starke Anleihen beim EU-Armutsverständnis auf.[103] In den Analysen von Eurostat, dem Europäischen Statistischen Amt, findet man gleichfalls wenig Konkretes, das ohne das Konzept der sozialen Exklusion dort nicht anzutreffen wäre.[104]

Sofern es um die Situation armer und potenziell ausgegrenzter Kinder geht, kann die Debatte um eine konzeptionelle Ausweitung bzw. Veränderung jedoch fruchtbar sein.[105] Es besteht Einigkeit darüber, dass die Exklusionsperspektive eine relationale Dimension, also Aussagen über Verhältnisse zwischen Gruppen, hinzufügt. Wenn dieser Blickwinkel zutrifft, ist mit Bezug auf Kinder zu fragen, von wem, im Vergleich zu wem und durch welche Prozesse sie ausgegrenzt werden. Gleichzeitig gerät die Handlungs- gegenüber der Strukturperspektive dabei stärker in den Blick, als das gegenwärtig der Fall ist.

Diese Aspekte sind auf der EU-Ebene bestenfalls in Ansätzen bedacht. Die dort vorherrschende Tendenz, Kinder in Verhältnis zum Status ihrer Eltern oder im Kontext von Familienpolitik zu sehen, hat auch zur Konsequenz, dass das existierende EU-Rahmenwerk zur Analyse sozialer Ausgrenzung in keiner Weise auf Kinder ausgerichtet ist. Von den 18 Indikatoren, mit deren Hilfe die EU den Bereich von Armut und sozialer Ausgrenzung einheitlich erfasst, lassen sich nur jene, die sich auf verschiedene Dimensionen von Niedrigeinkommen beziehen, eigenständig auf die Gruppe der Kinder an-

---

101 Vgl. Eurostat, Die soziale Lage in der Europäischen Union 2002, a.a.O., S. 116ff.

102 „The poor shall be taken to mean persons, families and groups of persons where resources (material, cultural and social) are so limited as to exclude them from a minimum acceptable way of life in the Member States in which they live." (European Council Decision, 85/8/EEC, 19.12.1984)

103 Vgl. Rat der Europäischen Union, Gemeinsamer Bericht über die soziale Eingliederung, Teil 1: Die Europäische Union, einschließlich Zusammenfassung, Dokument 15223/01, Brüssel 12.12.2001, S. 11

104 Vgl. John Micklewright, Social exclusion and children: a European view for a US debate, CASE Working Paper, London 2002, S. 8

105 Dies gilt im Grunde allein schon deswegen, weil Kinder auch sozial ausgegrenzt werden können, ohne als (einkommens)arm zu gelten.

wenden.[106] Innerhalb des ECHP gibt es bislang keine spezifischen Indikatoren, die dazu benutzt werden können, Ausgrenzung bei Kindern zu erfassen.[107] Und schließlich werden die nichtmonetären Indikatoren, welche im Rahmen des Surveys subjektive Erfahrungen von Armut und sozialer Exklusion untersuchen (z.b. persönlich wahrgenommener Gesundheitsstatus, Wahrnehmung regelmäßiger Sozialkontakte, Zufriedenheit mit der eigenen Hauptaktivität etc.), auf Kinder und Jugendliche unter 16 Jahren nicht angewandt (und es gibt auch keine äquivalenten Fragestellungen).[108]

Im vorherrschenden „Citizen as Worker"-Fokus der Europäischen Union werden Kinder nicht richtig sichtbar.[109] Die deutliche Betonung von Beschäftigung als fast ausschließlichem Weg in die soziale Integration, der sozialpolitische Akzent auf der Arbeitsmarktpolitik und die Abwesenheit eines Aktionsprogramms für Kinder (in Gegensatz z.B. zu den Nationalen Aktionsplänen für Beschäftigung) unterstreichen dies. Das Hauptaugenmerk der EU liegt auf dem produktiven, mit hohem Humankapital ausgestatteten Wirtschaftsbürger. Das sind Kinder nicht, was sich in einer undifferenzierten Kinderarmutsberichterstattung widerspiegelt.

1.6.2 Die Kinderarmutsdiskussion im UN-Zusammenhang

1.6.2.1 Politischer Hintergrund und Datenlage

Mit Blick auf die Situation von Kindern stecken die Poverty Reduction Strategies (PRS)[110] und die sog. Millenniumsziele gegenwärtig den Rahmen der im System der Vereinten Nationen angesiedelten internationalen Armutsdiskussion ab. Nicht weniger als fünf der insgesamt acht auf dem sog. UN-Millenniumsgipfel der Staats- und Regierungschefs im September 2000 beschlossenen Entwicklungsziele beziehen sich entweder direkt auf die Verbesserung der Lage der Kinder oder bedienen sich zur Evaluation des Fort-

---

106 Vgl. Ausschuss für Sozialschutz, Bericht über Indikatoren im Bereich Armut und soziale Ausgrenzung, Oktober 2001, http://europa.eu.int/comm/employment_social/-news/2002/jan/report_ind_de.pdf v. 15.11.2002
107 Vgl. John Micklewright, Social exclusion and children: a European view for a US debate, a.a.O., S. 11
108 Vgl. Sandy Ruxton/Fran Bennett, Including children?, Developing a coherent approach to child poverty and social exclusion across Europe, Brüssel 2002, S. 36
109 Vgl. ebd., S. 17
110 Auf die Poverty Reduction Strategies als Instrument der Armutsbekämpfung kann hier nicht gesondert eingegangen werden. Für einen Überblick und einige Fallstudien vgl. Walter Eberlei/Thomas Siebold, Armutsbekämpfung in Afrika: Neue Ansätze oder alte Konzepte?, INEF-Report Nr. 64, Duisburg 2002. Zur Einschätzung möglicher Effekte dieser Strategien auf die Situation von Kindern in den ärmsten Ländern vgl. Rachel Marcus/John Wilkinson, Whose poverty matters?, Vulnerability, social protection and PRSPs, CHIP Working Paper No. 1, London 2002

schritts direkt kindbezogener Indikatoren.[111] Dass eine in punkto Armutsverminderung effektive Reformpolitik gerade in den am wenigsten entwickelten Ländern (least developed countries, LDC) vor allem Südasiens und des südlichen Afrikas von hoher Bedeutung ist, verdeutlicht der folgende Überblick kindbezogener Armutsindikatoren.

Tabelle 5: Kinderarmut weltweit: basale Indikatoren[112]

Regionen/ Länderkategorien	U5MR[a] (%) 1990 2001		U1MR[b] (%) 2001	% Kinder mit niedr. Geburts- gewicht 1995-2000[c]	% Unter 5- Jährige mit mittl./starkem Untergewicht 1995-2001[c]	Netto- Beschulungs- quote (%) Primarschule 1995-2001[c]
Sub-Sahara-Afrika	18,0	17,3	10,7	12	29	57
Mittlerer Osten/N.- Afrika	8,1	6,1	4,7	11	14	80
Südasien	12,8	9,8	7,0	26	46	71
Ostasien/Pazifik	5,8	4,3	3,3	8	17	91
Lateinamerika/Karibik	5,4	3,4	2,8	9	8	95
Zentral-/Osteuropa, GUS	4,4	3,7	3,0	9	7	89
Industrieländer	0,9	0,7	0,5	7		97
Entwicklungsländer	10,3	8,9	6,2	14	27	79
LDC	18,0	15,7	10,0	18	36	56
Welt	9,3	8,2	57	14	27	81

a) U5MR: Sterblichkeitsquote der Unter-5-Jährigen
b) U1MR: Sterblichkeitsquote der Unter-1-Jährigen
c) Alle Angaben beziehen sich jeweils auf die in den Zeiträumen zuletzt verfügbaren Daten.

Mehr als ein Viertel der in den Entwicklungsländern lebenden Kinder unter 5 Jahren gelten als unterernährt. Von den 11 Mio. jährlichen Sterbefällen in dieser Altersgruppe, die mit relativ geringem Aufwand zu verhindern wären, werden etwa die Hälfte mit Mangel- oder Unterernährung in Verbindung gebracht. In den 90er-Jahren ist es weltweit dennoch über 60 Ländern gelungen, z.B. die Sterblichkeitsquote der Unter-5-Jährigen um mehr als ein Drittel oder die Verbreitung mittleren und starken Untergewichts in dieser Altersgruppe zu reduzieren. Solche (und andere im globalen Rahmen mäßige) Fortschritte prägen sich regional gesehen unterschiedlich aus. So steht dem Abbau extremer Armut in Ostasien (v.a. der VR China) eine deutliche Zunahme in den Ländern Südasiens sowie Afrikas südlich der Sahara gegenüber: Ein-

---

111 Die Millenniumsziele lauten: 1) Hunger ausrotten; 2) universelle Grundschulbildung erreichen; 3) Geschlechtergleichheit und die Ermächtigung von Frauen fördern; 4) Kindersterblichkeit reduzieren; 5) Müttergesundheit verbessern; 6) HIV/Aids, Malaria und andere Krankheiten bekämpfen; 7) ökologische Nachhaltigkeit sichern; 8) globale Entwicklungspartnerschaft einrichten. Vgl. www.developmentgoals.org v. 1.12.2002
112 Vgl. UNICEF, State of the World's Children 2003, New York 2002, S. 87ff.

kommensarmut verschiebt sich in diese Regionen.[113] Die Zahl der Kinder, welche in die Kategorie der extrem Armen fallen, wird gegenwärtig auf ca. 600 Mio. geschätzt.[114]

1.6.2.2 Konzepte und Messung von Kinderarmut

Die gängigen vergleichenden Indikatoren zur Repräsentation von Kinderarmut beziehen sich auf die Dimensionen Überleben, Gesundheit, Ernährung und Bildung. So entsteht ein umfassendes Bild frühkindlicher Entwicklungsrisiken, das aufgrund der zum Teil extremen Armutslagen in den Entwicklungsländern düster bleibt. Da die Sicherung fundamentaler Überlebensbedingungen von Kindern eine Grundvoraussetzung für die Berichterstattung bildet, ist die Sterblichkeitsquote von Unter-5-Jährigen (U5MR) laut UNICEF der wichtigste Einzelindikator für kindliches Wohlergehen und den Stand menschlicher Entwicklung eines Landes.[115]

Die internationale, auf Vergleichbarkeit angelegte Armutsberichterstattung im UN-System kennzeichnen multidimensionale Indikatoren über unbefriedigte Grundbedürfnisse, multidimensionale kombinierte Methoden der Messung und eindimensionale Armutsschwellen (wie Einkommen/Konsum oder Warenkörbe).[116] Für Letztere ist die weltweit wichtigste multilaterale Entwicklungsorganisation bekannt, die Weltbank. Auf operativer Ebene benutzt sie nach wie vor die Schwelle von 1 oder 2 US-Dollar, die zur Befriedigung der lebensnotwendigen Grundbedürfnisse täglich zu Verfügung stehen (Kaufkraftstandards). Bei der Repräsentation von (Kinder-)Armut kombiniert die Weltbank diese extremen Formen von Einkommensarmut mit Unterversorgung in den Bereichen Gesundheit und Bildung als Proxyvariable.[117]

Unter den multidimensional kombinierten Methoden am bekanntesten und verbreitetsten ist der Ansatz des Entwicklungsprogramms der Vereinten Nationen, das menschliche Entwicklung definiert als einen „Prozess, bei dem es um die Stärkung der menschlichen Fähigkeiten geht, um die Erweiterung

---

113 Vgl. Stiftung Entwicklung und Frieden (Hrsg.), Globale Trends 2002, Bonn 2001, S. 75

114 Vgl. Deutsche Welthungerhilfe/terre des hommes Deutschland (Hrsg.), Die Wirklichkeit der Entwicklungshilfe. Eine kritische Bestandsaufnahme der deutschen Entwicklungspolitik, Zehnter Bericht 2001/2002, Bonn/Osnabrück 2002, S. 26

115 Vgl. UNICEF, State of the World's Children 2003, a.a.O., S. 115

116 Vgl. für einen Überblick Julio Boltvinik, Poverty measurement methods – an overview, UNDP Poverty Reduction Publications o.J., http://www.undp.org/poverty/ publications/pov_red/ v. 15.11.2002

117 Konzeptionell hat das „Consultations with the poor"-Projekt die Weltbank mittlerweile weitergebracht. Es synthetisiert die Ergebnisse von partizipativ-qualitativen Studien, an denen in den 90er-Jahren über 60.000 Menschen teilnahmen. Auf der Grundlage dieser Resultate erweitert die Weltbank in vielversprechender Weise ihren Armutsbegriff um die drei Dimensionen Macht- und Sprachlosigkeit sowie Vulnerabilität. Vgl. Weltbank, Weltentwicklungsbericht 2000/01. Bekämpfung der Armut, Bonn 2001; Deepa Narayan u.a., Can anyone hear us?, Washington D.C. 2000

der Möglichkeiten und Chancen, die den einzelnen Menschen offen stehen, damit sie ein Leben in Selbstachtung und Würde führen können."[118] Auf der operativen Ebene hält das UNDP drei Grundfreiheiten für fundamental: „ein langes und gesundes Leben zu führen, Wissen zu erwerben und Zugang zu den Ressourcen für einen angemessenen Lebensstandard zu haben".[119] Diese drei Dimensionen gingen in den „Index für menschliche Entwicklung" (Human Development Index, HDI) ein, dem das UNDP 1997 in einem „deprivationistischen Umkehrschluss" eine Maßzahl für menschliche Armut folgen ließ, die auf Länderebene als Human Poverty Index (HPI) das Ausmaß an Entbehrungen erfasst.[120]

Tabelle 6: Indizes für Menschliche Entwicklung/Armut[121]

Dimensionen	Indikatoren		
	Human Developent Index	*Human Poverty Index – 1* (Entw.-länder)	*Human Poverty Index – 2* (Ind.-Länder)
ein langes und gesundes Leben führen	Lebenserwartung bei Geburt	Wahrscheinlichkeit bei Geburt, das 40. Lebensjahr nicht zu vollenden	Wahrscheinlichkeit bei Geburt, das 60. Lebensjahr nicht zu vollenden
Wissen	1) Erwachsenen-alphabetisierungsrate 2) Bruttoein-schulungsrate	Anteil der erwachsenen Analphabeten	Anteil der erwachsenen funktionalen Analphabeten
Adäquater Lebensstandard	Bruttoinlandsprodukt pro Kopf (Kaufkraftparität)	1) Bevölkerungsanteil ohne Zugang zu adäquater Wasserversorgung 2) Prozentsatz von untergewichtigen Kindern unter 5 Jahren	Bevölkerungsanteil, der unterhalb der nationalen Armutsschwelle lebt (50 Prozent des medianen Äquivalenzeinkommens)
Soziale Exklusion			Langzeitarbeitslosenquote

In Bezug auf Kinder weist das UNDP die bekannten Armutskategorien in den drei grundlegenden Bereichen Ernährung, Gesundheit sowie Bildung aus und bewegt sich mit der Anhäufung von Proxyvariablen im Rahmen des Konventionellen. Zu vermerken ist jedoch, dass mit dem Prozentsatz an untergewichtigen Kindern unter 5 Jahren ein kindbezogener Indikator in die Berechnung des Armutsindex für die Entwicklungsländer eingeflossen ist; Fort-

---

118 Siehe UNDP, Bericht über die menschliche Entwicklung, Bonn 2000, S. 2

119 Siehe UNDP, Bericht über die menschliche Entwicklung, Bonn 1997, S. 15

120 Vgl. Sudhir Anand/Amartya Sen, Concepts of human development and poverty: a multidimensional perspective. Human Development Papers, New York 1997

121 Vgl. UNDP, Human Development Report, New York 2002, S. 252. Der Human Poverty Index unterscheidet aufgrund der signifikant unterschiedlichen Deprivationslagen zwischen Entwicklungs- (HPI-1) und Industrieländern (HPI-2). Bei Letzteren fließt ein Indikator für soziale Exklusion in den Index ein; mangels Indikator und entsprechender Daten wird die 4. Dimension für die Entwicklungsländer nicht erfasst.

schritte beim Abbau menschlicher Deprivation werden so auch als Verbesserung der Situation von Kindern in den Entwicklungsländern vermittelt. Hier wie in allen anderen Bereichen der vergleichenden Kinderarmutsberichterstattung lassen sich jedoch bestenfalls Annäherungen an kindliche Primärerfahrungen und die Wirkungen der Armutsbedingungen, unter denen Kinder aufwachsen, vermuten.

1.7 Kinderarmut in Bolivien und Chile

Die Lebenssituation in den beiden Ländern, die im Düsseldorfer Teilprojekt des Forschungsverbundes „Armut und Kindheit" beim Vergleich von Straßenkindern eine Rolle spielen, ist von deutlichen Unterschieden geprägt. Zwar verzeichnen beide Länder zwischen 1990 und 2000 einen steten Anstieg ihrer Indizes für menschliche Entwicklung, aber auf sehr unterschiedlichem Ausgangsniveau (Bolivien von 0.597 auf 0.653, Chile von 0.782 auf 0.831).[122] Chile, als „lateinamerikanischer Jaguar" bezeichnet,[123] wies in den 90er-Jahren ein Wirtschaftswachstum von teilweise über 7 Prozent auf, was sich auch in einer deutlichen Verminderung der Einkommensarmut niederschlug. Für Bolivien kann ein solcher Effekt nicht festgestellt werden – geringe Wachstumsraten gingen mit gleich bleibenden Armutsquoten zwischen Mitte der 80er- und Ende der 90er-Jahre einher.[124]

Tabelle 7: Armutsindikatoren für Bolivien und Chile[125]

	Bevölkerung unterhalb 1 US$ pro Tag (PPP)	HPI-1, 2000	U5MR 2001	U5MR-Abnahme 1990-2001	Netto-Primarschulbesuch 1995-2001	Untergewichtige Kinder > 5, 1995-2000
Bolivien	14,4%	16,3%	7,7%	37%	91%	10%
Chile	> 2%	4,1%	1,2%	37%	89%	1%

---

122 Vgl. ebd., S. 153ff.
123 Siehe Nira Reyes Morales, Besser dran als meine Eltern. Chile und das Erbe Pinochets, in: Le monde diplomatique v. 13.12.2002
124 Unter dem Eindruck der globalen Konjunkturschwäche sowie der Krisen in den Nachbarländern Argentinien und Brasilien hat sich die wirtschaftliche Situation auch in Chile zuletzt verschlechtert; vgl. dazu: UNDP, Informe de Desarollo Humano en Bolivia, La Paz 2002, englische Zusammenfassung, S. 5, http://www.hdr.undp. org/ docs/reports/national/Bolivia/bolivia_2002_synopsis_eng.pdf v. 31.1.2003; Zentralstelle für Auslandskunde, Landeskundliche Informationsseiten Chile, http://www.dse. de/za/lis/chile/seite4.htm v. 9.11.2002
125 Vgl. UNDP, Human Development Report, a.a.O., S. 157ff.; UNICEF, State of the World's Children, a.a.O., S. 84ff.

Während der Anteil der Bolivianer/innen, die unterhalb der internationalen Schwelle für extreme Armut leben, hier relativ moderat ausfällt, ergibt sich mit Blick auf die nationale Armutsgrenze ein anderes Bild: 63 Prozent der Bevölkerung (ca. 5 Mio. Menschen) gelten dann als arm und 37 Prozent als extrem arm, wobei ein Warenkorb an Grundgütern und Dienstleistungen (Unsatisfied Basic Needs Approach) zugrunde gelegt wird. Bolivien erreicht somit bei einer Vielzahl sozialer Indikatoren das durchschnittliche Niveau Lateinamerikas nicht. Die Armutsdichte verteilt sich jedoch in heterogener Weise zwischen den Regionen des Landes bzw. städtischen und ländlichen Gegenden. Von extremer Armut am stärksten betroffen sind die Landwirtschaft betreibenden und indigenen Bevölkerungsgruppen auf dem Hochplateau (altiplano), insbesondere Frauen und Kinder. Trotz einiger Reformen v.a. in den Bereichen der Bildung und administrativen Dezentralisierung („Participación Popular") sowie der proportionalen Steigerung von Sozialausgaben blieb die fragmentierte bolivianische Sozialpolitik hinsichtlich der Armutsbekämpfung insgesamt erfolglos – soziale Wohlfahrtsprogramme für die Armen gibt es faktisch nicht.[126] Das demokratische System des Landes gilt als eins der stabilsten in der Region, obwohl die Ungleichheit – das Verhältnis des obersten Einkommensquintils der Bevölkerung zum untersten beträgt 12,4:1 – ebenfalls wächst.[127]

Legt man die nationale Armutsschwelle zugrunde, lebt in Chile rund ein Fünftel der Bevölkerung unter solchen Lebensbedingungen. Chile verfolgt eine manchen als „vorbildhaft" geltende neoliberale Politik, die das soziale Sicherungsnetz weitgehend abgebaut hat. Soziale Bereiche wie Gesundheit und Bildung sind in substanziellen Größenordnungen den Gesetzen des Marktes überlassen worden. So kommen über 40 Prozent der gesamten Bildungsausgaben Chiles aus Privathaushalten. Der Graben, welcher die Gesellschaft durchzieht, hat sich durch diese Entwicklungen zusätzlich vertieft und neue Formen „harter" Armut erzeugt.[128] Die politische und ideologische Spaltung der chilenischen Gesellschaft findet ihre Entsprechung in wachsenden sozioökonomischen Unterschieden: Chile liegt mit einem Gini-Koeffizienten von 0,566 für 1998 unter den ersten 10 Ländern mit den größten Einkommensdifferenzen – das Verhältnis des obersten Einkommensquintils zum untersten beträgt 18,6:1.[129] Die auf individuellen Erfolg und Wirtschaftswachstum abstellende Politik schafft ein raues soziales Klima, in dem die auch in Chile von Armut am härtesten betroffenen Frauen und Kinder überleben müssen.

---

126 Vgl. Bolivia, Poverty Reduction Strategy – Summary. Prepared by the Bolivian Authorities, 10.5.2001, ttp://www.imf.org/external/np/prsp/2001/bol/01/summary.pdf v. 31.1.2003
127 Vgl. UNDP, Human Development Report, a.a.O., S. 196
128 Vgl. Nira Reyes Morales, Besser dran als meine Eltern, a.a.O.
129 Vgl. UNDP (Hrsg.), Human Development Report, a.a.O., S. 194

Trotz dieser Tendenzen bleiben die Unterschiede zwischen den beiden Ländern frappant: Während Chile bei allen Millenniumszielen im Rahmen der vorgezeichneten Marschroute liegt und die Ziele der Halbierung des Bevölkerungsanteils, der unter Hunger leidet, sowie der Steigerung der Primarschulzyklusabschlussquoten bereits erreicht hat, hinkt Bolivien in einigen Bereichen deutlich hinterher. Beim Zugang zu verbessertem Trinkwasser sowie der Reduzierung der Sterblichkeit der Unter-5-Jährigen liegt es jedoch ebenfalls im Zeitplan.[130]

---

130 Vgl. ebd., S. 46ff.

2. Kindheits- und Armutsforschung im Wandel

Die neue soziologische Kindheitsforschung, welche sich an der internationalen (anglofonen) Forschungs-Community orientiert, verfolgt derzeit eine Vielfalt von Richtungen und Ansätzen, die weitgehend nebeneinander bestehen und sich teilweise auch ergänzen.[1] Hier wird nicht der Anspruch erhoben, dieses weite Forschungsfeld zu erschließen. Ohnehin scheint es kaum möglich zu sein, eine Systematik zu entwickeln, mit deren Hilfe sich die unterschiedlichen Konzepte und Orientierungen der modernen Kindheitsforschung charakterisieren und widerspruchsfrei typologisieren ließen.[2]

2.1 Grundrichtungen der soziologischen Kindheitsforschung

Heinz Hengst geht bei seinem Versuch einer übersichtlichen Eingruppierung verschiedener Untersuchungsstränge vom internationalen Forschungsstand aus, berücksichtigt aber auch bundesrepublikanische Besonderheiten und aktuell sich abzeichnende Revisionen. Folgende aktuelle Theorie- und Forschungsrichtungen macht er dabei aus:

- die *mikrosoziologisch-ethnographische* Kindheitsforschung, welche Kinder in ihren alltäglichen Lebenswelten untersucht;
- die *dekonstruktivistische* Kindheitstheorie, welche sich mit unterschiedlichen Kindheitsdiskursen auseinandersetzt, wobei sie die Kinder selbst an der sozialen Konstruktion von Kindheit beteiligt sieht;

---

1   Einen aktuellen Überblick, auf den wir uns im Folgenden beziehen, bietet Heinz Hengst, Ein internationales Phänomen: die neue soziologische Kindheitsforschung, in: Soziologie heute 2/2002, S. 57ff.
2   Vgl. dazu auch: Helga Zeiher (Hrsg.), Kinder als Außenseiter?, Umbrüche in der gesellschaftlichen Wahrnehmung von Kindern und Kindheit, Weinheim/München 1996; Allison James/Chris Jenks/Allan Prout, Theorizing Childhood, Cambridge/Oxford 1998

– die *sozialstrukturelle* Kindheitsforschung, welche Kindheit im gesellschaftlichen Generationenverhältnis betrachtet;
– eher *integrative* Ansätze, welche die Mikroperspektive der Kinder und
  die gesellschaftliche Makroperspektive miteinander zu verbinden suchen.

Eine ähnliche Eingruppierung nimmt Irene Herzberg in einem mit „Schwierige Kindheit" überschriebenen Beitrag vor, der die verschiedenen Richtungen auch näher charakterisiert.[3] Den Kern aller Auseinandersetzungen bildet
die Frage nach der Abhängigkeit bzw. Eigenständigkeit von Kindern im gesellschaftlichen Kontext moderner Wohlfahrtsstaaten.

In der *mikrosoziologisch-ethnographischen, lebensweltorientierten* Forschungsrichtung werden Kinder als Akteure betrachtet, „die sich eigenständig
und kompetent auf ihre gesellschaftliche Realität beziehen, in ihr handeln
und dabei ihre Umwelt erst herstellen."[4] Dabei sind es vor allem ihre sozialen
Interaktionen, durch die Kinder ihre Wirklichkeit konstruieren und mit denen
sie sich selbst bzw. untereinander sozialisieren. Der geforderte „neue Blick"
ist auf die „kinderkulturelle Praxis" gerichtet. Unter „Kinderkultur" wird aber
nicht die kindgerecht aufbereitete Konsumwelt verstanden, sondern die von
den Kindern selbst hervorgebrachte Kultur; betont wird die Mitarbeit des
Kindes an seiner Entwicklung. Kinder werden als „Mitproduzenten ihrer eigenen Person und Umwelt" betrachtet,[5] allerdings sind sie eingebettet in soziokulturelle gesellschaftliche Kontexte. Ein solches Verständnis der selbst-
bzw. mitgestalteten kindlichen Entwicklung knüpft an Jean Piagets konstruk-
tivistisches Entwicklungsmodell an und geht von einer Mead'schen Reali-
tätskonstruktion aus. Gegenstand der Forschung ist das Alltagshandeln von
Kindern (mikrosoziologisch-ethnografische Betrachtungsweise); es wird gefragt, wie Kinder ihren Alltag erfahren, wie sie ihre Probleme lösen, wie sie
ihre Beziehungen wahrnehmen und gestalten. Entscheidend ist die Sichtweise, wonach die Sozialisationsbedingungen nicht vorgegeben sind, sondern
von den Kindern handelnd mit gestaltet werden. Herzberg sieht diese Position vor allem durch US-amerikanische Autor(inn)en vertreten, während sie in
der bundesrepublikanischen Kindheitsforschung derart eindeutige Positionen
nicht findet.[6]

Die *dekonstruktivistische* Kindheitsforschung bedient sich einer makrosoziologischen Betrachtungsweise und problematisiert die Stellung von Kindern und Kindheit im gesellschaftlichen Generationenverhältnis. Den Ausgangspunkt bildet auch hier „die konstruktivistische Einsicht, dass Kindheit

---

3   Vgl. Irene Herzberg, Schwierige Kindheit, in: Diskurs 1/1997, S. 8ff.
4   Siehe ebd., S. 8
5   Siehe ebd., S. 9
6   Vgl. W.A. Corsaro/D. Elder, Children's Peer Cultures, in: Annual Review of Sociol-
    ogy 1990, S. 197ff.; J.R. Harris, Where is the Child's Environment?, A Group So-
    cialization Theory of Development, in: Psychological Review 109 (1995), S. 483; zit.
    nach: Irene Herzberg, Schwierige Kindheit, a.a.O., S. 12f.

nichts Natürliches ist und infolgedessen Vorstellungen, was Kinder können bzw. noch nicht können, wo und wie erst lernen müssen, historisch und kulturell variabel sind."[7] Das zentrale Thema dieser Forschungsrichtung ist die Kritik an der Institutionalisierung eines gesellschaftlichen Abhängigkeitsverhältnisses, d.h. eines generationellen Machtverhältnisses, durch die Erwachsenen. Problematisiert wird, dass die teilweise „naturbedingte" Angewiesenheit von Kindern auf Hilfe und Unterstützung durch die Erwachsenen als Begründung dafür dient, Kinder als Bevölkerungsgruppe im Status der Unmündigkeit zu halten und ihnen einen rechtlich und ökonomisch abhängigen Status zuzuweisen. Demgegenüber sei Kindheit als eigenständige Lebensform zu begreifen; Kindern stehe ein rechtlicher Status zu, der sie als „Personen aus eigenem Recht" anerkenne. Das bedeute nicht – wie auch Michael-Sebastian Honig betont –, dass es keine Differenzen zwischen Kindern und Erwachsenen gebe.[8] Diese Differenzen dürften aber nicht von den Erwachsenen missbraucht werden, um Kindern ihre legitimen Rechte auf Autonomie und Partizipation vorzuenthalten.

Die genannte Forschungsrichtung setzt sich also vor allem mit dem Status von Kindern als gesellschaftlicher Gruppe im Generationenkontext auseinander, wobei das bestehende gesellschaftliche Generationenverhältnis als Machtgefüge kritisch analysiert wird. Dabei wird das Ziel proklamiert, Kinder aus dem gesellschaftlichen Status der Unmündigkeit zu befreien, und dafür plädiert, ihnen einen rechtlichen und ökonomischen Status zu verleihen, der sie mit erwachsenen Bürger(inne)n gleichstellt.

Die *sozialstrukturelle* Kindheitsforschung betont ebenfalls die Eigenständigkeit der Kinder als einer gesellschaftlichen Gruppe. Ihr geht es vor allem um die Analyse der sozialen, ökonomischen und kulturellen Lebensverhältnisse von Kindern, womit der Blick auch auf die sozialen Ungleichheiten in ihren unterschiedlichsten Ausprägungen gelenkt wird. Eigenständigkeit der Kinder heißt in diesem Zusammenhang, sie als gesonderte Analyseeinheit in sozialstrukturelle Erhebungen und Berichterstattungen aufzunehmen. Die neue Kindheitsforschung verlangt, Kinder nicht „unhinterfragt" als Anhängsel von Erwachsenen und Familien zu sehen. Ausschlaggebend für eine Analyse kindlicher Lebensverhältnisse sollen kindzentrierte Studien sein, welche die Lebenswelt der Kinder aus ihrer eigenen Perspektive und nicht nur in Abhängigkeit von familiären Lebenslagen betrachten. Um kindliche Lebensqualität und kindliches Wohlbefinden messen zu können, sei es notwendig, entsprechende Indikatoren zu entwickeln und dabei auch die

---

7   Siehe Irene Herzberg, Schwierige Kindheit, a.a.O., S. 9
8   Vgl. Michael-Sebastian Honig, Entwurf einer Theorie der Kindheit, Frankfurt am Main 1999, S. 9f.

subjektive Wahrnehmung der Kinder einzubeziehen.[9] Für die Bundesrepublik hat Magdalena Joos, diese Argumentation aufgreifend, Vorschläge zur Entwicklung entsprechender Indikatoren gemacht und Befunde zur Wohlfahrt von Kindern in zentralen Lebensbereichen zusammengetragen.[10]

Nicht als eigene Forschungsrichtung, sondern als Versuch, die mikro- und makrosoziologische Betrachtungsweise miteinander zu verbinden, kann ein 4. Strang der modernen Kindheitsforschung angesehen werden. In einer integrativen Sichtweise sollen zwei unterschiedliche Perspektiven zusammengeführt werden: Während es bislang einerseits eine *mikro*soziologische Betrachtungsweise gibt, die sich mit dem Alltag der Kinder, ihrer Lebenswelt und Kinderkultur auseinandersetzt, und andererseits Forschungsstränge, die stärker *makro*soziologisch orientiert sind und die gesellschaftliche Stellung von Kindern in entwickelten Industriegesellschaften untersuchen, existieren neuerdings auch Bestrebungen, diese beiden Ebenen zusammenzuführen. So plädiert z.B. William A. Corsaro in seinem Lehrbuch „The Sociology of Childhood" für eine Integration von ethnografisch-mikrosoziologischer und makrosoziologischer Kindheitsforschung.[11] Indem er die Wechselwirkungen des Agierens von Kindern und die dadurch ausgelösten sozialen Veränderungsprozesse herausarbeitet, fungieren Kinder in seiner strukturtheoretischen Sichtweise als handelnde Subjekte.

Im bundesrepublikanischen Theoriediskurs und Forschungskontext werden solche *integrativen* Ansätze mittlerweile gleichfalls beachtet. In dieselbe Richtung zielte auch der Forschungsverbund „Armut und Kindheit", wobei die Verbindung der Mikro- und der Makroperspektive konzeptionell und methodisch in den einzelnen Teilprojekten jeweils mit unterschiedlicher Gewichtung erfolgt ist.

2.2 Kontroversen zwischen Kindheits- und Sozialisationsforschung

In der soziologischen Kindheitsforschung hat seit Beginn der 1980er-Jahre ein programmatischer Paradigmenwechsel stattgefunden: Dieser beinhaltet vor allem eine Betonung der Eigenständigkeit von Kindheit als gesellschaftlicher Lebensform. Kindheit soll als separate Lebensphase und nicht nur als

---

9   Vgl. Angelo Saparotti, Childhood and Poverty: from the Children's Point of View, in: Lynne Chisholm u.a. (Hrsg.), Growing up in Europe. Contemporary Horizons in Childhood and Youth Studies, Berlin/New York 1995, S. 238ff.

10   Vgl. Magdalena Joos, Die soziale Lage der Kinder. Sozialberichterstattung über die Lebensverhältnisse von Kindern in Deutschland, Weinheim/München 2001

11   Vgl. William A. Corsaro, The Sociology of Childhood, Thousand Oaks, California/ London 1997

Durchgangsstadium zum Erwachsensein betrachtet werden; dadurch rückt die Lebenssituation von Kindern samt ihren Auswirkungen auf das aktuelle Wohlbefinden in den Mittelpunkt der Aufmerksamkeit. Kindheit als eigenständige Lebensphase zu etablieren und Kinder als soziale Akteure in ihrer Lebenssituation ernst zu nehmen erfordert eine konzeptionelle Neuorientierung, nach der Kinder als ökonomisch, politisch und rechtlich eigenständige Bevölkerungsgruppe zu betrachten sind. Damit verbunden ist nicht nur eine andere analytische Sicht auf Kinder und Kindheit, sondern auch der Anspruch, sich als Wissenschaft mit den eigenen Erkenntnissen an der Rekonstruktion von Kindheit in der Gesellschaft zu beteiligen.

Die neue Kindheitsforschung bezieht sich damit in mehrfacher Hinsicht kritisch auf Sichtweisen und Erkenntnisse der Sozialisationsforschung. Diese, so heißt es, sehe in den Kindern primär die nachwachsende Generation und betrachte sie als noch zu entwickelnde (und erziehende) Wesen. Die aktuelle Lebenssituation von Kindern werde vor allem bezogen auf ihre zukünftigen Lebens- und Entwicklungschancen gewertet. Kritisiert wird, dass die Sozialisationsforschung Kinder nicht als im Hier und Jetzt Seiende („beings"), sondern als Werdende („becomings") begreife, d.h. im Hinblick auf ihre Entwicklungsperspektive als spätere Erwachsene untersuche. Kindheit werde hauptsächlich als Phase der Vorbereitung auf eine zukünftige gesellschaftliche Rolle gesehen und durch eine solche Betrachtungsweise den Kindern ein gesellschaftlicher Schutz- und Schonraum eingeräumt bzw. zugewiesen, was aber gleichzeitig zu ihrem Ausschluss aus der Gesellschaft der Erwachsenen geführt und sie sozial marginalisiert habe. Weiter betont die gegenwartsbezogene Kindheitsforschung stärker die Eigenaktivität von Kindern und moniert, die Sozialisationsforschung rücke die beeinflussenden Umweltfaktoren zu stark in den Mittelpunkt.[12] Die Sozialisationsforschung erhebt ihrerseits jedoch den Anspruch, anthropologische, biologische, gesellschaftliche, kulturelle und psychologische Sichtweisen auf die Entwicklungsprozesse von Kindern – mit jeweils unterschiedlichen Akzentuierungen – zu übertragen und somit über ein sehr umfassendes theoretisches Konzept zu verfügen.[13]

Die sehr pointiert formulierte Kontroverse mit der Sozialisationsforschung möchten wir abmildern, denn Irene Herzberg warnt u.E. zu Recht davor, das „Kind mit dem Bade" auszuschütten, also die Entwicklungsperspektive von Kindern völlig aus dem Blick zu verlieren.[14] Mit Michael-Sebastian Honig, Hans Rudolf Leu und Ursula Nissen ist zudem darauf hinzuweisen,

---

12 Vgl. Jürgen Zinnecker, Soziologie der Kindheit oder Soziologie des Kindes?, Überlegungen zu einem aktuellen Paradigmenwechsel, in: Michael-Sebastian Honig/Hans Rudolf Leu/Ursula Nissen (Hrsg.), Kinder und Kindheit. Soziokulturelle Muster – sozialisationstheoretische Perspektiven, Weinheim/München 1996, S. 31ff.

13 Vgl. Heidrun Bründel/Klaus Hurrelmann, Einführung in die Kindheitsforschung, Weinheim 1996, S. 80f.; allgemein dazu: Klaus Hurrelmann, Einführung in die Sozialisationstheorie, Weinheim 1993

14 Vgl. Irene Herzberg, Schwierige Kindheit, a.a.O., S. 12ff.

dass für die deutsche Kindheitsforschung eine weniger radikale Abgrenzung von der Sozialisationsforschung kennzeichnend ist, als dies in den anglofonen Ländern zunächst der Fall war.[15]

Zum Verhältnis von soziologischer Kindheits- und Sozialisationsforschung lassen sich mittlerweile in der bundesrepublikanischen Wissenschaftsdebatte durchaus vermittelnde Positionen ausmachen. So hält Hans Rudolf Leu einerseits die Kritik an der Sozialisationsforschung insofern für berechtigt, als diese stärker zur Formulierung theoretischer Konzepte neige und die reale Lebenswelt der Kinder aus den Augen zu verlieren drohe.[16] Er hält andererseits die isolierte, von den Erwachsenen abgekoppelte Betrachtungsweise, wie sie die Kindheitsforschung teilweise favorisiert, für wenig realitätsgerecht. Mit Blick auf die Alltagserfahrung plädiert Leu dafür, das Verhältnis von Kindern und Erwachsenen in ihrer wechselseitigen Bezogenheit auf- wie in ihrer gegenseitigen Abhängigkeit voneinander zu betrachten. In Anlehnung an Klaus Hurrelmann bezieht Leu eine vermittelnde Position, indem er das Modell des „produktiv realitätsverarbeitenden Subjektes" aufgreift,[17] das von einer dialektischen Beziehung zwischen Subjekt und gesellschaftlicher Realität ausgeht und auf den interdependenten Zusammenhang von individueller und gesellschaftlicher Veränderung bzw. Entwicklung verweist.[18] Die Grundidee bzw. -hypothese lautet, dass wichtige Modernitätsmerkmale des heutigen Lebens in Industriegesellschaften nicht nur die Erwachsenen-, sondern auch die Kinderwelt betreffen. Von der Kindheitsforschung könnten seit kurzem diskutierte Konzepte wie das der „Selbstsozialisation" oder der „Selbstbildung" ebenfalls als Angebote für eine Vermittlung zwischen den beiden Forschungszweigen verstanden werden.[19]

Aber auch im Rahmen der internationalen Kindheitsforschung zeichnen sich grundlegende Revisionen ab, die in Richtung einer gewissen Relativierung konstruktivistischer Vorgaben deuten. So vollzieht zum Beispiel Allan Prout in Abgrenzung zu dem von ihm gemeinsam mit Allison James und Chris Jenks verfassten Standardwerk „Theorizing Childhood" (1998) eine

---

15 Vgl. Michael-Sebastian Honig/Hans Rudolf Leu/Ursula Nissen, Kindheit als Sozialisationsphase und kulturelles Muster, in: dies. (Hrsg.), Kinder und Kindheit, a.a.O., S. 9ff.

16 Vgl. Hans Rudolf Leu, Selbständige Kinder – ein schwieriges Thema für die Sozialisationsforschung, in: Michael-Sebastian Honig/Hans Rudolf Leu/Ursula Nissen (Hrsg.), Kinder und Kindheit, a.a.O., S. 174ff.

17 Siehe Klaus Hurrelmann, Das Modell des produktiv realitätsverarbeitenden Subjekts in der Sozialisationsforschung, in: Zeitschrift für Sozialisationsforschung und Erziehungssoziologie 3/1983, S. 91ff.

18 Vgl. Hans Rudolf Leu, Selbständige Kinder – ein schwieriges Thema für die Sozialisationsforschung, a.a.O., S. 181

19 Vgl. Jürgen Zinnecker, Soziologie der Kindheit oder Soziologie des Kindes?, a.a.O., S. 50f.; ders., Selbstsozialisation. Essay über ein aktuelles Konzept, in: Zeitschrift für Sozialisationsforschung und Erziehungssoziologie 3/2000, S. 272ff.

Wende hin zu einer „Rematerialisierung" der Kinder, auf deren unfertige Körperlichkeit er verweist.[20] Sie werden zunehmend auch von der Kindheitsforschung wieder stärker in der Lebenslaufperspektive gesehen, d.h. nicht nur als Seiende („beings"), sondern als lebenslang Werdende („life long becomings"). Für Michael-Sebastian Honig hat die Modernisierung von Kindheit die traditionelle „Erziehungskindheit" als Aspekt der generationellen Ordnung zwar hinter sich gelassen, die Erwachsenen-Kind-Differenz sei dadurch jedoch nicht überwunden.[21] Vielmehr geht er davon aus, dass der Wandel von Kindheit in der Moderne als Institutionalisierung von Generationendifferenzen zu begreifen ist, Kinder also in ihrer Eingebundenheit in diese Ordnung zu sehen sind.

2.3 Kindersurveys und Sozialberichterstattung über Kinder

Die veränderte Sicht auf die gesellschaftliche Stellung und Rolle von Kindern hat die Debatten um Kinderrechte und eine entsprechende Politik für Kinder stark beeinflusst. Darauf weisen auch Jürgen Zinnecker und Rainer K. Silbereisen in ihrem Kindersurvey hin: „Sozialwissenschaftliche Kindheitsforschung rückt in die Perspektive von Politik, es geht um die Ermöglichung kinderfreundlicher Gesellschaft, um Rechte der Kinder, um Kinderarmut und soziale Problemlagen in diesem Lebensabschnitt. Damit verlieren Sozialisations- und Erziehungsforschung ihr Monopol über den Gegenstandsbereich Kinder und Kindheit (...). Es ist absehbar, daß durch diese neuartige Zielrichtung der Politik auch eine andere Forschungslandschaft um Kindheit generiert wird."[22]

Es war nur folgerichtig, dass die neue Betrachtungsweise auch ihren Niederschlag in verschiedenen Kindersurveys sowie der wissenschaftlichen und fachpolitischen Sozialberichterstattung über Kinder fand. Die sozialwissenschaftliche Kindheitsforschung hat diese Berichterstattung sowohl methodisch als auch konzeptionell befruchtet; durch die Erstellung von Kindersurveys und -berichten wurde das empirische Wissen über die Lebensbedingungen von Kindern sowie ihre eigenen Wahrnehmungen und Wünsche enorm erweitert. Dies ist zugleich auch die Basis bzw. die Hintergrundfolie, auf der die hier vorgelegten Forschungsergebnisse zu den Lebenslagen von Kindern, die in Armut und sozialer Benachteiligung aufwachsen, zu betrachten sind.

---

20 Vgl. Allison James/Chris Jenks/Allan Prout, Theorizing Childhood, a.a.O.; Heinz Hengst, Ein internationales Phänomen: die neue soziologische Kindheitsforschung, a.a.O., S. 68
21 Vgl. Michael-Sebastian Honig, Entwurf einer Theorie der Kindheit, a.a.O., S. 10f.
22 Jürgen Zinnecker/Rainer K. Silbereisen, Kindheit in Deutschland. Aktueller Survey über Kinder und ihre Eltern, 2. Aufl. Weinheim/München 1998, S. 12f.

Sollen die Lebenslagen von Kindern, die in Armutsverhältnissen leben, analysiert und bewertet werden, so kann dies nur in einer vergleichenden Untersuchungsperspektive erfolgen. Deren Referenzrahmen bilden die generellen Erkenntnisse zu den Lebenslagen und Lebensweisen von Kindern in unserer Gesellschaft. Im Folgenden sollen exemplarisch einige Berichte und Surveys vorgestellt werden, wobei das besondere Augenmerk auf konzeptionellen und methodischen Aspekten liegt, die Entsprechungen in der Kinder*armuts*forschung haben.

Bei dem erstmals 1996 von Jürgen Zinnecker und Rainer K. Silbereisen veröffentlichten „Aktuellen Survey über Kinder und ihre Eltern" handelt es sich um eine bundesweite empirische Erhebung, für die 700 Kinder im Alter von 10 bis 13 Jahren in etwa einstündigen mündlichen Interviews zu ihrer Lebenssituation, ihrer Problemsicht und ihrer biografischen Perspektive befragt worden sind. In der Auswertung werden vor allem Unterschiede zwischen Ost- und Westdeutschland, zwischen Jungen und Mädchen, teilweise auch zwischen Stadt und Land berücksichtigt. Um eine multiperspektivische Sicht auf das Leben der Kinder zu ermitteln, wurden zwar auch die Mütter und Väter der Kinder interviewt, die Kinderaussagen aber als für die wissenschaftliche Erfassung ihrer Lebensrealität zentral gehalten: „Es genügt heutigen Überzeugungen und Standards nach nicht mehr, erwachsene Bezugspersonen, Eltern oder Lehrer, zu befragen, wenn man etwas über Kinder und deren Aufwachsen in Erfahrung bringen will. Die erweiterte Autonomie der Jüngeren, die ihnen im privaten Alltag und auf der politisch-gesellschaftlichen Ebene zugesprochen wird, schlägt sich als neue Norm oder soziale Etikette in der Forschungspraxis und -ethik nieder."[23]

Der o.g. Kindersurvey, für den von 1993 bis 1996 bundesweit jährlich drei Befragungswellen durchgeführt wurden, betrachtet die Kinder in ihrer sozialen Umwelt und bildet ein breites Spektrum von Aspekten, die modernes Kinderleben prägen, ab. Er gibt einen Überblick über das Zeitbudget der Kinder, ihre Tätigkeitsmuster, ihre Interessen und Hobbys sowie deren institutionelle Einbindungen. Untersucht wurden auch die sozialen Beziehungen der Kinder zu Gleichaltrigen, ihre informellen Netzwerke und Cliquen, ihre körperliche und gesundheitliche Entwicklung sowie ihre Selbst- und Fremdwahrnehmung. Weiterhin werden die Kinder vor allem in Bezug auf ihre Lebenswelten (Familie und Schule) gesehen. Zwar können die Ergebnisse einer so umfassenden Studie nicht referiert werden, allerdings sollen einige Aspekte Erwähnung finden, die im Abgleich zu den von uns untersuchten Kindern die Differenz zwischen gesellschaftlicher Normalität und benachteiligten Lebenslagen erkennen lassen.

Deutlich herausgearbeitet wurde in dem Survey die Bedeutung des „kulturellen" und des „sozialen Kapitals", d.h. die spezifischen Bedingungen der Aneignung von kulturellen, musischen und sportiven Fähigkeiten, die eng

---

23   Ebd., S. 14

mit der Herstellung von sozialen Kontakten und der Integration in formelle und informelle Netzwerke verbunden sind. Deutlich wird, wie sehr es für viele Kinder zur sozialen Normalität gehört, entsprechende Förderungen durch die Mitgliedschaft in Vereinen oder durch das Vorbild der Eltern zu erhalten. Kinder in Armutslagen sind – wie unsere Ergebnisse zeigen – diesbezüglich in der Regel eindeutig benachteiligt. Umfassend untersucht wurde im Kindersurvey auch die Rolle der Familie hinsichtlich der Herausbildung des Schulhabitus der Kinder, ihrer Lerneinstellung und ihrer Konfliktlösungskompetenz. Die Eltern werden von den Kindern umso eher in einer Vorbildfunktion wahrgenommen, je mehr Ressourcen sie ihnen als Wissens- und Orientierungshilfe sowie als Quelle des emotionalen Wohlbefindens zu bieten haben. Daraus leiten sich, wie die Autoren unterstreichen, auch sozialisatorische Folgewirkungen ab, denn die betrachteten Ressourcen bilden einen wesentlichen Bestandteil des Statuserwerbs in der Kindheit: „Sowohl hohes soziales (Empathie) wie hohes kulturelles (kulturelle Aktivitäten) Kapital bilden ‚Strategien' erfolgreicher Statusweitergabe der Eltern an die Kindergeneration."[24]

Insgesamt werden die Familienwelten als Risiko- bzw. Schutzfaktor für die Kinder bewertet, wobei sich eine diesbezügliche Typologie zwischen zwei gegensätzlichen Polen bewegt: Auf der einen Seite findet man ein spannungs- und konfliktreiches Familienklima mit wenig einfühlsamen Eltern und geringer Ratgeberkompetenz, das zudem durch Spannungen in der Partnerschaft und im Generationengefüge sowie durch finanzielle Stressoren gekennzeichnet ist. Am anderen Pol findet man die Idealkonstellation mit einfühlsamen Eltern, die den Kindern als Vorbild und Rollenmodell dienen, wo das Familienklima durch gemeinsame kulturelle Aktivitäten und elterliche Anregungen, eine harmonische Partnerbeziehung und solidarische, gegenseitige Hilfestellung geprägt ist. Dabei werden auch Bezüge zwischen Familienklima, sozialem und kulturellem Kapital, Schulhabitus der Kinder und Empathie der Eltern hergestellt. Wenngleich man nicht davon ausgehen kann, dass materiell benachteiligte Familien und insbesondere die Familien von Alleinerziehenden generell dem negativ geprägten Familientypus zuzuordnen sind, lässt die Lebenslagen- und Lebensweltbeschreibung von Kindern in Armutssituationen unschwer erkennen, dass auch in dieser Hinsicht häufig Benachteiligungen vorliegen.

Einen weiteren wichtigen Bezugspunkt bildet die genannte Publikation zur Sozialberichterstattung über die Lebensverhältnisse von Kindern in Deutschland. Magdalena Joos liefert damit sowohl einen theoretischen Bezugsrahmen für eine eigenständige kindzentrierte Sozialberichterstattung als auch eine umfassende Sekundärauswertung vorhandenen Datenmaterials zur Lebenssituation von Kindern in der Bundesrepublik, wofür sie selbst entwickelte Kriterien zugrunde legt. Kinder sind demnach als eigenständige Elemente der Sozial-

---

24 Siehe ebd., S. 210

struktur zu betrachten und nicht als Anhängsel familiärer Lebenslagen. Zu diesem Zwecke überträgt Joos das für Erwachsene entwickelte Konzept zur Messung von Wohlfahrt und Lebensqualität auf Kinder. Eine darauf basierende kontinuierliche Sozialberichterstattung soll die Auswirkungen des gesellschaftlichen Wandels (Stichworte: Globalisierung, verschärfter Wettbewerb, gesellschaftliche Polarisierung, Krise der Arbeitsgesellschaft, Sozialstaatsabbau) auf die Lebenssituation von Kindern dokumentieren. Dabei geht die Autorin davon aus, dass Kinder in diesem gesellschaftlichen Wandlungsprozess „eine besonders vulnerable Altersgruppe bilden, wofür die Entwicklung altersspezifischer Armutszahlen, der Anstieg gesundheitlicher und psychischer Belastungen sowie Gewalthandlungen unter Kindern häufig als alarmierende Belege herangezogen werden."[25] Sozialberichterstattung soll als Instrument der Dauerbeobachtung zur Identifizierung besonders gefährdeter Kindergruppen beitragen und der Sozial- bzw. Kinderpolitik wichtige Hinweise auf geeignete Handlungskonzepte liefern.

In unserem Zusammenhang interessiert das von Joos auf Kinder übertragene Konzept der Wohlfahrt und Lebensqualität, welches gleich in mehrfacher Hinsicht dem Lebenslagenkonzept entspricht. Auch das Wohlfahrtskonzept stellt eine Verbindung zwischen den objektiven Lebensbedingungen und der subjektiven Wahrnehmung des Wohlbefindens her. Dies bedeutet, dass in der empirischen Ermittlung neben quantitativen Strukturdaten subjektiv – aus der Perspektive der Kinder – erhobene Daten über die Wahrnehmung und den Umgang mit der Lebenssituation aufgenommen werden. Auch die weiteren Kriterien einer kindbezogenen Sozialberichterstattung, wie sie von Joos postuliert werden, bieten wertvolle Bezugspunkte für die Analyse der Lebenssituation von Kindern, die den Blick auf Auswirkungen von Kinderarmut sozialstrukturell einordnen helfen können. Dazu gehören die Mehrdimensionalität der Betrachtungsebenen sowie die Berücksichtigung verschiedener Lebensbereiche, die Gegenwarts- und Zukunftsbezogenheit, die Verbindung der (individuellen) Mikro- mit der Makroperspektive (kollektive Dimension) sowie die Beschreibung sozialstruktureller Differenzen, d.h. die Herausarbeitung von Gefährdungen und Benachteiligungen bestimmter Kindergruppen. Des Weiteren wird der Sozialstaat als Bezugssystem der Wohlfahrt von Kindern betrachtet, wobei die Zuständigkeiten und Verantwortlichkeiten zwischen den verschiedenen Akteuren (Staat, Familie, Markt und intermediäre Institutionen) analysiert werden und nach dem optimalen Wohlfahrtsmix für Kinder gefragt wird.

Eine weitere Kongruenz sehen wir in dem von Joos integrierten Konzept wohlfahrtsrelevanter Ressourcen; hierbei bezieht sich die Autorin – wie wir es in unseren drei Teilstudien zumindest partiell auch getan haben – auf das Bourdieu'sche Konzept verschiedener Kapitalformen und betont die Relevanz der familiären Sozialisation für die Lebenschancen von Kindern sowie

---

25 Siehe Magdalena Joos, Die soziale Lage der Kinder, a.a.O., S. 11

die Reproduktion sozialer Ungleichheit. Neben der Familie, der Schule und der Bildung werden die öffentliche Betreuung und Erziehung sowie der Freizeitbereich als weitere für die Wohlfahrt der Kinder wichtige Sektoren berücksichtigt. Die zentrale These lautet, dass Kindheit im Kontext des sich gegenwärtig vollziehenden sozialen Wandels als Schutz- und Vorbereitungsraum in widersprüchlicher Weise gleichzeitig expandiere und erodiere, wobei Joos die in West- und Ostdeutschland steigenden Kinderarmutsquoten als einen „Indikator für das Brüchigwerden des Schutzraumes Kindheit" betrachtet.[26] Die empirischen Befunde belegen ihrer Meinung nach, „daß die Erosion der Familie als Schutz- und Sicherungssystem an den Unterversorgungslagen von Kindern in erheblichem Maße beteiligt ist. Durch die Pluralisierung der familialen Lebensformen und die zunehmende Erosion des Normalarbeitsverhältnisses tritt die Bevölkerungsgruppe Kinder in diesem Prozess des sozialen Wandels (...) als eine besonders vulnerable Gruppe in Erscheinung – insbesondere in den neuen Bundesländern, wo bestehende kulturelle Muster (z.B. die lose Koppelung von Ehe und Elternschaft, die mit einem höheren Anteil an Kindern in Einelternfamilien und in nichtehelichen Lebensgemeinschaften einhergeht), die Übertragung der westdeutschen Institutionen auf Ostdeutschland und die Umstrukturierung auf dem Arbeitsmarkt für Kinder bedeutende Wohlfahrtsverluste implizieren."[27] Ein weiteres wichtiges Resultat der empirischen Analyse der Lebensbereiche von Kindern besteht in dem Hinweis, dass *nichtdeutsche* Kinder in besonderem Maße in benachteiligten Lebenslagen anzutreffen sind.[28] Kaum zu übersehen ist im Übrigen das Anliegen der Autorin, nicht nur das aktuelle Wohlbefinden der Kinder im Blick zu haben, sondern auch die Langzeitauswirkungen stärker zu berücksichtigen, als es die Kindheitsforschung tut.

An das Lebensqualitätskonzept knüpft auch das von der LBS-Initiative „Junge Familie" herausgegebene Kinderbarometer an.[29] Diese repräsentativ angelegte, in Kooperation mit dem Kinderbeauftragten von Nordrhein-Westfalen ins Leben gerufene und zunächst dort gestartete, mittlerweile jedoch auch in anderen Bundesländern (z.B. Rheinland-Pfalz) auf Interesse gestoßene Studie untersucht auf der Basis von Kinderaussagen das Wohlbefinden von 9- bis 14-jährigen Schüler(inne)n. Berücksichtigt werden dabei die Lebensbereiche Familie, Schule, Freundeskreis, Wohnumfeld sowie das all-

---

26 Siehe ebd., S. 226
27 Ebd.; zur Veranschaulichung mag die folgende Zahl dienen: In Ostdeutschland werden über 40 Prozent der Kinder außerhalb einer Ehe geboren, was für sie weitreichende ökonomische Konsequenzen haben kann (vgl. ebd., S. 230).
28 Vgl. ergänzend hierzu: Ursula Boos-Nünning, Armut von Kindern aus Zuwandererfamilien, in: Christoph Butterwegge (Hrsg.), Kinderarmut in Deutschland. Ursachen, Erscheinungsformen und Gegenmaßnahmen, 2. Aufl. Frankfurt am Main/New York 2000, S. 150ff.
29 Vgl. LBS-Initiative Junge Familie (Hrsg.), Kindheit 2001 – das LBS-Kinderbarometer. Was Kinder wünschen, hoffen und befürchten, Opladen 2002

gemeine Wohlbefinden von Kindern. Es handelt sich um eine querschnittli-
che Langzeitstudie mit jährlichen Erhebungswellen, wobei ein Basisset von
Fragen jeweils durch aktuelle, ergänzende Fragen erweitert wird.

Das Bestechende an dieser Form der Berichterstattung ist, dass sehr viele
Kinder in die Befragung einbezogen werden, was durch Zusammenarbeit mit
vielen Schulen (unterschiedlichen Typs) ermöglicht wird. Die Auswertung
der Fragebögen erfolgt anhand eines sehr anspruchsvollen Konzepts. Die
meisten Kinder scheinen sich ernsthaft und interessiert an der Befragung zu
beteiligen.[30] Das Fazit der ersten Erhebungswellen (1998/1999/2000) lautet:
„Insgesamt ist die Lebenssituation der nachwachsenden Generation (...) aus-
gesprochen gut, eine nicht unerhebliche Gruppe aber leidet unter so massiven
Einschränkungen, dass ihr alltägliches Wohlgefühl beeinträchtigt ist. Die
Größe dieser Gruppe ist über alle Erhebungszeiträume stabil. Diese Kinder
gilt es nicht aus dem Auge zu verlieren, wenn über Einflussfaktoren auf das
Wohlbefinden berichtet wird."[31] Hervorgehoben wird vor allem die Schlüsselrolle, welche das Wohlfühlen in der Familie und in der Schule für die Ge-
samtbefindlichkeit der Kinder in dieser Altersgruppe hat. Mit zunehmendem
Alter verschiebt sich dieser Stellenwert, parallel zu Ablösungstendenzen von
der Familie und zur Herausbildung einer distanzierteren Haltung gegenüber
der Schule. Aber auch die Qualität der Beziehungen zu Gleichaltrigen hat
großes Gewicht für das Wohlbefinden der Kinder, wobei das Kinderbarometer bestätigt, dass in dieser Altersgruppe die gleichgeschlechtlichen Beziehungen überwiegen. Vereinsamte Kinder waren offensichtlich in der Minder-
zahl. Differenzen wurden bezüglich der Zufriedenheit mit dem Wohnumfeld
festgestellt, insbesondere im Hinblick auf die altersgemäßen Treffmöglichkeiten sowie die informellen und formellen Freizeitangebote. Zwar steigt mit
zunehmendem Alter die räumliche Mobilität der Kinder, hier werden aber
Defizite erkennbar, die darauf hindeuten, dass Konzepte von Stadtentwicklung trotz aller Betonung von Sozialraumorientierung immer noch zu wenig
an den Bedürfnissen von Kindern (und Jugendlichen) orientiert sind.

Bei dem LBS-Kinderbarometer, das den Untertitel „Was Kinder wünschen, hoffen und befürchten" trägt, wird großer Wert auf die subjektive Perspektive der Kinder gelegt. Aufschlussreich für die Einschätzung von Kindern und ihre Wahrnehmung erscheinen beispielsweise die Antworten auf die
Frage, was ihnen wichtig ist und wie sie die Zukunft sehen. Es mag überraschen, dass den häufig als „Konsumkids" etikettierten Kindern die Familie
und Freundschaften wichtiger sind als Konsum. Was ihre Ängste und Wünsche betrifft, so scheinen diese viel näher an der Realität zu sein, als die vielfach beliebte Beschäftigung mit Fantasy-Welten vermuten lässt. Jedenfalls
hat die gesellschaftliche Realität mit ihren Problemen offensichtlich starken
Einfluss auf die kindliche Wahrnehmung. So stand bei den Zukunftsängsten

---

30   Vgl. ebd., S. 34
31   Ebd., S. 35

die Angst vor Erwerbslosigkeit und der damit verbundenen Armutsgefährdung an erster Stelle.[32]

Neben diesen wissenschaftlich ausgerichteten Berichtssystemen hat in den 1990er-Jahren ebenfalls die auf politischer Ebene angesiedelte Sozialberichterstattung Kinder als eigenständige Zielgruppe stärker berücksichtigt. Auf der Bundesebene geschah dies mit dem 10. Kinder- und Jugendbericht,[33] der ausführlich die Bedingungen des Aufwachsens von Kindern in unserer Gesellschaft erörtert. Gleichzeitig war dies der erste regierungsamtliche Bericht auf Bundesebene, der Kinderarmut als relevantes gesellschaftliches Problem thematisiert hat. Die Fokussierung auf Kindheit ist auf der politischen Ebene sicher den durch die Debatte um die Umsetzung der UN-Kinderrechtskonvention in der Kinder- und Jugendpolitik gegebenen Anstößen zu verdanken. Auf Landesebene folgte in Nordrhein-Westfalen der 7. Kinder- und Jugendbericht.[34] Hierbei handelt es sich nicht speziell um einen Kinderbericht, aber die Lebenssituation von Kindern wird ausführlich mit erfasst. Im Zuge der Erstellung dieses Berichts ist von der Landesregierung eine Expertise zu „Armut bei Kindern und Jugendlichen" in Auftrag gegeben worden,[35] die vor allem die Zuständigkeit der kommunalen Kinder- und Jugendhilfe im Kontext von Armut unterstreicht. Daher liegt es nahe, dass diese Problematik auch in der Sozialberichterstattung auf kommunaler Ebene aufgegriffen wird. Unter mehreren Beispielen sei auf den Münsteraner Kinderarmutsbericht hingewiesen, der konzeptionell an die lebenslagenorientierte Kinderarmutsforschung anschließt und sich auf unterschiedliche Altersgruppen (Kinder im Vorschulalter, im Grundschulalter, im Übergang zum Jugendalter) bezieht.[36] Gleichzeitig nimmt der Bericht eine sozialräumliche Fokussierung auf bestimmte Stadtteile vor. Die empirischen Daten, welche für den Bericht erhoben wurden, bilden sowohl Aussagen von Professionellen, die in Schule und Kinderbetreuung, im Beratungs- und Freizeitbereich sowie im Gesundheits- und Sozialwesen mit Kindern befasst sind, als auch Selbstaussagen von Kindern. Entscheidend ist, dass damit die kindzentrierte Perspekti-

---

32 Vgl. ebd., S. 38
33 Vgl. Bundesministerium für Familie, Senioren, Frauen und Jugend (Hrsg.), Zehnter Kinder- und Jugendbericht. Bericht über die Lebenssituation von Kindern und die Leistungen der Kinderhilfen in Deutschland, Bonn 1998
34 Vgl. Ministerium für Frauen, Jugend, Familie und Gesundheit des Landes Nordrhein-Westfalen (Hrsg.), Kinder und Jugendliche an der Schwelle zum 21. Jahrhundert. Siebter Kinder- und Jugendbericht der Landesregierung NRW, Düsseldorf 1999
35 Vgl. Ministerium für Frauen, Jugend, Familie und Gesundheit des Landes Nordrhein-Westfalen (Hrsg.), Kinder und Jugendliche in Armut. Expertise zum 7. Kinder- und Jugendbericht der Landesregierung NRW, Düsseldorf 2000
36 Stadt Münster (Hrsg.), Münsteraner Armutsberichterstattung: Lebenslagen und -perspektiven unterversorgter Kinder und Jugendlicher in Münster, Münster 2002. An diesem Bericht wirkte das Münsteraner Teilprojekt des Forschungsverbundes „Armut und Kindheit" auch im Rahmen der wissenschaftlichen Begleitung mit.

ve, wie sie in der Kinderarmutsforschung gefordert wird, auch Eingang in die
politische Berichterstattung auf kommunaler Ebene gefunden hat.

2.4 Forschungsstand im Hinblick auf Kinderarmut

Kinderarmut behandelte die deutsche Armutsforschung in den 1980er-Jahren
zunächst nicht als eigenständiges soziales Problem. Kinder wurden allenfalls
als Ursache von Familienarmut oder als Angehörige einkommensarmer und
sozial benachteiligter Haushalte, kaum jedoch als eigenständige Subjekte in
ihrer spezifischen Betroffenheit von Armutslagen in den Blick genommen.
Das änderte sich erst zu Beginn der 1990er-Jahre, als die Armut von Kindern
und Jugendlichen – im Kontext von Sozialberichterstattung – in der Fachöf-
fentlichkeit zunehmend in ihrer sozialpolitischen und sozialpädagogischen
Brisanz zur Kenntnis genommen wurde.

Seither sind eine Reihe von Publikationen erschienen, die sich aus der
Sicht unterschiedlicher Disziplinen mit verschiedenen Aspekten von Kinder-
und Jugendarmut auseinandersetzen.[37] Obwohl die Betroffenheit der jungen
Generation durch Armutslagen in der sozialwissenschaftlichen Debatte zunehmend thematisiert wird, mangelt es nach wie vor an systematischen und
generalisierbaren Daten. Insgesamt nehmen sich das empirische Wissen sowie das Ausmaß sozialstatistischer Informationen zum Komplex kindlicher
Lebenslagen in der Bundesrepublik (z.B. im Vergleich zu den USA) immer
noch bescheiden aus.[38] Die in der Bundesrepublik vorliegenden Studien haben sich zunächst hauptsächlich auf Einzelaspekte der kindlichen Armutslagen wie Einschränkungen hinsichtlich Konsum, Kinderkultur und Freizeitgestaltung, eingeschränkte räumliche Erfahrungsmöglichkeiten und ungenügende Lernanreize, Differenzwahrnehmungen und Ausgrenzungserfahrungen

---

37 Vgl. Ulrich Otto (Hrsg.), Aufwachsen in Armut. Erfahrungswelten und soziale Lagen
    von Kindern armer Familien, Opladen 1997; Jürgen Mansel/Georg Neubauer (Hrsg.),
    Armut und soziale Ungleichheit bei Kindern, Opladen 1998; Christoph Butterwegge
    (Hrsg.), Kinderarmut in Deutschland, a.a.O.; Hans Weiß (Hrsg.), Frühförderung mit
    Kindern und Familien in Armutslagen, München/Basel 2000; Andreas Klocke/Klaus
    Hurrelmann (Hrsg.), Kinder und Jugendliche in Armut. Umfang, Auswirkungen und
    Konsequenzen, 2. Aufl. Wiesbaden 2001; H. Gerhard Beisenherz, Kinderarmut in der
    Wohlfahrtsgesellschaft. Das Kainsmal der Globalisierung, Opladen 2002; Karin
    Holm/Uwe Schulz (Hrsg.), Kindheit in Armut weltweit, Opladen 2002; Christoph
    Butterwegge/Michael Klundt (Hrsg.), Kinderarmut und Generationengerechtigkeit.
    Familien- und Sozialpolitik im demografischen Wandel, 2. Aufl. Opladen 2003
38 Vgl. Sabine Walper, Auswirkungen von Armut auf die Entwicklung von Kindern, in:
    Sachverständigenkommission Zehnter Kinder- und Jugendbericht (Hrsg.), Materialien
    zum 10. Kinder- und Jugendbericht – Kindliche Entwicklungspotentiale. Normalität,
    Abweichung und ihre Ursachen, Opladen 1999, S. 304ff.

sowie Folgewirkungen für die kindliche Entwicklung konzentriert. Dabei wurden in einzelnen Studien u.a. folgende Aspekte herausgearbeitet:

- mögliche gesundheitliche Beeinträchtigungen als Folge armutsbedingten Ernährungs- und Gesundheitsverhaltens;[39]
- Auswirkungen auf die Bildungs- und Schulleistungen sowie die Schullaufbahn;[40]
- Folgen für die Selbsteinschätzung, das Selbstbild und das Wohlbefinden von Kindern, insbesondere aber von Jugendlichen;[41]
- Auswirkungen auf das Problem- und Sozialverhalten sowie auf soziale Kontakte, insbesondere auf Gleichaltrigenkontakte.[42]

An dieser Stelle sei noch einmal daran erinnert, dass familiäre Armutslagen nicht allein durch das Einkommensniveau, sondern ebenfalls durch die Wohnsituation, den Bildungsstatus der Eltern (bzw. der alleinerziehenden Mütter), die soziale Eingebundenheit oder Isoliertheit der Familie, Erwerbslosigkeit oder eine prekäre Erwerbssituation, Krankheit oder Behinderung geprägt sein können. Auch das Wohnumfeld und seine soziale Infrastruktur haben Einfluss auf das familiäre und kindliche Alltagsleben. Ansatzweise gibt es auch sozialräumliche Studien, die sich mit der spezifischen Problematik der benachteiligten Lebenslagen von Kindern in sozialen Brennpunkten auseinandersetzen, wobei der Aspekt einer dauerhaften und kumulativen Belastung von Lebenslagen in verfestigten Armutsformen besondere Aufmerksamkeit verdient.[43] In einer Reihe von sozialpädagogischen, sozialmedizinischen und psychologischen Studien wird die spezifische Problematik von Kindesvernachlässigung im Kontext von materieller Not und ihren belasten-

---

39 Vgl. z.B. Andreas Klocke/Klaus Hurrelmann, Armut und Gesundheit. Inwieweit sind Kinder und Jugendliche betroffen?, in: Ulrich Laaser/Karsten Gebhardt/Ursel Brößkamp (Hrsg.), Armut und Gesundheit. Aufgaben für die Gesundheitswissenschaften, 2. Beiheft der Zeitschrift für Gesundheitswissenschaften, Weinheim 1995, S. 138ff.

40 Vgl. Jürgen Mansel, Zur Reproduktion sozialer Ungleichheit. Soziale Lage, Arbeitsbedingungen und Erziehungsverhalten der Eltern im Zusammenhang mit dem Schulerfolg des Kindes, in: Zeitschrift für Sozialisationsforschung und Erziehungssoziologie 1/1993, S. 36ff.; Wolfgang Lauterbach/Andreas Lange, Aufwachsen in materieller Armut und sorgenbelastetem Familienklima. Konsequenzen für den Schulerfolg von Kindern am Beispiel des Übergangs in die Sekundarstufe I, in: Jürgen Mansel/Georg Neubauer (Hrsg.), Armut und soziale Ungleichheit bei Kindern, a.a.O., S. 106ff.

41 Vgl. Sabine Walper, Familiäre Konsequenzen ökonomischer Deprivation, München/Weinheim 1988; Andreas Klocke, Aufwachsen in Armut. Auswirkungen und Bewältigungsformen der Armut im Kindes- und Jugendalter, in: Zeitschrift für Sozialisationsforschung und Erziehungssoziologie 4/1996, S. 390

42 Vgl. Jochen Bacher, Sozialstrukturell benachteiligte Kinder, in: Liselotte Wilk/Johann Bacher (Hrsg.), Kindliche Lebenswelten. Eine sozialwissenschaftliche Annäherung, Opladen 1994, S. 55ff.

43 Vgl. Andreas Bieligk, „Die armen Kinder". Armut und Unterversorgung bei Kindern – Belastungen und ihre Bewältigung, Essen 1996, S. 41ff.

den Auswirkungen auf das Familienklima erörtert.[44] Weniger erforscht sind allerdings Fragestellungen, die sich auf die kindliche Wahrnehmung und Bewältigung benachteiligter Lebenslagen sowie auf den spezifischen Beitrag von Kindern zur Gestaltung ihrer Lebenswelt beziehen. Keine eindeutigen Antworten gibt es bislang auf die Frage, wie durch Armutsrisiken geprägte kindliche Sozialisationen in der Langfristperspektive verlaufen.[45] Parallel zur wissenschaftlichen und politischen Thematisierung ist die Sensibilität für die Problematik auch in pädagogischen Institutionen und anderen Praxisbereichen wie Frühförderung, Gesundheitswesen und Soziale Arbeit gestiegen.[46]

Insgesamt vermögen die vorliegenden Ergebnisse erste Annäherungen an die multidimensionale Problematik von Kinderarmut sowie des Aufwachsens in benachteiligten Lebenslagen zu liefern.

Im Folgenden sollen einige Erkenntnisse neuerer Untersuchungen zu den Auswirkungen von Armut auf Kinder und Jugendliche referiert werden. Ausgewählt wurden dabei Studien, die jeweils unterschiedliche Aspekte akzentuieren und/oder in ihren handlungsorientierten Schlussfolgerungen von Interesse sind.

2.4.1 Mediatorenfunktion der Familie und Ressourcenaspekt

Einen guten Überblick über die Auswirkungen von Armut und sozioökonomischer Deprivation auf die körperliche, psychische, soziale und intellektuelle Entwicklung von Kindern liefert eine Expertise, die Sabine Walper für den 10. Kinder- und Jugendbericht der Bundesregierung erstellt hat.[47] Im Vordergrund stehen für Walper die mit Armut verbundenen Entwicklungsrisiken sowie die Bandbreite möglicher kindlicher Belastungsreaktionen. Sie unterstreicht die Notwendigkeit, die verschiedenen Formen und Ausprägungen von Armut (z.B. kurz- und längerfristige Verarmung, plötzliche Ein-

---

44 Vgl. Institut für Soziale Arbeit (Hrsg.), Kinder in Krisen – Kinder in Not, Münster 1997

45 Dazu gibt es in der bundesrepublikanischen Forschung jedenfalls noch keine ausführlichen Studien.

46 Vgl. Hans Weiß (Hrsg.), Frühförderung mit Kindern und Familien in Armutslagen, a.a.O.; Ulrike Itzke/Herbert Ulonska/Christiane Bartsch (Hrsg.), Problemsituationen in der Grundschule. Wahrnehmen – verstehen – handeln, Bad Heilbrunn 2002; Gerhard Trabert, Kinderarmut – Zwei-Klassen-Gesundheit, in: Deutsches Ärzteblatt 3/2002, S. 93ff.; Margherita Zander, (Kinder-)Armut als Handlungsauftrag für die Soziale Arbeit, in: Christoph Butterwegge (Hrsg.), Kinderarmut in Deutschland, a.a.O., S. 286ff.

47 Vgl. Sabine Walper, Auswirkungen von Armut auf die Entwicklung von Kindern, a.a.O. Die Autorin reflektiert das (schon infolge der Unterschiedlichkeit der sozialen Systeme und Erscheinungsformen von Armut bestehende) Problem einer Übertragbarkeit von Ergebnissen der US-amerikanischen Forschung; dennoch bietet sich eine Bezugnahme auf deren wesentlich höheren Stand an.

kommensverluste, Eintreten von Erwerbslosigkeit) in ihren Konsequenzen auf Kinder und Jugendliche differenziert zu betrachten. Damit entwickelt die Verfasserin auf der Basis des bisherigen Forschungsstandes ein Modell, um das Zusammenspiel relevanter Einflussfaktoren zu analysieren und ein Erklärungsmuster für kurz- vs. langfristige Folgewirkungen von Armut im Kindes- und Jugendalter zu finden. Im Mittelpunkt ihrer Betrachtung steht die Familie als System sowie die innerfamiliäre Vermittlung armutsbedingter Belastungen durch die Reaktionen, die Anpassungsbemühungen und das Bewältigungsverhalten der Eltern. Eine wesentliche Rolle spielen dabei die Auswirkungen der mit ökonomischer Deprivation einhergehenden psychosozialen Folgen für das familiäre Beziehungsgefüge (insbesondere die Eltern-Kind-Beziehungen). Materielle Verarmung habe nicht nur eine Umstellung der Haushaltsökonomie, sondern auch Änderungen im familialen Rollensystem und im sozialen Status der Familie zur Folge, was zu Beeinträchtigungen der elterlichen Beziehungen, der Eltern-Kind-Beziehungen sowie des elterlichen Erziehungsverhaltens führen könne.

Daneben sieht Walper aber auch andere, außerfamiliäre Einflussfaktoren, welche die Reaktionen der Kinder auf ökonomische Deprivation prägen können. In erster Linie sind dies die Sozialbeziehungen der Kinder und Jugendlichen, insbesondere deren Gleichaltrigenkontakte, die sich auf das subjektive Erleben der materiellen Benachteiligung (z.B in Form von Stigmatisierung oder Differenzerfahrung) auswirken können. Entscheidenden Einfluss auf die Art und Weise, wie die Eltern und – dadurch vermittelt – auch die Kinder die Situation bewältigen, habe darüber hinaus das Vorhandensein oder Fehlen vielfältiger Ressourcen. „Diese Ressourcen sind auf unterschiedlichen Ebenen angesiedelt und betreffen sowohl den sozialen Kontext der Familie, Merkmale des Familiensystems, als auch individuelle Charakteristika der Eltern und Kinder. Zudem können sie an unterschiedlichen Stellen des Bewältigungsprozesses zum Tragen kommen, sei es bei der Einschätzung von Arbeitslosigkeit und ökonomischer Deprivation als negatives, bedrohliches Ereignis, bei der Anpassung der Haushaltsführung und des familiären Rollensystems, bei den individuellen Belastungsreaktionen der Familienmitglieder und bei der Veränderung der familialen Beziehungen und Interaktionen.[48]

2.4.2 Typologie kindlicher Bewältigungsmuster und Geschlechtsspezifik

Speziell zu Kindern im Grundschulalter hat Antje Richter eine qualitativ angelegte psychologische Studie über Belastungen erstellt, die aus Unterversorgungslagen resultieren können. Das subjektive Bewältigungsverhalten der Kinder steht im Mittelpunkt ihrer Analyse, die vor allem deswegen interes-

---

48 Vgl. ebd., S. 334

sant ist, weil sie nicht nur konsequent die Kinderperspektive verfolgt, sondern auch geschlechtsspezifische Auswirkungen auf Mädchen und Jungen berücksichtigt. Da dies bisher die einzige Studie (in der Bundesrepublik) ist, die der Geschlechtsspezifik im Kontext von kindlicher Armutsbewältigung besondere Aufmerksamkeit schenkt, soll im Folgenden vor allem dieser Aspekt herausgearbeitet werden.

Richter unterscheidet, bezogen auf das Bewältigungsverhalten von Grundschulkindern in Unterversorgungslagen, vier Kategorien, die weitgehend auch alltagstypischen Bewältigungsformen entsprechen:

– „mit sich selbst ausmachen",
– „Anstatt-Handlungen" vollziehen,
– „emotionale Unterstützung suchen bzw. gewähren",
– „an die Umwelt weitergeben".[49]

Richter hat die Kategorie „mit sich selbst ausmachen" sowohl bei Jungen als auch bei Mädchen mit Abstand am häufigsten vorgefunden, gefolgt von den kompensatorischen Handlungsformen („Anstatt-Handlungen"), die häufiger bei Mädchen als bei Jungen vorkamen. Als eindeutig geschlechtsspezifisch geprägt erwies sich die Kategorie „soziale Unterstützung suchen bzw. gewähren"; hierbei überwogen eindeutig die Mädchen. „An die Umwelt weitergeben" war in der Reihenfolge der vorgefundenen Häufigkeit die mit Abstand letzte Kategorie; dass Richter auch diese infolge ihrer Befragungsergebnisse etwas häufiger Mädchen als Jungen zuschreibt, mag vielleicht überraschen.[50] Richter stellte insbesondere hinsichtlich der sozialen Netzwerke der Kinder erhebliche Differenzen zwischen Jungen und Mädchen fest. Zur Untermauerung ihrer Ergebnisse kann sie auf Erkenntnisse der geschlechtsspezifischen Sozialisationsforschung zurückgreifen, wonach Belastungen und Probleme von Jungen und Mädchen generell unterschiedlich wahrgenommen, gedeutet und bewältigt werden. Insbesondere gelte es zu beachten, dass sich Jungen und Mädchen in ihren Bewältigungsformen unterscheiden: So wählten Mädchen z.B. eher aktive Bewältigungsstrategien unter Nutzung sozialer Ressourcen, während Jungen tendenziell häufiger für problemvermeidende Strategien optierten.[51] Mädchen könnten leichter soziale Unterstützung einfordern und ihrerseits an andere weitergeben. Da der sozialen Unterstützung durch persönliche Netzwerke eine wichtige Funktion bei der Bewältigung psychosozialer Belastungen zukomme, die aus Unterversorgungslagen resultieren, erschienen Jungen in dieser Hinsicht „benachteiligt". Sie könnten seltener über entsprechende soziale Netzwerke verfügen bzw. deren Unterstüt-

---

49   Vgl. Antje Richter, Wie erleben und bewältigen Kinder Armut?, Eine qualitative Studie über die Belastung aus Unterversorgungslagen und ihre Bewältigung aus subjektiver Sicht von Grundschulkindern einer ländlichen Region, Aachen 2000, S. 92f.
50   Vgl. ebd., S. 105
51   Vgl. ebd., S. 86

zung in Anspruch nehmen. Richter kommt zu dem Ergebnis, dass die soziale Situation von in Armutsverhältnissen lebenden Jungen besondere Aufmerksamkeit verdiene. Diese seien hinsichtlich ihrer sozialen Netzwerke sowohl im Vergleich zu Mädchen als auch zur gleichgeschlechtlichen Kontrollgruppe besonders benachteiligt.

Allerdings weisen – Richter zufolge – geschlechtsspezifisch sozialisierte Verhaltensweisen von Mädchen in anderer Hinsicht eher problemvermeidenden und die Bewältigung erschwerenden Charakter auf. So sei die Tatsache, dass Mädchen in Armutssituationen ein weniger problematisches oder auffälliges Verhalten zeigen, kein Argument dafür, dass sie weniger „gefährdet" seien. Vielmehr könne ihr Problemvermeidungsverhalten, das ihnen verstärkte Anpassungsleistungen abfordere, zu einer Kumulation negativer Effekte im Sinne von Belastungen führen, die nicht selten psychosomatische Erkrankungen nach sich zögen.[52]

2.4.3 Typologie der Armut kindlicher Lebenslagen

Eine weitere – in mehreren Teilstudien – veröffentlichte Untersuchung zur Kinderarmut wurde 1997 bis 2000 vom Institut für Sozialarbeit und Sozialpädagogik im Auftrag des Bundesverbandes der Arbeiterwohlfahrt durchgeführt.[53] Für die wissenschaftliche Durchführung der sog. AWO-ISS-Studie waren Beate Hock, Gerda Holz und Werner Wüstendörfer zuständig. Im Rahmen dieses Forschungsprojekts wurden zwei spezifische Zielgruppen untersucht: Kinder im Vorschulalter und Jugendliche beim Übergang ins Berufsleben. Das Besondere an der Untersuchung zu den Vorschulkindern ist ihr überregionaler und sehr breit angelegter Zugang über (sozial)pädagogische Praxiseinrichtungen. Insgesamt wurden 2.700 Einrichtungen, Angebote und Projekte der AWO, die in der Kinder-, Jugend- und Familienhilfe tätig sind, in eine Expertenbefragung einbezogen. Die in den Einrichtungen beschäftigten (Sozial-)Pädagog(inn)en wurden nach der Verbreitung und Wahrnehmung von Kinder- und Jugendarmut sowie nach ihrem Umgang mit der Problematik gefragt.[54] In der Teilstudie, die zum einen auf Fallstudien

---

52 Mit den hier referierten geschlechtsspezifischen Differenzierungen geht Antje Richter über die Erkenntnisse anderer Studien hinaus.

53 Dazu sind 5 Bände in der Reihe „Berichte und Materialien aus Wissenschaft und Praxis" des Instituts für Sozialarbeit und Sozialpädagogik in Frankfurt am Main erschienen, die im Folgenden aufgeführt werden.

54 Vgl. Beate Hock/Gerda Holz, Arm dran?!, Lebenslagen und Lebenschancen von Kindern und Jugendlichen. Erste Ergebnisse einer Studie im Auftrag des Bundesverbandes der Arbeiterwohlfahrt, Frankfurt am Main 1998; Beate Hock/Gerda Holz/Werner Wüstendörfer, Armut – eine Herausforderung für die verbandliche Kinder- und Jugendhilfe. Zweiter Zwischenbericht zu einer bundesweiten Befragung in den Einrichtungen der Arbeiterwohlfahrt, Frankfurt am Main 1999

und zum anderen auf einer quantitativen Erhebung basiert, wurden Auswirkungen der Armut im frühen Kindesalter erforscht.[55] Damit betrat man weitgehend Neuland, weil in der Bundesrepublik keine systematischen Erkenntnisse zu den Armutsfolgen für diese Altersgruppe vorlagen. Für die 2. Teilstudie wurden biografische Interviews mit jungen Erwachsenen geführt und
ausgewertet; Auswahlkriterium für die Interviewpartner/innen war, dass sie
aus einer armen Familie stammten und den Übergang ins Berufsleben erfolgreich bewältigt hatten.[56] Damit sollten vor allem die Voraussetzungen bzw.
Bedingungen für eine gelingende Armutsbewältigung herausgearbeitet werden.[57]

Das Autorenteam der AWO-ISS-Studien gelangt in seinem Bericht über
Vorschulkinder auf der Basis seines kombinierten qualitativen und quantitativen methodischen Vorgehens zu dem Resultat, dass familiäre Armut bei einem großen Teil der Kinder bereits früh negative Folgen für die kindliche
Lebenssituation hervorrufen kann. Gleichzeitig gewinnt es jedoch auch die
Erkenntnis, dass Armut nicht zwangsläufig zu eingeschränkten Entwicklungsmöglichkeiten des Kindes führen muss. Als Ergebnis der Auswertung
des empirischen Materials werden verschiedene Lebenslagentypen gebildet,
denen die untersuchten Kinder zugeordnet werden können:

–   Typ 1: „Wohlergehen des Kindes trotz eingeschränkter materieller Res-
    sourcen“,
–   Typ 2: „Armut als Nebenproblem einer gravierenden sozio-emotionalen
    Belastung“,
–   Typ 3: „Armut als aktuell begrenzte Benachteiligung und latente Ge-
    fahr“,
–   Typ 4: „Armut als massive materielle und kulturelle Benachteiligung“
    (soziale Ausgrenzung)
–   Typ 5: „Armut als multiple Deprivation“.[58]

---

55   Vgl. Beate Hock/Gerda Holz/Werner Wüstendörfer, Folgen familiärer Armut im frü-
     hen Kindesalter: eine Annäherung anhand von Fallbeispielen. Dritter Zwischenbericht
     zu einer Studie im Auftrag des Bundesverbandes der Arbeiterwohlfahrt, Frankfurt am
     Main 2000; Beate Hock/Gerda Holz/Werner Wüstendörfer, Frühe Folgen – langfristi-
     ge Konsequenzen?, Armut und Benachteiligung im Vorschulalter. Vierter Zwischen-
     bericht zu einer Studie im Auftrag des Bundesverbandes der Arbeiterwohlfahrt,
     Frankfurt am Main 2000
56   Vgl. Beate Hock/Gerda Holz (Hrsg.), Erfolg oder Scheitern?, Arme und benachteiligte
     Jugendliche auf dem Weg ins Berufsleben. Fünfter Zwischenbericht zu einer Studie
     im Auftrag des Bundesverbandes der Arbeiterwohlfahrt, Frankfurt am Main 2000
57   Vgl. Beate Hock u.a., Gute Kindheit – schlechte Kindheit?, Armut und Zukunftschan-
     cen von Kindern und Jugendlichen in Deutschland. Abschlussbericht zur Studie im
     Auftrag des Bundesverbandes der Arbeiterwohlfahrt, Frankfurt am Main 2000, S. 67
58   Siehe ebd., S. 140

Schließlich kommt die AWO-ISS-Studie zu dem Ergebnis, dass sich die Auswirkungen von Armut auf die betroffenen Kinder als ein Kontinuum zwischen zwei gegensätzlichen Polen darstellen lassen, die zwischen „Wohlergehen trotz eingeschränkter materieller Ressourcen" und „Armut als multipler Deprivation" liegen.[59]

In derselben Reihe ist ein weiterer Band zu „Armut im Grundschulalter" erschienen, mit dem zwei Ziele verfolgt werden: Zum einen stellt er die Ergebnisse einer vertiefenden qualitativen Studie vor; zum anderen soll der bisherige Wissensstand zu Kinderarmut an die Praxis der Sozialen Arbeit, an die Fachgremien und Fachpolitik weitergegeben werden.[60] Mit der „vertiefenden qualitativen Studie" wird in der Verlaufsperspektive – nach zwei Jahren – die Lebenssituation von 27 Kindern und Familien in Fallanalysen geschildert und damit erstmals eine Längsschnittbetrachtung vorgenommen. Durch eine Verlagerung vom Defizit- zum Ressourcenkonzept erfolgte auch eine konzeptionelle Erweiterung des Forschungsdesigns. Im Ergebnis werden Erkenntnisse über den Entwicklungsverlauf der Kinder (im Zeitraum von 1999 bis 2001), zu Ressourcen, Problemen und Bewältigungshandeln aus der Eltern- und Kinderperspektive sowie vor allem auch zum Hilfebedarf bzw. zur Nutzung von Hilfen durch die Familien dargestellt.

2.4.4 Analyse der Lebenslagen von Grundschulkindern

Eine ausführliche Studie über die Lebenslagen von Kindern in Armut ging aus einem vom Thüringer Ministerium für Wissenschaft und Forschung geförderten Forschungsprojekt an der FH Jena unter der Leitung von Karl August Chassé und Margherita Zander hervor.[61] Wie die Studie von Antje Richter stützte es sich auf qualitative Interviews mit Grundschulkindern, die in Sozialhilfehaushalten oder in familiären Armutslagen leben. Gleichzeitig wurden die Eltern der untersuchten Kinder (in einer Kombination von qualitativen und quantitativen Verfahren) befragt, sodass sich die beiden Sichtweisen vergleichend darstellen lassen. Während Richter die Formen der kindlichen Bewältigung aus psychologischer Sicht behandelte, näherte sich das Jenenser Forschungsprojekt der Fragestellung mit einem soziologisch-sozialpädagogischen Untersuchungskonzept. Die Pionierleistung der Studie, die in Jena und im Saale-Holzland-Kreis (Thüringen) durchgeführt wurde, ist vor

---

59 Vgl. dazu auch die Ergebnisse der Jenenser Kinderarmutsstudie, die anschließend vorgestellt wird.

60 Vgl. Gerda Holz/Susanne Skoluda, Armut im frühen Grundschulalter. Abschlussbericht der vertiefenden Untersuchung zu Lebenssituation, Ressourcen und Bewältigungshandeln von Kindern im Auftrag des Bundesverbandes der Arbeiterwohlfahrt, Frankfurt am Main 2003

61 Vgl. Karl August Chassé/Margherita Zander/Konstanze Rasch, Meine Familie ist arm. Wie Kinder im Grundschulalter Armut erleben und bewältigen, Opladen 2003

allem darin zu sehen, dass sie eine kinderspezifische Ausformulierung des
Lebenslagenkonzepts („Spielräume"-Konzept von Ingeborg Nahnsen)[62] vorgenommen und ihrer Kinderbefragung unterlegt hat. Das Spielräumekonzept
berücksichtigt die armutsbedingten Einschränkungen, welche die Lebenslagen von Erwachsenen wie von Kindern prägen. Dabei werden folgende
(Handlungs-)Spielräume unterschieden, die sich auch gegenseitig beeinflussen:

– der Einkommens- und Versorgungsspielraum,
– der Kontakt- und Kooperationsspielraum,
– der Muße- und Regenerationsspielraum,
– der Lern- und Erfahrungsspielraum,
– der Entscheidungs- und Dispositionsspielraum.[63]

Der eigentliche Fokus lag auch in dieser Untersuchung auf der Kinderperspektive. Es ging also in erster Linie darum, zu analysieren, wie die Kinder
selbst ihre Lebenslagen wahrnehmen, deuten und bewältigen. Als Ergebnis
der qualitativen Fallstudien kann festgehalten werden, dass die befragten
Grundschulkinder in allen Spielräumen unterschiedliche Formen und Ausprägungen von Einschränkungen wahrnehmen, die auf die materielle Situation der Familie zurückgeführt werden können. Interessanterweise unterscheiden sich die Wahrnehmungen der Kinder oft von denen ihrer Eltern bzw.
Mütter, die häufiger der Auffassung waren, dass ihre Kinder die eingeschränkte Haushaltssituation nicht wahrnähmen, jedenfalls darunter nicht „zu
leiden" hätten.

In Kurzform lassen sich die Ergebnisse, welche die Kinderaussagen zu
den einzelnen Spielräumen ergaben, wie folgt darstellen:

– Für die Versorgung der Kinder mit Gütern des täglichen Lebens und
  Dienstleistungen ist die familiäre *Einkommenssituation* die zentrale Ressource, von welcher die materielle Situation der Kinder geprägt wird.
  Allerdings wirkt sich nicht nur die finanzielle Situation der Familie aus,
  sondern auch das elterliche Haushaltsmanagement, die innerfamiliäre
  Ressourcenverteilung und Prioritätensetzung sowie elterliche Kompen-
  sationsstrategien (z.B. Flohmärkte, Secondhandshops, Tauschbörsen

---

62   Vgl. Ingeborg Nahnsen, Wichtige Interessen, äußere Umstände und Lebenslage. Aus-
     einandersetzung mit zentralen Elementen des Weisserschen Lebenslagenkonzeptes
     (unveröffentl. Vorlesungsmanuskript), Göttingen 1972; dies., Die wesentlichen Ein-
     flußfaktoren in den Einzelspielräumen. Anhang I (unveröffentl. Vorlesungsmanu-
     skript); vgl. ergänzend die ausführliche Darstellung des Konzepts in: Gabriele An-
     dretta, Zur konzeptionellen Standortbestimmung von Sozialpolitik als Lebenslagen-
     politik, Göttingen 1990, S. 76ff.
63   Vgl. Karl August Chassé/Margherita Zander/Konstanze Rasch, Benachteiligung in
     den Lebenslagen von Kindern. Abschlussbericht des Jenenser Forschungsprojekts, Je-
     na 2001

usw.) oder die Unterstützung durch soziale Netzwerke (vor allem Verwandte, insbesondere Großeltern haben einen nicht zu unterschätzenden Einfluss). Von den Kindern wurden teilweise wohl auch Defizite in der Grundversorgung benannt; in ihrer Perspektive rückt aber die kinderkulturelle Symbolik von Kleidung und Spielzeug bzw. bestimmter Aktivitäten in den Vordergrund.

– Der *Lern- und Erfahrungsspielraum* hat für Kinder der untersuchten Altersstufe einen zentralen Stellenwert. Dabei geht es nicht nur um schulische Bildung, sondern um den Erwerb von kulturellem und sozialem Kapital im umfassenden Sinne sowie um die Aneignung von Fähigkeiten zur Lebensbewältigung. Eine besondere Rolle spielen soziales Lernen im Umgang mit Gleichaltrigen sowie die Erfahrung von Anerkennung und sozialer Integration, im negativen Fall von Ablehnung und Ausschluss. Diesbezüglich nehmen die Kinder vor allem Einschränkungen in Bezug auf außerhäusliche (kinderkulturelle) Freizeitangebote wahr; auch der räumliche Aktionsradius ist im Vergleich zu Gleichaltrigen spürbar eingeschränkt.

– Bezogen auf den *Kontakt- und Kooperationsspielraum* hat für Grundschulkinder einerseits das soziale Netzwerk der Familie (in erster Linie das verwandtschaftliche, aber auch das der Freunde und Bekannten) noch prägende Wirkung, andererseits bewegen sich Kinder dieser Altersstufe zunehmend in eigenen, von den Eltern unabhängigen Lebenswelten (Wohnumfeld, Freizeitaktivitäten, Schule, Hort usw.). Dadurch erschließt sich ihnen die Chance zu eigenständigen Kontakten, vor allem zu Gleichaltrigen. Hierbei sind die Kinder – zumindest teilweise – auf förderliche Unterstützung durch die Erwachsenen (z.B. im Hinblick auf räumliche Mobilität, Treffmöglichkeiten u.a.m.) angewiesen. Bei den Fallstudien stellte sich heraus, dass gerade solche Kinder in ihren Gleichaltrigenbeziehungen eingeschränkt sind, deren Familien unter der materiellen häuslichen Situation besonders leiden und in denen auch sonst ein wenig förderliches familiäres Klima herrscht.

– Kinder brauchen *Ruhe und Regeneration* als Entlastung – man denke nur an die ihnen abverlangten Entwicklungs-, Lern- und Bewältigungsaufgaben. Sie benötigen Entspannungs- und Rückzugsmöglichkeiten, d.h. entsprechende räumliche und atmosphärische Rahmenbedingungen. Dazu gehören u.a. ein positives Familienklima sowie die Stabilität der familiären Lebensbedingungen und der Eltern-Kind-Beziehungen. Auch lässt sich feststellen, dass die Eltern oder Mütter in Familien mit kumulativen Belastungen oft (trotz aller Bemühungen) nicht in der Lage sind, verlässliche häusliche Rahmenbedingungen für die Alltagsbewältigung herzustellen. Es fehlen gerade in solchen Familien oft geeignete Rückzugsmöglichkeiten oder die materiellen Mittel für regenerative Aktivitäten, wie z.B. abwechslungsreiche Freizeitgestaltung bzw. Urlaub.

–   Der *Dispositions- und Entscheidungsspielraum* kann – bezogen auf Kin-
    der – als Möglichkeit interpretiert werden, die eigenen Interessen und
    Wahlmöglichkeiten (auch gegenüber Erwachsenen) zu verfolgen. Ange-
    sprochen ist damit die grundsätzliche Frage nach kindlicher Autonomie
    sowie den Partizipations- und Gestaltungsmöglichkeiten von Kindern.
    Welche Wahl- und Entscheidungsmöglichkeiten haben Kinder in der Ge-
    staltung ihrer Lebensführung? Welche Einflussmöglichkeiten haben sie
    in ihren unterschiedlichen Lebenswelten (Familie, Schule, Wohnumfeld
    usw.)? Diese Fragen sind generell schwer zu beantworten – mit Blick auf
    die befragten benachteiligten Kinder wären sie noch einmal spezifischer
    unter Berücksichtigung der von ihnen selbst artikulierten Einschränkun-
    gen und ihrer restriktiven Wahlmöglichkeiten zu stellen.[64]

Als Gesamtresümee seien folgende Aspekte festgehalten, die sich unter Berücksichtigung der Kinderperspektive ergeben:

–   Kinder sind für die Gestaltung ihres Lebens in starkem Maße auf die fa-
    miliären Ressourcen angewiesen; dies gilt insbesondere für die materiel-
    len, aber auch die sozialen und kulturellen Ressourcen. Für benachtei-
    ligte Kinder ist der außerfamiliäre Zugang zu entsprechenden kompen-
    satorischen Angeboten besonders wichtig.
–   Die Lebensbedingungen einer Familie können sich für die einzelnen Fa-
    milienmitglieder unterschiedlich darstellen, Kinder und Erwachsene sehr
    unterschiedlich von armutsbedingten Einschränkungen betroffen sein.
–   Eltern und Kinder nehmen die familiären Lebensbedingungen bzw. die
    Auswirkungen von materiellen Einschränkungen unterschiedlich wahr.
    Für Kinder kann es entlastend sein, wenn die finanzielle Notlage in der
    Familie kommuniziert wird.
–   Kinder sind – trotz ihrer eingeschränkten Autonomie – als Subjekte zu
    betrachten, die ihre jeweils eigenen Bewältigungsstrategien entwickeln.
    Dabei können sie sowohl in der Familie als auch in ihren sonstigen Le-
    benswelten (durch Schule, soziale Netzwerke und/oder soziale Angebo-
    te) Unterstützung erfahren.

2.4.5 Der Blick über die Grenzen – Kinderarmut und soziale Exklusion

Sicherlich kann es zu Recht als selektives Vorgehen angesehen werden, wenn
im Folgenden eine Studie aus Großbritannien vorgestellt wird, ohne sie in
den dortigen Forschungskontext einzubetten. Dieses Vorgehen ist jedoch insofern gerechtfertigt, als die von Tess Ridge veröffentlichte Publikation zu

---

64   Vgl. dazu auch: Margherita Zander, Welche Spielräume haben Kinder?, Kinderarmut
     – Ergebnisse einer Lebenslage-Studie, in: SozialExtra 4/2002, S. 33ff.

„Childhood poverty and social exclusion" in mehrfacher Hinsicht als Beispiel dafür zitiert werden kann, dass die Kinderarmutsforschung in der Bundesrepublik sowohl methodisch wie auch konzeptionell mittlerweile den Anschluss an den internationalen Standard gefunden hat. Dies wurde vor allem durch die konzeptionelle Verbindung von Armuts- und Kindheitsforschung erreicht. Ausschlaggebend dafür ist zum einen die Entwicklung eines multidimensionalen Armutsverständnisses, wonach Armutserscheinungen in ihrer Prozesshaftigkeit begriffen und vor allem in ihren objektiven und subjektiven Dimensionen betrachtet werden müssen. Zum anderen ist es die kindzentrierte Sichtweise, die es ermöglicht, Kinderarmut in ihrer Spezifik zu erfassen. Genau dieses Anliegen verfolgt Tess Ridge mit ihrer Publikation zur Kinderarmut; darin verbindet sie die Ergebnisse einer qualitativen Studie mit der Sekundärauswertung quantitativer Daten, die durch einen britischen Jugendsurvey (British Household Panel Youth Survey, BHPYS) seit 1990 jährlich geliefert werden. Dabei gilt es zunächst festzuhalten, dass rein quantitativ das Problem der Kinderarmut in Großbritannien eine fast unvorstellbare Dimension einnimmt: Mit 3,9 Mio. Kindern lebten fast ein Drittel aller dort lebenden Kinder 2000/01 in Armut. [65]

Von ihrer Anlage her weist die qualitative Studie von Ridge viele Parallelen zu unseren Forschungsprojekten auf; eine Abweichung besteht allerdings hinsichtlich der untersuchten Altersgruppe: In der britischen Studie sind ältere Kinder im Übergang zum Jugendalter (im Alter von 10 bis 17 Jahren, insbesondere von 10 bis 15 Jahren), also kaum Kinder im Grundschulalter, untersucht worden. Befragt wurden in individuell durchgeführten Tiefeninterviews 40 Kinder und Jugendliche, Mädchen und Jungen aus Familien mit Niedrigeinkommen (vor allem aus Familien mit Sozialeinkommen), in Stadt und Land (Bristol, Bath and Somerset), die dem Forschungsprojekt über die Sozialbehörde vermittelt worden waren. Ein weiteres Auswahlkriterium bestand darin, dass es sich jeweils zur Hälfte um Ein- und Zwei-Elternteil-Familien handeln sollte, die über einen längeren Zeitraum soziale Unterstützung bezogen.

Ausgegangen wird von einer kindzentrierten Perspektive. Zwar wurden auch einige Elterninterviews geführt, deren Informationen die Sichtweise der Kinder aber nur ergänzten. Berücksichtigt werden die Lebensbereiche Familie, Schule, soziale Beziehungen sowie der Zugang zu ökonomischen und materiellen Ressourcen. Bei der Sekundärauswertung der BHPYS-Daten werden das Familienklima, Freizeitaktivitäten, gesundheitliche Entwicklungen, Bildung und Schule sowie Kinderarbeit in Familien mit Sozialeinkommen und höherem Einkommensstatus verglichen. Im Mittelpunkt stehen die Alltagserfahrungen der Kinder und ihre Befindlichkeit im Alltag, womit sich die Verfasserin explizit gegen eine Betrachtungsweise abgrenzt, die (negativ)

---

65 Vgl. Tess Ridge, Childhood poverty and social exclusion. From a child's perspective, Bristol 2002, S. 1

problemorientiert vorgeht und Kinder in Armutslagen vor allem im Kontext
von Kindesmisshandlung, Gewalt, Delinquenz, Sucht und anderen Problemkumulationen betrachtet.

Die Ergebnisse können hier natürlich nicht im Detail referiert werden; sie
müssten sicherlich auch in Verbindung mit Besonderheiten des britischen
Sozialsystems und der gesellschaftlichen Entwicklung in Großbritannien interpretiert werden. Dennoch sei auf einige grundsätzliche Aspekte hingewiesen, die sich auch in unseren Resümees wiederfinden: Kinder und Jugendliche haben eine eigene Einschätzung von der familiären Einkommenssituation, was dazu führt, dass sie die daraus resultierenden Einschränkungen wahrnehmen und – mit zunehmendem Alter – ihre eigenen Strategien des Umgangs damit entwickeln. Für ältere Kinder und schulpflichtige Jugendliche
gilt, dass sie häufig eigene Erwerbsquellen suchen, auch wenn dies zu Problemen bei der Bewältigung des Schulalltags führen kann.[66] Auffällig ist,
dass die Kinder und Jugendlichen bemüht sind, ihre Eltern zu schützen, und
dass sie sich in ihren Wünschen und Erwartungen an den gegebenen Realitä-
ten orientieren. Im Vergleich der Eltern- und Kindersicht wird vor allem herausgearbeitet, wie stark die Eltern auf die eigene Problemsicht konzentriert
sind und wie schwer es ihnen fällt, die Perspektive der Kinder einzunehmen.

2.4.6 Armut als Exklusionsrisiko – kritische Reflexion der
Kindheitsforschung

Auf theoretischer Ebene liefert H. Gerhard Beisenherz in seiner sozialpolitisch orientierten Analyse zu „Kinderarmut in der Wohlfahrtsgesellschaft"
konkrete Ansatzpunkte für eine diesbezügliche Erörterung.[67] Seine Ausführungen sind insofern interessant, als er sich – ausgehend von der Problematik
der Kinderarmut – konkret mit Positionen der neueren Kindheitsforschung
auseinandersetzt. Beisenherz betrachtet Entwicklung, Erscheinungsformen
und Folgen von Armut in der doppelten Perspektive eines Risikos für die Gesellschaft und für die Betroffenen. Er thematisiert Armut vorwiegend als Exklusionsrisiko: „Armut hat sich nicht nur phänomenologisch verändert, weil
sie primär als Kinderarmut in Erscheinung tritt, oder genealogisch, weil sie
primär auf die ökonomische Armut der Mütter zurückgeht. Armut ändert
auch ihre soziale Bedeutung. Armut wird zum Auslöser für das Einsetzen von
exkludierenden Reaktionen oder Prozessen im sozialen Feld."[68] Dabei adap-
tiert Beisenherz einen systemtheoretischen Exklusionsbegriff unter konkreter
Bezugnahme auf Armutserscheinungen in verschiedenen gesellschaftlichen

---

66 Vgl. ebd., S. 45ff.
67 Vgl. H. Gerhard Beisenherz, Kinderarmut in der Wohlfahrtsgesellschaft, a.a.O., S.
    243ff.
68 Ebd., S. 115

Teilsystemen. Auf diese Weise entwickelt er einen Armutsbegriff, der eine Erweiterung der Sicht auf neue Armutsphänomene beinhaltet: „Der traditionelle, rein ökonomische, d.h. eindimensional am Einkommen ausgerichtete Armutsbegriff wird aus der Perspektive der Exklusionslogik von Teilsystemen obsolet."[69] Zwischen den Dimensionen Bildung, Ökonomie, Recht, soziale Interaktion usw. besteht eine Wechselwirkung. Wie sich solche teilsystemischen Exklusionen zueinander verhalten, ist eine offene noch zu klärende Frage.

Beisenherz vertritt die These, dass die neuere Kindheitsforschung in paradoxer Weise Kinder einerseits als gesellschaftliche Subjekte „inkludiert" und sie andererseits als „arme Kinder" wieder exkludiert. Mit ihrer Vorstellung von Kindern als sozialen „Akteuren" und vollwertigen Mitgliedern der Gesellschaft habe die Kindheitsforschung – hinsichtlich der gesellschaftlichen Rolle von Kindern – einen historischen Paradigmenwechsel vollzogen. Allerdings – so Beisenherz – vermittle diese konstruktivistisch hergestellte Inklusion der Kinder eher ein Idealbild von Kindheit und entspreche nicht den realen gesellschaftlichen Gegebenheiten. Die damit verbundene Diskussion um die Autonomie der Kinder und um Kindheit als eigenständige Lebensform müsse stärker auf die realen gesellschaftlichen Rahmenbedingungen bezogen, jedenfalls dürften die Auswirkungen von sozialer Ungleichheit auf den Kinderalltag nicht ausgeblendet werden.

Immerhin kann man es als ein Verdienst der neueren Kindheitsforschung ansehen, dass sie mit ihrer Akzentuierung der Kinderperspektive auch den Anstoß gegeben haben dürfte, Kinderarmut als besondere Form von Armut wissenschaftlich und politisch zur Kenntnis zu nehmen. Kinderarmut in ihrer spezifischen Ausprägung zu betrachten setzt voraus, dass Kinder als eigenständige soziale Gruppe gesehen werden, als eigenständige Individuen mit einem Anspruch auf ein Leben ohne Armut. Beisenherz vermerkt hierzu allerdings auch kritisch, dass die Eigenständigkeit der Kinder in Armutskontexten nicht zu falschen Interpretationen führen dürfe.[70] Eigenaktivität setze eine Handlungsautonomie voraus, die Kindern in unserer Gesellschaft – vor allem infolge ihrer materiellen Abhängigkeit – nur bedingt zugeschrieben werden könne. Als problematisch sieht er die Tatsache an, dass die gesellschaftliche Inklusion der Kinder vor allem durch eine Monetarisierung (auf politischer Ebene) und durch eine Debiologisierung (in konstruktivistischer Sichtweise auf wissenschaftlicher Ebene) erfolgt sei. Zudem habe die Anerkennung der Kinder als gesellschaftliche Akteure eher vordergründig über ihre Einbeziehung in die Konsum- und Medienwelt stattgefunden, was dem gewandelten gesellschaftlichen Stellenwert von Geld und neuer Technik, d.h. monetären sowie monetarisierbaren Potenzialen und Kompetenzen im Umgang mit soziotechnischen Systemen in der „Consumer-Gesellschaft der

---

69 Ebd., S. 139
70 Vgl. ebd., S. 248

späten Moderne", entspreche.[71] Wer hier aus Mangel an Ressourcen oder
Gelegenheiten nicht mithalten könne, laufe Gefahr, „exkludiert" zu werden;
wir würden in einer Verbindung der Mikro- und der Makroperspektive eher
von benachteiligenden Strukturen im Kinderleben sprechen.

Hiermit wird ein Grunddilemma der Forschung zu Kinderarmut thematisiert, wobei der Unterschied zur Armut von Erwachsenen eher ein gradueller
als ein prinzipieller ist. Auch die Handlungsspielräume von Erwachsenen
können durch Einschränkungen in unterschiedlichsten Lebensbereichen derart verengt sein, dass sie nicht oder nur bedingt in der Lage sind, als handelnde Subjekte ihre Situation zu verändern. Die (Handlungs-)Spielräume der
Kinder sind zudem von ihrer spezifischen gesellschaftlichen Stellung in der
generationellen Ordnung bzw. der dadurch bedingten Arbeits-, Funktions-
und Ressourcenverteilung geprägt.[72] Kinder sind hier also in ihrer doppelten
Abhängigkeit als Minderjährige und als menschliche Individuen zu sehen.
Indem Kinderarmut auch Einfluss auf ihre personale Entwicklung hat, findet
dieser Aspekt keine Entsprechung in der Armut von Erwachsenen.

U.E. lassen sich die komplexen Wechselwirkungen zwischen strukturellen Vorgaben und individuellen Handlungsmöglichkeiten nur in einer zwei-
gleisigen Betrachtungsweise untersuchen, die sowohl die Kinder als handelnde Subjekte als auch ihre gesellschaftlichen Bedingtheiten in den Blick
nimmt. Herauszuarbeiten gilt es dabei einerseits die soziale und psychische
Eigenwelt der Kinder im Vergleich zu jener der Erwachsenen; andererseits
gilt es auch – bezogen auf Kinder in Armutslagen – zu untersuchen, wie sich
ihre mehrfach geprägten Ungleichheitsverhältnisse, etwa im Vergleich zu
nichtarmen Kindern, im Vergleich zu armen Erwachsenen auswirken. Da
Kinder zudem in die gesellschaftliche Geschlechterordnung eingebunden
sind, kommt auch die Kategorie „Geschlecht" dabei zum Tragen und somit
die Frage, ob sich Armutsverhältnisse auf Mädchen und Jungen anders auswirken bzw. ob Mädchen und Jungen unterschiedlich damit umgehen.

---

71   Vgl. ebd., S.137
72   Vgl. Michael-Sebastian Honig, Entwurf einer Theorie der Kindheit, a.a.O., S. 206ff.

3. Ursachen von (Kinder-)Armut: Globalisierung, Individualisierung und Pluralisierung der Lebensformen

Wenn ein Kind arm oder unterversorgt ist, macht man dafür gewöhnlich seine Eltern, ihr von der Norm abweichendes Verhalten (z.B. übermäßigen Alkoholkonsum) oder einschneidende Ereignisse in der Familienbiografie verantwortlich. Kinder gelten nämlich – im Unterschied zu arbeitslosen Erwachsenen, Bettlern und Obdachlosen – als „würdige Arme". Man schiebt ihnen nicht persönlich die Schuld an ihrer Not zu, sondern blickt viel eher als sonst auf die gesellschaftlichen Verhältnisse. Hier liegt zweifellos der Schlüssel zur Erklärung des Umstandes, dass es heute vermehrt Armut gibt und überwiegend Kinder davon betroffen sind. In der öffentlichen Diskussion wie der Fachliteratur werden die Auslöser von (Kinder-)Armut jedoch häufig mit deren Ursachen verwechselt. Während strukturelle Zusammenhänge und gesellschaftliche Verhältnisse, unter denen Menschen leben bzw. in denen Kinder aufwachsen, die Voraussetzungen für Pauperisierungsprozesse bilden, lösen ganz bestimmte Ereignisse im Lebensverlauf soziale Abstiege aus oder lassen sie voll zur Wirkung gelangen. Dadurch scheint es so, als sei der Tod des (Familien-)Ernährers, die Scheidung/Trennung vom (Ehe-)Partner oder eine Mehrlingsgeburt schuld am Entzug materieller Ressourcen, den Kinder anschließend erleiden. Tatsächlich waren sie, ihre Eltern oder Mütter bereits vor dem betreffenden Schicksalsschlag unzureichend gesichert.

Armutsphänomene, Mangelerscheinungen und Bedürftigkeit sind natürlich nichts Neues, vielmehr so alt wie die Menschheit. Auch die Kinderarmut gibt es keineswegs erst seit kurzem. Gleichwohl weist sie „moderne" bzw. „postmoderne" Züge auf, die es nahe legen, ihre Entstehungsursachen in jüngerer Zeit zu suchen. Vergleicht man die Situation von Kindern in westlichen Wohlfahrtsstaaten mit der junger Menschen in Entwicklungsländern des Südens, springt sofort ins Auge, dass Armut viele Gesichter hat. „Zwar bestehen bedeutsame Unterschiede der Armut in der Dritten und der Ersten Welt, dennoch lassen sich auf der Ebene der Ursachen und Folgen Gemeinsamkeiten benennen, die mit der sozialen Polarisierung zu-

sammenhängen, die der gegenwärtige Prozeß der Globalisierung mit sich bringt."[1]
H. Gerhard Beisenherz gebührt das Verdienst, die o.g. unterschiedlichen Armutsformen im Sinne einer gemeinsamen wirtschaftstheoretischen Perspektive erfasst und sie dann mittels des Begriffs „Globalisierungsarmut" analytisch richtig eingeordnet zu haben. Für ihn handelt es sich um einen ganz neuen Armutstyp, der die „radikale Hegemonie des Ökonomischen gegenüber kulturellen und sozialen Standards und Traditionen" zum Ausdruck bringt, wodurch soziale Differenzierung in Polarisierung umschlägt und Strategien der Unterstützung benachteiligter Bevölkerungsschichten obsolet werden: „An die Stelle einer Philosophie der Reintegration tritt das Management von Inklusions- und Exklusionsprozessen. Damit wird Exklusion wieder denkbar, legitimiert durch die Figur der umfassenden Selbstverantwortlichkeit des Selbst-Unternehmers. Nur wer im Sinne dieses neuen Leitbildes zumindest seine eigene Armut selbst bekämpfen kann, gilt sozial als Zugehöriger, und primär an diesen richtet sich eine an Effektivität orientierte Hilfe."[2]

3.1 Globalisierung und neoliberale Modernisierung als Projekt (größerer) sozialer Ungleichheit

Mit dem Projekt der neoliberalen Modernisierung, wie man die heute dominante Erscheinungsform der Globalisierung nennen sollte, verbindet sich der Irrglaube, durch „Standortwettbewerb" könne universeller Wohlstand geschaffen, Arbeitslosigkeit als Massenphänomen beseitigt und Armut für immer überwunden werden. „Die Annahme, dass Globalisierung quasi ein menschliches Herz habe und Menschen weltweit in Arbeit und Brot bringt, erweist sich (...) als Irrtum. Unter dem Aspekt der Verteilungs- und hier wiederum der Bedarfsgerechtigkeit ist vielmehr das Gegenteil der Fall."[3] John Gray, Professor an der London School of Economics und früher einer der wichtigsten Berater von Margaret Thatcher, spricht denn auch von einer „falschen Verheißung" im Hinblick auf die Segnungen des globalen Kapitalis-

---

1   H. Gerhard Beisenherz, Kinderarmut in der Wohlfahrtsgesellschaft. Das Kainsmal der Globalisierung, Opladen 2002, S. 49; vgl. ergänzend: Christoph Butterwegge, „Globalisierung, Standortsicherung und Sozialstaat" als Thema der politischen Bildung, in: ders./Gudrun Hentges (Hrsg.), Politische Bildung und Globalisierung, Opladen 2002, S. 73ff.
2   Ders., Kinderarmut global und lokal: Armut als Exklusionsrisiko, in: Christoph Butterwegge (Hrsg.), Kinderarmut in Deutschland. Ursachen, Erscheinungsformen und Gegenmaßnahmen, 2. Aufl. Frankfurt am Main/New York 2000, S. 95
3   Rüdiger Robert, Kinderarmut als Problem globaler Verteilungsgerechtigkeit, in: ders. (Hrsg.), Bundesrepublik Deutschland – Globalisierung und Gerechtigkeit, Münster 2002, S. 189

mus.[4] Die neoliberale Modernisierung führt überall auf der Welt zu Pauperisierung, Entsolidarisierung und sozialer Polarisierung. Hier wird, ausgehend von dem Begriff „Globalisierung", der so bezeichnete Prozess vorgestellt und auf seine Konsequenzen für die Entwicklung des Wohlfahrtsstaates und der Sozialstruktur westlicher Industriegesellschaften hin überprüft.

3.1.1 Begriff, Geschichte und Hintergründe der Globalisierung

Ulrich Beck weist auf die Schwammigkeit des Begriffs „Globalisierung" hin, der die öffentliche und Fachdiskussion der Gegenwart trotz oder vielleicht gerade wegen seiner Vagheit beherrscht: „Ihn zu bestimmen gleicht dem Versuch, einen Pudding an die Wand zu nageln."[5] Noch immer gibt es keine einheitliche, allgemein verbindliche und überzeugende Definition, wie Jürgen Friedrichs bemerkt, der unter Globalisierung „die weltweite Vernetzung ökonomischer Aktivitäten" versteht.[6] In einem umfassenderen Sinne möchten wir von Globalisierung als Intensivierung wissenschaftlich-technischer, ökonomischer, sozialer, politischer und kultureller Beziehungen sprechen, welche die Besonderheit aufweisen, nationalstaatliche Grenzen zu überschreiten und – zumindest der Tendenz nach – auch zu überwinden. Eine solche Arbeitsdefinition hat den Vorteil, dass sie die Ambivalenz des „Globalisierung" genannten Prozesses erfasst und seine unterschiedlichen Erscheinungsformen wie die neoliberale Modernisierung und soziale, ökologische und humane Alternativvorstellungen, die etwa als „Globalisierung von unten" oder „andere Globalisierung" firmieren,[7] gleichermaßen berücksichtigt.

Meistens fungiert „Globalisierung" als Totschlagargument, das die Notwendigkeit der Senkung von (angeblich die internationale Wettbewerbsfähigkeit eines „Wirtschaftsstandortes" bedrohenden) Sozial-, Arbeitsrechts- und Umweltstandards suggeriert. Der weite Verbreitungsgrad und die breite Resonanz des Begriffs „Globalisierung" verdanken sich jedoch seiner Ambivalenz, die Armin Nassehi wie folgt charakterisiert: „Die Rede von der *Globalisierung* legitimiert sowohl soziale Grausamkeiten in politischen Entscheidungen als auch Hoffnungen darauf, daß die ‚Eine Welt', von der in den

---

4   Siehe John Gray, Die falsche Verheißung. Der globale Kapitalismus und seine Folgen, Berlin 1999

5   Ulrich Beck, Was ist Globalisierung?, Irrtümer des Globalismus – Antworten auf Globalisierung, 3. Aufl. Frankfurt am Main 1997, S. 44

6   Siehe Jürgen Friedrichs, Globalisierung – Begriff und grundlegende Annahmen, in: Aus Politik und Zeitgeschichte. Beilage zur Wochenzeitung *Das Parlament* 33-34/1997, S. 3

7   Siehe Johan Galtung, Die andere Globalisierung. Perspektiven für eine zivilisierte Weltgesellschaft im 21. Jahrhundert, Münster 1998; Maria Mies, Globalisierung von unten. Der Kampf gegen die Herrschaft der Konzerne, Hamburg 2001

70er Jahren Alternativ- und Dritte-Welt-Bewegungen noch als Provokation gesprochen haben, nun Realität geworden sei."[8]

Die *wirtschaftliche* Globalisierung betrifft vor allem Finanz- und Kapitalmärkte. Sie besiegelt das Ende durch Grenzpfähle, Zollschranken und Währungsbarrieren getrennter Nationalökonomien. In letzter Konsequenz bedeutet Globalisierung, dass die Konkurrenz universalisiert und tendenziell die ganze Welt zum Markt wird.[9] Ob die Volkswirtschaften aber schon so eng miteinander verflochten sind, dass man von einer globalen bzw. Weltwirtschaft i.e.S. (statt vieler Nationalökonomien) sprechen kann, ist umstritten. Paul Hirst und Grahame Thompson beispielsweise hegen Zweifel, dass eine Globalisierung stattgefunden hat oder demnächst stattfinden wird: „Wenn der Begriff ,Globalisierung' irgendeinen Wert hat, dann als ein negativer Idealtypus, welcher es gestattet, die sich verlagernde Balance zwischen internationalem ökonomischen Druck bzw. internationaler Regulierung sowie der Wirtschaftspolitik auf nationaler und auf Blockebene zu beurteilen. Es existiert keine vollständig globalisierte Wirtschaft, sondern eine internationale Wirtschaft, auf die die einzelnen Nationen unterschiedlich reagieren."[10]

Um die vielen Facetten des besagten Phänomens zu erfassen, unterscheidet Ulrich Beck zwischen *Globalisierung* als Prozess, *Globalität* als Ziel und *Globalismus* als Ideologie. Mit dem zuletzt genannten Terminus charakterisiert er die neoliberale Überzeugung, der Weltmarkt verdränge oder ersetze (sozial)politisches Handeln.[11] Demgegenüber ist der zweite Begriff eher positiv besetzt: „Globalität bezeichnet die Tatsache, daß von nun an nichts, was sich auf unserem Planeten abspielt, nur ein örtlich begrenzter Vorgang ist, sondern daß alle Erfindungen, Siege und Katastrophen die ganze Welt betreffen und wir unser Leben und Handeln, unsere Organisationen und Institutionen entlang der Achse ,lokal – global' reorientieren und reorganisieren müssen."[12]

Was die Beck'sche Terminologie zum Ausdruck bringt, lässt sich einfacher formulieren, wenn man deutlicher zwischen der Globalisierung und dem neoliberalen Konzept der „Standortsicherung" unterscheidet, anstatt beide gleichzusetzen oder gar zu verwechseln. Von einer sich verschärfenden Weltmarktkonkurrenz ausgehend, schlagen Ultraliberale vor, die (angeblich schwindende oder akut bedrohte) Wettbewerbsfähigkeit des „eigenen" Wirt-

8   Armin Nassehi, Die „Welt"-Fremdheit der Globalisierungsdebatte. Ein phänomenologischer Versuch, in: Soziale Welt 2/1998, S. 151.
9   Vgl. kritisch dazu: Elmar Altvater, Die Welt als Markt?, in: Florian Müller/Michael Müller (Hrsg.), Markt und Sinn. Dominiert der Markt unsere Werte?, Frankfurt am Main/New York 1996, S. 19ff.
10 Paul Hirst/Grahame Thompson, Globalisierung?, Internationale Wirtschaftsbeziehungen, Nationalökonomien und die Formierung von Handelsblöcken, in: Ulrich Beck (Hrsg.), Politik der Globalisierung, Frankfurt am Main 1998, S. 131
11 Ulrich Beck, Was ist Globalisierung?, a.a.O., S. 26
12 Ebd., S. 30

schaftsstandortes durch Senkung der Reallöhne, Lohnnebenkosten und Sozialleistungen zu erhöhen. Wenn die Volkswirtschaften miteinander verwachsen, der Weltmarkt die Politik der Nationalstaaten diktiert und Gesellschaften nur noch als „Wirtschaftsstandorte" fungieren, deren Konkurrenzfähigkeit über das Wohlstandsniveau aller entscheidet, kann das Soziale keine allzu große Rolle mehr spielen.

Umstritten wie der Terminus „Globalisierung" selbst ist die Terminierung ihres Beginns. Für den früheren CDU-Vorsitzenden Wolfgang Schäuble bildet sie ein Uraltphänomen, das sich fast bis zu Adam und Eva zurückverfolgen lässt: „Die ganze Wirtschaftsgeschichte der Menschheit ist auch die Geschichte eines fortschreitenden Globalisierungsprozesses: die geographische Ausweitung von Märkten, die Internationalisierung der Arbeitsteilung, die Beschleunigung schließlich des Prozesses selbst aufgrund gesteigerter Kommunikations- und Transfermöglichkeiten."[13] Ansonsten gilt die Globalisierung als Kind der Moderne, das auf die bürgerliche Gesellschaft, Kolonialismus und Imperialismus zurückgeht. David Harvey zufolge war die Globalisierung spätestens seit 1492 im Gange; sie stellt daher für ihn von Anfang an einen Bestandteil der kapitalistischen Entwicklung dar.[14] Harold James wiederum datiert den Beginn dieses Prozesses auf den 15. November 1975, jenen Tag, an dem in Rambouillet bei Paris der erste „Weltwirtschaftsgipfel" stattfand.[15] Spätestens mit dem Fall der Berliner Mauer und dem Kollaps „realsozialistischer" Staatssysteme in Ost- bzw. Ostmitteleuropa erfasste die Herrschaft des Marktes den ganzen Planeten. Die privatkapitalistische Wirtschaft war zwar immer schon auf den Weltmarkt orientiert, konnte ihn jedoch so lange nicht herstellen, wie der Staatssozialismus in Ost- und Mitteleuropa den Kapitalfluss begrenzte. „Erst die weltpolitischen Veränderungen seit Ende der 80er Jahre erlauben es, mit Recht von Globalisierung zu sprechen."[16] An die Stelle eines Rüstungswettlaufs zwischen zwei Militärbündnissen (NATO und Warschauer Pakt) trat nunmehr ein ökonomisch-technologisches Ringen zwischen drei großen Wirtschaftsblöcken: Nordamerika unter Führung der USA, Westeuropa unter deutscher und Südostasien unter japanischer Führung kämpfen seither noch verbissener um Absatzmärkte, Marktanteile, Anlagesphären, strategische Rohstoffe, Ressourcen und Patentrechte.

Nach dem Ende des Kalten Krieges tat sich ein ideologisches Vakuum auf, in das neoliberale Kräfte hineinstoßen konnten, weil sie die Vision einer

---

13 Wolfgang Schäuble, Und sie bewegt sich doch, Berlin 1998, S. 32
14 Vgl. David Harvey, Betreff Globalisierung, in: Steffen Becker/Thomas Sablowski/ Wilhelm Schumm (Hrsg.), Jenseits der Nationalökonomie?, Weltwirtschaft und Nationalstaat zwischen Globalisierung und Regionalisierung, Berlin/Hamburg 1997 (Argument-Sonderband 249), S. 29
15 Vgl. Harold James, Rambouillet, 15. November 1975. Die Globalisierung der Wirtschaft, München 1997, S. 7
16 Werner Kindsmüller, Globalisierungs-Chance. Alternativen zur Deutschland AG, Hamburg 1997, S. 115

klassenlosen Gesellschaft mit dem Aufklärertum des Bürgertums verbanden: „Die Vorstellung von einer Weltgesellschaft, ähnlich der Fortschrittsidee, wie sie im 18. und zu Beginn des 19. Jahrhunderts entstand, verkörpert den faszinierenden Traum von der einen Welt, in der es keinen Krieg, keinen Hunger und keine Vorurteile gibt und in der gleichzeitig alle Menschen über mehr Freizeit verfügen sowie ihren Lebens- und Konsumstil frei wählen können."[17] Zusätzlich enthält der Globalisierungsbegriff ein ideologisches Moment: „Er verschleiert die Beziehungen zwischen Macht und Herrschaft, indem er sie als natürlich oder technologisch uminterpretiert."[18] Demgegenüber betont Alain Touraine, dass die Globalisierung einem kapitalistischen Modernisierungsprozess entspricht und keinen neuen Gesellschaftstyp (nach der *Indu-striegesellschaft*) konstituiert. Jens Borchert sieht in der Globalisierung den Ausdruck einer neuen Entwicklungsphase des Kapitalismus, verbunden mit einer Umorientierung multi- bzw. transnationaler Konzerne von der Marktexpansion zur Kostensenkung (im Lohn- und Sozialbereich) wie zur Finanzspekulation mit höheren Renditen.[19] Das spekulative Kapital läuft dem investiven Kapital den Rang ab, weshalb in Anknüpfung an John Maynard Keynes auch von „Kasinokapitalismus" (Susan Strange) die Rede ist.

Was als naturwüchsiger Prozess erscheint, der alle Länder zwingt, ihre Lohn- bzw. (gesetzlichen) Lohnnebenkosten und Sozialleistungen zu senken, um konkurrenzfähig zu bleiben oder zu werden, basiert primär auf politischen Weichenstellungen der mächtigsten Industriestaaten, die nach dem Zusammenbruch des Weltwährungssystems von Bretton Woods unter dem wachsenden Einfluss des Neoliberalismus das Kapital schrittweise von sämtlichen Fesseln zu befreien suchten. „Im Namen der ökonomischen Heilslehre vom freien, grenzenlosen Markt haben sie seit Beginn der siebziger Jahre systematisch alle Schranken niedergerissen, die ehedem den grenzüberschreitenden Geld- und Kapitalverkehr regierbar und damit beherrschbar machten."[20]

Stephan Adolphs, Wolfgang Hörbe und Serhat Karkayali arbeiten zunächst die beiden konträren Grundpositionen der Globalisierungsdiskussion heraus: Ideologie- und Sachzwangthese. Letztere bezeichnen sie als „eine Form des Ökonomie-Fetischs", weil ignoriert werde, dass Veränderungen der

---

17 Alain Touraine, Globalisierung – eine neue kapitalistische Revolution, in: Dietmar Loch/Wilhelm Heitmeyer (Hrsg.), Schattenseiten der Globalisierung. Rechtsradikalismus, Rechtspopulismus und separatistischer Regionalismus in westlichen Demokratien, Frankfurt am Main 2001, S. 44

18 Ebd., S. 57

19 Siehe Jens Borchert, Einleitung: Von Malaysia lernen?, Zum Verfall der politischen Logik im Standortwettbewerb, in: ders./Stephan Lessenich/Peter Lösche (Red.), Jahrbuch für Europa- und Nordamerika-Studien 1: Standortrisiko Wohlfahrtsstaat?, Opladen 1997, S. 22

20 Hans-Peter Martin/Harald Schumann, Die Globalisierungsfalle. Der Angriff auf Demokratie und Wohlstand, 7. Aufl. Reinbek bei Hamburg 1996, S. 72

Weltwirtschaft auch Ergebnis gesellschaftlicher Kämpfe und politischer Entscheidungen seien. „Die VertreterInnen der *Ideologie-These* leugnen nicht nur die Umbrüche und Veränderungen, die zu einer neuen Qualität des kapitalistischen Reproduktionszusammenhangs geführt haben; mit ihrem aufklärerischen Habitus übersehen sie die überaus wirkungsmächtige Dimension diskursiver Performanz – Ideologie wird hier nur als eine Art ‚falsches Bewußtsein' verstanden."[21] Stattdessen müsse Globalisierung jedoch als Bestandteil und Resultat einer Vielzahl von „Politikprojekten" begriffen werden, die je nach den gegebenen sozialen Kräftekonstellationen mit unterschiedlichem Gewicht durchschlügen: „Sie sind als Versuche anzusehen, Formen der Regulation zu etablieren, die die – aufgrund andauernder Krisenprozesse – immer stärker auftretenden gesellschaftlichen Widersprüche und Konflikte ‚lösen' sollen."[22]

3.1.2 Konsequenzen der Standortlogik bzw. neoliberaler Politik: Dualisierung der Armut, soziale Polarisierung und Entsolidarisierung

Die gegenwärtige Dramatik der Kinderarmut wird erst verständlich vor dem Hintergrund einer sich verschärfenden Weltmarktdynamik. Glaubt man den Versprechungen ihrer Protagonisten, führt die wirtschaftliche Globalisierung zur Generalisierung des materiellen Wohlstandes. Tatsächlich wirkt der Globalisierungsprozess aber im Rahmen einer neoliberalen Standort(sicherungs)politik als eine Art „soziales Scheidewasser", das die Bevölkerung der unterschiedlichen Länder in Gewinner/innen und Verlierer/innen, Letztere wiederum in völlig Marginalisierte (Dauerarbeitslose, Deprivierte und Langzeitarme) einerseits sowie Geringverdiener/innen (prekär Beschäftigte, Überschuldete und Kurzzeitarme) andererseits teilt. Langsam verelendende Dauerarbeitslose bilden quasi den „sozialen Bodensatz" und Niedriglohnempfänger/innen, oftmals ethnischen Minderheiten entstammend, das „Treibgut" des Globalisierungsprozesses. Obwohl es in der Bundesrepublik Deutschland weder Armengettos an den Stadträndern – wie in den USA – noch Straßenkinder als Massenphänomen nach südamerikanischem Muster gibt, macht sich gegenwärtig die soziale Exklusion relativ vieler Menschen schon im frühen Kindesalter bemerkbar.

---

21 Stephan Adolphs/Wolfgang Hörbe/Serhat Karkayali, Globalisierung als Schule der Nation. Zum neokonservativen Globalisierungsdiskurs, in: Annelie Buntenbach/Helmut Kellershohn/Dirk Kretschmer (Hrsg.), Ruck-wärts in die Zukunft. Zur Ideologie des Neokonservatismus, Duisburg 1998, S. 102

22 Ebd., S. 103

Eine „perverse Konsequenz" der Globalisierung, meint Ralf Dahrendorf, sei das Auseinanderfallen der Gesellschaften in Arm und (Super-)Reich.[23] Tatsächlich handelt es sich hierbei aber um das Resultat einer Politik, die im Rahmen der „Standortsicherung" eine steuerliche Privilegierung von Kapitalbesitzern und Spitzenverdienern betreibt. Nicht „der Weltmarkt" ganz allgemein, sondern jeweils konkret zu benennende Akteure sowie identifizierbare Macht- und Profitinteressen sind dafür verantwortlich. Sehr eng mit der Ausdifferenzierung und Pluralisierung der Lebenslagen verbunden ist die Entsolidarisierung der Gesellschaft. „Globalisierung bedeutet, daß Konkurrenz groß- und Solidarität kleingeschrieben wird."[24]

Das eigentliche Wesen der Globalisierung bildet die Überwindung nationaler und kontinentaler Grenzen, die Auswirkungen der Standortpolitik bestehen in der Wohlstandsmehrung für relativ wenige und in der Verarmung vieler Menschen, verbunden mit einer Tendenz zur Spaltung von Wirtschaft, Gesellschaft und (Sozial-)Staat. Robert Went spricht treffend von einer „doppelten Polarisation – innerhalb der Länder und weltweit zwischen den Ländern" als Ursache wachsender sozialer Unterschiede bzw. Gegensätze.[25] Der ganze Planet wird in Gewinner- und Verliererstaaten und jede einzelne Gesellschaft noch einmal in soziale Auf- und Absteiger/innen gespalten, aber auch die Volkswirtschaft bleibt von Segmentierungstendenzen keineswegs verschont: Die duale Wirtschaftsstruktur umfasst neben einem prosperierenden Sektor mit permanenter Modernisierung, steigender Produktivität und wachsenden wie wechselnden Qualifikationsanforderungen einen noch immer stark expandierenden Bereich prekärer Beschäftigung ohne Qualifikationserfordernisse und ausreichendes Einkommen.[26]

Prozesse der Pauperisierung, der sozialen Polarisierung und einer Dualisierung der Sozialstruktur sind Resultate der neoliberalen Modernisierung. Ulrich Beck sprach in seinem 1986 erschienenen Buch „Risikogesellschaft" noch von einem sozialen „Fahrstuhl-Effekt", der alle Klassen und Schichten gemeinsam nach oben befördert habe: „Es gibt – bei allen sich neu einpendelnden oder durchgehaltenen Ungleichheiten – ein kollektives Mehr an Einkommen, Bildung, Mobilität, Recht, Wissenschaft, Massenkonsum. In der Konsequenz werden subkulturelle Klassenidentitäten und -bindungen ausgedünnt oder aufgelöst. Gleichzeitig wird ein Prozeß der Individualisierung und Diversifizierung von Lebenslagen und Lebensstilen in Gang gesetzt, der das Hierarchiemodell sozialer Klassen und Schichten unterläuft und in seinem

---

23 Siehe Ralf Dahrendorf, Anmerkungen zur Globalisierung, in: Ulrich Beck (Hrsg.), Perspektiven der Weltgesellschaft, Frankfurt am Main 1998, S. 47
24 Ebd., S. 48
25 Siehe Robert Went, Ein Gespenst geht um ... Globalisierung!, Eine Analyse, Zürich 1997, S. 53 und 133
26 Vgl. Karl Georg Zinn, Wie Reichtum Armut schafft. Verschwendung, Arbeitslosigkeit und Mangel, Köln 1998, S. 126

Wirklichkeitsgehalt in Frage stellt.“[27] Betrachtet man den weiteren Verlauf der Gesellschaftsentwicklung, kann zumindest seither von einem *Paterno-ster-Effekt* die Rede sein: In demselben Maße, wie die einen nach oben ge-langen, geht es für die anderen nach unten. Mehr denn je gibt es im Zeichen der Globalisierung ein soziales Auf und Ab, das Unsicherheit und Existenz-angst für eine wachsende Zahl von Menschen mit sich bringt.

Hinsichtlich des Sozialstaates ist die Dualisierung das dominante Struk-turmerkmal neoliberaler Standortpolitik. „So bereitet es der wohlhabenderen Bevölkerung (industrielle Kernbelegschaften, neue und alte Mittelklassen) keine Probleme, wenn die sozialen Sicherungssysteme nicht mehr nach dem Kostendeckungsprinzip funktionieren und eine stärkere Eigenbeteiligung verlangen; es bringt ihnen eher noch Vorteile. (...) Für die sozial Schwachen führen die Kürzungen in der allgemeinen Grundversorgung hingegen dazu, daß die Löcher im Sicherungsnetz immer größer werden.“[28] Mit der Armut ist der Reichtum eine zum ersten Mal zahlenmäßig ins Gewicht fallende, wenn nicht zu einer Massenerscheinung geworden.[29] Vor allem die Steuer-politik sorgte während der 1980er- und 1990er-Jahre dafür, dass sich die Ein-kommensverteilung zu Lasten von Arbeitnehmer(inne)n und ihren Familien verschob, während begünstigt wurde, wer Einkünfte aus Unternehmertätig-keit und Vermögen erzielte.[30] Zu nennen sind in diesem Zusammenhang vor allem wiederholte Senkungen der Körperschaftsteuer, die Abschaffung der Vermögen- und der Gewerbekapitalsteuer sowie eine Vielzahl von Sonderab-schreibungsregelungen, die Jahressteuergesetze, das Fördergebietsgesetz, das sog. Standortsicherungsgesetz und mehrere Finanzmarktförderungsgesetze enthielten.

Besonders in den USA ist eine Polarisierung der Sozialstruktur, d.h. eine drastische Vertiefung der gesellschaftlichen Kluft zwischen Arm und Reich samt sozialräumlicher Segregation (Luxusgetto- und Slumbildung) feststell-bar: „Während sich an der Spitze der gesellschaftlichen Hierarchie eine klei-ne, finanziell unabhängige, leistungsfähige und kosmopolitische Elite her-

---

27 Ulrich Beck, Risikogesellschaft. Auf dem Weg in eine andere Moderne, Frankfurt am Main 1986, S. 122

28 Hans-Jürgen Bieling, Wohlfahrtsstaat und europäische Integration, in: Michael Bruch/Hans-Peter Krebs (Hrsg.), Unternehmen Globus. Facetten nachfordistischer Regulation, Münster 1996, S. 83

29 Vgl. Bundesministerium für Arbeit und Sozialordnung (Hrsg.), Lebenslagen in Deutschland. Der erste Armuts- und Reichtumsbericht der Bundesregierung, Bonn 2001

30 Empirische Belege dafür finden sich bei: Hartmut Tofaute, Steuerverteilung in der Schieflage. Steigende Lohnsteuerquote – sinkende Gewinnsteuerbelastung, in: WSI-Mitteilungen 3/1995, S. 197 ff.; Claus Schäfer, Von massiven Verteilungsproblemen zu echten Wettbewerbsnachteilen?, Daten, Fakten und Argumente zur Entmythologi-sierung der „Standort“-Debatte, in: Christoph Butterwegge/Martin Kutscha/Sabine Berghahn (Hrsg.), Herrschaft des Marktes – Abschied vom Staat?, Folgen neoliberaler Modernisierung für Gesellschaft, Recht und Politik, Baden-Baden 1999, S. 63ff.

ausbildet, die sich immer mehr von der Masse zu entfernen scheint und sich sozialer Verpflichtungen entledigt, deren Wahrnehmung sogar den traditionellen Adel auszeichnete, so der besorgte Tenor der Forscher, kulminieren an der gesellschaftlichen Peripherie die sozialen und ökonomischen Probleme."[31] Jenseits des Atlantiks ist die sozialräumliche Trennung von Bevölkerungsgruppen mitsamt ihren verheerenden Folgen für den Zusammenhalt der Gesellschaft hinsichtlich einer steigenden (Gewalt-)Kriminalität, des Drogenmissbrauchs und einer Verwahrlosung der öffentlichen Infrastruktur klar erkennbar. Statt des „wohltätigen" bzw. Sozialstaates setzte sich dort der „strafende" Kriminal- bzw. Polizeistaat durch. Die noch unter Präsident Bill Clinton verwirklichte Sozialhilfe-Reform löste das soziale Netz auf und ersetzte es durch disziplinierende und diskriminierende Maßnahmen, die darauf abzielen, die Sozialausgaben des Staates weiter zu senken, die Armen in die untersten Bereiche des Arbeitsmarktes zu drängen und solche, die noch immer Unterstützungsansprüche stellen, streng zu bevormunden.[32]

Man kann von einer Dualisierung bzw. einer Doppelstruktur der Armut sprechen: Einerseits sind (bis in den Mittelstand hinein) mehr Personen betroffen, und zwar auch solche, die früher – weil meist voll erwerbstätig – im relativen Wohlstand des „Wirtschaftswunderlandes" lebten. Deutlich zugenommen hat die Zahl jener Personen/Haushalte, deren Einkommen *trotz* Lohnarbeit in Form eines oder mehrerer Arbeitsverhältnisse unter bzw. nur knapp über der relativen Armutsgrenze liegt („working poor"). Andererseits verfestigt sich, von der breiten Öffentlichkeit fast unbemerkt, die Langzeit-, perforierte bzw. Mehrfacharbeitslosigkeit älterer und/oder gering qualifizierter Personen zur Dauerarbeitslosigkeit, wodurch zumindest ansatzweise eine Schicht total Deklassierter, d.h. vom Arbeitsmarkt wie auch von der gesellschaftlichen Teilhabe Ausgeschlossener („underclass"), entsteht.[33]

Seitdem man die Bundesanstalt für Arbeit unter ihrem neuen Vorsitzenden Florian Gerster mittels neoliberaler Managementkonzepte zu einem modernen Dienstleistungsunternehmen umstrukturiert, werden die Betroffenen kaum mehr reintegriert, sondern bewusst fallen gelassen. Durch den Verzicht auf Zielgruppenförderung und sozialpädagogische Zusatzbetreuung sowie die unsoziale und kurzsichtige Konzentration auf den zu erwartenden Vermittlungserfolg (Festlegung einer „Verbleibsquote" von mindestens 70% sowohl als Voraussetzung für die Finanzierung von wie auch die Teilnahme an Weiterbildungsmaßnahmen) bleiben die sog. Hauptproblemgruppen des Arbeits-

---

31 Thomas Gebhardt, Arbeit gegen Armut. Die Reform der Sozialhilfe in den USA, Opladen/Wiesbaden 1998, S. 19

32 Vgl. Loïc J.D. Wacquant, Vom wohltätigen Staat zum strafenden Staat: Über den politischen Umgang mit dem Elend in Amerika, in: Leviathan 1/1997, S. 61; ergänzend: Uwe Wilke, Sozialhilfe in den USA. Die Reform in Texas und Wisconsin, Frankfurt am Main/New York 2002

33 Vgl. Martin Kronauer, Exklusion. Die Gefährdung des Sozialen im hoch entwickelten Kapitalismus, Frankfurt am Main/New York 2002, S. 52ff.

marktes (Langzeitarbeitslose, Ältere und Berufsrückkehrerinnen) von Qualifizierungs- bzw. Fördermaßnahmen praktisch ausgeschlossen. Auch in der Bundesrepublik hat sich, wenngleich mit erheblicher Verzögerung, ein relativ breiter, seinem Umfang nach oft unterschätzter Niedriglohnsektor herausgebildet, der längst nicht mehr nur typische Frauenarbeitsplätze umfasst.[34] Durch die Umsetzung des im Vermittlungsausschuss von Bundestag und -rat noch weiter radikalisierten Konzepts der sog. Hartz-Kommission (Ausweitung und „Entbürokratisierung" nicht nur „haushaltsnaher" Mini-Jobs sowie der Leih- bzw. Zeitarbeit durch Einrichtung von Personal-Service-Agenturen und der in einer „Ich-AG" bzw. „Familien-AG" organisierten Scheinselbstständigkeit)[35] dürfte dieses soziale Segment perspektivisch an Bedeutung gewinnen. Den armen Erwerbslosen, die das Fehlen von oder die großteils unzureichende Höhe der Lohnersatzleistungen auf das Existenzminimum zurückwirft, treten massenhaft erwerbstätige Arme zur Seite. Längst reichen selbst viele Vollzeitarbeitsverhältnisse nicht mehr aus, um eine Familie zu ernähren, sodass ergänzend ein oder mehrere Nebenjobs übernommen werden und nach Feierabend bzw. an Wochenenden (zum Teil schwarz) weitergearbeitet wird. „„Zwischen die Ausgegrenzten und die Arbeitnehmer mit zunächst noch gutem Einkommensniveau (bei Industrie, Banken und Versicherungen und beim Staat) schiebt sich die rapide wachsende Schicht der ‚working poor'. Auf mittlere Sicht wird diese schlecht bezahlte Arbeitnehmerschaft im Service-Sektor das Lohnniveau in Deutschland maßgeblich mitbestimmen."[36]

Hans Jürgen Rösner bezweifelt, dass sich die Massenarbeitslosigkeit in absehbarer Zeit wesentlich verringern lässt: „Als Folge könnte sich eine zunehmende Dualisierung in der Erwerbsgesellschaft zwischen denjenigen herausbilden, die über einen gefestigten Beschäftigungsstatus verfügen, und denjenigen, die nur unstetige und sozial wenig gesicherte Optionen wahrzunehmen vermögen."[37] Martin Kronauer und Berthold Vogel konstatieren,

---

34 Vgl. dazu: Gerd Pohl/Claus Schäfer (Hrsg.), Niedriglöhne. Die unbekannte Realität: Armut trotz Arbeit. Empirische Bestandsaufnahme und politische Lösungsvorschläge, Hamburg 1996; Rainer Roth, Über den Lohn am Ende des Monats. Armut trotz Arbeit: Ergebnisse einer Befragung von 211 Haushalten von ArbeiterInnen und Angestellten, 2. Aufl. Frankfurt am Main 1998; Claus Schäfer (Hrsg.), Geringe Löhne – mehr Beschäftigung?, Niedriglohn-Politik, Hamburg 2000

35 Vgl. Kommission „Moderne Dienstleistungen am Arbeitsmarkt", Moderne Dienstleistungen am Arbeitsmarkt. Vorschläge der Kommission zum Abbau der Arbeitslosigkeit und zur Umstrukturierung der Bundesanstalt für Arbeit, Berlin, August 2002

36 Stefan Welzk, Wie in Deutschland umverteilt und der Wohlstand ruiniert wird, in: Herbert Schui/Eckart Spoo (Hrsg.), Geld ist genug da. Reichtum in Deutschland, 3. Aufl. Heilbronn 2000, S. 28

37 Hans Jürgen Rösner, Beschäftigungspolitische Implikationen des Globalisierungsphänomens als Herausforderung für den Sozialstaat, in: Richard Hauser (Hrsg.), Reform des Sozialstaats I: Arbeitsmarkt, soziale Sicherung und soziale Dienstleistungen, Berlin 1997, S. 16

dass sich – unabhängig von den Strukturbrüchen zwischen Ost und West – erstmals nach 1945 eine Spaltungslinie der sozialökonomischen In- bzw. Exklusion quer durch Deutschland ziehe: „Sie trennt diejenigen, die zum Erwerbssystem gehören oder zumindest in bestimmten Abstufungen noch Zugang zu ihm haben, von den anderen, die am Arbeitsmarkt *dauerhaft* und gegen ihren Willen von diesem Zugang ausgeschlossen werden."[38]

Die sozialräumliche Segregation nimmt gleichfalls zu: Vor allem viele Großstädte zerfallen in regelrechte Luxusquartiere und sozial benachteiligte Wohngebiete, die entweder als „soziale Brennpunkte" bezeichnet oder euphemistisch „Stadtteile mit besonderem Entwicklungs-" bzw. „Erneuerungsbedarf" genannt werden.[39] Dort entsteht ein postmodernes Lumpenproletariat, das sich in erster Linie aus Migrant(inn)en zusammensetzt. Denn die Wanderungsströme weisen gleichfalls eine duale Struktur auf: Neben der Experten- bzw. Elitenmigration, die zwecks Steigerung der Konkurrenzfähigkeit des Wirtschaftsstandortes staatlicherseits durch Ausgabe von Green bzw. Blue Cards gefördert wird, gewinnt die Elendsmigration im Zeichen der Globalisierung an Bedeutung.[40] Die ethnische Unterschichtung der Gesellschaft ist hierzulande zwar bei weitem noch nicht so deutlich ausgeprägt wie in den USA, Großbritannien und Frankreich, schreitet aber auch in der Bundesrepublik voran.

3.1.3 Mütter und Kinder als vulnerable Globalisierungs- bzw. Modernisierungsverlierer/innen

Das neoliberale Konzept der „Standortsicherung" setzt ganz auf Markt, Wettbewerb und Leistung, die – einer „überalterten" Industriegesellschaft und dem „antiquierten" Sozialstaat in sehr viel höherer Dosierung als bisher verabreicht – den „eigenen" Wirtschaftsstandort an die Weltspitze katapultieren sollen. In einer kapitalistischen Hochleistungsgesellschaft, die Konkurrenz bzw. Leistung geradezu glorifiziert und Letztere mit Prämien, Gehaltszulagen oder Lohnsteigerungen prämiert, ist Armut funktional, weil sie nur die Kehrseite dessen verkörpert, was die Tüchtigeren und daher Erfolgreichen – übrigens in des Wortes doppelter Bedeutung – „verdient" haben. Ar-

---

38 Martin Kronauer/Berthold Vogel, Spaltet Arbeitslosigkeit die Gesellschaft?, in: Peter A. Berger/Michael Vester (Hrsg.), Alte Ungleichheiten – neue Spaltungen, Opladen 1998, S. 340

39 Vgl. Carsten Keller, Armut in der Stadt. Zur Segregation benachteiligter Gruppen in Deutschland, Opladen/Wiesbaden 1999, S. 47ff.; Peter Bremer, Ausgrenzungsprozesse und die Spaltung der Städte. Zur Lebenssituation der Migranten, Opladen 2000, S. 173ff.

40 Vgl. hierzu ausführlicher: Christoph Butterwegge/Gudrun Hentges (Hrsg.), Zuwanderung im Zeichen der Globalisierung. Migrations-, Integrations- und Minderheitenpolitik, 2. Aufl. Opladen 2003

mut bildet mithin keinen Kollateralschaden des neoliberalen „Umbau"-Projekts, sondern dient ihm als willkommenes, bewusst eingesetztes Disziplinierungsinstrument, während materieller Wohlstand und privater Reichtum das Lockmittel darstellen, welches die „Leistungsträger" zu besonderen Anstrengungen motivieren soll.

Eng mit der neoliberalen Modernisierung verknüpft ist die Ökonomisierung/Kommerzialisierung fast aller Lebensbereiche, auch und gerade jener, in denen Kinder aufwachsen. Familien sind von dieser Entwicklung deshalb extrem stark betroffen, weil ihre älteren Mitglieder weniger schnell, flexibel und mobil auf die Anforderungen der Unternehmen reagieren und ihre jüngeren Mitglieder den Werbestrategien der Konsumgüterindustrie schlechter ausweichen können. „Ökonomisierung als berüchtigte ‚Anpassung an die Notwendigkeit' hat besonders für Familien einen sozialen Preis, den keine machtvolle Familienlobby drückt: Familien bilden keine ‚pressure group' mit politischer – oder was um ein vielfaches effektiver ist – wirtschaftlich geschlossener Marktmacht."[41]

In der neoliberalen Weltsicht erscheint Armut nicht als gesellschaftliches Problem, vielmehr als selbst verschuldetes Schicksal, das im Grunde eine gerechte Strafe für Leistungsverweigerung oder die Unfähigkeit darstellt, sich bzw. seine Arbeitskraft auf dem Markt mit ausreichendem Erlös zu verkaufen, wie der Reichtum umgekehrt als angemessene Belohnung für eine Leistung betrachtet wird, die auch ganz schlicht darin bestehen kann, den Tipp eines guten Anlageberaters zu befolgen. Dagegen sind hohe Löhne bzw. Lohnnebenkosten für Neoliberale der wirtschaftliche Sündenfall schlechthin und müssen als Ursache für Arbeitslosigkeit und Wachstumsschwäche in Deutschland herhalten.

Einerseits reicht das Armutsrisiko heute bereits bis tief in die Mittelschichten hinein, was sich in der Überschuldung von Existenzgründer(inne)n und Selbstständigen genauso manifestiert wie in den prekären Lebenslagen von Menschen, die keinen gesicherten Arbeitsplatz haben, sondern fürchten müssen, praktisch über Nacht unter die Armutsschwelle zu sinken. Andererseits weitet sich jener Sektor aus, in dem totale Perspektivlosigkeit, Not und Verelendung die Lebenslagen der Menschen bestimmen. Richard Hauser weist auf die wachsende Zahl von Nichtsesshaften, Langzeitarmen und verarmten Ausländer(inne)n hin.[42] Armut zeigt zukünftig ein doppeltes Gesicht: *Deprivations*armut, die den Ausschluss von allgemein anerkannten Lebensstandards bedeutet, wird überlagert durch *Dispositions*armut, bei der ein an sich vielleicht wenig dramatisches Ereignis im Lebensverlauf, etwa Krank-

---

41 Andreas Netzler, Ökonomisierung – im Sinne der Kinder?, in: Georg Neubauer/Johannes Fromme/Angelika Engelbert (Hrsg.), Ökonomisierung der Kindheit. Sozialpolitische Entwicklungen und ihre Folgen, Opladen 2002, S. 16

42 Vgl. Richard Hauser, Das empirische Bild der Armut in der Bundesrepublik Deutschland – ein Überblick, in: Aus Politik und Zeitgeschichte 31-32/1995, S. 12

heit, der Verlust des (Ehe-)Partners und/oder des Arbeitsplatzes, aber auch
die Geburt von Kindern, zur zeitweiligen Unterversorgung führt.
    Wie es scheint, sind Kinder und Jugendliche deshalb so stark von Ar-
beitslosigkeit und/oder Armut betroffen, weil das neoliberale Projekt des
„Umbaus" der Gesellschaft und ihres Sozialstaates auf Kosten vieler Eltern
geht, die nicht mehr das Maß an Sicherheit haben wie frühere Generationen:
Von der gezielten Aushöhlung des „Normalarbeitsverhältnisses" durch die
Arbeitgeberseite über den durch erhöhte Mobilitäts- und Flexibilitätserwar-
tungen der globalisierten Wirtschaft forcierten Zerfall der „Normalfamilie"
bis zur „regressiven Modernisierung" des Sozialstaates verschlechtern sich
die Arbeits- und Lebensbedingungen der heute Erwerbstätigen wie auch ihres
Nachwuchses.
    Wenn die Dualisierung, d.h. die Zweiteilung bzw. die Spaltung in Bezug
auf den Arbeitsmarkt, die Sozialstruktur, den Wohlfahrtsstaat, die Migration
und die Armutspopulation, den Haupteffekt der Globalisierung bildet, bleiben
Kinder und Jugendliche davon nicht unberührt. Vielmehr sind gerade jüngere
Menschen, die noch keine Anpassungs- und/oder Verdrängungsmechanismen
entwickelt haben, hervorragende Seismografen unsozialer Trends. Kinder
leiden nicht nur besonders und in spezifischer Weise unter Einschränkungen,
denen ihre Familien ausgesetzt werden, sondern auch viel mehr als die Erwachsenen unter der zunehmenden Polarisierung einer Gesellschaft, die noch
für lange Zeit ihren Lebens- und Gestaltungsraum darstellt. Christian Pa-
lenthin, Andreas Klocke und Klaus Hurrelmann sprechen von einer „Ausein-
anderentwicklung der Lebensbedingungen der heranwachsenden Generation", welche negative Auswirkungen auf das Wohlbefinden sowie die Partizipationsmöglichkeiten und Lebenschancen benachteiligter Kinder habe: „Gerade bei Kindern und Jugendlichen führt die zunehmende Spaltung der Gesellschaft in Arm und Reich zu zahlreichen Anspannungen und Belastungen."[43]
    *Kinder*armut ist die aktuell verbreitetste und brisanteste Armutsform in
der Bundesrepublik, darf aber nicht den Blick auf die gesellschaftlichen Ursachen und politischen Entwicklungsprozesse verstellen: Die hypermoderne
„Kapital-Gesellschaft" interessiert sich mehr für Aktienkurse als für Straßenkinder, Kindersorgen und -nöte. Schon heute sind weitere Altersgruppen betroffen, und künftig dürfte sich die Struktur der Armutspopulation aufgrund
der Zunahme diskontinuierlicher Erwerbsverläufe, der Kürzungen im Sozialbereich (Wegfall der originären Arbeitslosenhilfe; Verringerung der Beiträge
zur Rentenversicherung, welche die Bundesanstalt für Arbeit entrichtet; vor-
übergehende Begrenzung der jährlichen Rentenanpassung auf die Höhe der
Inflationsrate; Senkung des Rentenniveaus gemäß Altersvermögensergän-
zungsgesetz), aber auch der steigenden Anzahl von Scheidungen und unzu-

---

43 Christian Palentien/Andreas Klocke/Klaus Hurrelmann, Armut im Kindes- und Ju-
    gendalter, in: Aus Politik und Zeitgeschichte 18/1999, S. 34

reichend gesicherter Frauen wieder mehr in Richtung der Älteren verschieben. Für eine Tendenz zur neuerlichen „Seniorisierung der Armut" spricht auch, dass in der Diskussion über eine neuerliche Rentenreform radikale Vorstellungen bezüglich der Privatisierung sozialer Risiken an Boden gewinnen dürften, weil ihre Protagonisten nicht nur die Demografie als Mittel der Demagogie, sondern auch die Unterversorgung vieler Familien als geistige Waffe im sich zuspitzenden gesellschaftlichen Verteilungskampf benutzen: So wird unter Hinweis auf die heute angeblich bestehende Generationenungerechtigkeit eine weitere Kürzung von Altersrenten verlangt, staatliche „Sparpolitik" legitimiert und Kinderarmut im Sinne einer Spaltung der Armutspopulation in Jung und Alt instrumentalisiert.[44]

Tatsächlich wirkt die soziale Polarisierung bei den Jüngeren aber genauso wie bei den Älteren: Die tendenziell zunehmende Armut geht mit steigendem Wohlstand und vermehrtem Reichtum einher, ja sie bildet, wenn man so will, geradezu dessen Kehrseite. „Neben einer wachsenden Minderheit der Kinder und Jugendlichen, die in Armutsverhältnissen aufwachsen, lebt auf der anderen Seite des sozialen Spektrums eine ebenfalls wachsende Zahl in sehr wohlhabenden Familien."[45] Es gab noch nie vergleichbar viele Haushalte ohne die geringsten materiellen Sorgen und so viele Kinder mit eigenem (Kapital-)Vermögen in der Bundesrepublik wie heute. Um dadurch Steuervorteile (z.B. mehr Freibeträge pro Familie) zu erlangen, übertragen wohlhabende Eltern ihren Kindern bereits kurz nach der Geburt einen Teil des eigenen (Wertpapier-)Besitzes.

3.2 Folgen der neoliberalen Modernisierung/Globalisierung für Arbeit, Familie und Sozialstaat

Wenn man den als „Globalisierung" bezeichneten Prozess einer neoliberalen Modernisierung für die kaum mehr zu übersehenden Tendenzen einer Pauperisierung, sozialen Polarisierung und Entsolidarisierung verantwortlich macht, liegen die gesellschaftlichen Ursachen des vermehrten Auftretens von (Kinder-)Armut auf folgenden Ebenen:

– Im Produktionsprozess löst sich das Normalarbeitsverhältnis, von der Kapitalseite unter den Stichworten „Deregulierung" und „Flexibilisierung" vorangetrieben, tendenziell auf. Es wird zwar keineswegs ersetzt,

---

44 Vgl. hierzu: Christoph Butterwegge/Michael Klundt (Hrsg.), Kinderarmut und Generationengerechtigkeit. Familien- und Sozialpolitik im demografischen Wandel, 2. Aufl. Opladen 2003

45 Andreas Klocke/Klaus Hurrelmann, Einleitung: Kinder und Jugendliche in Armut, in: dies. (Hrsg.), Kinder und Jugendliche in Armut. Umfang, Auswirkungen und Konsequenzen, 2. Aufl. Wiesbaden 2001, S. 15

aber durch eine ständig steigende Zahl atypischer, prekärer, befristeter, Leih- und (Zwangs-)Teilzeitarbeitsverhältnisse, die den so oder gar nicht (mehr) Beschäftigten wie ihren Familienangehörigen weder ein ausreichendes Einkommen noch den erforderlichen arbeits- und sozialrechtlichen Schutz bieten, in seiner Bedeutung stark relativiert.

– Im Reproduktionsbereich büßt die Normalfamilie, d.h. die z.b. durch das Ehegattensplitting im Einkommensteuerrecht staatlicherseits subventionierte traditionelle Hausfrauenehe mit ein, zwei oder drei Kindern, in vergleichbarer Weise an gesellschaftlicher Relevanz ein. Neben sie treten andere Lebens- und Liebesformen, die zumindest tendenziell weniger materielle Sicherheit für Kinder gewährleisten (sog. Ein-Elternteil-Familie, „Patchwork-Familie", gleichgeschlechtliche Partnerschaft usw.).

– Hinsichtlich der Entwicklung des Wohlfahrtsstaates bedingt der Wettbewerb zwischen den „Wirtschaftsstandorten" einen Abbau von Sicherungselementen für „weniger Leistungsfähige", zu denen allemal Erwachsene gehören, die (mehrere) Kinder haben. Wird der neoliberale „Umbau" des Sozialstaates weiter forciert, wie nach Gerhard Schröders Regierungserklärung vom 14. März 2003 zu erwarten, dürften auch Familien nicht von einschneidenden Kürzungsmaßnahmen und finanziellen Belastungen, die als „Eigenvorsorge", „Selbstbeteiligung" und „Stärkung der Privatinitiative" verbrämt werden, verschont bleiben.

3.2.1 Der moderne Produktionsprozess und die Krise des Normalarbeitsverhältnisses

(Langzeit-)Arbeitslosigkeit ist zwar einer der *Auslöser*, aber nicht die *Ursache* von Kinderarmut.[46] Michael-Sebastian Honig und Ilona Ostner konstatieren vielmehr, „dass Armut primär ein Problem solcher Haushalte ist, die trotz Erwerbsanstrengungen beider Eltern die Armutsschwelle nicht überschreiten können (,working poor')."[47] Letztlich wurzelt Kinderarmut in der kapitalistischen Weltwirtschaftsordnung, d.h. der Globalisierung bzw. neoliberalen Modernisierung, welche die Gesellschaft, die Arbeits- und Lebensbedingungen ihrer Mitglieder sowie die Sozialstruktur tiefgreifend verändert.

Mehr als in anderen Wohlfahrtsstaaten beruht das soziale Sicherungssystem hierzulande auf einer kontinuierlich, von der Ausbildung bis zur Rente sozialversicherungspflichtig und insbesondere von (Ehe-)Männern meist

---

46 Für die Betroffenheit von (Kinder-)Armut sei Arbeitslosigkeit die „Hauptursache", schreiben Andreas Klocke und Klaus Hurrelmann (ebd., S. 14). Fast genauso formuliert es Werner Schönig, Langzeitarbeitslosigkeit und Kinderarmut, in: Christoph Butterwegge (Hrsg.), Kinderarmut in Deutschland, a.a.O., S. 209.

47 Siehe Michael-Sebastian Honig/Ilona Ostner, Das Ende der fordistischen Kindheit, in: Andreas Klocke/Klaus Hurrelmann (Hrsg.), Kinder und Jugendliche in Armut, a.a.O., S. 297

Vollzeit ausgeübten Lohnarbeit. Wenn immer weniger Arbeitnehmer/innen immer mehr Güter herstellen und immer mehr Dienstleistungen erbringen, ohne noch eine „feste Stelle" zu haben, die sie – mitsamt ihren Familien – ernährt, verliert der erwerbsarbeitszentrierte Sozial(versicherungs)staat seine Basis. Denn ihm liegt seit Bismarcks Zeiten das Normalarbeitsverhältnis zugrunde, also eine unbefristete, sozial- bzw. arbeitsrechtlich und kollektivvertraglich geschützte Vollzeitbeschäftigung, die sich in einer tiefen Krise befindet. „Ausgelöst durch säkulare Umstrukturierungsprozesse im Bereich gesellschaftlicher Produktion, deutet sich eine Situation an, in der eine auf Erwerbsarbeit *im Normalarbeitsverhältnis* basierende gesellschaftliche Reproduktion als Regelfall nicht mehr vorstellbar ist."[48]

Zwar nimmt die Armut u.a. wegen der Strukturkrise des Normalarbeitsverhältnisses zu, selbst dieses kann sie jedoch nicht verhindern, wie Wolfgang Strengmann-Kuhn konstatiert. „Ein beträchtlicher Anteil der Armen in Deutschland ist erwerbstätig, es handelt sich mehrheitlich um Männer, und ein großer Teil hat ein Normalarbeitsverhältnis."[49] Ulrich Mückenberger, der diesen Begriff in die Fachdiskussion einführte, hob gleichzeitig hervor, dass der beobachtbare Niedergang des Normalarbeitsverhältnisses nicht etwa dem technischen Fortschritt geschuldet ist, sondern auf wirtschafts- und sozialpolitischen Entscheidungen beruht, die nach dem Regierungswechsel von Helmut Schmidt zu Helmut Kohl 1985 in das sog. Beschäftigungsförderungsgesetz mündeten und auf dem Postulat einer „Flexibilisierung" der Arbeits- und Sozialbeziehungen fußten.

Für das ganze Industriezeitalter charakteristische, wenngleich meist auf *männliche* Arbeitnehmer beschränkte Normalerwerbsbiografien werden längerfristig zur Ausnahme, weil Automatisierung, Computerisierung und Digitalisierung des Produktionsprozesses bzw. eine per Regierungspolitik forcierte Deregulierung und Flexibilisierung zusammen mit der (billigend in Kauf genommenen) Massenarbeitslosigkeit das Normalarbeitsverhältnis so weit aushöhlen, dass es künftig nicht mehr als Garant der Absicherung elementarer Lebensrisiken fungieren kann.

Die US-amerikanische Sozialphilosophin Hannah Arendt sah der Arbeitsgesellschaft schon in den 1950er-Jahren die Arbeit ausgehen.[50] Nachdem sich zwei Dekaden später viele Futurologen an der Idee einer vollautomatisierten, menschenleeren und nur mit Robotern besetzten Fabrik berauscht hatten, prognostizierte André Gorz zu Beginn der 1980er-Jahre unter Hinweis auf die Wirkungen der „mikroelektronischen Revolution" erneut das „Ende

48 Ulrich Mückenberger, Die Krise des Normalarbeitsverhältnisses. Hat das Arbeitsrecht noch Zukunft? (2. Teil und Schluß), in: Zeitschrift für Sozialreform 8/1985, S. 466
49 Wolfgang Strengmann-Kuhn, Armut trotz Erwerbstätigkeit in Deutschland – Folge der „Erosion des Normalarbeitsverhältnisses"?, in: Eva Barlösius/Wolfgang Ludwig-Mayerhofer (Hrsg.), Die Armut der Gesellschaft, Opladen 2001, S. 148
50 Vgl. Hannah Arendt, Vita Activa oder Vom tätigen Leben, München 1981, S. 11f.

der Arbeitsgesellschaft". Der französische Sozialwissenschaftler hielt die Abwendung von der Arbeit für die wichtigste aller soziokulturellen Veränderungen unserer Epoche: „Jede Politik, auf welche Ideologie sie sich sonst auch berufen mag, ist verlogen, wenn sie die Tatsache nicht anerkennt, daß es keine Vollbeschäftigung für alle mehr geben kann und daß die Lohnarbeit nicht länger der Schwerpunkt des Lebens, ja nicht einmal die hauptsächliche Tätigkeit eines jeden bleiben kann."[51] Wiederum gut 10 Jahre später sagte der US-amerikanische Publizist Jeremy Rifkin in einem Bestseller mit eben diesem Titel einmal mehr das „Ende der (Erwerbs-)Arbeit" voraus: „In nahezu allen wichtigen Industriezweigen wird die menschliche Arbeitskraft durch Maschinen ersetzt. Millionen von Menschen auf der ganzen Welt sehen sich durch arbeitssparende Technologien zunehmend an den Rand gedrängt. Mitte des nächsten Jahrhunderts wird es keine Arbeiter und Arbeiterinnen mehr geben, sie werden alle der Dritten Industriellen Revolution und dem unbarmherzigen technischen Fortschritt zum Opfer gefallen sein."[52]

Sinnvoller ist es, mit Georg Vobruba vom „Ende der *Vollbeschäftigungs*gesellschaft" zu sprechen, weil die Vorstellung eines Rückgangs der (abhängigen) Erwerbstätigkeit empirisch nicht gedeckt ist: „Der Gesellschaft geht weder die Arbeit noch die Lohnarbeit aus."[53] Trotz der Rationalisierung und spektakulärer Produktionsverlagerungen ins Ausland wurden Beschäftigungs*rückgänge* in manchen Branchen durch Beschäftigungs*zuwächse* in anderen Sektoren (über)kompensiert: „Ein dramatischer Einbruch der Nachfrage nach Arbeitskräften ist bisher nicht zu erkennen; von einem ‚Ende der Arbeitsgesellschaft' kann daher in der Bundesrepublik vorerst keine Rede sein."[54]

Auch wenn Rifkins Prognose (noch) nicht zutrifft, sondern die Erwerbsarbeit in modifizierter Form erhalten bleibt, wird es tiefgreifende Veränderungen im Arbeitsleben fast aller Menschen geben. Ulrich Schneider bemerkt zu Recht, dass die Normalerwerbsbiografie der letzten Jahrzehnte sogar im Fall positiver Beschäftigungstrends für künftige Lebensentwürfe nicht mehr vorausgesetzt werden kann: „Phasen der Erwerbstätigkeit werden zunehmend unterbrochen sein von Phasen der Arbeitslosigkeit oder Um- und Nachqualifizierung. Befristete Arbeitsverhältnisse und selbständiger Broterwerb verdrängen die Dauerarbeitsverhältnisse zunehmend. Das heißt aber

---

51 André Gorz, Wege ins Paradies. Thesen zur Krise, Automation und Zukunft der Arbeit, Berlin (West) 1983, S. 56

52 Jeremy Rifkin, Das Ende der Arbeit und ihre Zukunft, Mit einem Nachwort von Martin Kempe, 4. Aufl. Frankfurt am Main/New York 1996, S. 107

53 Georg Vobruba, Ende der Vollbeschäftigungsgesellschaft, in: Kai Eicker-Wolf u.a. (Hrsg.), Die arbeitslose Gesellschaft und ihr Sozialstaat, Marburg 1998, S. 22

54 Walter Hanesch, Krise der Erwerbsarbeit – Abschied vom Sozialstaat?, in: Wolfgang Gessenharter/Helmut Fröchling (Hrsg.), Rechtsextremismus und Neue Rechte in Deutschland. Neuvermessung eines politisch-ideologischen Raumes?, Opladen 1998, S. 166

auch: Das Risiko der Arbeitslosigkeit wird schwerer kalkulierbar, die Sicherheit einer auf die Normalerwerbsbiographie abgestellten sozialen Sicherung geringer, womit die Akzeptanz dieses Systems ebenfalls auf den Prüfstand gerät."[55]

Die gezielte Umwandlung regulärer Beschäftigung in sozialversicherungsfreie Arbeitsverhältnisse (Scheinselbstständigkeit, 630-DM/325- bzw. 400-Euro-Jobs) höhlte das Normalarbeitsverhältnis weiter aus. Da ein Großteil der Arbeitsplätze in der Landwirtschaft und der Industrie, aber auch im noch vor kurzem als „Jobmaschine" geltenden Dienstleistungsbereich wegrationalisiert wird, kann ein System der sozialen Sicherung, dessen Finanzierungsmechanismus auf traditionellen Formen der Erwerbsarbeit basiert, nicht mehr optimal funktionieren. Es wird keineswegs obsolet, wie seine marktradikalen Gegner durch Horrorszenarien einer „vergreisenden" und zerfallenden Gesellschaft suggerieren, muss jedoch durch den Einbau komplementärer Regelungsmechanismen ergänzt und auf steigende Belastungen vorbereitet werden.

3.2.2 Entwicklungstendenzen auf der Reproduktionsebene und die Krise der Normalfamilie

Vor der Industrialisierung gab es offenbar eine größere Vielfalt der familialen Formen, in denen sich das Zusammenleben der Geschlechter und Generationen abspielte, als man meist wahrhaben will. Erst in der bürgerlichen Gesellschaft des späten 18. Jahrhunderts traten die Produktions- und die Reproduktionssphäre auseinander. Wie die historische Familienforschung gezeigt hat, wurden Arbeit und Leben (Freizeit) jetzt auch räumlich strikt voneinander getrennt. Morgens verlässt der Familienvater das Haus, um den Lebensunterhalt zu verdienen, und kommt abends dorthin zwecks Regeneration seiner Arbeitskraft zurück. Gleichzeitig avancierte die Familie zum Inbegriff des Privaten und wurde auf die Triade Vater – Mutter – Kind bzw. Kinder beschränkt.[56] Das familiale Arrangement der Moderne implizierte auch eine Neujustierung der Arbeitsteilung zwischen den Geschlechtern, die auf unterschiedliche Rollen festgelegt wurden. „Die Frau hat für die Erholung und Entspannung des von der anstrengenden Berufsarbeit heimkehrenden Mannes zu sorgen und die Kinder zu tugendhaften Menschen zu erziehen."[57]

---

55 Ulrich Schneider, Von der Lebensstandardsicherung zur Einkommensorientierung. Die Notwendigkeit eines neuen Ansatzes in der Sozialpolitik, in: Blätter für deutsche und internationale Politik 2/1998, S. 224

56 Vgl. Karl Lenz/Lothar Böhnisch, Zugänge zu Familien – ein Grundlagentext, in: Lothar Böhnisch/Karl Lenz (Hrsg.), Familien. Eine interdisziplinäre Einführung, 2. Aufl. Weinheim/München 1999, S. 17

57 Ebd.

Zwar ist die Mehrgenerationenfamilie der Agrargesellschaft ein Mythos,[58] gleichwohl trug der Familienverband jener Zeit ganz entscheidend dazu bei, dass die Wechselfälle des Lebens seine Mitglieder nicht schutzlos trafen. Später sorgten rechtliche Bestimmungen (Verpflichtungen zum Unterhalt) und emotionale Bindungen (Familienbande) für eine Grundversorgung
jener Menschen, die – beispielsweise aufgrund ihres Alters – nicht (mehr) in
der Lage waren, ihren Lebensunterhalt selbst zu verdienen. Kinder und Greise/Greisinnen blieben ebenso wie andere Erwerbsunfähige, Kranke und Behinderte „im Schoß der bürgerlichen Familie" vor den schlimmsten Folgen
ihrer Hilflosigkeit bewahrt.

Wenn man so will, war der Aufbau des Systems der sozialen Sicherung
eine gesellschaftspolitische Reaktion des Staates auf die Krise der bäuerlichen Großfamilie im Zuge des frühkapitalistischen Urbanisierungs- und Industrialisierungsprozesses. Seinen massivsten Ausbauschub erhielt der deutsche Sozialstaat in quantitativer wie in qualitativer Hinsicht um die Mitte des
20. Jahrhunderts. Während der 1950er- und 1960er-Jahre erfreute sich das
(klein)bürgerliche Familienideal in der Bundesrepublik allergrößter Beliebtheit. „Das moderne Ehe- und Familienmuster, die *moderne Kleinfamilie*
(auch Gattenfamilie oder ‚privatisierte Kernfamilie' genannt) – d.h. die selbständige Haushaltsgemeinschaft eines verheirateten Paares mit seinen unmündigen Kindern – war eine kulturelle Selbstverständlichkeit und wurde
von der überwältigenden Mehrheit der Bevölkerung auch unhinterfragt gelebt."[59]

Birgit Pfau-Effinger weist in einer (die soziohistorische Entwicklung
dreier Länder miteinander) vergleichenden Studie nach, dass die männliche
Versorgerehe aufgrund des rasch fortschreitenden Industrialisierungsprozesses zum dominanten Familienmodell in Deutschland avancierte. „Es wurde
aber erst nach dem Zweiten Weltkrieg in den fünfziger Jahren von einer
Mehrheit der Bevölkerung praktiziert, als auf breiter Basis ein gewisser
Wohlstand erreicht worden war, der die Voraussetzung dafür bot, daß die
Ehefrauen von der Erwerbstätigkeit freigestellt werden konnten."[60] Dabei
gingen die herkömmliche Kernfamilie und der Sozialstaat eine symbiotische
Wechselbeziehung ein: Ohne ein Mindestmaß an sozialer Sicherheit ist kein
geordnetes Familienleben möglich; der entwickelte Wohlfahrtsstaat beruht
seinerseits auf familialen Reproduktionsformen und auf patriarchalischen
Geschlechterbeziehungen.

---

58 Vgl. Hartmann Tyrell, Probleme einer Theorie der gesellschaftlichen Ausdifferenzierung der privatisierten modernen Kernfamilie, in: Zeitschrift für Soziologie 4/1976, S.
    399
59 Rüdiger Peuckert, Familienformen im sozialen Wandel, 3. Aufl. Opladen 1999, S. 20
60 Birgit Pfau-Effinger, Der soziologische Mythos von der Hausfrauenehe – soziohistorische Entwicklungspfade der Familie, in: Soziale Welt 2/1998, S. 172; vgl. auch:
    dies., Kultur und Frauenerwerbstätigkeit in Europa. Theorie und Empirie des internationalen Vergleichs, Opladen 2000, S. 116ff.

Modernisierung der Gesellschaft meint einer Definition Ulrich Becks zufolge „die technologischen Rationalisierungsschübe und die Veränderung von Arbeit und Organisation, umfaßt darüber hinaus aber auch sehr viel mehr: den Wandel der Sozialcharaktere und Normalbiographien, der Lebensstile und Liebesformen, der Einfluß- und Machtstrukturen, der politischen Unterdrückungs- und Beteiligungsformen, der Wirklichkeitsauffassungen und Erkenntnisformen."[61] Neben den Arbeits-, industriellen Produktions- und ökonomischen Machtverhältnissen erfasst die Globalisierung auch soziokulturelle, religiöse und familiäre Verhaltensmuster, was wiederum auf jene zurückwirkt. „An die Stelle der alten Familienformen treten allmählich andere Formen des Zusammenlebens, neue Wir-Gruppenkonstruktionen, die vorerst auch eher programmatischen Charakter aufweisen, also sicherlich noch nicht ihre ‚endgültige' Bewährungsprobe bestanden haben. Die neuen Gruppenkonstellationen bieten veränderte Chancen, teilen die gesellschaftlichen Risiken meist aber bloß anders zu."[62] Pioniere der durch die Globalisierung ausgelösten Veränderungsprozesse waren Migrant(inn)en bzw. ihre Familien, wodurch sich möglicherweise deren extrem hohes Armutsrisiko erklären lässt.

Anthony Giddens bezeichnet Ehe und Familie treffend als „ausgehöhlte Institutionen", weil sich ihr Wesen durch die Globalisierung verändert habe: „In der traditionellen Familie war das Ehepaar nur ein Teil, und oft nicht einmal der wichtigste, des Familienverbundes. Heute steht das Liebespaar, ob verheiratet oder nicht, im Mittelpunkt dessen, was man Familie nennt."[63] Auch die Einstellung den Kindern und ihrem Schutz gegenüber habe sich im Lauf der letzten Jahrzehnte radikal gewandelt: „Zum einen schätzen wir Kinder enorm hoch, weil sie viel seltener geworden sind, zum anderen, weil die Entscheidung für ein Kind inzwischen eine ganz andere Bedeutung hat als früher. Für die traditionelle Familie waren Kinder ein ökonomischer Gewinn. Heutzutage bedeutet ein Kind, zumindest im Westen, eine erhebliche finanzielle Belastung für die Eltern."[64]

Eng mit der Globalisierung bzw. der neoliberalen Modernisierung verbunden ist auch ein Prozess, welcher – als „Individualisierung" bezeichnet – zu einer Pluralisierung und Enttraditionalisierung der Lebensstile führt, was für Eltern wie ihre minderjährigen Kinder und das Familienleben nicht ohne Folgen bleibt. Individualisierung der Gesellschaft bedeutet, dass sich Klassen und Schichten, soziokulturelle Milieus und Institutionen kollektiver Normen-

---

61 Siehe Ulrich Beck, Risikogesellschaft, a.a.O., S. 25

62 Wolf-Dietrich Bukow, Die Familie im Spannungsfeld globaler Mobilität, in: Hansjosef Buchkremer/Wolf-Dietrich Bukow/Michaela Emmerich (Hrsg.), Die Familie im Spannungsfeld globaler Mobilität. Zur Konstruktion ethnischer Minderheiten im Kontext der Familie, Opladen 2000, S. 14

63 Anthony Giddens, Entfesselte Welt. Wie die Globalisierung unser Leben verändert, Frankfurt am Main 2001, S. 77

64 Ebd., S. 78f.

gebung, tradierte Sicherungssysteme und überkommene Reproduktionsmuster zugunsten einer „Pluralisierung der Lebensstile" auflösen. „Pluralisierung der Lebensstile heißt: Zunahme von gruppen-, milieu- und situations-
spezifischen Ordnungsmustern zur Organisation von Lebenslage, Ressourcen
und Lebensplanung."[65]

Beck unterscheidet zwischen einfacher, industrieller und reflexiver,
postindustrieller Moderne, die Lebensverhältnisse, gesellschaftliche Regulie-
rungsformen und soziale Sicherungsarrangements ohne Revolution von
Grund auf verändert. Ergebnis dieses Prozesses ist seiner Meinung nach ein
neuer Gesellschaftstyp, der als „Kapitalismus ohne Arbeit" und „Kapitalismus ohne Klassen", zumindest jedoch ohne Arbeiterklasse bezeichnet wird.
Hier soll die lawinenartig anschwellende, kaum mehr überschaubare Literatur
zur Modernisierung und Individualisierung der Gesellschaft nicht referiert,[66]
sondern nur selektiv, und zwar bezüglich ihrer Hauptimplikationen im Hinblick auf den Sozialstaat, berücksichtigt werden.

Nicht nur der „Normalarbeitnehmer", welcher nach 45 Berufsjahren als
sog. Standardrentner ohne große Verringerung seines bisherigen Lebensstandards den verdienten Ruhestand genießt, kann schon in Kürze eher zur Ausnahme von der Regel gehören, sondern auch jene Normalfamilie, die bisher
neben ihm und seiner (nicht berufstätigen, sondern ganz auf den gemeinsamen Haushalt und die Familienarbeit konzentrierten) Ehefrau ein oder zwei
Kinder umfasste. Zwar ist die bürgerliche Kernfamilie bislang kein „soziokulturelles Auslaufmodell", sie befindet sich aber – vornehmlich bei den
städtischen, meistens überdurchschnittlich gebildeten Mittelschichtangehöri-
gen – eindeutig auf dem Rückzug.[67] Singles, alternative Lebens- und Liebesformen, wie etwa Ein-Elternteil-Familien, gleichgeschlechtliche Paare usw.,
sind dagegen auf dem Vormarsch.[68]

---

65   Wolfgang Zapf u.a., Individualisierung und Sicherheit. Untersuchungen zur Lebens-
      qualität in der Bundesrepublik Deutschland, München 1987, S. 18
66   Vgl. z.B. Ulrich Beck/Elisabeth Beck-Gernsheim (Hrsg.), Riskante Freiheiten. Indivi-
      dualisierung in modernen Gesellschaften, Frankfurt am Main 1994; Ulrich Beck/
      Anthony Giddens/Scott Lash, Reflexive Modernisierung. Eine Kontroverse, Frankfurt
      am Main 1996; Ulrich Beck (Hrsg.), Kinder der Freiheit, Frankfurt am Main 1997;
      ders./Peter Sopp (Hrsg.), Individualisierung und Inegration. Neue Konfliktlinien und
      neuer Integrationsmodus?, Opladen 1997; Thomas Kron (Hrsg.), Individualisierung
      und soziologische Theorie, Opladen 2000
67   Vgl. Klaus Peter Strohmeier, Pluralisierung und Polarisierung der Lebensformen in
      Deutschland, in: Aus Politik und Zeitgeschichte 17/1993, S. 21f.
68   Vgl. dazu: Karin Böllert/Hans-Uwe Otto (Hrsg.), Die neue Familie. Lebensformen
      und Familiengemeinschaften im Umbruch, Bielefeld 1993; Alois Herlth u.a. (Hrsg.),
      Abschied von der Normalfamilie?, Partnerschaft kontra Elternschaft, Berlin/Hei-
      delberg 1994; Hans Bertram (Hrsg.), Das Individuum und seine Familie. Lebensfor-
      men, Familienbeziehungen und Lebensereignisse im Erwachsenenalter, Opladen
      1995; Michael Erler, Die Dynamik der modernen Familie. Empirische Untersuchung
      zum Wandel der Familienformen in Deutschland, Weinheim/München 1996; Udo

Während Ilona Ostner das „Ende der Familie, wie wir sie kannten", gekommen sieht und kritisch anmerkt, dass diese mehr und mehr funktionalisiert wird bzw. zu einer abhängig Variablen des Arbeitsmarktes (bzw. einer Erhöhung der Beschäftigungsfähigkeit) degeneriert,[69] weist Rosemarie Nave-Herz darauf hin, dass während der letzten Jahrzehnte vor allem die unterschiedlichsten Lebens- und Haushaltsformen ohne Kinder zugenommen haben, wohingegen sich die These einer größeren Pluralität in Bezug auf die Familienformen nur durch mehr Optionen bewahrheite: „Das uns in Werbespots suggerierte Bild, dass unsere Gesellschaft hauptsächlich aus Haushalten von Vater und Mutter mit Kindern (aus sog. Kernfamilien) zusammengesetzt sei, stimmt also mit der sozialen Realität überhaupt nicht mehr überein."[70] Selbst bei Addition sämtlicher Familienformen seien die Familienhaushalte im Sinne der Eltern- oder Vater-/Mutter-Kind-Einheit aufgrund der Zunahme insbesondere der Ein-Personen-Haushalte, der kinderlosen Ehen und der nichtehelichen Lebensgemeinschaften ohne Kinder im Querschnitt betrachtet nicht mehr die quantitativ dominante Lebensform.

Das überkommene Modell der bürgerlichen Kernfamilie unterliegt einem wachsenden Druck, sich der veränderten Realität anzupassen. Elisabeth Beck-Gernsheim beschreibt sehr anschaulich, wie die Individualisierungsschübe der letzten Jahrzehnte im Bereich von Familie, Partnerschaft (Ehe) und Elternschaft die Beziehungen zwischen den Geschlechtern wie den Generationen revolutioniert haben. Neben die Sehnsucht nach (fester) Bindung tritt der Anspruch von Frauen und Männern auf „ein Stück eigenes Leben", ohne dass sich deshalb flächendeckend ungeordnete oder gar „wilde" Verhältnisse ausbreiten: „Wohl aber ist zu erwarten, daß für immer mehr Menschen stabile Phasen im Lebenslauf abwechseln mit anderen – vor der Ehe, neben der Ehe, nach der Ehe, mit oder ohne Trauschein verstanden –, wo man oder frau mit Beziehungsformen spielt, jongliert, experimentiert, und dies teils freiwillig, teils eher gezwungenermaßen."[71]

Glaubt man den vorliegenden empirischen Untersuchungen, gehören Heirats- und Kinderwunsch zwar weiterhin zur Lebensplanung junger Menschen, sie lassen sich freilich nicht mehr im bisher gewohnten Maß verwirklichen. So betont Franz-Xaver Kaufmann, „daß in der Bundesrepublik unter Einschluß der neuen Bundesländer nach wie vor zwei Drittel aller Ehen zusammenbleiben, ,bis der Tod sie scheidet', und daß rd. vier Fünftel aller Kinder ihre ganze Jugend in Gesellschaft ihrer beiden leiblichen Eltern ver-

Rauchfleisch, Alternative Familienformen. Eineltern, gleichgeschlechtliche Paare, Hausmänner, Göttingen 1997

69   Siehe Ilona Ostner, Das Ende der Familie, wie wir sie kannten, in: Blätter für deutsche und internationale Politik 1/1999, S. 72

70   Rosemarie Nave-Herz, Familie heute. Wandel der Familienstrukturen und Folgen für die Erziehung, 2. Aufl. Darmstadt 2002, S. 27

71   Elisabeth Beck-Gernsheim, Was kommt nach der Familie?, Einblicke in neue Lebensformen, 2. Aufl. München 2000, S. 19

bringt."[72] Man kann sich allerdings nicht mehr auf familiale Sicherungsarrangements verlassen, wie dies frühere Generationen ohne den geringsten
Zweifel an deren Wirksamkeit getan haben. „Familie als gelebte Wirklichkeit
erweist sich immer noch als angestrebte Lebensform, an Bedeutung verloren
hat jedoch Familie als institutioneller Rahmen sozialer Sicherung."[73]

Wie beim Normalarbeitsverhältnis, das zwar an Bedeutung einbüßt, aber
im Kern fortbesteht, muss auch bei der Normalfamilie einschränkend hinzugefügt werden, dass sie nicht etwa verschwindet, sondern sich verändert und
nur dort von anderen Lebensmustern verdrängt wird, wo man noch am ehe-
sten durch gut bezahlte Erwerbstätigkeit sozial gesichert ist. „Die Neigung
zur Familiengründung geht vor allem in solchen Milieus zurück, in denen ein
stabiles Familienleben (samt der bisherigen Rollenverteilung) in Konflikt gerät mit den Anforderungen beruflicher Mobilität und biographischer Flexibi-
lität."[74]

Durch die ständige Zunahme atypischer bzw. prekärer Arbeitsverhältnisse, von (Zwangs-)Teilzeit, Leih-, Zeit-, Termin-, Werkvertrags- und Telear-
beit, Scheinselbstständigkeit sowie „perforierter", d.h. Mehrfach-, Langzeit-
oder gar Dauererwerbslosigkeit einerseits und von Single-Haushalten, „un-
vollständigen", sog. Einelternteil- bzw. „Patchwork-Familien" sowie hetero-
und homosexuellen Lebensgemeinschaften diverser Spielart andererseits wird
das auf überkommenen gesellschaftlichen Normalitätsstandards basierende
Sicherungsmodell zumindest perspektivisch in Frage gestellt: „Der fort-
schreitende Verlust der empirischen Allgemeingültigkeit bisher bewährter
Annahmen führt zur Obsoleszenz der immer noch an diesen normativen Fundamenten und Normalitätsunterstellungen orientierten sozialstaatlichen Sicherungsarrangements."[75]

Der zweite Stützpfeiler des Bismarck'schen Sozial(versicherungs)staates,
die „Hausfrauenehe" bzw. die Normalfamilie, in der ein männlicher Ernährer
sein für Kindererziehung, Familienarbeit und Reproduktionsleistungen zu-
ständiges weibliches Pendant (über den eigenen Tod hinaus durch die abge-
leiteten, von ihm erworbenen Ansprüche) mit absichert, wird gleichfalls brü-
chiger. Diese unter dem Aspekt der Geschlechteremanzipation ohnehin frag-
würdige Konstellation, durch das Ehegattensplitting im Lohn- und Einkom-

---

72   Siehe Franz-Xaver Kaufmann, Zukunft der Familie im vereinten Deutschland. Gesell-
     schaftliche und politische Bedingungen, München 1995, S. 224
73   Wolfgang Voges, Konsequenzen neuer Familienformen und heterogener Armutsla-
     gen, in: Werner Schönig/Raphael L'Hoest (Hrsg.), Sozialstaat wohin?, Umbau, Abbau
     oder Ausbau der Sozialen Sicherung, Darmstadt 1996, S. 82
74   Günter Burkart, Zum Strukturwandel der Familie. Mythen und Fakten, in: Aus Politik
     und Zeitgeschichte 52-53/1995, S. 13
75   Karl Hinrichs, Das Normalarbeitsverhältnis und der männliche Familienernährer als
     Leitbilder der Sozialpolitik. Sicherungsprobleme im sozialen Wandel, in: Sozialer
     Fortschritt 4/1996, S. 102; vgl. ergänzend: Christoph Butterwegge, Wohlfahrtsstaat im
     Wandel. Probleme und Perspektiven der Sozialpolitik, 3. Aufl. Opladen 2001, S. 53ff.

mensteuerrecht, die beitragsfreie Familienmitversicherung in der Gesetzlichen Kranken- und Pflegeversicherung, die Hinterbliebenenversorgung in der Gesetzlichen Rentenversicherung, die Erziehungsgeldregelung usw. gekennzeichnet, büßt aufgrund der Zunahme „wilder Ehen", wechselnder Partnerschaften sowie anderer Lebens- und Liebesformen an Relevanz ein.

Zwar ist die besagte Erosion der Normalfamilie nicht zuletzt auf die (gesellschaftliche, berufliche und sexuelle) Emanzipation der Frauen zurückzuführen, welche deren Möglichkeiten fördert, sich frei für eine (andere) Lebens- und Liebesform zu entscheiden, damit entfällt aber zugleich der durch die traditionellen Familienbande gewährte Rückhalt und soziale Schutz. Frauen und Kinder gehören zu den Hauptleidtragenden von Scheidungen bzw. Trennungen. Hans-Jürgen Andreß und Miriam Güllner zeigen empirisch, „daß sich die wesentlichen wirtschaftlichen Veränderungen bereits im Zusammenhang mit der Trennung einer Ehe ergeben und sich nicht erst als Folge der Scheidung erweisen. (...) Mit der Trennung steigt die Armutsquote im Vergleich zur Ausgangssituation auf mehr als das doppelte an. Dabei sind es vor allem die Frauen und die Kinder, die ein erhöhtes Armutsrisiko aufweisen."[76]

Verglichen mit vorhergehenden Zuständen mag die „Hausfrauenehe" im 19. Jahrhundert durchaus ein historischer Fortschritt bezüglich der ökonomischen und sozialen Stellung, der Frau gewesen sein.[77] Da der gesellschaftliche Modernisierungs- bzw. Individualisierungsprozess ambivalent ist, also politische Schatten- wie Sonnenseiten hat, sind auch seine Folgen für das System der sozialen Sicherung differenziert zu betrachten. Positiv kann vermerkt werden, dass sich die Stellung der Frauen, bedingt durch ihre wachsende Bildungs- und Erwerbsbeteiligung, tendenziell verbessert hat: „Ihre Abhängigkeit von den Männern sinkt, die ‚Versorgungsehe' verliert an Bedeutung. Sie können eher auf die Heirat verzichten – oder sie können sich leichter scheiden lassen. Vor allem aber wird für Frauen eine eigene ‚Berufsbiographie' immer mehr zu einem normalen Element der Lebensperspektive. Die Beschränkung auf ‚Küche und Kinder' erscheint dann geradezu als Relikt."[78]

Das von Günter Burkart gezeichnete Bild erscheint allerdings vor dem Hintergrund der jüngsten Entwicklung auf dem Arbeitsmarkt zu rosig. Denn im Berufsleben wurde die Frauenemanzipation zum Teil schon wieder rückgängig gemacht, wodurch sich negative Konsequenzen sowohl für das System der sozialen Sicherung wie für die weiblichen Betroffenen selbst ergaben. Modernisierungs- und Individualisierungsschübe trafen vor allem die

---

76 Hans-Jürgen Andreß/Miriam Güllner, Scheidung als Armutsrisiko, in: Eva Barlösius/Wolfgang Ludwig-Myerhofer (Hrsg.), Die Armut der Gesellschaft, a.a.O., S. 194f.

77 Vgl. Franz-Xaver Kaufmann, Die Familie im Spannungsfeld von Wirtschaft und Politik, in: ders., Modernisierungsschübe, Familie und Sozialstaat. Otto-von-Freising-Vorlesungen der Katholischen Universität Eichstätt, München 1996, S. 10

78 Günter Burkart, Zum Strukturwandel der Familie, a.a.O., S. 8

früher überwiegend erwerbstätigen, nach der „Wende" bzw. der Wiedervereinigung arbeitslos gewordenen und „an den Herd" zurückgeworfenen Frau-
en im sog. Beitrittsgebiet hart: „In der (Lebenslauf-)Perspektive der meisten
westdeutschen Frauen heißt Individualisierung heute, daß sie auf sich selbst
gestellt sind, wenn es darum geht, die Inkonsistenzen eines Systems kleinzu-
arbeiten, in dem eigenständige Erwerbsarbeit allgemeine Norm, Regel – aber
nur für ein Geschlecht, das männliche – regelmäßig vorgesehen ist. Entsprechend wörtlich ist dann die vielbesprochene Pluralisierung zu nehmen: nicht
(qualitative) Vervielfältigung von Lebensweisen und -stilen, sondern (quantitative) Vermehrung der nun typisch dynamisierten und differenzierten Frau-
enleben. Diese Art von Individualisierung und Pluralisierung, das ausschließlich weibliche wechselhafte Leben auf eigene Faust zwischen Heirats-
und Arbeitsmarkt, zwischen Sozial- und Arbeits- (nicht ‚Heirats'-)Amt, Fürsorge, Unterhalt und Lohn, zwischen Ehe, Familie, Bildungsschleifen und
Beruf erwartet und erleben nun auch ostdeutsche Frauen im Transformati-
onsprozeß."[79] Ein weiteres Beispiel für negative Auswirkungen der Individualisierung und Entstandardisierung der Lebensformen nennt Volker Offermann: „Die zunehmende Instabilität familialer Beziehungen führt vor allem bei Frauen und Kindern zu fehlender sozialer Sicherheit, da im Falle der
Scheidung abgeleitete Versorgungsansprüche entfallen."[80] Sibylle Raasch
beklagt, dass Frauen somit in einer Zwickmühle stecken: „Weder Erwerbsarbeit noch Ehe bieten der heutigen, vor allem aber den künftigen Frauengene-
rationen noch hinreichende Existenzsicherheit."[81]

In den westlichen Wohlfahrtsstaaten bilden die Krise auf dem Arbeitsmarkt sowie die Erosion der Normalfamilie eine gesellschaftliche Folie, auf
der Frauen und ihre Kinder gegenwärtig keine befriedigenden Lebens-, Ent-
wicklungs- bzw. Entfaltungschancen mehr haben. „Kinderarmut ist daher –
kausal gesehen – primär Mütterarmut. Es sind die sehr differentiellen Ein-
kommenschancen unterschiedlicher Haushaltstypen, die für die Kinderarmut
verantwortlich sind. Unter diesen stehen die Diskriminierungen an erster
Stelle, die für Frauen im gebärfähigen Alter auf dem Arbeitsmarkt bestehen
und aufgrund der Zeiten, die für Haushalt, Kinderbetreuung und -erziehung
anfallen, zusätzlich verstärkt werden."[82]

Außerhalb der Normfamilie lebende Kinder, z.B. jene von Alleinerziehenden, haben ein erheblich höheres Armutsrisiko, weil das System der so-

---

79   Kerstin Bast/Ilona Ostner, Ehe und Familie in der Sozialpolitik der DDR und BRD –
     ein Vergleich, in: Winfried Schmähl (Hrsg.), Sozialpolitik im Prozeß der deutschen
     Vereinigung, Frankfurt am Main/New York 1992, S. 250
80   Volker Offermann, Sozialhilfe versus Bürgergeld: Defizite und Perspektiven der Ar-
     mutsbekämpfung im Wohlfahrtsstaat, in: Arbeit und Sozialpolitik 5-6/1997, S. 32
81   Sibylle Raasch, Feministischer Umbau von Arbeitsgesellschaft und Sozialstaat, in:
     Harald Mattfeldt u.a. (Hrsg.), Ökonomie und Sozialstaat. In memoriam Helmut
     Fangmann, Opladen 1998, S. 25
82   H. Gerhard Beisenherz, Kinderarmut in der Wohlfahrtsgesellschaft, a.a.O., S. 74

zialen Sicherung und speziell die Familienpolitik der Bundesrepublik ehezentriert sind.[83] Betroffen von Armut und Unterversorgung sind in erster Linie solche Frauen, die wegen fehlender bzw. unzureichender Möglichkeiten der Kinderbetreuung keiner Erwerbsarbeit nachgehen können, deren (Ehe-) Partner arbeitslos ist bzw. ein geringes Einkommen hat (z.b. Migranten) und/oder die keine bzw. eine schlecht bezahlte Teilzeitstelle haben. Folglich machen Alleinerziehende und Mehrkinderfamilien das Gros der Armen bzw. Unterversorgten aus.

3.2.3 Entwicklungstendenzen des Wohlfahrtsstaates und die Krise des Sozialen

Bedingt durch die Globalisierung, Individualisierung und eine „Pluralisierung der Lebensformen", löst sich die bürgerliche Normalfamilie im Übergang von der Klassen- zur „Risikogesellschaft" auf. Wenn sich die zwischenmenschlichen bzw. familiären Bindungen im Gefolge des neoliberalen Modernisierungs- und Individualisierungsprozesses abschwächen, wächst die Abhängigkeit der Betroffenen von Markt und (Sozial-)Staat.[84] Wird dieser nach Konkurrenzprinzipien und Maßgaben betriebswirtschaftlicher Effizienz- und Leistungssteigerung ab- bzw. umgebaut, schwinden früher gewohnte Sicherheitsgarantien. Problematisch ist allerdings nicht der Individualisierungsprozess selbst, sondern wie die Politik damit umgeht: Wenn sie die (Re-)Privatisierung der allgemeinen Lebensrisiken fördert, statt einer Entsolidarisierung der Gesellschaft entgegenzuwirken, wächst der Druck auf abhängig Beschäftigte, Erwerbslose und Familien.

Der moderne Wohlfahrtsstaat steht heute im Kreuzfeuer der Kritik. Politiker/innen, Publizist(inn)en und Wissenschaftler/innen verschiedenster Provenienz bemängeln, dass er seiner Hauptaufgabe der Armutsbekämpfung nicht (mehr) gewachsen und zudem immer weniger bezahlbar sei. Untersucht man, aus welchen Richtungen die heftigste und gewichtigste Sozialstaatskritik kommt, stößt man auf die Lager des Neoliberalismus, des Kommunitarismus und des Feminismus, deren Argumente im Folgenden kurz referiert werden sollen.

3.2.3.1 Die neoliberale Kritik am Sozialstaat

Für den Neoliberalismus, der eine Wirtschaftstheorie war, die Margaret Thatcher in Großbritannien und Ronald Reagan in den USA zum Regierungspro-

---

83 Vgl. Magdalena Joos, Armutsentwicklung und familiale Armutsrisiken von Kindern in den neuen und alten Bundesländern, in: Ulrich Otto (Hrsg.), Aufwachsen in Armut. Erfahrungswelten und soziale Lagen von Kindern armer Familien, Opladen 1997, S. 60
84 Vgl. Martin Kronauer, Exklusion, a.a.O., S. 229

gramm erhoben, bevor daraus eine umfassende Gesellschaftsphilosophie und schließlich eine Art politischer Zivilreligion wurde, die alle hoch entwickelten Industriegesellschaften erfasste, ist das Soziale purer Luxus, den man sich nicht mehr leisten könne. Der überkommene Sozialstaat sei zu teuer, heißt es allenthalben: „Für die dringenden Bedürfnisse der wenigen wirklich Armen würde das Geld schon reichen. Aber es den vielen recht zu machen, denen es eigentlich ganz gut geht und deren Ansprüche entsprechend hoch sind – das eben ist nicht mehr zu bezahlen. Deshalb ist der oft angeprangerte ‚Sozialabbau' unvermeidlich."[85]

Sozialstaatlichkeit begreifen Ultraliberale als gravierenden Standortnachteil, der die internationale Konkurrenzfähigkeit des Kontinents gefährdet: „Wenn Europa im 21. Jahrhundert als erfolgreicher Industriestandort überleben und den Weg zurück zur hohen und stabilen Beschäftigung finden soll, muß die optimale Wirtschaftsleistung Vorrang vor der maximalen Sozialleistung haben."[86] Daher ist der moderne Wohlfahrtsstaat für neoliberale Ökonomen bestenfalls ein notwendiges Übel, aber nicht mehr. Selbst wer sie – wie etwa der Kölner Hochschullehrer Carl Christian von Weizsäcker – nicht mit der Globalisierung in Verbindung bringt, thematisiert ausschließlich die „*Grenzen* der Sozialpolitik", statt deren *Möglichkeiten* in einer Gesellschaft auszuloten, die noch nie so wohlhabend war wie heute. Dahinter steckt die Furcht, der Wohlfahrtsstaat mache seine Klientel zu Faulenzern und gefährde das Funktionieren der kapitalistischen Marktwirtschaft: „Ein zu weit ausgebauter Sozialstaat hemmt die Leistungsbereitschaft seiner Nutznießer."[87]

Man wirft dem Sozialstaat vor, für die Investitionsschwäche des „Wirtschaftsstandorts D" und/oder die überhöhte Arbeitslosigkeit hierzulande verantwortlich zu sein, weil es sich aufgrund zu üppiger Lohnersatzleistungen für davon Profitierende nicht „rechne", einer Erwerbstätigkeit nachzugehen. Ausgerechnet in einer Beschäftigungskrise, wo mehrere Millionen Arbeits*plätze* – eben nicht: Arbeits*willige* – fehlen, wird daher im Zuge einer Diskussion über den „aktivierenden/ermunternden Sozialstaat" der Arbeitszwang wieder verstärkt. Sogar in Gewerkschaftskreisen gewannen neoliberale Gedanken spürbar an Einfluss, wie ein Positionspapier der Grundsatzabteilung des DGB-Bundesvorstandes belegt, das z.B. konstatiert: „Der Sozialstaat mit

---

85 Jan Roß, Die neuen Staatsfeinde. Was für eine Republik wollen Schröder, Henkel, Westerwelle und Co.?, Eine Streitschrift gegen den Vulgärliberalismus, Berlin 1998, S. 119

86 Alfred Zänker, Der bankrotte Sozialstaat. Wirtschaftsstandort Deutschland im Wettbewerb, München 1994, S. 57

87 C. Christian von Weizsäcker, Logik der Globalisierung, Göttingen 1999, S. 64

seinem traditionellen Gerechtigkeitsverständnis von Sicherheit und Schutz läßt sich nicht mehr aufrechterhalten."[88]

Neoliberale propagieren einen Fürsorgestaat, der die Lohn(neben)kosten und die Sozialleistungen reduziert, damit sie die Firmen kaum belasten und deren Konkurrenzfähigkeit auf dem Weltmarkt nicht gefährden. „Standortsicherung" kehrt das Verhältnis von Ökonomie und (Sozial-)Politik, die zur abhängigen Variablen der Volkswirtschaft degradiert wird, um. In den Mittelpunkt politischen Handelns rückt die (angeblich) bedrohte Wettbewerbsfähigkeit des „Industriestandortes D". Zweck und Mittel wohlfahrtsstaatlicher Intervention ändern sich grundlegend: „Nicht der problemadäquate Schutz vor sozialen Risiken und die Korrektur der marktvermittelten Einkommenspolarisierung, sondern der Beitrag der Sozialpolitik zur Konsolidierung der Staatshaushalte, zur Reduzierung der Personalzusatzkosten und zur Deregulierung des Arbeitsrechts- und Tarifsystems avanciert zum Erfolgskriterium einer ‚modernen' Sozialpolitik."[89]

Von einer sich verschärfenden Weltmarktkonkurrenz ausgehend, schlagen ultraliberale Theoretiker vor, die Wettbewerbsfähigkeit des „eigenen" Wirtschaftsstandortes durch eine Senkung der Löhne, (gesetzlichen) Lohnnebenkosten und Sozialleistungen zu erhöhen. Man müsse, lautet das Credo, mehr Lohnspreizung bzw. Einkommensungleichheit hinnehmen, um die Arbeitslosigkeit mit Erfolg bekämpfen zu können. Ihre beschäftigungspolitischen Versprechen lösen Neoliberale freilich nie ein.[90]

Marktgesetze und Konkurrenzmechanismen hielten verstärkt Einzug auch in Gesellschaftsbereiche, die davon bisher frei waren oder – wie das Sozial- und Gesundheitswesen – gar ein Gegengewicht hierzu bildeten. Durch die Anwendung betriebswirtschaftlicher Mittel und Methoden, oft unter dem „Diktat leerer Kassen" begonnen, jedoch als Verwaltungsreform deklariert und von wohlklingenden Etiketten („Neues Steuerungsmodell"; „Schlanker Staat", „Kunden-" bzw. „Leistungsorientierung", „Qualitätssicherung" bzw. „-management" o.Ä.) begleitet,[91] wurden sämtliche Einsparreserven und Ra-

---

88 Grundsatzabteilung des DGB-Bundesvorstandes, Soziale Gerechtigkeit, Sozialstaat und Innovation, in: Erika Mezger/Klaus-W. West (Hrsg.), Neue Chancen für den Sozialstaat. Soziale Gerechtigkeit, Sozialstaat und Aktivierung, Marburg 1998, S. 79

89 Hans-Jürgen Urban, Deregulierter Standort-Kapitalismus?, Krise und Erneuerung des Sozialstaates, in: Horst Schmitthenner (Hrsg.), Der „schlanke" Staat. Zukunft des Sozialstaates – Sozialstaat der Zukunft, Hamburg 1995, S. 17

90 Vgl. Rudolf Hickel, Gewinner und Verlierer der neoliberalen Angebotspolitik: Umverteilung für die Profitwirtschaft gelungen – Massenarbeitslosigkeit und sozialer Abstieg programmiert, in: Christoph Butterwegge/Rudolf Hickel/Ralf Ptak, Sozialstaat und neoliberale Hegemonie. Standortnationalismus als Gefahr für die Demokratie, Berlin 1998, S. 98ff.

91 Vgl. dazu u.a.: Edgar Grande/Rainer Prätorius (Hrsg.), Modernisierung des Staates?, Baden-Baden 1997; Bernhard Blanke u.a., Handbuch zur Verwaltungsreform, Opladen 1998; Claus Reis/Matthias Schulze-Böing (Hrsg.), Planung und Produktion sozialer Dienstleistungen. Die Herausforderung „neuer Steuerungsmodelle", Berlin

tionalisierungspotenziale genutzt. Dies ging in aller Regel auf Kosten der abhängig Beschäftigten und sozial Benachteiligten, die keine oder wenig Möglichkeiten haben, sich dem noch wachsenden ökonomischen Druck zu entziehen.
Mit sog. Benchmarking-Konzepten übernahmen Betriebe und öffentliche
Verwaltungen die neue Managementphilosophie. Was Horst Schmitthenner
und Hans-Jürgen Urban als „Expansion des Marktes nach innen" bezeichnen,[92] traf den Wohlfahrtsstaat an einer wunden Stelle. Großzügigkeit gegenüber Sozialleistungsempfänger(inne)n, bisher auf der Grundlage gesetzlicher
Bestimmungen eine Frage der zwischenmenschlichen Beziehungen, des Mit-
gefühls und der Moral, widersprach nunmehr betriebswirtschaftlicher Effizi-
enz, die auch vom öffentlichen Dienst und besonders von der Leistungsver-
waltung verlangt wurde.

Der tiefgreifende Form- und Funktionswandel, den die Sozialpolitik im
Rahmen des ökonomischen Globalisierungsprozesses erfahren hat, ist bisher
nur teilweise ins öffentliche Bewusstsein getreten. Elmar Altvater und Birgit
Mahnkopf stellen hingegen fest: „Im Zuge des Globalisierungsprozesses sind
alle sozialen Errungenschaften zur Disposition gestellt, weil nur noch ökonomische, monetär in Preisen auszudrückende und nicht jene sozialen Standards zählen, ohne die eine zivile Gesellschaft von mit sozialen Ansprüchen
und politischen Rechten der Partizipation ausgestatteten Staatsbürgern ein hi-
storisches Unding ist."[93]

Durch die Ökonomisierung bzw. Kommerzialisierung fast aller Gesellschaftsbereiche, die völlige Liberalisierung der Güter-, Geld- und Kapitalmärkte, die Flexibilisierung der Arbeitsbeziehungen bzw. -zeiten, die Deregulierung des Sozial- und Umweltschutzrechts sowie die (Re-)Privatisierung
von Unternehmen, öffentlichen Dienstleistungen und sozialer Risikovorsorge
soll die bestehende Industrie- zur „unternehmerischen Wissensgesellschaft"
umstrukturiert, eine neue, aber nachhaltige Wachstumsdynamik der Wirtschaft erreicht und die freie Entfaltung des Bürgers an die Stelle des Handelns staatlicher Bürokratien gesetzt werden.

Einen „nationalen Wettbewerbsstaat" (Joachim Hirsch) hält Heiner
Ganßmann zwar für irreal, weil sich „das Nationale" in der globalisierten
Ökonomie kaum mehr finden lasse.[94] Es handelt sich um ein Gemeinwesen,

1998; Karl-Heinz Boeßenecker/Achim Trube/Norbert Wohlfahrt (Hrsg.), Verwal-
      tungsreform von unten?, Lokaler Sozialstaat im Umbruch aus verschiedenen Perspek-
      tiven, Münster 2001
92   Siehe Horst Schmitthenner/Hans-Jürgen Urban, Globaler Markt und sozialer Staat –
      ein unauflösbarer Gegensatz?, in: Christoph Butterwegge/Martin Kutscha/Sabine
      Berghahn (Hrsg.), Herrschaft des Marktes – Abschied vom Staat?, a.a.O., S. 48
93   Elmar Altvater/Birgit Mahnkopf, Grenzen der Globalisierung. Ökonomie, Ökologie
      und Politik in der Weltgesellschaft, Münster 1996, S. 42
94   gl. Heiner Ganßmann, Soziale Sicherheit und Kapitalmobilität. Hat der Sozialstaat ein
      Standortproblem?, in: Erna Appelt/Alexandra Weiss (Hrsg.), Globalisierung und der
      Angriff auf die europäischen Wohlfahrtsstaaten, Hamburg/Berlin 2001, S. 60

das kein herkömmlicher Wohlfahrtsstaat mit umfassender Verantwortung für soziale Sicherheit und Gerechtigkeit mehr sein möchte, durch eine marktradikale Wirtschaftspolitik die soziale Ungleichheit verschärft und damit den Boden für gesellschaftliche Ausgrenzungs- und Ethnisierungsprozesse bereitet. Entgegen den Behauptungen des Neoliberalismus, wonach der Sozialstaat nicht mehr bezahlbar ist, muss konstatiert werden, dass „genug Geld" für eine aktive Beschäftigungs- und eine Kinderarmut verringernde Familienpolitik vorhanden wäre, würden Staat und Gesellschaft entsprechende Prioritäten setzen.[95] Es ist allerdings in wachsendem Maße ungerecht verteilt und wird für andere Belange verwendet. „Tatsächlich werden die westlichen Industriegesellschaften – gemessen an den einschlägigen Indizes der Wirtschaftsstatistik – weiterhin von Jahr zu Jahr reicher, und es ist von daher überhaupt nicht einsehbar, wieso beispielsweise soziale Sicherungssysteme, die in früheren Zeiten, also auf der Grundlage eines noch erheblich geringeren gesellschaftlichen Reichtums, mehr oder weniger problemlos finanzierbar waren, dies heutzutage nicht mehr sein sollen – es sei denn, man akzeptiert stillschweigend, daß ein immer größerer Anteil des wachsenden Reichtums nicht mehr gesellschaftlicher Natur ist, sondern – bildlich gesprochen – in Privatschatullen verschwindet und nur noch privater Verfügungsgewalt unterliegt."[96]

Auf die Deregulierung des Arbeitsmarktes, die Flexibilisierung der Beschäftigungsverhältnisse und die Privatisierung öffentlicher Dienstleistungen gerichtet, verschlechtert der Neoliberalismus die Lebenslage der meisten Familien. Kinder sind die Hauptleidtragenden seiner Wirtschafts-, Sozial- und Bildungspolitik, die auf eine Intensivierung der Konkurrenz, soziale Selektion und Stärkung der Leistungsfähigen setzt, aber wenig Rücksicht auf familiäre Gegebenheiten nimmt. Im Mittelpunkt steht der Markt, nicht der Mensch. Dieser ist freilich keineswegs – den Einsatzmöglichkeiten seines Arbeitgebers entsprechend – jederzeit verfügbar, und zwar erst recht dann nicht, wenn er Kinder zu erziehen hat.

3.2.3.2 Die kommunitaristische Kritik am Sozialstaat

Mit dem Kommunitarismus trat in den 1990er-Jahren eine Ideologie und Bewegung von US-amerikanischen Intellektuellen an die Öffentlichkeit, deren Haupttriebkraft die Rekonstruktion kleiner Gemeinschaften wie Familie, Nachbarschaft und Vereinen bildete. Ursprünglich gegen einen überbordenden Neoliberalismus in Wirtschaft und Gesellschaft gerichtet, wandte sich

---

95 Vgl. dazu: Herbert Schui/Eckart Spoo (Hrsg.), Geld ist genug da. Reichtum in Deutschland, 3. Aufl. Heilbronn 2000

96 Ingrid Kurz-Scherf, Wenn Arbeit entbehrlich wird. Zur „Krise der Arbeitsgesellschaft" im „Zeitalter der Globalisierung", in: WSI-Mitteilungen, Sonderheft 1997, S. 44f.

der Kommunitarismus schon bald auch gegen den Wohlfahrtsstaat, der seiner Meinung nach wenig geeignet ist, kleine Netze sozialer Fürsorglichkeit zu unterstützen, sondern sie eher zerstört oder überflüssig macht.

Michael Walzer, ein prominenter Kommunitarist, geißelte den Neoliberalismus als „Imperialismus des Marktes", der die Menschen privater Profitgier ausliefere, glaubte jedoch, diesen zügeln, sozial flankieren und so einbinden zu können, dass er der Gesellschaft diene: „In allen kapitalistischen Gesellschaften führt der Markt zur Ungleichheit. Je erfolgreicher seine Herrschaft, umso größer die Ungleichheit. Aber wenn der Markt fest in die zivile Gesellschaft integriert wäre, durch politische Maßnahmen eingeschränkt, offen für gemeinschaftliche wie private Initiativen, dann ließen sich die von ihm verursachten Ungleichheiten begrenzen."[97]

Walzer schwebt offenbar eine Zivilgesellschaft vor, in der miteinander vernetzte Gemeinschaften die wichtigen Entscheidungen treffen und den Individuen sozialen Rückhalt geben. Sehnsucht nach der Gemeinschaft, wie sie für die Kommunitarier typisch ist, kann zwar Solidarität und soziales Verantwortungsbewusstsein im Sozialstaat ergänzen, aber schlecht ersetzen. Kommunitarier verlangen von allen Bürger(inne)n mehr Gemeinsinn, was mit ihrer Vorstellung übereinstimmt, staatliche Leistungen ohne die geringsten Einbußen an Lebensqualität für sozial Benachteiligte und Bedürftige kürzen zu können. „Niemand sollte davon ausgenommen werden, nach seinen Möglichkeiten zur Verbesserung der eigenen Situation (und zur Entlastung der Gemeinschaft) beizutragen. Das bedeutet, dass einige heute vorhandene Dienstleistungen des Wohlfahrtsstaates von den Menschen selbst übernommen werden sollten und könnten."[98]

Zwar wendet sich Amitai Etzioni, einer der renommiertesten Kommunitaristen überhaupt, gegen Bestrebungen, den Wohlfahrtsstaat abzuschaffen. Er will „einen starken, aber reduzierten Kern des Wohlfahrtsstaats" erhalten, bestimmte soziale Aufgaben jedoch Individuen, Familien und kleineren Gemeinschaften übertragen: „Tatsächlich ist der beste Weg, den Wohlfahrtsstaat zu schützen und dauerhaft zu erhalten, der, damit aufzuhören, ihn durch immer mehr Sozialleistungen und Forderungen zu überladen."[99]

Das in der Urfassung aus Etzionis Feder stammende Programm des Kommunitarismus stellt die Familie und die Kinder in den Mittelpunkt. Die sozialen Aufgaben, heißt es dort, seien nach dem Subsidiaritätsprinzip auf die jeweils niedrigstmögliche Ebene zu delegieren: „Der Staat sollte nur einspringen, soweit andere soziale Subsysteme versagen, und nicht versuchen,

---

97   Michael Walzer, Zivile Gesellschaft und Amerikanische Demokratie, Berlin 1992, S. 83
98   Amitai Etzioni, Im Winter einen Pullover ablehnen, weil es im Sommer warm war?, Ein kommunitaristischer Versuch, den Wohlfahrtsstaat neu zu definieren, in: Blätter für deutsche und internationale Politik 2/1997, S. 234
99   Ebd.

sie zu ersetzen."[100] Die kommunitaristische Konzeption von sozialer Gerechtigkeit gründet sich auf das Prinzip der Reziprozität, welches verspricht, eine neue Balance zwischen Rechten und Pflichten zu schaffen: „Jedes Mitglied der Gemeinschaft ist allen etwas schuldig, die Gemeinschaft schuldet jedem ihrer Mitglieder etwas. Gerechtigkeit erfordert verantwortungsbewußte Individuen in einer verantwortlichen Gemeinschaft."[101]

In der Bundesrepublik entwarfen Bernd Guggenberger, Thomas Meyer, Werner Peters und Tine Stein nach US-Vorbild ein kommunitaristisches Manifest mit dem Titel „Initiative für Bürgersinn", das sich in seinen sozialpolitischen Kernaussagen nur unwesentlich von liberalkonservativen Positionen unterscheidet. Die entscheidende Passage würdigt zwar die historische Bedeutung des Sozialstaates, erweckt aber den Eindruck, als sei dieser zu einem bürokratischen Monster entartet: „Der Ausbau des Wohlfahrtsstaates, eine der großen Errungenschaften vor allem der europäischen Demokratien, droht nicht nur zunehmend zu einer unbezahlbaren Bürde der Gesellschaft zu werden, sondern hat auch in einem erschreckenden Maße die Bereitschaft zur Eigenverantwortung und den Willen zur eigenen Lebensgestaltung abgebaut. Immer mehr Risiken werden auf die Solidargemeinschaft abgewälzt, die sich für den einzelnen oft nicht als Gemeinschaft, sondern als riesige anonyme Geldverwaltungs- und Geldverteilungsbürokratie darstellt."[102]

Aus kommunitaristischer Sicht tendiert der Wohlfahrtsstaat zur Entmündigung der Bürger/innen, die durch ihn der Möglichkeit beraubt werden, soziale Probleme wie Armut oder Unterversorgung mit Gütern und Dienstleistungen in Kooperation mit anderen, gleich gesinnten Personen zu lösen. „Der Wohlfahrtsstaat ist eine bürokratische Meisterleistung der Versorgungstechnik, aber er ist darum zugleich auch ein effektives Unternehmen der Bürgerverhinderung. Und darum bekämpft ihn der Kommunitarismus vor allem: im Wohlfahrtsstaat können sich die Menschen nicht zu verantwortlichen Bürgern entwickeln, die sich für ihr Gemeinwesen einsetzen, frei und einsichtig die Pflichten der Gemeinschaft übernehmen und sich um das Allgemeine sorgen."[103]

Karin Priester moniert, der kommunitaristische Umbau des Sozialstaates gehe zu Lasten der Frauen. Sie befürchtet eine weitere „Feminisierung der Armut", die durch eine systematische Verdrängung der Mütter vom Arbeitsmarkt erfolge, und warnt sehr eindrücklich: „Wenn der Wohlfahrtsstaat uns heute eine ‚unbezahlbare Bürde' ist, sind es morgen die Alten und Schwa-

---

100 Das kommunitaristische Programm: Rechte und Pflichten, in: Amitai Etzioni, Die Entdeckung des Gemeinwesens. Ansprüche, Verantwortlichkeiten und das Programm des Kommunitarismus, Stuttgart 1995, S. 290
101 Ebd., S. 295
102 Bernd Guggenberger u.a., Initiative für Bürgersinn. Entwurf eines kommunitaristischen Manifests, in: Die Neue Gesellschaft/Frankfurter Hefte 7/1997, S. 653
103 Wolfgang Kersting, Theorien der sozialen Gerechtigkeit, Stuttgart/Weimar 2000, S. 400f.

chen und übermorgen die Erbkranken."[104] Markus Ottersbach und Erol Yildiz
zeigen, dass auch die Ausgrenzung ethnischer Minderheiten teilweise mit
kommunitaristischen Argumenten begründet wird.[105]

Auf mehr Gemeinsinn, die Eigeninitiative der Bürger/innen und die
Selbstverantwortung des Einzelnen in einer modernen Zivilgesellschaft gerichtet, unterschätzt der Kommunitarismus die Bedeutung des Sozialstaates
im globalisierten Kapitalismus. Er übersieht, dass die Freiheit sozial Benachteiligter gerade nicht darin besteht, als Wirtschaftssubjekt auf dem kapitalistischen Arbeits- und Warenmarkt ohne staatliche Eingriffe in ihre Handlungsautonomie agieren zu können, sondern umgekehrt darin, vor dessen
verheerenden Auswirkungen durch einen entwickelten Wohlfahrtsstaat geschützt zu werden.

Zwar geriert sich der Kommunitarismus als soziale Alternative zum
Neoliberalismus, wird diesem Anspruch aber nicht gerecht, birgt vielmehr
die Gefahr in sich, dass er der Diktatur des Marktes die Tyrannei der Gemeinschaft entgegensetzt. „Der ganzen Richtung haftet etwas sprichwörtlich
Gnadenloses und zutiefst Antisoziales an, was sich paradoxerweise viel besser mit neoliberalen Positionen verträgt, als die selbsternannten Gralshüter
der Gemeinschaft wahrhaben wollen."[106]

3.2.3.3 Die feministische Kritik am Sozialstaat

Je mehr die Familie ihre Monopolstellung als Lebensform verliert, umso weniger erfüllt sie noch ihre Funktion als „Auffangstation und Basisinstitution
sozialer Politik", wie Ute Gerhard meint.[107] An dieser Stelle setzt mit der feministischen Wohlfahrtsstaatskritik eine Forschungsrichtung an, welche die
Geschlechterselektivität sozialer Sicherungssysteme analysiert.[108] Sie sucht
theoretisch wie empirisch nachzuweisen, dass patriarchale Herrschaftsme-
chanismen im Sozialsystem trotz scheinbarer Gleichbehandlung für eine Benachteiligung der Frauen sorgen. „Vor dem Hintergrund einer formalen

---

104 Karin Priester, Zu Lasten der Frauen, in: Die Neue Gesellschaft/Frankfurter Hefte
    2/1998, S. 157
105 Vgl. Markus Ottersbach/Erol Yildiz, Der Kommunitarismus: eine Gefahr für das Pro-
    jekt der pluralistischen Demokratie?, Zur Ausgrenzung ethnischer Minoritäten mit
    kommunitaristischen Argumenten, in: Soziale Welt 3/1997, S. 291ff.
106 Markus Schroer, Wonnen des Zusammenlebens oder Terror des Gemeinsinns?,
    Scheingefechte um den Kommunitarismus, in: Die Neue Gesellschaft/Frankfurter
    Hefte 3/1999, S. 263
107 Siehe Ute Gerhard, Feministische Sozialpolitik in vergleichender Perspektive, in: Fe-
    ministische Studien 2/1996, S. 6
108 Vgl. z.B. dies. u.a. (Hrsg.), Auf Kosten der Frauen. Frauenrechte im Sozialstaat,
    Weinheim/Basel 1988; Susanne Schunter-Kleemann (Hrsg.), Herrenhaus Europa –
    Geschlechterverhältnisse im Wohlfahrtsstaat, Berlin 1992; Eva Mädje/Claudia
    Neusüß, Frauen im Sozialstaat. Zur Lebenssituation alleinerziehender Sozialhilfeemp-
    fängerinnen, Frankfurt am Main/New York 1996

Gleichberechtigung der Geschlechter, wie sie das wohlfahrtsstaatliche Modell garantiert, entfaltet in der bestehenden Konstruktion sozialstaatlicher Regulierung nur das Muster der männlichen Normalbiographie handlungsleitende Kraft. Die von dieser Normalitätsannahme abweichenden Lebenslagen von Frauen zwischen Erwerb und Familie bleiben unbeachtet."[109]

Die feministischen Kritikerinnen werfen dem Wohlfahrtsstaat hauptsächlich vor, das Patriarchat durch mittelbare Diskriminierung (alternativer) weiblicher Lebensentwürfe zu zementieren. Somit werde in ökonomischer, sozialer und kultureller Hinsicht ein hohes Maß an geschlechtsspezifischer Ungleichheit durch Staatseingriffe (re)produziert. „Im Kern erweist sich (...) der Sozialstaat, dessen Ziel die Beseitigung von sozialer Ungleichheit ist, nicht nur als untauglich, das Mißverhältnis zwischen den Geschlechtern auszugleichen. Vielmehr konstituiert und verrechtlicht er zentrale Ungleichheiten der Lebenschancen und Lebensbedingungen zwischen Frauen und Männern und trägt hierdurch zur Aufrechterhaltung der einem hierarchischen Geschlechterverhältnis zugrunde liegenden sozialen Differenz maßgebend bei – trotz geschlechtsneutraler, Gleichheit suggerierender Formulierungen."[110]

Heidi Reinl unterscheidet primäre und sekundäre Armutsrisiken für Frauen. Während die Ersteren durch Niedrigeinkommen und schlechte(re) Arbeitsmarktchancen gekennzeichnet sind, erwachsen die Letzteren aus Regelungen der Sozialversicherung, welche die Familienarbeit unberücksichtigt lassen.[111] Frauen sind überwiegend auf abgeleitete, also nicht eigenständig erworbene, sondern über die Familie und deren männlichen Ernährer vermittelte Versorgungsansprüche angewiesen. „Auf Grund dessen produziert der Sozialstaat weibliche Armut im doppelten Sinn: als Benachteiligung im Zugang zu materiellen und sozialen Ressourcen sowie als direkte Abhängigkeit von einem Ernährer."[112]

Die feministische Wohlfahrtsstaatskritik greift aber zu kurz und kann von neoliberalen Kräften für ihre Ab- und Umbaupläne instrumentalisiert werden, sofern sie das bestehende Sicherungssystem ausschließlich als strukturelle Zementierung antiquierter Geschlechterverhältnisse und überhaupt nicht als Resultat eines historischen Kompromisses interpretiert, den man/frau höchstens aus einer Position der politischen Stärke heraus aufkündigen darf, um weitere Fortschritte im Sinne einer Alternativkonzeption zu erreichen. Führende Vertreterinnen der Frauenbewegung scheinen sich dieser Ambivalenz sozialstaatlicher Demokratien jedoch bewusst zu sein, wenn sie die Forderung nach einem neuen Gesellschafts- und Geschlechtervertrag auf ihre Fah-

---

109 Heidi Reinl, Ist die Armut weiblich?, Über die Ungleichheit der Geschlechter im Sozialstaat, in: Siegfried Müller/Ulrich Otto (Hrsg.), Armut im Sozialstaat. Gesellschaftliche Analysen und sozialpolitische Konsequenzen, Neuwied/Kriftel/Berlin 1997, S. 116
110 Ebd., S. 122
111 Vgl. ebd., S. 119
112 Ebd., S. 121

nen schreiben. Daraus folgt nämlich, wie Birgit Sauer bemerkt, eine feministische Strategie, die sich zumindest auf bestimmte sozialstaatliche Arrangements positiv bezieht: „Einzelne staatliche Institutionen oder Apparate sind bündnisfähig, weil es ‚den' Staat nicht (mehr) gibt und das Bild vom einheitlichen androzentrischen Akteur verabschiedet werden muß."[113]
    Der moderne Wohlfahrtsstaat hat dazu beigetragen, dass die hierzulande kaum mehr vorstellbare Massenarmut des frühen Industriezeitalters begrenzt und verringert werden konnte. Ihn selbst als Verursacher von Armutsprozessen zu sehen heißt, solche historischen Tatsachen auszublenden. In die Irre geht letztlich der Vorwurf, „daß der strukturell prekäre Status der Lebensphase Kindheit bzw. der Bevölkerungsgruppe Kinder im modernen (bundesrepublikanischen) Sozialstaat darauf zurückzuführen ist, daß das sozialstaatliche Sicherungssystem die Folgen der ‚strukturellen Rücksichtslosigkeit' der Wirtschaft gegenüber Kindern keineswegs kompensiert, sondern vielmehr in das System der sekundären Einkommensverteilung hinein verlängert."[114] Peter Bleses weist die These, der Wohlfahrtsstaat missachte die Belange der Familien, überzeugend zurück. „Im Gegenteil existiert ein weit verzweigtes – leider unübersichtliches – Netz von familienbezogenen Leistungen und Diensten, die in vielen Bereichen soziale Sicherungen für Kinder und Eltern etabliert haben."[115] Nicht der Sozialstaat selbst, wohl aber sein Ab- bzw. Umbau auf der Basis neoliberaler Konzepte erzeugt Armut, auch und gerade bei Kindern.

3.3 Über die Bedeutung nationaler Besonderheiten der (sozial)politischen Kultur einzelner Länder

Ob, wie und in welcher Form sich eine Regierung neoliberaler Konzepte bedient, hängt nicht zuletzt von den Macht- und parlamentarischen Mehrheitsverhältnissen, aber auch von der sozialpolitischen Kultur des betreffenden Landes ab. Sozialstaat ist nicht gleich Sozialstaat. Vielmehr unterscheiden sich die einzelnen Wohlfahrtsstaaten in der Leistungsdichte, in den Anspruchsvoraussetzungen und in der Art, wie Sozialleistungen finanziert und erbracht werden, ganz erheblich voneinander. Folgt man der Typologie von

113 Birgit Sauer, Krise des Wohlfahrtsstaats. Eine Männerinstitution unter Globalisierungsdruck?, in: Helga Braun/Dörthe Jung (Hrsg.), Globale Gerechtigkeit?, Feministische Debatte zur Krise des Sozialstaats, Hamburg 1997, S. 123
114 Thomas Olk/Johanna Mierendorff, Kinderarmut und Sozialpolitik. Zur politischen Regulierung von Kindheit im modernen Wohlfahrtsstaat, in: Jürgen Mansel/Georg Neubauer (Hrsg.), Armut und soziale Ungleichheit bei Kindern, Opladen 1998, S. 242
115 Peter Bleses, Wirklich familienfeindlich?, Deutscher Wohlfahrtsstaat und Familienpolitik, in: Kommune 7/2001, S. 41

Gøsta Esping-Andersen, die sich international durchgesetzt hat, und ergänzt sie um eine zusätzliche Kategorie, die auf andere Fachwissenschaftler zurückgeht, dominiert in den angelsächsischen Ländern der *liberale* Wohlfahrtsstaat, in den kontinentaleuropäischen Ländern der *konservative* bzw. der *korporatistische* Wohlfahrtsstaat, in den skandinavischen Ländern der *sozialdemokratische* Wohlfahrtsstaat und in den südeuropäischen wie auch in den osteuropäischen Transformationsländern der *residuale* Wohlfahrtsstaat.[116]

Esping-Andersen definiert Wohlfahrtsstaatlichkeit mit Thomas H. Marshall als Gewährung sozialer Staatsbürgerrechte, die er in drei Richtungen aufschlüsselt. An erster Stelle nennt der dänische Sozialwissenschaftler die „Dekommodifizierung", womit die Befreiung der Menschen von ihrer Marktabhängigkeit und der Notwendigkeit, ihr Auskommen durch Erwerbsarbeit zu verdienen, gemeint ist. Es handelt sich also um die Bereitstellung von alternativen, d.h. nichtmarktförmigen, Mitteln der Wohlfahrtsproduktion: „De-Kommodifizierung kann sich entweder auf die erbrachten Dienste oder den Status einer Person beziehen, aber in jedem Fall steht sie für das Maß, in dem Verteilungsfragen vom Marktmechanismus entkoppelt sind."[117] Zweitens stellt sich nach Esping-Andersen die Frage, welches Schichtungsmodell durch staatliche Sozialpolitik gefördert wird: „Der Wohlfahrtsstaat ist nicht allein ein Instrument zur Beeinflussung und gegebenenfalls Korrektur der gesellschaftlichen Ungleichheitsstruktur. Er stellt vielmehr ein eigenständiges System der Stratifizierung dar, indem er in aktiver und direkter Weise soziale Beziehungsmuster ordnet."[118] Schließlich ist das jeweilige „Arrangement zwischen Staat, Markt und Familie", dem mit Blick auf die (Möglichkeiten zur Vermeidung von) Kinderarmut unser besonderes Augenmerk gilt, von Interesse.

Wohlfahrtsstaaten werden durch eine institutionelle und eine kulturelle Dimension bestimmt: Neben materiellen Zuwendungen, öffentlichen Dienstleistungen und sozialen Infrastruktureinrichtungen determiniert das (sozial)politische Klima die Lebenslagen der Bürger/innen. Noch wichtiger als die Frage, zu welchem wohlfahrtsstaatlichen Regimetypus ein Land gehört, ist daher hinsichtlich des zu erwartenden Ausmaßes an Armut im Allgemeinen und an Kinderarmut im Besonderen, welche familien- bzw. sozialpolitischen

---

116 Vgl. Gøsta Esping-Andersen, Three worlds of Welfare Capitalism, Cambridge 1990; ders. (Hrsg.), Welfare States in Transition. National Adaptations in Global Economies, London 1996; Stephan Lessenich, „Three Worlds of Welfare Capitalism" – oder vier?, Strukturwandel arbeits- und sozialpolitischer Regulierungsmuster, in: Politische Vierteljahresschrift 2/1994, S. 224ff.

117 Gøsta Esping-Andersen, Die drei Welten des Wohlfahrtskapitalismus. Zur Politischen Ökonomie des Wohlfahrtsstaates, in: Stephan Lessenich/Ilona Ostner (Hrsg.), Welten des Wohlfahrtskapitalismus. Der Sozialstaat in vergleichender Perspektive, Frankfurt am Main/New York 1998, S. 36

118 Ebd., S. 39

Traditionen und Leitbilder (Ernährermodelle) jeweils herrschen.[119] Es gibt nämlich Belege dafür, dass Kinderarmut unter sonst gleichen oder ähnlichen Bedingungen durch eine aktive Sozial-, Familien- und Kinderpolitik vermieden oder abgebaut werden kann.[120]

Irene Dingeldey unterscheidet vier geschlechterkulturelle Modelle im Hinblick auf Erwerbsarbeit und/oder Kindererziehung, die für Westeuropa relevant seien: erstens das *Hausfrauenmodell der Versorgerehe*; zweitens das *Vereinbarkeitsmodell der Versorgerehe*, worunter eine modernisierte Version dieses Ehetyps zu verstehen ist, bei der Teilzeitarbeit als für Mütter angemessene Form der Erwerbstätigkeit gilt; drittens das *Doppelversorgermodell mit öffentlicher Kinderbetreuung* und viertens das *Doppelversorgermodell mit partnerschaftlicher Kinderbetreuung*.[121] Daran knüpft Dingeldey die Überlegung, dass mehrere Faktoren, zu denen außer der Steuergesetzgebung vor allem die Gewährung von Mutterschafts- bzw. Erziehungsurlaub (neuerdings besser: Elternzeit), das (staatliche) Angebot sowie die Gestaltung von Kinderbetreuungseinrichtungen sowie die Bereitstellung von Teilzeitbeschäftigungsmöglichkeiten gehören, die familialen Erwerbsmuster wesentlich beeinflussen.

Der britische Sozialwissenschaftler Jonathan Bradshaw betont, dass Kinder aus niederländischen und norwegischen Familien nicht erwerbstätiger Alleinerziehender signifikant weniger von Armut betroffen sind als Kinder aus entsprechenden Paarfamilien: „Die skandinavischen Länder haben bemerkenswert niedrige Armutsraten sogar dann, wenn es keinen Einkommensbezieher in Paarfamilien gibt."[122] Dass die Frage, ob (mindestens) ein Familienmitglied erwerbstätig ist oder nicht, z.B. in Frankreich einen erheblich größeren Unterschied bei der Armutsquote macht als in Großbritannien, bringt Bradshaw mit den Arbeitslosenquoten, mit dem Ausmaß des Sozialschutzes, welcher Familien außerhalb des Arbeitsmarktes zur Verfügung steht, damit, ob die Ernährer/innen voll- oder teilzeitbeschäftigt sind, und mit der Höhe der Unterstützung, die ihnen aufgrund des jeweiligen Steuer- oder Leistungspakets zur Verfügung steht, in Verbindung. Deutschland wies, bezogen auf Kinder von Alleinerziehenden, unter allen 15 EU-Mitgliedern die

---

119 Vgl. Franz Xaver Kaufmann, Familienpolitik im europäischen Vergleich: Motive, Interventionen, Wirkungen, in: ZeS report 1/2001, S. 8ff.

120 Vgl. Andreas Klocke, Die Bedeutung von Armut im Kindes- und Jugendalter – ein europäischer Vergleich, in: ders./Klaus Hurrelmann (Hrsg.), Kinder und Jugendliche in Armut, a.a.O., S. 276

121 Siehe Irene Dingeldey, Einkommensteuersysteme und familiale Erwerbsmuster im europäischen Vergleich, in: dies. (Hrsg.), Erwerbstätigkeit und Familie in Steuer- und Sozialversicherungssystemen. Begünstigungen und Belastungen verschiedener familialer Erwerbsmuster im Ländervergleich, Opladen 2000, S. 36

122 Jonathan Bradshaw, Armut und Benachteiligung von Kindern im Vereinigten Königreich und im internationalen Vergleich, in: Andreas Klocke/Klaus Hurrelmann (Hrsg.), Kinder und Jugendliche in Armut, a.a.O., S. 151

höchste Armutsquote auf: „Offensichtlich greifen in den übrigen Staaten für diese Gruppe arbeitsorganisatorische Regelungen, finanzpolitische Entlastungen und sozialstaatliche Unterstützungssysteme besser als in der Bundesrepublik."[123]

Anhand des Familientyps, der Kinderzahl, des Alters der Kinder und des Beschäftigungsstatus der Eltern macht Jonathan Bradshaw innerhalb von und zwischen den einzelnen europäischen Ländern erhebliche Unterschiede in den Kinderarmutsquoten aus: „Kinderarmut ist nicht unvermeidbar; die einzelnen Länder haben mehr oder weniger explizit die Wahl, ob sie soziale und steuerliche Maßnahmen ergreifen, um die Einflüsse des Marktes abzuschwächen. Einige Länder haben darin mehr Erfolg als andere."[124]

Nora Fuhrmann sieht in der rot-grünen Geschlechterpolitik während des Zeitraums von 1998 bis 2002 einen Durchbruch, die Überwindung des konservativen Familienmodells und die Beendigung des Reformstaus auf diesem Politikfeld. Damit verabschiede sich die Bundesrepublik allmählich vom „männlichen Ernährermodell", an die Stelle des Leitbildes der „Hausfrauenehe" trete so das der (nicht einmal mehr unbedingt gemischtgeschlechtlichen) Kleinfamilie mit zwei berufstätigen Elternteilen, von denen keiner für Jahre aus dem Arbeitsleben scheide, um sich der Kindererziehung zu widmen, und die Ehezentrierung der sozialen Sicherung sei angekratzt.[125]

Angesichts der vielen Halbheiten, Brüche und Widersprüche rot-grüner Regierungspolitik bleibt abzuwarten, ob es dieser in der zweiten Legislaturperiode mit einer (knapperen) Bundestagsmehrheit von SPD und Bündnis 90/Die Grünen gelingt, solche Veränderungen dauerhaft abzusichern. Wie es scheint, hat der Druck von Unternehmerverbänden, Lobbyisten und Neoliberalen nach ihrer Wahlniederlage am 22. September 2002 erheblich zugenommen. Während man die Gewerkschaften im Kampf für den Erhalt von Arbeitnehmerrechten und Sozialstaat als „Reformbremse" bzw. „Blockierer" diffamiert, triumphiert der Neoliberalismus auch im Regierungslager. Einschränkungen bei der Arbeitslosenunterstützung und beim Krankengeld, Erhöhungen der Selbstbeteiligung an den Gesundheitsaufwändungen und neuerliche Absenkungen des Rentenniveaus sind kaum geeignet, die soziale Asymmetrie zu beheben, tragen vielmehr zur weiteren Ausbreitung von (Kinder-)Armut bei.

---

123 Andreas Klocke, Die Bedeutung von Armut im Kindes- und Jugendalter – ein europäischer Vergleich, a.a.O., S. 277

124 Jonathan Bradshaw, Armut und Benachteiligung von Kindern im Vereinigten Königreich und im internationalen Vergleich, a.a.O., S. 152

125 Vgl. Nora Fuhrmann, Drei zu eins für Schröder. Bergmann muss im Hinspiel eine Niederlage einstecken, in: Kai Eicker-Wolf u.a. (Hrsg.), „Deutschland auf den Weg gebracht". Rot-grüne Wirtschafts- und Sozialpolitik zwischen Anspruch und Wirklichkeit, Marburg 2002, S. 204

4. „Straßenkarrieren" – ein internationaler Vergleich

Das unseren „Straßenkinder"-Studien in Deutschland (Köln), Chile (Santiago) und Bolivien (La Paz) zugrunde liegende Konzept der dualen Armutsforschung erlaubte es den daran beteiligten Forscher(inne)n,[1] unabhängig vom jeweiligen Lebensstandard bestimmte Gemeinsamkeiten im Hinblick auf die Ursachen und Folgen von Armut nachzuweisen. Wie oben bereits erwähnt, bestehen zwischen Armut in der sog. Dritten und in der sog. Ersten Welt bedeutsame Unterschiede, aber auch viele Übereinstimmungen.[2] Unsere qualitativen Studien belegen, dass überall primär soziale Deprivationen, materielle Entbehrungen und Defizite in den familiären Beziehungen, aber auch die Unfähigkeit professioneller Institutionen (Kita, Schule, Soziale Dienste u.a.) zur angemessenen Reaktion darauf zu Straßenkarrieren führen.

Die duale Armutsforschung setzt Lebenslagen- und Lebensweltphänomene (bzw. ihre jeweiligen Handlungsspielräume) in Beziehung zueinander, verfolgt Deprivationen retrospektiv in den Sozialisationsverläufen und beschreibt ihre aktuellen Manifestationen im Habitus bzw. im sozialen und kulturellen Kapital. Um die individuellen Bewältigungsstrategien der Befragten prospektiv analysieren und damit über deren Fähigkeiten, die schwierige Zukunft zu gestalten, Aussagen treffen zu können, wurden einige Annahmen der Stress- bzw. Resilienzforschung ergänzend für die Analysen hinzugezogen.[3]

---

1   Für die Untersuchung in Santiago de Chile zeichnen Malvina Ponce de Leon und Dolly Paiva, Universidad Santo Tomas (Santiago de Chile), verantwortlich. Die Untersuchung in La Paz wurde von Dr. Jorge Domic, Leiter der Straßenkindereinrichtung Fundación La Paz und Lehrbeauftragter an der Universität Mayor de San Andrés (La Paz), durchgeführt.

2   Vgl. H. Gerhard Beisenherz, Kinderarmut in der Wohlfahrtsgesellschaft. Das Kainsmal der Globalisierung, Opladen 2002, S. 49

3   Vgl. dazu: Roland Merten, Psychosoziale Folgen von Armut im Kindes- und Jugendalter, in: Christoph Butterwegge/Michael Klundt (Hrsg.), Kinderarmut und Generationengerechtigkeit. Familien- und Sozialpolitik im demografischen Wandel, 2. Aufl. Opladen 2003, S. 143ff.

4.1 „Straßenkinder" – Definitionen und Diskussionen

4.1.1 Was sind „Straßenkinder"?

Bislang gibt es keine einheitliche Definition für die Sammelbezeichnung „Straßenkinder". Darunter versteht man generell Kinder und Jugendliche, deren Lebensmittelpunkt die Straße bildet. Hier wird jedoch unterschieden zwischen Kindern und Jugendlichen, welche die meiste Zeit des Tages auf der Straße verbringen, Kindern und Jugendlichen, die obdachlos sind und den Lebensraum Straße auch zum Übernachten nutzen müssen, sowie Kindern und Jugendlichen, die auf der Straße arbeiten, um ihren und z.T. den Lebensunterhalt ihrer Familien zu sichern. Letzteres ist vor allem in den Ländern der sog. Dritten Welt zu beobachten. Im lateinamerikanischen Raum wird eine solche Unterscheidung in der Verwendung dreier Begriffe deutlich: „niños en la calle" (Kinder auf der Straße), „niños de la calle" (Kinder der Straße) und „niños trabajadores de la calle" (arbeitende Kinder der Straße).

„Straße" bezeichnet allgemein einen öffentlichen Lebensraum, der zunächst allen Menschen zur Verfügung stehen sollte. Hierzu zählen (in der vorliegenden Untersuchung) neben der eigentlichen Straße vor allem Bahnhöfe, Parkanlagen, Plätze, U-Bahn-Schächte, Brücken und in Südamerika zusätzlich noch Markthallen oder auch Bachbetten, die nur in der regenreichen Zeit des Herbstes und Winters Wasser führen. Während die Straße in Deutschland (und anderen europäischen Ländern) durch strukturelle Veränderungen an Bedeutung verliert, dient sie in Lateinamerika immer noch als ein viel genutzter Kommunikations- und Lebensraum. Für Menschen, die auf der Straße leben – in diesem Fall vor allem Kinder und Jugendliche –, spielt die Straße eine besondere Rolle. Sie fungiert als primärer Sozialisationsraum, der neben einem hohen Maß an persönlicher Freiheit auch Gefahren für das psychische und physische Wohlergehen in sich birgt.

Der hier benutzte Terminus „Kind" bezieht sich auf Art. 1 der UN-Kinderrechtskonvention, wo als solches bezeichnet wird, „wer noch nicht das 18. Lebensjahr vollendet hat."[4] Man kann davon ausgehen, dass „Straßenkinder" vor allem in Deutschland eigentlich „Straßenjugendliche", also zwischen 14 und 18 Jahren alt oder älter sind. In der vorliegenden Untersuchung waren die Befragten in Deutschland im Durchschnitt 17,3 und in Chile und Bolivien 15,7 Jahre alt. Sie hatten ihr Leben auf der Straße in Deutschland im Durchschnitt mit 14,7 und in Bolivien mit 9,5 Jahren begonnen. Zu Chile ließen sich an dieser Stelle keine Daten ermitteln.

Die deutsche Fachwissenschaft hat in den letzten Jahren kontrovers über den Begriff „Straßenkind" diskutiert. Viele Autoren distanzieren sich davon,

---

4   Zit. nach: Bundesministerium für Familie, Senioren, Frauen und Jugend (Hrsg.), Die Rechte des Kindes, Düsseldorf 1998, S. 17

weil der Terminus stigmatisierend wirke, medial aufgeladen und zu unspezifisch sei. Ronald Lutz sieht darin eine Mythologisierung und schlägt vor, stattdessen von Kindern und Jugendlichen „in besonderen Lebenslagen" zu sprechen.[5] Für Manfred Liebel handelt es sich um eine „paternalistische Metapher", die es zu vermeiden gelte.[6] Das Deutsche Jugendinstitut (DJI) benutzte gegen Mitte der 1990er-Jahre im Rahmen eines vom Bundesministerium für Familie, Senioren, Frauen und Jugend geförderten Projekts den Begriff „Kinder und Jugendliche in Straßenkarrieren".[7] Dieser unterstreicht die Prozesshaftigkeit der einzelnen Lebenssituationen und verdeutlicht, dass der Blick nicht nur auf die aktuelle Situation der Betroffenen gerichtet werden darf. Der hieraus entwickelte Karrierebegriff findet sich heute in vielen Veröffentlichungen und führte zu einer Sensibilisierung im (schriftlichen) Umgang mit den betroffenen Kindern und Jugendlichen.[8]

Im Sinne eines ganzheitlichen Menschenbildes mit dem Subjekt im Vordergrund wird hier von Kindern und Jugendlichen gesprochen, die auf der Straße leben bzw. gelebt haben. Diese Umschreibung ist zwar lang, jedoch spezifiziert sie die Problematik und berücksichtigt dabei, dass in Deutschland eben Kinder nur sehr selten, viel häufiger jedoch Jugendliche betroffen sind. Weiter wird ersichtlich, dass deren Lebenssituation nicht starr und festgeschrieben, sondern offen und damit veränderbar ist.

Die in der vorliegenden Untersuchung verwendete „Straßenkinder"-Definition umfasst folgende Gruppen:

Kinder und Jugendliche, die in einem Zeitraum bis zum Alter von 18 Jahren auf der Straße gelebt haben;

Kinder und Jugendliche, für welche die Straße als primärer Sozialisationsort dient, was mit einer Abkehr von der Familie oder diese ersetzende Institutionen einhergeht;

Kinder und Jugendliche, die zeitweise von einer faktischen Obdachlosigkeit betroffen sind oder waren, und zwar in dem Sinne, dass dauerhaft kein eigener Wohnraum von ihnen genutzt wird oder wurde. Sie leben überwiegend im öffentlichen Raum, eine Privatsphäre besteht oder bestand

---

5 Siehe Ronald Lutz, Der Mythos vom Straßenkind, in: Soziale Arbeit 6/1998, S. 182ff.; vgl. ergänzend: ders., Straßenkinder: mediales Ereignis oder reales Phänomen?, in: Christoph Butterwegge (Hrsg.), Kinderarmut in Deutschland. Ursachen, Erscheinungsformen und Gegenmaßnahmen, 2. Aufl. Frankfurt am Main/New York 2000, S. 174ff.

6 Manfred Liebel, Straßenkinder gibt es nicht. Über die verschlungenen Wege einer paternalistischen Metapher, in: Soziale Arbeit 4/2000, S. 124

7 Siehe dazu: Hanna Permien/Gabriela Zink, Endstation Straße?, Straßenkarrieren aus der Sicht von Jugendlichen, München 1998

8 Christoph Butterwegge (Armutsforschung, Kinderarmut und Familienfundamentalismus, in: ders. [Hrsg.], Kinderarmut in Deutschland, a.a.O., S. 29) vertritt jedoch die Auffassung, der damit verwandten Wortschöpfung „Armutskarriere" fehle heute nicht nur Originalität und Witz, sondern auch jeder aufklärerische Impetus.

somit nicht. Ihre Hauptbezugsgruppe bilden die „Freunde" auf der Straße.

Genauso schwierig wie die Definition des Begriffs ist eine quantitative Erfassung des Phänomens. Der erste Armuts- und Reichtumsbericht der Bundesregierung geht von ca. 7.000 Jugendlichen aus, die in Deutschland den Sozialraum Straße als Lebensort ansehen.[9]

4.1.2 Die deutsche Fachdebatte

Seit Anfang der 1990er-Jahre hat das Interesse an Kindern und Jugendlichen, die auf der Straße leben, auch medial deutlich zugenommen. Sensationsberichte und Reportagen entwarfen meist Horrorszenarien und reicherten sie mit Daten zur Präsenz von Kindern und Jugendlichen auf der Straße an, die nur selten der Realität entsprachen. Daneben erschienen seriöse Veröffentlichungen zu dem Thema. So beschrieb Markus Seidel in Romanform die Lebenswelt von auf der Straße lebenden Kindern und Jugendlichen, womit er Kritik an der Jugendhilfe verband.[10] Uwe Britten lebte mehrere Wochen mit Kindern und Jugendlichen auf der Straße und veröffentlichte eine detaillierte Beschreibung ihrer Lebenswelt.[11] Allerdings gab er Hintergründe und Ursachen nur relativ unspezifisch wieder, da seine Materialbasis eher zufällige Aussagen in unstrukturierten Gesprächen bildeten.

Martina Bodenmüller untersuchte die Lebenswelt von Mädchen und jungen Frauen, die auf der Straße leben, und fand im Bereich der Ursachen ausnahmslos konfliktbelastete biografische Vorgeschichten.[12] Rainer Kilb ermittelte anhand einer zweiphasigen Untersuchung detaillierte Ergebnisse zur Lebenssituation von Kindern und Jugendlichen, die in Frankfurt am Main auf der Straße leben bzw. lebten.[13] Er untersuchte die Daten im Hinblick auf die Armutssituation und benannte in diesem Zusammenhang Faktoren, die eine Straßenkarriere bedingen können, wie z.B. den Empfang von Sozialhilfe oder eine benachteiligte Wohnsituation. Gabriele Pfennig führte eine teilnehmende Beobachtung in einem niedrigschwelligen Kölner „Straßenkinderprojekt" durch und leitete daraus Empfehlungen für die Jugendhilfe ab, die sich in erster Linie auf „Maßnahmen zur Verbesserung der Unterstützungsangebote

---

9   Vgl. Bundesministerium für Arbeit und Sozialordnung (Hrsg.), Lebenslagen in Deutschland. Der erste Armuts- und Reichtumsbericht der Bundesregierung, Bonn 2001, S. 116
10 Vgl. Markus Seidel, Straßenkinder in Deutschland. Schicksale, die es nicht geben dürfte, Frankfurt am Main/Berlin 1994
11 Vgl. Uwe Britten, Abgehauen. Wie Deutschlands Straßenkinder leben, Bamberg 1995
12 Vgl. Martina Bodenmüller, Auf der Straße leben – Mädchen und junge Frauen ohne Wohnung, Münster 1995
13 Rainer Kilb, Out of Order?, Straßenleben von jungen Erwachsenen, Jugendlichen und Kindern am Beispiel Frankfurt am Main, in: Sozialmagazin 12/1996, S. 50ff.

anhand eines Schwellenstufenmodells" beziehen.[14] Als Ursachen und Auslöser für spätere Straßenkarrieren nennt sie einerseits gesellschaftliche Rahmenbedingungen, wie z.b. Individualisierungstendenzen, und andererseits „das Moment des Beziehungskonfliktes im Kernnetzwerk der Kinder", wie z.b. Armut, familiale Konstellationen und Strukturen von Jugendhilfeeinrichtungen.[15] Armut wird dabei als ein Aspekt betrachtet, „der zu Störungen im familialen Bezugssystem führen" könne.[16]

Hanna Permien und Gabriela Zink führten im Rahmen des o.g. DJI-Projekts die umfangreichste Untersuchung zu den Lebenslagen und der Lebenswelt von Kindern und Jugendlichen auf der Straße durch. Anhand von Analysen der Karriereverläufe wurden Ursachen, Hintergründe, aber auch Chancen und Zukunftsperspektiven von Kindern und Jugendlichen in Straßenkarrieren dargestellt. Ronald Lutz und Bernd Stickelmann skizzierten in einem von ihnen herausgegebenen Sammelband den Stand der Forschung kurz vor der Jahrtausendwende.[17] Wie andere Autoren (z.b. Hanna Permien und Gabriela Zink) zuvor wies Lutz auf die Armut als mögliche Ursache späterer „Straßenkarrieren" hin: „Der zentrale Problemfokus muß (...) in der Zunahme von Armutstendenzen im familiären Kontext gesehen werden, der in der Fachdiskussion mittlerweile als ‚Infantilisierung der Armut' beschrieben wird."[18]

Die bisherige Forschung richtet den Blick jedoch in erster Linie auf die „aktuelle" Lebenssituation der Jugendlichen auf der Straße und vernachlässigt dabei häufig die einzelnen Biografien, welche mit ihren Dynamiken und Vorerfahrungen große Auswirkungen auf die jeweilige Lebenswelt haben. Den subjektiven Sichtweisen der Jugendlichen wird gerade in Bezug auf ihre „Vorgeschichte" nur wenig Beachtung geschenkt.[19] Hinzu kommt, dass es auch heute noch schwierig ist, in der Bundesrepublik über strukturelle Armut zu sprechen. „Defizitäre und konflikthafte Familienverhältnisse bilden sich aber nicht nur in Dritte-Welt-Ländern, sondern auch in Industrieländern vor dem Hintergrund dieser sozialstrukturellen Benachteiligungen ab. (...) Über den Zusammenhang von Armut, sozialer Ungerechtigkeit in Verbindung mit dem Phänomen ‚Straßenkinder' in Deutschland wissen wir jedoch noch sehr wenig, weil sich der Forschungsbereich ‚Straßenkinder' weitestgehend dem Blick auf den gesellschaftlichen Makro-Bereich gesperrt hat. Ebenso gibt es bisher keine Untersuchung im Bereich von Straßenkindern in Deutschland,

---

14   Siehe Gabriele Pfennig, Lebenswelt Bahnhof. Sozialpädagogische Hilfen für obdachlose Kinder und Jugendliche, Neuwied 1996, S. 2
15   Thomas Klatetzky, zit. nach: ebd., S. 7
16   Siehe ebd.
17   Vgl. Ronald Lutz/Bernd Stickelmann, Zugänge zum Thema: Weglaufen und ohne Obdach, in: dies. (Hrsg.), Weglaufen und ohne Obdach. Kinder und Jugendliche in besonderen Lebenslagen, Weinheim/München 1999, S. 7ff.
18   Ronald Lutz, Straßenleben, Straßenkinder, Straßenpädagogik, in: ebd., S. 44
19   Hanna Permien und Gabriela Zink berücksichtigten diese Problematik in ihrer Untersuchung (Endstation Straße?, a.a.O., S. 26).

die sich systematisch mit der Frage beschäftigt hat, welche Schichtzugehörigkeit die Jugendlichen auf der Straße weitestgehend haben, aus welchen sozialen Räumen sie kommen, welchen armutsrelevanten Belastungsfaktoren sie oder ihre Herkunftsfamilien ausgesetzt waren. In keiner deutschen Untersuchung zum Thema ,Straßenkinder' finden wir einen Anschluss an den Armutsdiskurs, wie er auch in Deutschland seit einigen Jahren wieder geführt wird."[20] Aus diesem Grund liegt einer der Schwerpunkte unserer Untersuchung auf Ursachen und Hintergründen der Armut von Kindern und Jugendlichen, die auf der Straße leben bzw. gelebt haben.

4.1.3 Straßenkinder in Chile und Bolivien

In Lateinamerika hat eine breite Debatte über „Straßenkinder" (niños de la calle) und arbeitende Kinder (niños en la calle) stattgefunden, was sich in der lateinamerikanischen[21] und der deutschen[22] Fachliteratur niederschlug. Die meisten südamerikanischen Autoren haben das Thema „Kinder und Jugendlichen, die auf der Straße leben" im Kontext der Armut und der dadurch notwendigen Kinderarbeit abgehandelt. Anders als in Deutschland wurde die Debatte über diese Kinder und Jugendlichen in Lateinamerika als Teil einer sozialpolitischen und einer Debatte über abweichendes Verhalten von Jugendlichen sowie das Versagen der Eltern geführt. Auf das sozialpolitische Versagen des Staates gegenüber der Kindergeneration wurde vor allem von der „Straßenkinder"-Bewegung Lateinamerikas (NATS = Niños y Adolescentes Trabajadores) hingewiesen. Die NATS und die sie begleitenden Päda-

---

20 Jürgen Dewes (wiss. Mitarbeiter im Forschungsverbund „Armut und Kindheit" bis August 2001) in einem unveröffentl. Arbeitspapier „Zum Stand des Forschungsbereiches Straßenkinder in Deutschland unter Berücksichtigung des Armutsdiskurses", Düsseldorf 2002, S. 22f.

21 Vgl. in Bolivien: Jorge Domic/Gloria Ardaya, Sujetos Sociales Hoy o Mañana, La Paz 1992; Michel Gregoir, El Riesgo de Ser Niño en Bolivia, La Paz 1992; Jorge Domic/Aida Rivadeneira, El Trabajo: Niños y Adoloscentes Trabajadores en Bolivia, La Paz 1995; Gustavo Gottret u.a., Educación para Niños y Adoloscentes Trabajadores de Bolivia, La Paz 1995; Jorge Domic u.a., Niños Trabajadores: La Emergencia de Nuevos Actores Sociales, La Paz 1999; Antonio E. Moreno Valdivia, Las Niñas „en" y „de" la Calle: El Caso de la Ceja de El Alto, La Paz 1999; in Chile: Gonzalo de la Maza, Politicas Sociales hazia la Infancia en Chile. Documento de Trabajo para el Comité de Iniciativa para los Derechos de Niños, (unveröffentl. Ms.) Santiago 1997; Jorge Rojas Flores, El Trabajo Infantil en Chile: Algunas Ideas para el Debate, in: Economia y Trabajo en Chile, 7. Informe Anual 1996-1997, Santiago 1998; UNICEF, Trabajo Infantil en Chile, Propuestas para su Erradicación, Santiago o.J. (vermutl. 1999)

22 Vgl. Manfred Liebel, Mala Onda, Frankfurt am Main 1990; ders., Wir sind die Gegenwart. Kinderarbeit und Kinderbewegung in Lateinamerika, Frankfurt am Main 1994

gog(inn)en haben vor ihren nationalen Parlamenten und UN-Organisationen (u.a. der Internationalen Arbeitsorganisation, ILO) das Recht auf „würdevolle" Kinderarbeit und Schutz vor Ausbeutung eingefordert, weil nach ihrer Ansicht ein generelles Verbot von Kinderarbeit kurz- und mittelfristig kontraproduktiv wäre. Solange das Einkommen der Eltern nicht ausreiche, um die Familie zu ernähren, sei Kinderarbeit unabdingbar und ein wichtiger Beitrag zum Überleben der Familie. Außerdem wurde auf die pädagogisch wertvolle Sozialisationserfahrung durch geschützte Kinderarbeit hingewiesen und darauf, dass Kinder sich in ihrer Selbstwertüberzeugung hierdurch gestärkt und nicht geschwächt fühlten. Arbeitende Kinder würden nur dann zu „Straßenkindern", wenn Lebenslagen in Armut und Lebensweltbedingungen multiple Deprivationen vermitteln.

Die ausgewiesene Zahl der Kinder und Jugendlichen, die auf der Straße leben, erscheint sowohl in Bolivien wie auch in Chile relativ niedrig. José Windsor nennt 4.000.[23] Für die Großstädte Boliviens (La Paz, Santa Cruz, El Alto und Cochabamba) gibt Jorge Domic eine Zahl von 2.000 bis 2.500 an.[24] Ca. zwei Drittel davon sind männlichen, die restlichen weiblichen Geschlechts. 11 Prozent sind zwischen 6 und 10 Jahren, 47 Prozent zwischen 11 und 15 Jahren sowie 42 Prozent zwischen 16 und 20 Jahren alt. Die meisten haben den Schulbesuch vorzeitig abgebrochen, 69 Prozent höchstens 4 Jahre die Schule besucht, 25 Prozent maximal 6 Jahre und 6,4 Prozent einen Schulabschluss nach 8 Jahren realisiert. Die Mehrheit der Kinder und Jugendlichen, die auf der Straße leben, stammt aus kinderreichen Familien (mit mehr als 5 Kindern), von denen drei Viertel zerbrochen sind und nur noch 25 Prozent als Kernfamilie bestehen. Insgesamt sind die Strukturdaten weitgehend mit denen in Deutschland und Chile identisch. Multiple Deprivationen im Lebenslagenbereich (materielle Armut, Arbeitslosigkeit, kleine bzw. unzureichende Wohnungen, schlechte Ausbildungen und Berufe, Drogenabhängigkeit und Alkohol) sowie im Lebensweltbereich (hohes innerfamiliales Konfliktpotenzial inklusive Gewalt und Missbrauch, geringe interfamiliale und formelle Netzwerke) veranlassen die Kinder, auf die Straße zu gehen.

Für Chile fehlen offizielle Angaben über Kinder und Jugendliche, die auf der Straße leben, was vor allem damit zu tun hat, dass die sich im Stadtzentrum aufhaltenden Kinder von der Polizei ergriffen und je nach Alter in geschlossene Heime bzw. Erwachsenengefängnisse eingeliefert werden.[25] In

---

23 Vgl. José Windsor u.a., La calle – Libertad o Encierro?, Diagnostico sobre la situación de los niños, niñas y adoloscentes de la calle de La Paz, La Paz 1998, S. 24
24 Vgl. Jorge Domic, Situación de los niños de la calle en Bolivia. Qualitative Forschungsstudie für den Forschungsverbund „Armut und Kindheit", unveröffentl. Ms., La Paz 2002, S. 7
25 Das passiert auch in Bolivien häufig.

geschlossenen Heimen befinden sich 21.480 Kinder,[26] von denen nicht alle eine Straßenkarriere hinter sich haben, weil sie zum überwiegenden Teil direkt aus den Familien eingewiesen wurden. Fachleute schätzen die Zahl von Kindern/Jugendlichen mit Straßenerfahrung auf 4.300 bis 5.000.

Uns ging es darum, sowohl die Lebenswelt als auch die Lebenslagen der Herkunftsfamilien jener Kinder und Jugendlichen, die auf der Straße leben bzw. gelebt haben, zu klären. In allen drei Vergleichsländern gehören solche Kinder mehrheitlich zu den absolut Armen. Gegenüber ihren „Schicksalsgenoss(inn)en" in Chile und Bolivien haben die in der Bundesrepublik auf der Straße lebenden Kinder und Jugendlichen aber ein signifikant höheres Versorgungsniveau.

4.2 Die Methodik der Untersuchung

Im Unterschied zu einem quantitativen Ansatz arbeitet die qualitative Forschung mit verbalem, nichtnumerischem Material. Hier wird die Erfahrungsrealität des menschlichen Forschungsobjektes verbalisiert. Die Datenerhebung findet zumeist in nicht- oder teilstandardisierten Befragungen und/oder Beobachtungen statt und lässt den beteiligten Personen genügend Raum zur Artikulation eigener Erfahrungen. Schwierigkeiten macht diese Methode hinsichtlich der Validität, denn die Auswertung der Untersuchungsergebnisse erfolgt durch Interpretation. Solche interpretativen Verfahren „gliedern und strukturieren Texte, arbeiten die wichtigsten Grundideen heraus und machen die Gedanken- und Erlebniswelt der Befragten transparent."[27]

Als Erhebungsmittel der teilstandardisierten Befragung diente das Leitfadeninterview. Mittels des Leitfadens kann der/die Interviewer/in die verschiedenen Thematiken und Fragestellungen in eine vernünftige Reihenfolge bringen und eventuelle Formulierungsalternativen notieren.[28] Obwohl auf bestimmte Fragestellungen hingelenkt wird, kann der/die Befragte offen und ohne Antwortvorgaben reagieren. So entsteht ein Gerüst, das die Ergebnisse der Interviews miteinander vergleichbar macht, aber Spielraum für spontane Fragen und Themen lässt.[29] Vor allem kommen die Subjekte (d.h. die Befragten) ausreichend zu Wort, denn „sie selbst sind zunächst die Experten für

---

26   Vgl. Malvina Ponce de Leon/Dolly Paiva, La situación de la infancia en Chile. Investigación dual de la Pobreza. Qualitative Studie für den Forschungsverbund „Armut und Kindheit" (unveröffentl. Manuskript), Santiago de Chile 2002, S. 55

27   Siehe Jürgen Bortz/Nicola Döring, Forschungsmethoden und Evaluation für Sozialwissenschaftler, 2. Aufl. Berlin/Heidelberg/New York 1995, S. 272

28   Vgl. Philipp Mayring, Einführung in die qualitative Sozialforschung, 3. Aufl. Weinheim 1996, S. 52

29   Vgl. Jürgen Bortz/Nicola Döring, Forschungsmethoden und Evaluation für Sozialwissenschaftler, a.a.O., S. 289

ihre eigenen Bedeutungsgehalte".[30] Dies gilt auch und gerade für (Straßen-) Kinder.

4.2.1 Befragungssample

Insgesamt wurden 42 qualitative Interviews durchgeführt, davon 14 in Köln. Hier wurden 7 männliche und 7 weibliche Jugendliche befragt, die zum Zeitpunkt der Gespräche Kontakt zu sozialen Einrichtungen von „Auf Achse – Treberhilfe e.V." und des Sozialdienstes katholischer Frauen (SkF) hatten. Ein Mädchen hatte ihre „Straßenkarriere" beendet, 4 lebten in einer betreuten Wohngruppe und 9 in Notschlafstellen oder waren gänzlich ohne Übernachtungsmöglichkeit. Das Alter der Befragten lag zwischen 14 und 21 Jahren. Auch war das Kriterium der Straße als primärer Sozialisationsraum für den Zeitraum bis zum 18. Lebensjahr bei allen Befragten erfüllt, wobei die Aufenthaltsdauer zwischen 3 Monaten und 5 Jahren variierte. Die Gespräche dauerten im Durchschnitt eine Stunde. Nach anfänglicher Distanziertheit öffneten sich nahezu alle Befragten und gaben Einblick in zum Teil sehr schmerzhafte Bereiche ihrer Vergangenheit. Zeitweise erschien es, als wenn die Jugendlichen diese „anonyme" Gesprächsatmosphäre sehr schätzten und die Gelegenheit ergriffen, einem Außenstehenden ihre Lebensgeschichte zu erzählen. Parallel zu den Interviews in Deutschland wurden je 14 Interviews in Santiago (Chile) und in La Paz (Bolivien) durchgeführt.

Tabelle 1: Überblick über die Befragten in Deutschland

#	Name	Alter	Geschlecht m	f	Alter bei Beginn des Lebens auf der Straße	Zeit auf der Straße (Jahre)	Aktueller Lebensort Projekt	Straße	Sonstiges
1	Antonio	16	X		14	ca. 2	X		
2	Dieter	19	X		16	ca. 3	X	X	
3	Franzi	16		X	13	ca. 2			X
4	Hacki	18	X		17	ca. 1	X	X	
5	Julia	16		X	13	ca. 10 Monate	X	X	
6	Jens	18	X		15	ca. 3	X	X	
7	Lucy	15		X	15	ca. 3 Monate	X	X	
8	Melanie	20		X	15	ca. 5	X	X	
9	Nico	19	X		15	ca. 4	X	X	
10	Pascal	18	X		15	ca. 2	X		
11	Rachel	18		X	14	ca. 1			X
12	Ralf	15	X		14	ca. 1.5	X	X	
13	Sandy	14		X	14	ca. 3 Monate	X		
14	Sanni	21		X	16	ca. 5	X	X	
Durchschnittswert		17,35	7	7	14,7	ca. 2,2	12	9	2

---

30 Siehe Philipp Mayring, Einführung in die qualitative Sozialforschung, a.a.O., S. 49

Tabelle 2:   Überblick über die Befragten in Chile

#	Name	Alter	Geschlecht		Alter bei Beginn des Lebens auf der Straße	Zeit auf der Straße (Jahre)	Aktueller Lebensort		
			m	f			Projekt	Straße	Sonstiges
1	Abraham	18	X		7	5	X		
2	Jorge	12	X		k.A.	6 Monate	X		
3	Juan	16	X		k.A.	2		X	X
4	Enzo	13	X		5	8	X		
5	Marcos	15	X		k.A.	2,5	X		
6	Diego	14	X		k.A.	1,5 Monate	X		
7	Luis	31	X		4	3			X
8	Nelson	15	X		k.A.	k.A.	X		X
9	Francisco	12	X		7	5		X	
10	Fernanda	17		X	k.A.	1	X		
11	Loreto	13		X	k.A.	3 Monate	X		
12	Clarivel	15		X	k.A.	1	X		
13	Fabiola	16		X	k.A.	3 Monate	X		
14	Noemi	13		X	12	1 Woche	X		
Durchschnittswert		15,7	9	5		2,2	14	2	3

Tabelle 3:   Überblick über die Befragten in Bolivien

#	Name	Alter	Geschlecht		Alter bei Beginn des Lebens auf der Straße	Zeit auf der Straße (Jahre)	Aktueller Lebensort		
			m	f			Projekt	Straße	Sonstiges
1	Alejandro	15	X		k.A.	zeitweise	X		
2	Angel	13	X		10	2	X		
3	Cesar	12	X		k.A.	1	X		
4	Ines	19		X	9	11	X		
5	Jesús	18	X		ca. 12	3	X		
6	Lenny II	17		X	14	3	X		
7	Lorenzo	14	X		8	1	X		
8	Nelson	15	X		k.A.	2	X		
9	Pilar	17		X	k.A.	1	X		
10	Richard	17	X		9	4	X		
11	Roberto	15	X		6	1,5	X		
12	Rubén	14	X		8	3	X		
13	Sandra	19		X	13,5	4		X	
14	Waldo	15	X		k.A.	2	X		
Durchschnittswert		15,7	10	4	9,5	2,9	13	1	

4.2.2 Auswertungsdesign

Die folgenden Hypothesen lagen unserer Untersuchung zugrunde:
1. Kinder und Jugendliche, die auf der Straße leben bzw. lebten, stammen überwiegend aus materiellen Armutsverhältnissen (im Sinne des Lebenslagen-/Ressourcenkonzepts);
2. sie kommen aus Verhältnissen, in denen die sozialen und individuellen Ressourcen extrem belastet sind;
3. auf die Straße gelangen sie durch eine dreifache Ressourcen-Defizit-Erfahrung.

Daraus ergab sich die Notwendigkeit einer Analyse der Ressourcen der einzelnen Jugendlichen in der Lebensphase „Kindheit und Jugend". Um eine übersichtliche Vergleichbarkeit der Ausprägung von Ressourcen bzw. Defiziten sozialer, individueller und materieller Art bei den Interviewten zu erlangen, mussten mittels eines EDV-Auswertungsprogramms in einem ersten Schritt die codierten Interviewpassagen ausgewertet und in ihren Kernaussagen verschriftlicht werden. Die daraus entstandenen Extrakte umfassten die zentralen Inhalte und Zitate zu den Ressourcen bzw. defizitären Lebenslagen der jeweiligen Jugendlichen in ihrer Kindheit. Zur Komprimierung der qualitativen, ins Detail gehenden Analyse wurden sämtliche Daten in Tabellenform gebracht, was die Auswertung erleichterte.

Die Auswertung der Interviews, denen ein die Phasen „Kindheit und Jugend", „Zeit auf der Straße" und „Übergänge zwischen Lebensphasen" unterscheidender Leitfaden zugrunde lag, erfolgte in mehreren Arbeitsschritten mittels einer qualitativen Analyse. Den drei Ressourcen entsprechend standen Fragen im Mittelpunkt, die Aufschluss über die Sozialisationsbedingungen in der Kindheit („Bei wem bist du als Kind aufgewachsen?") und die Gründe für den Schritt auf die Straße („Was hat dazu geführt, dass du von deiner Familie weggegangen bist?") geben sollten.

4.3 Ursachen der „Straßenkarrieren"

Die empirischen Untersuchungen in Köln, Santiago und La Paz förderten drei zentrale Ursachen für das Entstehen von „Straßenkarrieren" zu Tage:

- mehrheitliche Deprivationserfahrungen in den Lebenslagen (Einkommen, Arbeit/Beruf, Bildung, Wohnen und Gesundheit) der Familie;[31]

---

31 Hier ist nicht nur die Familie im rechtlichen Sinne gemeint, sondern die jeweiligen Hauptbezugspersonen sind eingeschlossen.

– extreme Deprivationserfahrungen in den familialen Beziehungsfeldern (instabile und konflikthafte Eltern-Kind-Beziehungen, Gewalt, Missbrauch, Drogen etc.);
– die Unfähigkeit professioneller Institutionen (Schule, Jugendhilfe) zur angemessenen Reaktion auf auffälliges Verhalten.[32]

Anschließend werden die in der kindlichen Sozialisation wurzelnden Ursachen späterer „Straßenkarrieren" dargestellt. Zur Erklärung reichen monokausale Zusammenhänge nicht aus, vielmehr ist von einem umfassenden Bedingungsgefüge auszugehen, weshalb Kompetenzen und Defizite im Bereich der materiellen, sozialen und individuellen Ressourcen analysiert und die hervorstechenden Ursachen für die Straßenkarriere der befragten Jugendlichen herausgefiltert wurden. Risikofaktoren, denen die Kinder/Jugendlichen ausgesetzt waren, können unterschiedliche Wirkungen zeigen.[33] Zwischen den einzelnen Aspekten bestehen teilweise große Überschneidungen oder Bedingungszusammenhänge, auf die an geeigneter Stelle hingewiesen wird.

4.3.1 Deprivierte Lebenslagen in der Kindheit

Der Hypothese folgend, dass Kinder und Jugendliche, die auf der Straße leben, überwiegend aus materiellen Armutsverhältnissen stammen, haben wir die Lebenslagen der Eltern bzw. Hauptbezugspersonen (HBP), welche die Sozialisationsverläufe der Befragten entscheidend beeinflusst haben, untersucht: Einkommen, Arbeit/Beruf, Ausbildung, Wohnen und Gesundheit. In allen drei Ländern wird deutlich, dass die Befragten mehrheitlich aus Armutsverhältnissen stammen.

Da die Aussagen retrospektiv erfolgten und zwischen der Kindheit (in Familie oder Heim) und dem Zeitpunkt der Interviews mehrere Jahre lagen, können eventuelle Verdrängungsprozesse oder eine beschönigende Interpretation der Erlebnisse/Erfahrungen nicht ausgeschlossen werden.[34] Im Verlauf der Interviews auftauchende Diskrepanzen konnten weitestgehend geklärt werden. An einigen Punkten waren die Interviewten nach so langer Zeitdistanz schlichtweg überfragt.

---

32 Aus der Kontrollperspektive wird hierfür in der einschlägigen Literatur der Begriff des „abweichenden Verhaltens" benutzt, aus der Hilfeperspektive spricht man besser von „auffälligem Verhalten".

33 Vgl. Roland Merten, Psychosoziale Folgen von Armut im Kindes- und Jugendalter, a.a.O., S. 141

34 Andreas Klocke (Armut bei Kindern und Jugendlichen – Belastungssyndrome und Bewältigungsfaktoren, in: Eva Barlösius/Wolfgang Ludwig-Mayerhofer [Hrsg.], Die Armut der Gesellschaft, Opladen 2001, S. 301) weist gleichfalls auf die Schwierigkeit hin, nach einer Befragung von Kindern und Jugendlichen präzise Aussagen zur Einkommensarmut zu treffen: „Ein Grund liegt darin, daß in einer reinen Kinder- und Jugendbefragung keine exakten Einkommensangaben erwartet (...) werden können."

Tabelle 4: Einkommen und Beruf der Hauptbezugspersonen (HBP)

	Deutschland	Chile	Bolivien	Insgesamt
Einkommen	n=14	n=14	n=14	n=42
absolute Armut[35]	0	4	6	10
Armut	12	4	3	19
Prekärer Wohlstand	0	3	3	6
Nichtarm	2	3	2	7
Arbeit/Beruf	n=28	n=28	n=28	n=84
Ausbildungsberuf[36]	10	6	4	20
Nichtausbildungsberuf	7	3	12	22
Arbeit im informellen Sektor	0	6	8	14
Sonstiges[37]	0	5	0	5
Keine Aussage	11	8	4	23

4.3.1.1 Einkommen der Hauptbezugspersonen

Bei 12 Befragten in Deutschland lagen zumindest temporäre Armutserfahrungen vor, und nur 2 der 14 Befragten hatten während ihrer gesamten Sozialisationszeit einen relativen Wohlstand durch ein gesichertes Einkommen mindestens einer der HBP erlebt. Die Äußerungen über die Höhe und die Permanenz des Einkommens der HBP waren nicht konsistent. In diesem Punkt waren die Interviewten häufig überfragt, doch lässt sich aus den Aussagen schließen, dass in 10 von 14 „Familien" zwar formelles Einkommen (Einkommen, das vom Arbeitgeber versteuert wird) bezogen wurde, wobei aber eine Festlegung der Höhe und der Regelmäßigkeit nicht bei allen möglich war. Unter Berücksichtigung der beruflichen Tätigkeit, die später beschrieben wird, lässt sich das Einkommen im unteren Lohnbereich der „working poor" (Niedriglohnsektor) verorten. Darüber hinaus bezogen 3 HBP zeitweise Arbeitslosengeld und mindestens 4 weibliche HBP zeitweilig Hilfe zum Lebensunterhalt (HLU). Bei weiteren 4 HBP ließ sich aufgrund des Heimaufenthaltes der Kinder keine gesicherte Aussage treffen, doch ist ein Bezug von Sozialhilfe bei mindestens 2 davon (aufgrund ihres Heroinkon-

---

35 Das Armutsniveau in Deutschland, Chile und Bolivien ist nicht einfach vergleichbar. Entsprechend dem HDI (Human-Development.Index) liegt die Bundesrepublik von 173 Ländern auf Platz 17 mit einem gewichteten Pro-Kopf-Einkommen von 25.103 USD pro Jahr, Chile auf Platz 38 mit 9.417 USD und Bolivien auf Platz 114 mit 2.424 USD. In Chile liegen ca. 10,7 Prozent der Einkommen unter der Armutsgrenze (davon 2% unter der absoluten Armutsgrenze von 1 USD pro Tag und 8,7% unter der von 2 USD pro Tag), in Bolivien sind 48,7 Prozent der Bevölkerung arm (davon liegen 14,4% unter der absoluten Armutsgrenze von 1 USD pro Tag und 34, 3% mit 2 USD pro Tag); vgl. UNHCR (Hrsg.), Bericht über die menschliche Entwicklung 2002, Bonn 2002, S. 177 ff. Die subjektiven Einschätzungen der Befragten, auf deren Basis die Zusammenfassung in der obigen Tabelle erfolgte, sind als relative Armutseinschätzungen in Relation zur Entwicklung des jeweiligen Landes zu sehen.
36 Darin enthalten sind vorwiegend geringqualifizierte Ausbildungsberufe.
37 Darin enthalten sind u.a. Betteln, illegale Tätigkeiten etc.

sums) zu vermuten. Hinzu kommt, dass bei 3 von 14 Befragten (Dieter, Jens und Rachel) eine massive Verschuldung in ihrer Kindheit vorlag, welche die Mutter allein bewältigen musste, da der Vater die Familie „im Stich" ließ. In Südamerika waren über 80 Prozent der Befragten von Armut betroffen.

Bei 4 Jugendlichen in Chile und 6 in Bolivien kann davon ausgegangen werden, dass sie in absoluter Armut aufgewachsen sind, was sich vor allem in Einraumwohnungen für die ganze Familie, geringen Chancen zur Schulbildung, mangelhafter Ernährung etc. zeigte: „Meine Mutter war Bettlerin im Supermarkt. (...) Ich musste auf der Straße essen." (Francisco, Chile) Diejenigen, die angaben, in prekärem Wohlstand (entspricht dem 60-prozentigen Median des Nettoäquivalenzeinkommens, das heute in Europa als Armutsschwelle gilt) aufgewachsen zu sein, verfügten zumindest über ausreichend Nahrung und gesicherte (Wohn-)Verhältnisse, was Sandra aus Bolivien folgendermaßen beschrieb: „Das Geld hat ausgereicht. Mein Stiefvater kam jeden Tag mit Brot. Es hat ausgereicht für den Strom, die Miete, die Schulsachen." Die Einschätzung von relativem Wohlstand war in erster Linie abhängig von den Aussagen über die Wohnverhältnisse, denn Wohnungen oder Häuser mit genügend Räumen für die einzelnen Familienmitglieder sind in Südamerika nicht die Regel. So können 3 Jugendliche in Chile und 2 in Bolivien als nicht arm eingeschätzt werden.

4.3.1.2 Arbeit/Beruf der Hauptbezugspersonen

Um sowohl männliche als auch weibliche HBP in der Analyse erfassen zu können, wird bei den folgenden Lebenslagen von n=28 (für die deutschen Befragten) ausgegangen. 4 weibliche (Friseurin, Zahnarzthelferin, Krankenschwester und Angestellte im mittleren Dienst) sowie 6 männliche HBP (Maler und Lackierer, Altenpfleger, Immobilienmakler, Estrichleger, Zahntechniker und Elektroinstallateur) arbeiteten in einem (z.T. geringqualifizierten) Ausbildungsberuf, während 4 weibliche (alle Altenpflegehelferin) und 3 männliche HBP (LKW-Fahrer, Möbelpacker) einer ebenfalls geringqualifizierten Nichtausbildungstätigkeit nachgingen. U.a. aufgrund von Heimaufenthalten waren bei 5 Befragten keine Aussagen zum Beruf der Eltern möglich.

In Chile und Bolivien ging ein Großteil der HBP einer Tätigkeit im informellen Sektor oder einer Nichtausbildungstätigkeit nach. Nur 6 HBP in Chile und 4 in Bolivien arbeiteten in einem Ausbildungsberuf, wie z.B. Radiotechniker oder Mitarbeiter in der Stadtverwaltung. Im Bereich der Nichtausbildungsberufe waren Putzfrau und (Minibus-)Fahrer, im informellen Sektor war der Verkauf von Waren auf dem Markt die häufigste Tätigkeit. In Chile beschafften sich 3 HBP durch Diebstahl notwendige materielle Ressourcen, während in Bolivien 2 HBP ihren Lebensunterhalt durch Betteln zu sichern suchten.

4.3.1.3 Bildungsstand der Hauptbezugspersonen

Auch im Hinblick auf die Bildung der HBP machten die befragten Jugendlichen in allen drei Ländern keine präzisen Angaben. Aufgrund der später ausgeübten Tätigkeit lässt sich jedoch feststellen, dass maximal 3 weibliche HBP (in Deutschland) über einen Realschulabschluss verfügten (Krankenschwester, Zahnarzthelferin und Angestellte im mittleren Dienst), während die anderen 11 höchstens über einen Hauptschulabschluss verfügten, wobei Julia berichtete: „Ich kann mich erinnern, dass meine Mutter mir erzählte, dass sie halt früher, sie hat mit 16 auch das erste Kind bekommen, dass sie also keine Schulausbildung hatte, eh, kein Schulabschluss, keine Ausbildung und so, dass sie oft irgendwie verschiedene Jobs gemacht hat u.a. auch bei McDonald's gearbeitet hat." Auch bei den männlichen HBP ist kein höherer Bildungsabschluss erkennbar, bei 2 Befragten allerdings ein Realschulabschluss zu vermuten (Zahntechniker und Immobilienmakler), während bei den übrigen 12 höchstens von einem Hauptschulabschluss oder weniger auszugehen ist.

Die Aussagen zur Bildungssituation der HBP in Bolivien und Chile legen den Schluss nahe, dass ein Großteil der Hauptbezugspersonen über keinen (Grund-)Schulabschluss verfügte bzw. von Analphabetismus betroffen war. Nur 4 HBP in Chile und 2 in Bolivien könnten aufgrund ihrer später ausgeübten Tätigkeiten (Radiotechniker, Möbeltischler, Soldat, Vorarbeiter, Bauunternehmer bzw. Mitarbeiter der Stadtverwaltung) einen (Haupt-)Schulabschluss haben.

4.3.1.4 Wohnsituation

5 der befragten Jugendlichen in Deutschland (Dieter, Hacki, Lucy, Nico und Rachel) wuchsen in Mietwohnungen auf, die in belasteten, der Unterschicht zuzuordnenden Sozialräumen lagen, 2 weitere Befragte (Jens und Pascal) bewohnten mit ihren Hauptbezugspersonen ein gemietetes Haus in ländlicher Umgebung (einer davon das Haus der Großmutter), und 2 Familien (von Franzi und Julia) besaßen ein eigenes Haus, von denen das eine der Mittelschicht (HBP: Immobilienmakler) zuzuordnen und das andere (Julia) ein kleines Reihenhaus war, in dem zeitweise 10 Personen lebten. Auch bei anderen Befragten (Dieter, Hacki, Lucy und Rachel) waren die Wohnverhältnisse sehr beengt, z.B. beschrieb Lucy eine Dreizimmerwohnung, die von 6 Menschen bewohnt wurde. Dieter hatte zeitweilig sogar kein eigenes Bett und musste mit seinem Vater und dessen neuer Freundin eins teilen: „Da war ich auch 7, 8 Jahre alt, da hab' ich halt bei dem gewohnt und die Lebensgefährtin von dem hat halt die Kneipe direkt gegenüber von der Wohnung, keine Ahnung ich hab auch – äh – in dem Bett geschlafen, wo die gepennt haben, und die haben da ihren Geschlechtsverkehr verursacht und so direkt neben mir und alles." Für viele Befragte kamen zu den belasteten Wohnverhält-

nissen und -umgebungen noch häufige Wohnortwechsel. Dieter, Hacki, Nico und Rachel zogen während ihrer Kindheit z.b. mehr als vier Mal um, was jeweils eine Entwurzelung und Neuorientierung bedeutete. 5 der 14 Jugendlichen wuchsen in Heimen auf, weshalb über die Wohnsituation der HBP keine Angaben vorliegen.

Wie oben beschrieben, war die Wohnsituation in den Ländern Südamerikas ein häufiges Indiz für erlebte Armut in der Kindheit. 5 Befragte in Chile und 6 in Bolivien gaben an, in einem Zimmer oder in einer sehr kleinen Wohnung aufgewachsen zu sein, z.b. Francisco „in einer maroden Wohnung mit zwei Zimmern. Ich schlief in einem Zimmer mit meinen Geschwistern." 3 Jugendliche in Chile und 2 in Bolivien berichteten von einem eigenen Haus, das zudem relativ komfortabel ausgestattet schien. Alle anderen sprachen von Mietwohnungen oder kleinen Häusern.

4.3.1.5 Gesundheit der Hauptbezugspersonen

Von den 28 HBP in Deutschland konsumierten mindestens 10 regelmäßig Drogen (von Alkohol über Marihuana bis zu Heroin). Für mindestens 5 der 14 Elternpaare stellte die Suchtproblematik einen Hauptgrund für die Trennung dar. „Meine Mutter macht meinen Vater, macht die Drogen dafür verantwortlich, dass das alles so passiert ist." (Jens) Auch andere Befragte hielten den Drogenkonsum ihrer HBP für ausschlaggebend im Hinblick auf ihren weiteren Lebenslauf. So wurde z.b. Sandy von ihrer Mutter in ein Heim gegeben, weil sie aufgrund ihrer Heroinabhängigkeit nicht in der Lage war, sich ausreichend um ihre Tochter zu kümmern: „Da also meine Mutter ein Junkie war, von Shore[38] abhängig und so weiter – also, auch noch andere Drogen, und mich dann auch freiwillig abgegeben hat."

Zurzeit wachsen in Deutschland ca. 3 bis 4 Mio. Kinder und Jugendliche in Familien auf, von denen mindestens ein Elternteil von Substanzabhängigkeit betroffen ist. Dass „ein Großteil dieser Kinder seelische und soziale Störungen entwickelt bzw. später selbst (alkohol)abhängig wird"[39], bestätigte sich teilweise bei den von uns in Deutschland befragten Jugendlichen, denn 6 davon konsumierten schon im Alter zwischen 10 und 14 Jahren Drogen oder Alkohol. Über die Suchtproblematik hinaus nannten die befragten Jugendlichen folgende Krankheiten, über die sie jedoch keine detaillierten Angaben machten: Kinderlähmung, Schilddrüsenüberfunktion, einen künstlichen Darmausgang, Diabetes und Malaria.

Über die Gesundheitssituation der HBP in den Ländern Südamerikas liegen kaum Aussagen vor. Auffällig war jedoch auch hier der Drogen- bzw.

---

38 Shore ist gerauchtes Heroin.
39 Siehe Bundesministerium für Familie, Senioren, Frauen und Jugend (Hrsg.), Elfter Kinder- und Jugendbericht. Bericht über die Lebenssituation junger Menschen und die Leistungen der Kinder- und Jugendhilfe in Deutschland, Berlin 2002, S. 221

Alkoholkonsum. 7 der männlichen HBP in Chile wurden von den Befragten als Alkoholiker/innen bezeichnet, 3 weitere nahmen Drogen, vermutlich Kokain. Auch in Bolivien konsumierten 7 der HBP regelmäßig Alkohol, was häufig mit Gewaltanwendung einherging.

4.3.2 Lebensweltdeprivationen in der Kindheit

In aller Regel korrespondiert Armut mit vielfältigen Deprivationserscheinungen: „Armut ist (...) nicht nur durch Unzulänglichkeiten in der Verfügbarkeit über materielle Ressourcen und Beeinträchtigungen der Lebensqualität gekennzeichnet, sondern zieht im Gefolge andere Mangellagen im immateriellen Bereich nach sich. Sie ist daher häufig mit sozialer Isolation, räumlicher Segregation, Beeinträchtigung der Gesundheit, eingeschränkten Karrierechancen der Nachkommen etc. verbunden."[40] Die im Folgenden referierten Daten der „Straßenkinder"-Studien deuten auf extreme Deprivationen im familialen Kontext hin.

Im Rahmen einer Analyse der sozialen Netzwerke wurden einerseits die Beziehungen zu den Eltern, Pflegeeltern, Verwandten und Gleichaltrigen sowie andererseits die Beziehungen zu Institutionen (pädagogischen Einrichtungen oder Projekten, Schulen, Heimen oder Vereinen) untersucht. Michael Langhanky betont den hohen Stellenwert sozialer Netzwerke: „Die individuellen Lebenschancen von Menschen in einer Gesellschaft sind abhängig von den sozialen Netzwerken, über die sie verfügen, und in denen sie ‚soziales Kapital' akkumulieren."[41]

4.3.2.1 Defizite in den familialen und familiennahen Ressourcen

Instabile und konflikthafte Familienbeziehungen

Im Bereich der Familienbeziehungen liegen bei den befragten Jugendlichen extreme Belastungspotenziale, was sich u.a. darin zeigt, dass 11 der deutschen Befragten eine Trennung der leiblichen Eltern bzw. HBP und z.T. weitere Trennungen von neuen Lebenspartnern beschrieben, denen massive familiale Konflikte vorausgingen. Nur 2 Befragte (Lucy und Ralf) berichteten von einem friedlichen Zusammenleben ihrer Eltern/HBP (wobei Ralf in einem Heim aufwuchs und so die familiäre Situation nur aus der Distanz beurteilen konnte). Bei einer weiteren Befragten (Franzi) lebten die Eltern zwar

---

40 Jürgen Mansel, Lebenssituation und Wohlbefinden von Jugendlichen in Armut, in: Christoph Butterwegge/Michael Klundt (Hrsg.), Kinderarmut und Generationengerechtigkeit, a.a.O., S. 115
41 Michael Langhanky, Bewältigungsstrategien, in: Woge e.V./Institut für soziale Arbeit e.V. (Hrsg.), Handbuch der sozialen Arbeit mit Kinderflüchtlingen, Münster 1999, S. 400

zusammen, doch war auch diese Beziehung eher konflikthaft. Als Gründe für die Trennung der Eltern wurden in allen Fällen schwere Konflikte genannt, aus Drogenkonsum und Gewalt, aber auch Arbeitslosigkeit und Verschuldung meist der männlichen HBP resultierend. 6 der 14 Jugendlichen erlebten neben einer Trennung der leiblichen Eltern noch weitere Trennungen von neuen Lebenspartnern. Julias Mutter z.b. wechselte ihre Partner häufig, und ihre 8 Geschwister stammen von 7 verschiedenen Vätern: „Also es gab welche, die waren 'n paar Tage da oder so, der normale Durchschnitt lag so bei 1 bis 2, 3 Jahre."

Tabelle 5:   Instabile und konflikthafte Familienbeziehungen

	Deutschland n=14	Chile n=14	Bolivien n=14	Insgesamt n=42
Instabile Familienbeziehungen	11	9	9	29
Vater-Kind-Beziehung	9 kein Kontakt	3 kein Kontakt	2 kein Kontakt	14 kein Kontakt
	4 negative Beziehung	10 negative Bez.	10 negative Bez.	24 negative Bez.
	1 positive Beziehung	1 positive Bez.	2 positive Bez.	4 positive Bez.
Mutter-Kind-Beziehung	7 kein Kontakt (wenig)	1 kein Kontakt		8 kein Kontakt
	4 negative Beziehung	10 negative Bez.	6 negative Bez.	20 negative Bez.
	3 positive Beziehung	3 positive Bez.	8 positive Bez.	14 positive Bez.
Gewalt-/ Missbraucherfahrung	11	10	11	32

Aufgrund der erlebten Trennungen und der teilweise extremen Defiziterfahrungen im zwischenmenschlichen Bereich war es für die befragten Jugendlichen schwierig, eine enge Beziehung zu ihren HBP aufzubauen. 9 Jugendliche hatten in ihrer Kindheit (fast) keinen Kontakt zu ihrem leiblichen Vater, 4 erlebten Misshandlungen und/oder Missbrauch (Franzi, Dieter, Nico und Jens). Nur eine Befragte (Lucy) beschrieb die Beziehung zu ihrem Vater als positiv und stellte ihn als verlässliche Bezugsperson dar.

Neben den extremen Defiziten in der Vater-Kind-Beziehung war auch die Beziehung zur Mutter in vielen Fällen belastet: 7 der befragten Jugendlichen hatten (bedingt durch Heimaufenthalte) keine Beziehung zu ihrer Mutter (Antonio, Melanie, Ralf, Sandy und Sanni) oder ihre Mutter fiel als Bezugsperson wegen eigener Probleme (fast) aus (Pascal und Julia). 4 Jugendliche (Dieter, Franzi, Lucy und Nico) beschrieben ein außerordentlich schlechtes, von Konflikten oder Gewalt geprägtes Verhältnis. Nur 3 Befragte (Hacki, Jens und Rachel) hatten in ihrer Kindheit ein relativ positives Verhältnis zu ihrer Mutter, das allerdings auch unter Zeitmangel (Rachel und Jens) bzw. Schwäche gegenüber dem autoritären Ehemann (Hacki) litt.

Daraus ergibt sich, dass die HBP der befragten Jugendlichen als Bezugspersonen nur in sehr wenigen Fällen (3 Mütter, 1 Vater, 1 Großelternpaar)

überhaupt zur Verfügung standen. Die extremen Belastungen in den Beziehungen zwischen den Eltern und den Eltern-Kind-Beziehungen verhinderten in den meisten Fällen, dass die Familie als stabiles Netzwerk für die Befragten existierte. Bei 8 der 14 befragten Jugendlichen (von denen 2 Einzelkinder waren) gestaltete sich allerdings die Geschwisterbeziehung positiv. Für 3 Befragte (Antonio, Julia und Melanie) bildete sie sogar die einzig mögliche positive Erfahrung mit einer Bezugsperson. Neben den Geschwistern stellten im Bereich der familiären Ressourcen für 4 der 14 Befragten (Dieter, Hacki, Pascal und Rachel) die Tante oder der Onkel wichtige Bezugspersonen dar. Obwohl 4 Jugendliche in ihrer Kindheit engen Kontakt zu nahen Verwandten hatten und 3 Befragte im Bereich ihrer Geschwisterbeziehungen über Ressourcen verfügten, gilt für die von uns Befragten, dass im Bereich familiärer Bezugspersonen ein extremes Belastungspotenzial lag. Die Defizite der Eltern-Kind-Beziehung konnten offenbar auch durch Ressourcen im nahen verwandtschaftlichen Umfeld nicht kompensiert werden.

Auch in Chile und Bolivien erlebten jeweils 9 der Befragten eine Trennung ihrer Eltern. Daraus resultierend sagten 3 Jugendliche in Chile und 2 in Bolivien, dass sie keinen Kontakt mehr zu ihrem Vater gehabt hätten, und jeweils 10 Befragte berichteten von einer negativen Beziehung, die häufig von Gewalt geprägt war. Durch eine generell schwierige Familiensituation war auch die Beziehung zur Mutter in vielen Fällen belastet. In Chile berichteten nur 3 Jugendliche von einer positiven Beziehung, während in Bolivien immerhin 8 das Verhältnis zu ihrer Mutter als gut bezeichneten. In den Familien, wo die Eltern nicht als Bezugspersonen zur Verfügung standen, litten die Kinder unter verschiedensten Situationen, was z.B. Abraham (Chile) beschrieb: „Meine Eltern haben mich immer geschlagen (...) und waren beide immer betrunken (...). Wenn sie mich geschlagen haben, habe ich bei der Hündin geschlafen. Sie war die einzige, die mich lieb hatte." Insgesamt lässt sich sagen, dass auch die befragten Jugendlichen in Südamerika unter extremen Defiziten im Bereich der Eltern-Kind-Beziehungen aufwuchsen. Gerade die oben geschilderten Gewalterfahrungen stellten eine der Hauptursachen für die Flucht aus dem Elternhaus dar.

Missbrauchs- und Gewalterfahrungen im familiären Kontext

In allen drei Ländern litt ein Großteil der Befragten in der Kindheit unter Gewalt, Misshandlung, Vernachlässigung oder Missbrauch durch die HBP. 11 der 14 Jugendlichen aus Deutschland mussten hier schlimmste Erfahrungen machen. 8 Befragte (Antonio, Dieter, Franzi, Hacki, Melanie, Nico, Rachel und Sanni) hatten Gewalterfahrungen gemacht, 3 weibliche Befragte (Franzi, Julia und Melanie) waren von ihrem Vater bzw. Stief- oder Pflegevater missbraucht worden, und 2 Jugendliche (Pascal und Nico) hatten unter extremen Vernachlässigungen durch ihre leiblichen Eltern gelitten. Dieter z.B. erfuhr schon in frühester Kindheit extreme Gewalt und deren schlimmste

Konsequenzen durch seinen Vater: „Wo mein Vater noch hier in Deutschland war, weil ganz einfach, aus dem Grund, ich war noch kleiner, 7 Jahre oder so, dann hat mein Vater meine Mutter nur geschlagen und so und das hab' ich halt miterlebt. Und hab' selber voll die Schläge bekommen. Also sehr viele. Und mein Vater und meine Mutter, im 9. Monat, als die schwanger war, mit meinem kleinen Bruder in den Bauch getreten und alles. Der ist jetzt dadurch behindert und so, also, ich hab' schon viel miterlebt." Seinen Vater beschrieb er als Alkoholiker und Bettnässer und bezeichnete ihn als „aggressives Schwein". Melanie erlebte neben Gewalt und Misshandlungen („Ja, die haben mich jeden Tag – geschlagen – alles Mögliche, heiße Herdplatte.") seitens des Pflegevaters und seiner Söhne auch sexuelle Übergriffe. Ihr Pflegevater missbrauchte sie, bis sie im Alter von 5 Jahren in ein Heim kam. Allen Befragten gemeinsam ist, dass sie in den beschriebenen Situationen allein gelassen wurden. Entweder waren beide HBP gewalttätig oder der/die Partner/in war zu schwach bzw. hatte kein Interesse daran, sich durchzusetzen. Besonders deutlich wird dieses Verdrängen bzw. Wegschauen bei den Müttern der 3 Befragten, die sexuell missbraucht wurden.[42] Statt den Kindern Aufmerksamkeit zu schenken und gegen die Übergriffe der männlichen Partner vorzugehen, bezichtigten sie ihre (Pflege-)Töchter der Lüge und gewährten ihnen keinerlei Unterstützung.

Auch in Südamerika berichteten 21 Jugendliche (10 in Chile und 11 in Bolivien) von Gewalt oder Missbrauch durch ihre Hauptbezugspersonen. Die beschriebenen Situationen glichen den deutschen. Häufig waren beide HBP gewalttätig oder es wurde von Seiten des Nichtgewalttätigen (meistens der Mutter) keine Unterstützung gewährt. Neben den schon beschriebenen materiellen Deprivationen lösten folglich Defizite im Bereich der sozialen Ressourcen den Schritt auf die Straße aus. 9 der Jugendlichen in Chile und 10 in Bolivien äußerten sich entsprechend, z.B. Fabiola aus Chile: „Ich konnte es nicht länger ertragen, dass mein Vater und meine Mutter mich jeden Tag schlugen und als Hure oder Hündin beschimpften."

Peergroups: mangelnde Gleichaltrigenbeziehungen

Auf die Bedeutung funktionierender Gleichaltrigenbeziehungen wird u.a. im 11. Kinder- und Jugendbericht hingewiesen, wo es heißt: „Von erheblicher Bedeutung für die Sozialisation von Kindern und Jugendlichen sind neben der Erziehung in der Familie informelle Netze vor allem zu Gleichaltrigen. (...) Freundschaften haben für alle Jugendlichen eine große Bedeutung in Bezug auf Hilfestellungen bei schwerwiegenden Problemen."[43]

---

42 Dieses Verhalten bestätigen viele wissenschaftliche Untersuchungen zu sexuellem Missbrauch.
43 Bundesministerium für Familie, Senioren, Frauen und Jugend (Hrsg.), Elfter Kinder- und Jugendbericht, a.a.O., S. 127

Unter dem extremen Druck der familialen Beziehungen ist es zwei Dritteln der (in Deutschland befragten) Jugendlichen nicht gelungen, ausgleichende Beziehungen in der sozialen Umgebung zu finden. Nur 4 der 14 Befragten (Dieter, Jens, Lucy und Pascal) hatten in ihrer Kindheit positive Gleichaltrigenbeziehungen. Alle übrigen Befragten erinnerten sich, häufig allein gewesen zu sein, oder machten zu diesem Punkt keine Angaben.

Die wenigen positiven Beziehungen waren als Ausgleich zum häuslichen Milieu von enormer Bedeutung. Pascal schloss sich beispielsweise schon früh einer „Skateboardclique" an,[44] die für ihn seither einen hohen Stellenwert besaß. Hier fühlte er sich integriert, und als seine Großmutter starb, standen ihre Mitglieder als enge Bezugspersonen zur Verfügung. Auch für Jens spielten seine Freunde eine Hauptrolle. Wenn er Probleme hatte, sprach er eher mit ihnen als mit Angehörigen. 2 Befragte (Dieter und Lucy) fanden unter den Kindern im Stadtteil oder in der Nachbarschaft Spielkamerad(inn)en bzw. Freunde. Lucy gehörte allerdings einer Stadtteilgang an, die auch kriminelle Aktivitäten unternahm. Demnach gab es zwar auch positive Gleichaltrigenbeziehungen, bei der Mehrheit der Befragten waren sie jedoch als defizitär zu bezeichnen.

Für Chile und Bolivien liegen zu diesem Punkt nur wenige Angaben vor, auf deren Basis sich nur vermuten lässt, dass die Gleichaltrigenbeziehungen dort ein gewisses Äquivalent zu häuslichen Konflikten, Gewalt und Missbrauch darstellten.

Entlastende Beziehungen im familialen Umfeld

Über die außerfamiliären Beziehungen der HBP lassen sich in dieser Untersuchung für Chile und Bolivien keine und für Deutschland nur wenige Aussagen machen. Lediglich bei Vereinsmitgliedschaften (Tennis, Kampfsport) der HBP von 2 Befragten (Franzi und Nico) sowie der Parteimitgliedschaft (Bündnis 90/Die Grünen) einer weiblichen Hauptbezugsperson wurden mögliche Ressourcen beschrieben. Alle übrigen HBP scheinen über keine Ressourcen in diesem Bereich verfügt zu haben.

Im Bereich der informellen Ressourcen wird an dieser Stelle bloß auf die Kontakte zur näheren Verwandtschaft sowie zu Bekannten und Freunden eingegangen. 12 Befragte berichteten von einem negativen Verhältnis der Eltern zur näheren Verwandtschaft, von einer wenig ausgeprägten Beziehung und häufigen Konflikten. Nur 2 befragte Jugendliche (Jens und Pascal) beschrieben es als explizit positiv. Bemüht um eine Begründung für das negative Verhältnis äußerte Rachel: „Jaa, also Familie ... ich glaub', meine Ver-

---

44 Zur Bedeutung solcher „Skater-Cliquen" vgl. Birgit Bütow, Mädchen in Jugendcliquen als Grenzgängerinnen tradierter Rollen?, in: ISA e.V. (Hrsg.), Tagungsreader „5 Jahre ‚Straßenkinder' im Blick von Forschung und Praxis – eine Zusammenschau", Münster 1998, S. 30

wandtschaft, die mag, die mögen meine Mutter auch nich' soo unbedingt.
Weil die halt finanziell nich' soo gut dabei is' und halt auch 'n bisschen dik-
ker is' und halt auch 'n bisschen Schmuddelklamotten so an hat und sich
nich' so oft neue Sachen kaufen kann und weil se dann den Hund hat und na
ja ..."

Mit Blick auf Kontakte zu Freunden berichteten 4 Befragte (Dieter, Hak-
ki, Julia und Rachel) von einer engen Beziehung zwischen ihrer Mutter und
einer „besten" Freundin, zu der auch die Jugendlichen selbst in positivem
Kontakt standen, was besonders bei Julia deutlich wurde: „Na ja, also ich bin
bei 'ner Freundin von meiner Mutter, es war halt damals auch so 'ne Bezugsperson für mich gewesen (...)." Weitere 2 befragte Jugendliche (Franzi und
Jens) beschrieben die Einbindung ihrer Eltern in einen großen Freundeskreis.
Alle anderen Befragten machten zu diesem Komplex keine Angaben, jedoch
kann davon ausgegangen werden, dass zumindest den Kindern bedeutsame
außerfamiliäre Kontakte fehlten.

Insgesamt fallen die sozialen Ressourcen der HBP gering aus. Keine
Aussage in den Interviews ließ Rückschlüsse auf ein gut funktionierendes soziales Netzwerk zu, weshalb eher anzunehmen ist, dass Ansprechpartner und
Hilfesysteme nur in sehr begrenztem Rahmen existierten oder in Anspruch
genommen wurden und die HBP zu einem großen Teil ohne Außenbezug in
den Familien agieren konnten. Auf Basis der für die Mehrheit der Befragten
ausgewiesenen materiellen Deprivation (Einkommen, Beruf, Bildung und
Wohnsituation) lässt sich – sowohl für die Hauptbezugspersonen als auch für
die Befragten – nachdrücklich die Einengung der Handlungsspielräume konstatieren.

4.3.2.2 Defizite der professionellen „Hilfe"-Institutionen

Einrichtungen der Jugendhilfe oder Pflegefamilien als Familienersatz?

5 der befragten deutschen Jugendlichen verbrachten einen Großteil ihrer
Kindheit in einer Einrichtung der Jugendhilfe und in Pflegefamilien. Die für
den Heimaufenthalt angegebenen Gründe lassen vermuten, dass die familiäre
Situation auch in der Zeit davor von Krisen geprägt war und negative Erfahrungen in frühester Kindheit, wie z.B. die Drogenabhängigkeit der Mutter,
sowie Desinteresse oder Gewaltanwendung zu einschneidenden Erlebnissen
für die gesamte Sozialisation wurden. Gerade diese Defiziterfahrungen im
Bereich familialer Beziehungen wurden aber nur sehr begrenzt durch die sozialarbeiterische bzw. -pädagogische Betreuung in den Einrichtungen der Jugendhilfe aufgearbeitet, obwohl die 5 Befragten bereits im Alter zwischen 3
und 5 Jahren in ein Heim kamen.

Sandy z.B. hatte permanent wechselnde Bezugspersonen oder Betreu-
er/innen, mit denen sie sich (bis auf ihre jetzige) nie verstand. Auch bei ihr
fällt auf, dass sie kaum die Chance bekam, konstante soziale Netzwerke auf-

zubauen. Melanies Aussagen kann gleichfalls entnommen werden, dass sie praktisch keine sozialen Ressourcen hatte, sondern im Gegenteil eher abgewiesen oder verstoßen wurde. Schon sehr früh wurde sie von den leiblichen Eltern abgelehnt, machte dann Gewalterfahrungen in der ersten und zweiten Pflegefamilie, die in der ersten sogar mit Missbrauch einhergingen. Sie hatte in Kindheit und Jugend niemanden, auf den sie sich verlassen konnte, und beklagte, häufig ganz allein gewesen zu sein.

Von den in Chile befragten Jugendlichen machten 3 Angaben, die auf einen Heimaufenthalt schließen lassen. Auch hier boten die Institutionen keine Möglichkeit, enge Bezugssysteme aufzubauen. Vielmehr führten die Aufenthalte zu den sich später anschließenden Straßenkarrieren, was z.B. in folgendem Zitat von Abraham (aus Chile) deutlich wurde: „Mein Vater war Alkoholiker und hat uns verlassen. Meine Mutter brachte uns zum Nationalen Haus der Kinder. Wir, ich und mein Bruder, sind von da abgehauen, aber sie haben uns wiedergefunden." Auch in Bolivien stellte sich die Situation ähnlich dar. 4 Befragte berichteten von Heimaufenthalten, die von Überbelegung und mangelnder Kompetenz (und Zeit) von Seiten der Betreuer/innen geprägt waren. So erzählte z.b. Pilar: „Sie brachten mich nach Bolpac und danach haben sie mich rausgeschmissen (ich war 10). Danach wurde ich zu Arco Iris gebracht (11 bis 15 Jahre). Ich bin geflohen, weil sie mich hart bestraft haben – die Wäscherin hat uns in eine mit Wasser gefüllte Tonne gesteckt."

Für jene Jugendlichen, die ihre Kindheit in Heimen und/oder Pflegefamilien verlebt haben, war es offenbar schwierig, positive Bindungen zu (professionellen) Bezugspersonen aufzubauen. Da die Jugendhilfeeinrichtungen nicht als Familienersatz dienten, wurden die z.T. extrem negativen Erfahrungen der Betroffenen durch die Sozialarbeiter/innen bzw. in diesen Institutionen Tätigen[45] nicht aufgefangen, sondern eher verstärkt.

Schule als Verstärkerin negativer Karrieren

Von 14 deutschen Befragten verfügten nur 2 über einen Schulabschluss. „Als Grund für die Entwicklung von Straßenkarrieren werden in der Bundesrepublik immer häufiger negative Schulkarrieren genannt. Fallen Kinder durch ihr unangepaßtes Verhalten auf, bleiben sie wiederholt unentschuldigt dem Unterricht fern oder kommen ihre Eltern ihrer Sorgepflicht nicht nach, werden sie auf Beschluß von Schulkonferenzen vom Schulbesuch kurz- oder langfristig ausgeschlossen oder die Schulbesuchspflicht wird wegen ‚Nicht-Beschulbarkeit' (Bezeichnung der Schulverwaltung) vorzeitig beendet."[46] Die

---

45 In Chile und Bolivien sind es vornehmlich Nicht- oder Semiprofessionelle.
46 Uwe von Dücker, Straßenschule – Lernen aus interkultureller Arbeit. Soziale, pädagogische und schulische Begleitung nicht beschulter Kinder vor Straßenkarrieren, in: Ronald Lutz/Bernd Stickelmann (Hrsg.), Weglaufen und ohne Obdach, a.a.O., S. 275

schwierigen und defizitären Sozialisationsbedingungen werden offenbar von der Schule nicht problemadäquat aufgegriffen, worauf auch Martin Spiewak hinweist: „Das selektive Schulsystem entlässt die Lehrer aus der Pflicht, sich um schwierige und abweichende Schüler zu kümmern."[47]

Nachweislich zeigte mindestens die Hälfte der (in Deutschland) Befragten Verhaltensauffälligkeiten wie Aggressivität, Gewalttätigkeit und Respektlosigkeit während ihrer Schulzeit. Im Kontext ihrer Sozialisationsbedingungen betrachtet, wurden die Kinder als Opfer von den Lehrer(inne)n zu Tätern gemacht, indem man sie aus dem Schulsystem segregierte, statt ihnen adäquate Hilfen anzubieten. Selbst bei Antonio, der sich zu einer höheren Schulbildung berufen fühlte, versagten die Institutionen: „Wollten die nich – hä – wegen meinem Verhalten. Nur wegen dem Verhalten, ich mein', vom Wissen her könn' ich sogar aufs Gymnasium gehen, ich könn' studieren, so is das nicht. Ich bin wahrscheinlich einer der schlausten Leute, die hier wohnen."[48] Neben dem Kräftemessen mit Lehrer(inne)n versuchte Antonio sich auch seinen Mitschüler(inne)n gegenüber Respekt zu beschaffen, indem er Gewalt anwendete. Statt sein Verhalten als „Hilferuf" oder „Notsignal" zu werten, verwies man ihn an eine andere Schule, wo die Probleme erneut begannen.

Nur 3 Befragte hatten überhaupt eine positive Beziehung zu ihren Lehrer(inne)n. Während es bei anderen Jugendlichen zu Schulverweisen kam und Bezugspersonen im pädagogischen Bereich völlig fehlten, hatte z.B. Hacki das Glück, im 9. Schuljahr einen Lehrer zu bekommen, mit dem er gut zurecht kam und mit dessen Hilfe er seinen Hauptschulabschluss erlangte. Ebenfalls nur 3 Befragte (Jens, Lucy und Pascal) verfügten über positive Beziehungen zu ihren Mitschüler(inne)n; alle übrigen berichteten, dass sie kaum Kontakt zu anderen, unter den Misshandlungen ihrer Klassenkamerad(inn)en zu leiden gehabt oder wegen ihres Verhaltens zwar Respekt genossen, aber keine Freundschaften geschlossen hätten.

Die Aussagen der Befragten in Chile und Bolivien waren hinsichtlich der Bildungssituation unzureichend. Aus Angaben zum Bildungsstand zum Zeitpunkt der Interviews lässt sich aber erschließen, dass keiner der Befragten dort in der Kindheit, d.h. vor dem Straßenaufenthalt, einen Schulabschluss, auch keinen Grundschulabschluss, erlangte. Mindestens 2 Jugendliche bezeichneten sich als Analphabeten.

Für die befragten (deutschen) Jugendlichen scheint das schulische System so gut wie keine Möglichkeit geboten zu haben, Beziehungen aufzubau-

---

47 Martin Spiewak, Penne(n) statt Pisa. Wir brauchen die Gesamtschule, aber ohne die alte Ideologie, in: Die Zeit v. 28.11.2002. Dieses Ergebnis weist auf eine starke Veränderung gegenüber in den 80er-Jahren durchgeführten Untersuchungen hin (vgl. z.B. Erwin Jordan/Gitta Trauernicht, Ausreißer und Trebegänger. Grenzsituationen sozialpädagogischen Handelns, München 1981), als Schulabbrüche eher nicht die Regel waren.

48 Antonio meint die Wohngruppe, in der er zur Zeit der Interviews lebte.

en, Bestätigung bzw. Anerkennung zu bekommen und Ansprechpartner/innen bei Problemen zu finden. Besonders sichtbar wird dieses „Versagen" mit dem Beginn der Straßenkarriere, da alle Befragten zu diesem Zeitpunkt ihre Schullaufbahn abbrachen. Hilfestellung bekamen nur wenige; meistens waren die Jugendlichen jedoch auf sich allein gestellt. Ansprechpartner/innen im Schulalltag gab es nur sehr vereinzelt, im Gegensatz dazu aber sehr häufig Konflikte mit dem Lehrpersonal. Statt zu integrieren segregierte die Schule.

Zugehörigkeit zu Vereinen

Auffällig ist, dass 10 der 14 (deutschen) Jugendlichen (Antonio, Dieter, Franzi, Hacki, Julia, Melanie, Nico, Rachel, Ralf und Sanni) in ihrer Kindheit in (Sport-)Vereinen aktiv waren. Fast alle beschrieben dieses Engagement als einzige Flucht- oder Bewältigungsmöglichkeit, die es ihnen gestattete, Selbstbestätigungserfahrungen zu machen. Auch der 11. Kinder- und Jugendbericht schreibt dem Sportverein eine gesundheitsfördernde Wirkung zu, bedingt „durch die Entwicklung eines gesunden Selbst- und Leistungsbewusstseins sowie durch die Gemeinschaftsbildung."[49] Hier könnte der Handlungsspielraum liegen, welcher einigen Befragten die Ausbildung sozialen und kulturellen Kapitals ermöglicht hat. Gerade bei den Jugendlichen, die extreme Defizite im Bereich der informellen Ressourcen beschrieben (Antonio, Franzi, Melanie, Nico, Ralf, Sanni u.a.), mag ein lebensweltlicher Handlungsspielraum entstanden sein, der zumindest in Ansätzen ihre Kapitalvolumina (i.S. von Pierre Bourdieu) förderte und den einzigen positiven Bezugsrahmen in ihrer kindlichen Sozialisation darstellte. Antonio z.B. formulierte den Stellenwert seines Vereins folgendermaßen: „Ich war da auch im Fußballverein und der war mir wichtiger wie alles andere da. Ich war immer wieder froh, wenn ich dann da von der Familie weg kam (lacht)." Neben dieser Fluchtmöglichkeit bildete der Verein für ihn auch einen Bereich, wo ihm Anerkennung und Bestätigung entgegengebracht wurden: „Meine große Stärke ist der Sport. (...) Da hab ich im Verein gespielt. Ja, ich hab' mich soweit hochgearbeitet, dass ich der Kapitän der ganzen Mannschaft war. Ich hab' angefangen bei der Nummer 1 also, als Torwart, und hab mich hochgearbeitet bis zur Nummer 10 – Stürmer – Kapitän von der Mannschaft."
   In den chilenischen und bolivianischen Untersuchungen gibt es zu diesem Punkt so gut wie keine Aussagen. Nur ein befragter Jugendlicher aus Bolivien berichtete von einer Vereinszugehörigkeit. Sicherlich hängt dieses Ergebnis damit zusammen, dass dem Vereinsleben in Lateinamerika kein so großer Stellenwert wie in Deutschland zukommt.

---

49   Siehe Bundesministerium für Familie, Senioren, Frauen und Jugend (Hrsg.), Elfter Kinder- und Jugendbericht, a.a.O., S. 225

4.3.3 Beginn „auffälliger" Karrieren in der Kindheit

4.3.3.1 Darstellung „auffälligen" Verhaltens

Ein hervorstechendes Ergebnis der Analyse besteht darin, dass in der deutschen Untersuchung 5 männliche und 2 weibliche Jugendliche schon frühzeitig Verhaltensauffälligkeiten (aggressives Verhalten anderen gegenüber) zeigten. 2 Mädchen berichteten zudem von einem frühen autoaggressiven Verhalten, das mit dem Beginn der Pubertät von 4 weiteren weiblichen Befragten (also insgesamt 6) bestätigt wurde.

6 der 14 Jugendlichen in Deutschland (Antonio, Jens, Nico, Pascal, Rachel und Sandy) begannen im Alter zwischen 10 und 14 Jahren, Drogen zu konsumieren, wozu Alkohol, aber mehr noch Marihuana gehörte. Zu diesem Zeitpunkt lebte noch keine/r auf der Straße, weshalb der Grund für den Missbrauch in anderen Lebenssituationen, z.B. den Konflikten in der Familie oder der Sogwirkung von Peergroups, zu finden sein muss. Substanzmissbrauch gilt „nach wie vor als Indiz gravierender Entwicklungs- und Bewältigungsprobleme Jugendlicher und wird als ernstes soziales und gesundheitspolitisches Problem wahrgenommen, für das es keine Entwarnung gibt."[50] In der vorliegenden Untersuchung waren jedoch schon Kinder im Alter von 10 bis 14 Jahren betroffen, was die Dramatik noch verschärft.

Auch in Chile berichteten 4 Befragte (Luis, Francisco, Clarivel und Fernanda) von sehr frühem Substanzmissbrauch. Sie benutzten Schnüffelstoffe, aber auch Marihuana und Kokain, um der Realität zu entfliehen. Im Vergleich zu Deutschland begannen sie in extrem jungem Alter: „Mit 6 habe ich angefangen mit dem Neopren (Schnüffelstoff; d.Verf.), danach haben mir ein paar Irre gezeigt, wie man Joints raucht." (Francisco) Aus Bolivien liegen zu frühem Drogenkonsum keine Aussagen vor, doch ist zu vermuten, dass sich die dortige Situation ähnlich darstellt.

4.3.3.2 Reaktionen der professionellen Institutionen

Die Lehrer/innen der Befragten waren offenbar nicht in der Lage, die auffälligen Verhaltensweisen der Kinder/Jugendlichen problemadäquat zu analysieren und mit häuslichen (materiellen und sozialen) Problemen in Verbindung zu bringen. Ihre Problemlösungsstrategien hatten sichtbar negative Folgen: 12 von 14 Befragten (in Deutschland) haben die Schule nicht beendet. Für jene Schüler/innen, die Kumulationen von Deprivationen aufweisen, wie hier Kinder und Jugendliche, die auf der Straße leben, gibt es in deutschen Schulen keine Beratungs- und Hilfesysteme, die jenseits von kontrollorientiertem Lehren und Lernen einen niedrigschwelligen Zugang zu verhaltensauffälligen Schüler(inne)n ermöglichen.

---

50   Siehe ebd., S. 221

4.3.3.3 Problemlösungsverhalten der Kinder/Jugendlichen

Insgesamt wurde nach Aussage der Befragten in den Familien nur sehr wenig über Probleme oder Schwierigkeiten gesprochen. Eine gemeinsame Bewältigung gab es wohl nur in den seltensten Fällen. Entweder wurden die Konflikte nicht artikuliert, oder man begegnete ihnen mit eher destruktiven Maßnahmen (wie z.b. Gewalt oder Ignoranz). Eine elterliche Vorbildfunktion entfiel im Hinblick auf das Konfliktverhalten oder die Problemlösung so gut wie ganz.

4.4 Straßenkarrieren auslösende Momente

Die erwähnten Ursachen und Gründe für spätere Straßenkarrieren beziehen sich auf die gesamte kindliche Sozialisation. Hier interessiert besonders die entscheidende Situation zum Zeitpunkt des Beginns der Straßenkarriere. Für alle Befragten gilt, dass Konflikte unter verschiedensten Rahmenbedingungen der Auslöser für den Schritt auf die Straße waren. Bei einigen verlief der Beginn prozessartig: Dem eigentlichen Straßenaufenthalt gingen mehrmalige Fluchten aus dem Elternhaus oder Einrichtungen der Jugendhilfe voraus. Andere taten diesen Schritt aus einer bestimmten Situation heraus, wobei in der deutschen Befragung bis auf einen Jugendlichen (Nico) die Eigenständigkeit der Entscheidung betont und als aktiver Schritt des Weggehens beschrieben wurde,[51] wiewohl dieser Entscheidung ein Verweis aus Einrichtungen oder der „Rausschmiss" durch die Eltern vorangegangen war: „Weil meine Eltern mich geschlagen haben und mit meinem Papa hatte ich Probleme, ja und andere Probleme, und weil ich einfach keine Lust mehr hatte und dann bin ich weg." (Franzi)

2 Jugendliche taten den Schritt auf die Straße direkt aus der Familie heraus. Bei Dieter war es bereits zu eskalierenden Konflikten mit seiner Mutter gekommen, als er nach einer besonders heftigen Auseinandersetzung seine Sachen packte und die Familie verließ. Franzis Schritt auf die Straße war ebenfalls durch Konflikte mit ihren Eltern motiviert („weil ich einfach nich mehr konnte und da bin ich weggelaufen"). Wie dargestellt, waren dem sexueller Missbrauch und Gewalterfahrungen durch den Vater sowie die Erfahrung vorausgegangen, dass die Mutter als Vertrauensperson nicht zur Verfügung stand.

Alle anderen Befragten standen vor ihrer Straßenkarriere in Kontakt mit Einrichtungen der Jugendhilfe. Von den Jugendlichen, die in Heimen und teilweise in Pflegefamilien aufgewachsen waren, wurden 3 (Ralf, Sandy und

---

51 Vgl. auch ähnliche Ergebnisse des DJI: Hanna Permien/Gabriela Zink, Endstation Straße?, a.a.O., S. 146ff.

Sanni) nach vermutlich mehreren Auseinandersetzungen der Einrichtung verwiesen. Sie stellten den „Rausschmiss" jedoch als z.T. eigene Entscheidung dar, wie etwa Sandy: „Na ja, weil ich halt mich ziemlich eingesperrt gefühlt habe in dem Heim, wo ich war. (...) Ja, und hab ich dann, bin dann von da abgehauen und dann bin ich da auch rausgeschmissen worden, keinen festen Wohnsitz und so was. Aber ich fand, das is, war eigentlich viel besser." 2 der „Heimkinder" (Antonio und Melanie) verließen die Einrichtungen auf eigenen Wunsch, dem allerdings starke Konflikte mit den Mitbewohnern vorausgegangen waren. Von den Jugendlichen, die nicht schon in ihrer Kindheit in Heimen lebten, wurden 7 vor dem Beginn ihrer Straßenkarriere in Einrichtungen der Jugendhilfe untergebracht. Bei 3 Befragten (Julia, Rachel und Jens) geschah das auf freiwilliger Basis, da für sie die Situation in der Familie aufgrund von Konflikten o.Ä. nicht mehr erträglich erschien. Die anderen 4 Jugendlichen (Hacki, Lucy, Nico und Pascal) wurden von ihren HBP oder vom Jugendamt in betreute Einrichtungen eingewiesen.

Von den 7 Jugendlichen, die kurz vor Beginn ihrer Straßenkarriere in Jugendhilfeeinrichtungen untergebracht waren, entschlossen sich 3 (Julia, Rachel und Nico) aus eigener Motivation, die Institutionen zu verlassen und stattdessen auf der Straße zu leben. Sie kamen mit den strengen Regeln nicht zurecht und sahen in der Flucht die einzige Möglichkeit zur Selbstbestimmung. Die anderen 4 Jugendlichen (Pascal, Lucy, Jens und Hacki) wurden wegen auffälligen Verhaltens, Regelverstößen und Konflikten mit Betreuer(inne)n und Mitbewohner(inne)n der Einrichtungen verwiesen.

Nach der Bewertung des Schrittes auf die Straße befragt, beurteilte die Hälfte der Jugendlichen die Entscheidung als positiv. Neben allen befragten Mädchen (Sanni machte zu diesem Punkt keine Angaben) gab allerdings nur ein männlicher Befragter (Jens) an, den Schritt auch retrospektiv als richtig zu empfinden. Alle anderen männlichen Jugendlichen bereuten die Entscheidung später oder beurteilten sie im Nachhinein als negativ: „Ich fand das auf jeden Fall voll Scheiße. Straße is' nichts für mich. (...) Ich hab' das ja vorher schon gesagt, dass Straße einfach Scheiße ist." (Antonio) 2 Befragte (Pascal und Hacki) glauben, durch den Schritt auf die Straße ihre Zukunftsperspektiven verschlechtert zu haben, was besonders in der folgenden Aussage von Hacki deutlich wird: „Das bereu' ich, bereu' ich sehr stark. (...) Ganz einfach, weil ich damals die Chance hatte, also ich hatte eine Lehrstelle und die hab' ich aufgegeben wegen meine damalige Freundin und hätt' ich besser nich gemacht."

Den Schritt auf die Straße taten nach eigener Aussage fast alle Befragten selbstbestimmt und zumindest in Teilen aus eigener Motivation heraus, wobei – wie schon in der DJI-Untersuchung festgestellt – das „Weglaufen" als „letzter Rest an Autonomie und Handlungsmacht" angesehen werden kann,[52] den die Jugendlichen benötigen, um aus dieser Entscheidung positive Aspekte für ihr Selbstwertgefühl gewinnen zu können. Bei dieser Einschätzung

---

52 Ebd., S. 146

muss natürlich berücksichtigt werden, dass den Befragten aufgrund ihrer Lebenssituation oftmals keine andere Wahl blieb, als „auf die Straße zu gehen". Dieser Schritt beinhaltet neben der Flucht aus einer nicht mehr erträglichen Situation auch das Verlassen zu enger Lebensräume mit zu starren Vorschriften. In Südamerika waren es durchgängig Gewalterfahrungen oder Konflikte, die den Schritt auf die Straße auslösten: „Da mein Vater sehr nervös immer war, hat er mich geschlagen. Ich war sehr klein und er hat mich misshandelt – ich konnte den Schmerz nicht mehr ertragen. So habe ich angefangen, auf die Straße zu gehen. Ich habe dann gedacht, komme ich zurück oder nicht. Eines Tages bin ich einfach nicht mehr zurückgegangen." (Nelson, Bolivien) Allerdings war diesen Konflikten häufig eine Trennung der Eltern vorausgegangen, was zusätzliche Probleme mit sich brachte: „Mein Stiefvater hat mich misshandelt, er erniedrigte mich, und mein Vater war weit weg. Meine Mutter hat tatenlos zugesehen, wenn er mich erniedrigte, und das war es, was mich am meisten wütend gemacht hat." (Loreto, Chile)
Letztlich unterscheiden sich in den drei Ländern die Ursachen und Auslöser für den Schritt auf die Straße evtl. im Grad ihrer Ausprägung, nicht aber in den erlebten Belastungen.

4.5 (Über-)Leben auf der Straße

4.5.1 Gestaltung der Lebenslagen

Im Rahmen einer Analyse der materiellen Ressourcen, die – wie gesagt – weitestgehend die klassischen Lebenslagen umschreiben, wozu das Einkommen der Jugendlichen, die (Aus-)Bildungsmöglichkeiten, die Gesundheitssituation und die Wohnsituation im Sinne von Übernachtungsmöglichkeiten gehören, soll der Schwerpunkt auf Überlebensstrategien seitens der Jugendlichen gelegt werden. Gerade hinsichtlich der Übernachtungssituation kommt es in großen Teilen zu Überschneidungen mit den sozialen Ressourcen der Befragten und teilweise auch mit Kompetenzen im individuellen Bereich.

4.5.1.1 Einkommenssituation

Generell kann für alle Befragten festgestellt werden, dass die materielle Ausstattung auf der Straße sehr schlecht war. Alle (deutschen) Befragten, die zur Zeit der Befragung in einer Notschlafstelle bzw. einer Wohngemeinschaft übernachteten (13 von 14 Jugendlichen), bekamen ein Taschengeld von 7 DM am Tag.[53]

---

53 Die Kosten für die Übernachtung etc. erstattet das Sozialamt dem jeweiligen Träger der Einrichtung.

Insgesamt betrachtet sind die Möglichkeiten des legalen Gelderwerbs für Kinder und Jugendliche, die auf der Straße leben, sehr begrenzt, da schon der Straßenaufenthalt an sich sowohl nach deutschem wie auch nach chilenischem und bolivianischem Recht eine delinquente Handlung darstellt,[54] weshalb die Grenzen zum illegalen Bereich fließend erscheinen. Bei allen im Folgenden genannten „Tätigkeiten" müssen die Jugendlichen mit Stigmatisierung und Verfolgung (seitens der Polizei) rechnen: „Es scheint, daß die Gesellschaft die Nischen, Gelegenheiten und Ressourcen, in denen solche entwurzelten Kinder und Jugendlichen überleben können, selbst vorgibt bzw. verweigert."[55]

Nur 4 der deutschen Jugendlichen verdienten sich durch (legale) Gelegenheitsjobs etwas Geld hinzu. Alle anderen Befragten wurden mehr oder weniger in illegale Tätigkeiten (wie z.B. Diebstahl, Drogenhandel und Prostitution) abgedrängt. Bei 4 befragten Jugendlichen war Diebstahl die zentrale Möglichkeit der Geldbeschaffung. 3 der befragten weiblichen Jugendlichen (Franzi, Melanie und Sanni) prostituierten sich, um an Geld für Heroin zu kommen, was Sanni z.B. in folgender Aussage beschrieb: „Ich bin ja normalerweise drogenabhängig gewesen, und dann bin ich öfters anschaffen gegangen. Geh' ich auch zwischendurch jetzt auch noch, anschaffen. Um Geld zu besorgen. Ich geh' manchmal auch schnorren, früher war ich jedes Mal schnorren, und seit ich das rausgefunden hab', geh' ich lieber anschaffen, weil's schneller geht." Das Schnorren stellte für die Hälfte der Befragten eine weitere Geldbeschaffungsstrategie dar.

Die Einkommenssituationen in Chile und Bolivien glichen einander. Dasselbe gilt für die Geldbeschaffungs- und Überlebensstrategien, wobei in Südamerika die Tätigkeiten auf dem informellen Sektor ausgeprägter waren als in Deutschland. 5 Befragte in Bolivien und 4 in Chile bemühten sich, Geld zu verdienen, indem sie Schuhe putzten, in Bussen sangen, Zigaretten verkauften oder auf dem Markt halfen. Diebstahl wurde von den südamerikanischen Befragten ebenfalls häufiger als Mittel zur Sicherung elementarer Bedürfnisse genannt. 9 Befragte in Chile und 8 in Bolivien machten dazu

---

54 Arbeit soll daher, einer Definition von Jürgen Sand (Soziale Arbeit mit „Straßenkindern". Stärkenorientierte methodische Ansätze in Deutschland und Bolivien: ein interkultureller Vergleich mit Forschungsarbeiten in Frankfurt am Main, Köln, Berlin, La Paz und Cochabamba, Frankfurt am Main 2001, S. 31) folgend, als „körperliche Tätigkeit zur Aufrechterhaltung der Lebensgrundlage gesehen werden. In diesem Sinne gelten auch illegale Tätigkeiten wie Raub, Diebstahl und Prostitution als Arbeit. Ebenso zählen dazu sozial geächtete Tätigkeiten, wie das Schnorren und Betteln (...). Die Jugendlichen sichern sich somit ihr Überleben, was unbedingt als Stärke aufzufassen ist."

55 Peter Jogschies, Die Lebenswelten von Straßenkindern in Deutschland – Überlegungen und Erkenntnisse eines Forschungsprojektes, in: Christel Adick (Hrsg.), Straßenkinder und Kinderarbeit. Sozialisationstheoretische, historische und kulturvergleichende Studien, Frankfurt am Main 1997, S. 208

Angaben. Weiterhin wurde von 4 Jugendlichen in Chile und 3 in Bolivien das Schnorren bzw. Betteln als Gelderwerbsstrategie genannt. 2 weibliche Befragte aus Bolivien berichteten, dass sie sich prostituieren mussten: „Das Leben auf der Straße zwingt uns zur Prostitution, und das ist sehr schlimm." (Lenny) Pilar verschaffte sich so Übernachtungsmöglichkeiten: „Sie waren Erwachsene, die die Mädels kannten, und manchmal hatten wir Sex mit ihnen, damit wir dort übernachten konnten."

4.5.1.2 Die (Aus-)Bildungssituation

Bis auf jene beiden Jugendlichen, die vor dem Schritt auf die Straße über einen Schulabschluss verfügten (Hacki und Jens), brachen alle Befragten ihre Schullaufbahn mit dem Beginn ihrer Straßenkarriere ab. Sie fingen zunächst an, zeitweilig die Schule zu schwänzen, bevor sie entweder der Schule verwiesen wurden oder aus eigener Motivation nicht mehr am Unterricht teilnahmen. Konflikte mit Mitschüler(inne)n und Lehrer(inne)n sowie individuelle Bedürfnisse der Jugendlichen, die u.a. durch ihre veränderte Lebenssituation hervorgerufen wurden, machten es allen Befragten zumindest zeitweise unmöglich, ihre Schullaufbahn fortzusetzen.[56]

4.5.1.3 Gesundheitssituation und Drogenkonsum

11 der 14 Jugendlichen in Deutschland konsumierten regelmäßig (täglich) Cannabisprodukte. Es scheint, als hätte das sog. Kiffen den in früheren Untersuchungen beschriebenen Alkoholkonsum abgelöst,[57] was Hacki so begründete: „Kiffen is' wie Zigaretten rauchen, is' nich schädlich, is' wissenschaftlich erwiesen, und macht einfach Spaß." Alkohol konsumierten zum Zeitpunkt der Interviews nur 3 Befragte (Dieter, Rachel und Sanni) in größeren Mengen, aber mindestens die Hälfte der deutschen Befragten nahm chemische Drogen, zu denen LSD, Speed und Ecstasy gehörten.[58] 5 Jugendliche

---

56 Uwe von Dücker (Straßenschule – Lernen aus interkultureller Arbeit. Soziale, pädagogische und schulische Begleitung nicht-beschulter Kinder vor Straßenkarrieren, in: Ronald Lutz/Bernd Stickelmann [Hrsg.], Weggelaufen und ohne Obdach, a.a.O., S. 271ff.) sieht in den immer häufiger negativ verlaufenden Schulkarrieren einen zunehmend bedeutsamen Grund für spätere Straßenkarrieren.

57 Auch Peter Hansbauer (Mädchen und Jungen auf der Straße. Lebensbedingungen, Sozialisation und Ausstiegsmöglichkeiten geschlechtsspezifisch betrachtet, in: Landesvereinigung für Gesundheit Niedersachsen e.V. [Hrsg.], Leben auf der Straße. Zur gesundheitlichen und sozialen Lage von Frauen und Männern, Mädchen und Jungen, deren Lebensmittelpunkt die Straße ist, Hannover 2000, S. 29) beschreibt einen Trend zum Cannabiskonsum, den er auf eine Stufe mit dem Alkoholkonsum stellt: Neben diesem scheinen ihm vor allem Marihuanaprodukte inzwischen die Funktion einer „Basisdroge" übernommen zu haben.

58 Diese Drogen werden den sog. Partydrogen zugerechnet und sind seit den 1990er-Jahren immer häufiger unter Jugendlichen verbreitet.

waren während ihres Straßenaufenthaltes heroinabhängig. Bis auf eine Befragte (Sanni), die zum Zeitpunkt des Interviews noch an einem Methadonprogramm teilnahm, hatten alle diese Abhängigkeit schon vorher beendet. Bei 2 Jugendlichen (Melanie und Franzi) wurde der Ausstieg während des Gesprächs nicht deutlich thematisiert, wohingegen Antonio und Rachel ihn ausführlich beschrieben und dabei enorme Kompetenzen und Willensstärke bewiesen. Die anderen 9 Befragten, die in ihrer Vergangenheit nicht heroinabhängig waren, grenzten sich z.T. sehr stark vom Konsum dieser Droge ab und verurteilten die Sucht, denn „der Abstieg in die Welt der Junkies, aber auch in die Welt der obdachlosen, alkoholabhängigen Erwachsenen ist für viele ein Horrorszenario, das es zu vermeiden gilt."[59]

Resultierend aus ihrer Heroinabhängigkeit, hatten 2 Befragte (Rachel und Sanni) eine Hepatitis C. Außer unter dieser Virusinfektion litt die Hälfte der Jugendlichen in Deutschland unter Erkrankungen der Atemwege, wie häufigen Erkältungen und z.t. chronischer Bronchitis. Voraussichtlich als Folge der teils extremen Deprivationserfahrungen im Bereich der sozialen Ressourcen (z.B. Gewalt und Missbrauch) wurde ein weiteres Phänomen genannt, das die psychische Gesundheit betraf: 6 weibliche Befragte berichteten von selbstverletzendem Verhalten; 2 von ihnen zeigten es schon im Rahmen ihrer kindlichen Sozialisation, die anderen 4 Jugendlichen während der Pubertät, noch bevor sie auf die Straße gingen. Selbstverletzendes Verhalten dient der Beziehungsregulierung, als Möglichkeit, Wut, Trauer, Enttäuschung oder Rachegelüste auszudrücken, als Hilferuf, als Mittel, um Aufmerksamkeit zu erlangen, als Selbstschutzmechanismus, als Selbstbestätigung, als die (vermeintlich) einzige Möglichkeit, sich selbst zu spüren, als Mittel zum Abbau von Spannungen, als Suizidprophylaxe und als Mittel zur Selbstbestrafung.

Als einer der Hauptgründe für selbstverletzendes Verhalten gilt Vernachlässigung bzw. Missachtung. Kinder und Jugendliche, die in Verhältnissen aufwachsen, wo ihnen nur wenig Halt oder Sicherheit geboten und ihrer Persönlichkeit nur wenig Respekt entgegen gebracht wird, bzw. die in ihrem Umfeld nur wenig Nähe, Wärme oder Zuneigung erfahren, können Schutzmechanismen oder Bewältigungsstrategien (wie etwa, sich selber zu verletzen) entwickeln, um mit diesen Erfahrungen umzugehen. Die extremste dieser negativen Erfahrungen ist der sexuelle Missbrauch. Verschiedene Untersuchungen weisen auf einen engen Zusammenhang zwischen selbstverletzendem Verhalten bzw. Borderline-Symptomatiken und Missbrauchserfahrungen hin,[60] was allerdings nicht heißt, dass alle, die sich selber verletzen, (in ihrer Kindheit) missbraucht worden sind.

Bei den in Südamerika Befragten spielte selbstverletzendes Verhalten als Problemlösungsstrategie eine sehr viel geringere Rolle. Nur eine Befragte in

59 Siehe Hanna Permien/Gabriela Zink, Endstation Straße?, a.a.O., S. 264
60 Vgl. Ulrich Sachsse, Selbstverletzendes Verhalten, Göttingen 1995; Dirk Bange/ Günther Deegener, Sexueller Mißbrauch an Kindern, Weinheim 1996

Chile beschrieb diese Form des Copings: „Früher habe ich mir Schnittwunden an den Armen zugefügt. Ich suchte dadurch Erleichterung." (Fernanda) Allerdings ist anderen Untersuchungen aus dem lateinamerikanischen Raum und Berichten aus den Projekten, in denen die Interviews stattfanden, zu entnehmen, dass Selbstverletzungen bei Kindern und Jugendlichen, die auf der Straße leben, relativ häufig vorkommen.

Im Bereich des Drogenkonsums überwog das Schnüffeln, d.h. das Inhalieren von Lösungsmitteln, u.a. deshalb, weil an diese Stoffe relativ einfach und günstig heranzukommen ist. 7 Jugendliche in Chile und 10 in Bolivien berichteten von dieser Form der „Realitätsflucht": „Es war geil, aber jetzt habe ich kapiert, dass ich es nur tat, um den Hunger, die Kälte und die Probleme zu vergessen." (Jorge, Chile) Und Cesar aus Bolivien sagte: „Ich habe geschnüffelt (...), ich habe nichts gegessen, nur geschnüffelt." Neben den Schnüffelstoffen wurden in erster Linie Cannabisprodukte (von 4 Jugendlichen in Bolivien und 5 in Chile) sowie Alkohol (4 in Bolivien und 3 in Chile) konsumiert.

4.5.1.4 Wohn- bzw. Übernachtungssituation

9 Jugendliche machten in Deutschland von der Möglichkeit einer ungeschützten Übernachtung auf der Straße Gebrauch. Der Zeitraum dieser realen Obdachlosigkeit variierte zwischen 3 Wochen und 6 Monaten. Als eine andere Variante der Übernachtung erwähnte Jens den Aufenthalt in Zügen oder Bahnhöfen: „Ja, wenn ich draußen geschlafen bin eh hab', dann bin ich meistens irgendwie Bahn gefahren oder in der Bahnhofslounge. Da kann man auch so'n paar Stunden schlafen. Ja, bis die Bahnleute kommen."

5 befragte Jugendliche nahmen während der Zeit ihres Straßenaufenthaltes an Hilfsangeboten der Jugendhilfe teil, die von Jugendwohnheimen über Aufnahmeheime bis zu Maßnahmen der Heimunterbringung reichten. Im Bereich der formellen Hilfsangebote waren die Sleep-Ins oder Notschlafstellen die häufigsten Anlaufstellen bei der Suche nach einer Übernachtungsmöglichkeit. 11 der 14 Jugendlichen haben zumindest zeitweise von diesen Einrichtungen Gebrauch gemacht, wobei die subjektiven Beurteilungen sehr stark differenzierten. Für alle Jugendlichen stellte die Notschlafstelle eine Art Rettungsanker dar, z.B. für Dieter: „Ich bin durch die Weltgeschichte gefahren, wusste eigentlich nicht, wo ich schlafen sollte, bin dann nach Deutz und hab' mir gedacht, kannst ja mal hier in der Treber klingeln. Ich muss ja irgendwo schlafen, weil ich hatte 2, 3 Nächte lang nicht mehr geschlafen gehabt, nachdem ich mir wieder ein paar Drogen reingepfiffen hatte. (...) Da hab' ich halt, ja, der letzte Ausweg war halt die Treber-Hilfe." Für andere wiederum war die Notschlafstelle zwar die einzige Möglichkeit einer gesicherten Übernachtung, aber zugleich mit Problemen behaftet (wie z.B. geringer Privatsphäre). Auf der Suche nach Schlafplätzen bei Freunden oder Verwandten, wo es um die Aktivierung informeller sozialer Ressourcen ging,

konnten 5 Befragte (Dieter, Jens, Nico, Pascal und Rachel) auf Hilfeangebote aus diesem Bereich zurückgreifen.

Franzi lebte während ihres Straßenaufenthaltes für einige Zeit bei einem Zuhälter. Mit 14 Jahren rutschte sie in dieses Milieu hinein: „Dann haben wir auch noch einen kennen gelernt, so 'n Typen und so, und der hat sich, der hat uns bei sich wohnen lassen, und dann irgendwann hat er gesagt: Ja, dann steigste doch mal in das Auto ein, wende bei mir wohnst, und da hab' ich gesagt, will ich nich' so gern, will ich nich' machen, was muss ich denn da noch machen, hab' ich den gefragt. Da hab' ich's versucht, und das erste mal war ziemlich scheiße, da ... ich hab' mich voll schlecht gefühlt ... weil ich's noch nie gemacht hatte."

Die Übernachtungssituationen in Bolivien und Chile waren von noch mehr Unsicherheit und Gefahr geprägt als in Deutschland, da in diesen Ländern noch nicht einmal die Chance einer betreuten Übernachtung existiert. Die bestehenden Projekte arbeiten nur bedingt niedrigschwellig und erwarten die Einhaltung ganz bestimmter Regeln, die von vielen Kindern und Jugendlichen zu diesem Zeitpunkt (noch) nicht erfüllt werden können. Notschlafstellen, die denen in Deutschland vergleichbar wären, gibt es nicht, weshalb die Kinder und Jugendlichen in der Regel auf ungeschützte öffentliche Plätze ausweichen müssen. Jeweils 10 Befragte verwiesen auf diese Übernachtungssituationen: „Im Sommer in einer Bucht, im Winter in der U-Bahn-Station." (Enzo, Chile) Einige beschrieben die Aktivierung sozialer Ressourcen und berichteten, dass sie manchmal bei Freunden oder Verwandten übernachteten.

4.5.2 Gestaltung der Lebenswelt

4.5.2.1 Kontakte zu Institutionen

Die formellen Ressourcen liegen hauptsächlich im niedrigschwelligen Sozialarbeitsbereich und werden von den Jugendlichen auch in Anspruch genommen. Zu Komplikationen kommt es in den Bereichen der staatlichen (kommunalen) Hilfesysteme, die als solche eher wenig Beachtung finden. Obwohl 3 der Befragten in Deutschland von positiven Erfahrungen mit dem Jugendamt und dem Sozialen Dienst berichteten, war eine Grundaussage, dass die Bearbeitungszeiten viel zu lange dauerten und die gesetzlichen Betreuer/innen als Bezugspersonen eher weniger zur Verfügung standen. Zumindest teilweise wurde dieses Defizit durch Sozialarbeiter/innen und Betreuer/innen in den niedrigschwelligen Projekten aufgefangen. Gerade die weiblichen Befragten fanden in diesem Bereich geeignete Bezugspersonen, an die sie sich bei Problemen wandten.

Die Erfahrungen mit der Polizei waren eher negativ und teilweise durch Gewaltanwendung von Seiten der Obrigkeit zusätzlich belastet, wie sie etwa

Franzi schilderte: „Mit der Polizei hab' ich schon viele Erfahrungen gehabt, also, dass die mich mitgenommen haben, und em, dass z.B. der Bundesgrenzschutz ganz hinterlistig ist, die schlagen auch, wenn du was Blödes sagst, wenn du z.B. sagst: ‚Du Tussi, hau ab!', dann schlagen die dich mit dem Kopf an die Wand oder treten irgendwie zu. Da hab' ich meine Erfahrungen gemacht." Es gab allerdings auch einige positive Erfahrungen im Verhältnis zur Polizei.

In den Ländern Südamerikas wurden die Beziehungen zur Polizei von den Befragten zwar nicht explizit thematisiert, doch geht vor allem aus den Aussagen in Chile hervor, dass sie im extrem negativen Bereich lagen. Die Polizei griff die Kinder und Jugendlichen von der Straße auf und brachte sie in (z.T. staatliche) Erziehungsheime, wo ihnen statt Unterstützung und Hilfe eher Repression und Desinteresse entgegenschlug. Allerdings war es bei der Hälfte der Befragten ebenfalls die Polizei, die das auslösende Moment für den Schritt weg von der Straße darstellte: „Ich hatte das Leben auf der Straße schon satt, dann habe ich einen Jungen (...) zusammengeschlagen und dann kam die Polizei (...) und sie haben mich hierher gebracht." (Enzo, Chile)

4.5.2.2 Beziehungsfelder

In diesem Bereich wurde nach den familiären und verwandtschaftlichen Beziehungen einerseits sowie den Kontakten zu Gleichaltrigen, Bekannten und Partner(inne)n andererseits gefragt. Im Rahmen dessen wurden auch Veränderungen berücksichtigt und in Relation zu den Aussagen hinsichtlich der kindlichen Sozialisationszeit analysiert. 8 der 14 deutschen Befragten (Franzi, Julia, Lucy, Melanie, Nico, Ralf, Sandy und Sanni) hatten zum Zeitpunkt der Gespräche keinen Kontakt zur Mutter, oder diese Beziehung gestaltete sich sehr negativ. 2 Befragte (Antonio und Pascal) verloren ihre Mutter bzw. HBP (Antonio durch Überdosis und Pascal durch einen Herzinfarkt). 4 der befragten Jugendlichen (Dieter, Hacki, Jens und Rachel) hatten zum Zeitpunkt der Interviews (wieder) ein positives Verhältnis zu ihrer Mutter: „Ich ruf' meine Mutter so eigentlich fast jeden Abend von hier aus an, wenn ich hier bin. Fahr auch am Wochenende auch mal vorbei und so. Ich hab' auch so'n besseres Verhältnis zu meiner Mutter. (...) Ich hab' viel Scheiße mit meiner Mutter gebaut. Ich hab' meine Mutter auch selber tätlich angegriffen. Aber ist halt meine Mutter und 'n bisschen Respekt hab' ich dann doch vor der." (Dieter)

Stand die Mutter als Bezugsperson und Unterstützerin zur Verfügung, nahmen die Jugendlichen ihre Hilfe vor allem in materieller Hinsicht (Nahrung, Duschgelegenheit etc.) gern an. Wenn sich das Verhältnis zur Mutter allerdings negativ gestaltete oder überhaupt kein Kontakt mehr bestand, wurden auch andere Ressourcen im familiären Bereich, vor allem die Geschwisterbeziehungen, in Mitleidenschaft gezogen.

Wie dargestellt, wies die Beziehung zur männlichen Hauptbezugsperson in der Kindheit der befragten Jugendlichen extreme Defizite auf. Zum Zeitpunkt der Interviews zeigte sich ein ähnliches Bild. 11 der 14 Jugendlichen beschrieben den Kontakt zum leiblichen, Stief- oder Pflegevater als negativ, distanziert oder nicht existent, in einigen Fällen auch von Hass geprägt, wie Dieter: „Mein Vater war ein richtiges Schwein, kann man sagen. (...) Ich wart' nur noch, wenn ich den irgendwo mal auf der Straße sehen würde. Ich würd' dem irgendwie – keine Ahnung, auf jeden Fall irgendwas brechen. Ich würd' den auf jeden Fall umhauen." Nur Rachel änderte das negative Verhältnis zu ihrem Vater, indem sie mit ihrer Therapeutin eine Strategie entwickelte, wieder in Kontakt mit ihm zu treten. Nur 2 Befragte (Pascal und Lucy) hatten ein durchgängig gutes Verhältnis zu ihren männlichen Hauptbezugspersonen. Bei 12 Befragten ließ sich keine Verbesserung der Beziehung zum Vater feststellen. Stattdessen muss davon ausgegangen werden, dass die angespannten oder abgebrochenen Beziehungen nach wie vor erhebliche Belastungspotenziale für die Jugendlichen darstellten.

Auch die Geschwisterbeziehungen scheinen von den belasteten Beziehungen zu den Eltern bzw. Hauptbezugspersonen betroffen zu sein. 10 Befragte hatten (fast) keinen Kontakt zu ihren Geschwistern, was besonders bei Julia und Lucy auf die Konflikte mit den Müttern zurückzuführen war, und nur 4 Befragte berichteten von einem positiven und zum Teil engen Kontakt zu ihren Geschwistern.

Im Bereich weiterer verwandtschaftlicher Beziehungen verfügten 5 Befragte zumindest teilweise über Ressourcen, die allerdings auch schon in ihrer kindlichen Sozialisation existiert hatten und auf die sie in Notfällen zurückgreifen konnten.

Freundschaften haben generell einen hohen Stellenwert für die Befragten. Alle nannten, auf die wichtigsten Dinge in ihrem Leben angesprochen, u.a. den Bereich Freundschaft: „Die Menschen, die hier z.B. leben, die teilen alle. Das is eine große Familie. Auch die Leute, die auf der Straße leben, Platte, das – is einfach schön. Also mir gefällt das auch, einfach der Zusammenhalt. (...) Der Zusammenhalt ist unglaublich stark (...) z.B. Freundschaft, einfach für einen da sein, wenn einer dich braucht. Tja, zuhören, helfen, keine Ahnung, was noch alles." (Hacki) Pascal berichtete von seiner Skaterclique und dem dort herrschenden starken Zusammenhalt untereinander. Für alle Befragten waren Freundschaften ein wichtiger Bestandteil ihres Lebens (auf der Straße), was Jens noch zuspitzte, als er auf die Frage nach den wichtigsten Personen antwortete: „Wenn man keine Freunde hat, dann macht das Leben auch keinen Sinn."

Für 5 der befragten deutschen Jugendlichen spielten auch Partnerschaften (und z.T. daraus resultierende Schwangerschaften) eine wichtige Rolle. Lucy, die zum Zeitpunkt des Interviews eine 6 Monate alte Tochter hatte, deren Vater Schwede war und zu seiner Tochter keinen Kontakt hielt, fühlte sich durch die Mutterschaft überfordert und „wählte" stattdessen das Leben auf der Straße. Neben Lucy war auch Franzi zum Zeitpunkt des Gesprächs im ca. 8. Monat schwanger. Mit dem Vater ihres Kindes war sie ungefähr 1 Jahr zusammen, doch sie trennten sich, „weil er mich angelogen hat, der hat mich ganz doll angelogen." Beide Mädchen waren zum Zeitpunkt ihrer Schwangerschaft erst 15 Jahre alt. Gerade für junge Mädchen und Frauen, die auf der Straße leben, verbindet sich mit der Schwangerschaft häufig der Wunsch, „das Milieu zu verlassen", die Drogensucht zu überwinden, die Beziehung zu festigen[61] und jemanden an ihrer Seite zu haben, dem Zuneigung entgegengebracht und von dem Zuneigung erlangt werden kann. 3 weitere Befragte (Hacki, Dieter und Rachel) befanden sich zum Zeitpunkt der Interviews in Partnerschaften, doch nur Rachel hatte eine längere Beziehung.

Hinsichtlich der formellen Ressourcen bestanden in beiden südamerikanischen Ländern kaum Kontakte zu Einrichtungen und die Erfahrungen aus diesem Bereich wurden insgesamt negativ bewertet. Ähnlich wie in Deutschland wurde ein weitaus größeres Gewicht auf Freundschaften und den Zusammenhalt auf der Straße gelegt. Für jene Befragten, die nicht auf der Straße übernachten mussten, stellten Freundschaften einen möglichen Schutzraum dar: „Ich habe nie auf der Straße geschlafen. Ich schlief bei Freunden." (Nelson, Chile) Für andere boten sie Gemeinschaft und Hilfe bei Problemen, aber auch Stärke gegenüber anderen Gruppen, gegen die es sich zu verteidigen galt. Beziehungen zur Familie, die schon vor dem Schritt auf die Straße belastet gewesen waren, erfuhren auch während der Zeit des Straßenaufenthaltes keine wesentliche Veränderung. In Bolivien hatte in dieser Zeit keiner der Befragten Kontakt zu seinen HBP, während in Chile zumindest 2 (Juan und Noemi) von einer positiven Beziehung zu ihrer Mutter berichteten. Im Bereich verwandtschaftlicher Beziehungen konnten in Bolivien 2 Jugendliche (Sandra und Angel) auf Ressourcen zurückgreifen: „Meiner Schwägerin habe ich alles erzählt (...) Sie war wie eine Schwester für mich." (Sandra) In Chile konnten sogar 5 Befragte auf Hilfe in diesem Umfeld zählen. Francisco hatte Kontakt mit einem Onkel: „Wenn ich nichts zu essen habe, dann gibt er mir was." Insgesamt lassen sich sowohl die institutionellen bzw. formellen als auch die familiären bzw. verwandtschaftlichen Beziehungen als defizitär charakterisieren, während im Bereich von Freundschaften und informellen Beziehungen auf der Straße große Ressourcenpotenziale liegen, die u.a. der Überlebenssicherung dienen.

Aufgrund der z.T. extrem negativen Vorerfahrungen (aus der Zeit der kindlichen Sozialisation) mit Institutionen (Schule, Jugendhilfeeinrichtungen etc.) begegneten die Befragten allen eher kontrollorientierten Instanzen auch in ihrer aktuellen Situation mit Skepsis. Wenn überhaupt formelle Netzwerke in Anspruch genommen wurden, dann im niedrigschwelligen Bereich. Daher erhalten die informellen Ressourcen bei den befragten Jugendlichen eine größere Bedeutung. Für alle spielten Freundschaften eine übergeordnete

---

61   Vgl. Jürgen Sand, Soziale Arbeit mit „Straßenkindern", a.a.O., S. 125ff.

Rolle. Der Zusammenhalt in der Gruppe gab den meisten (Selbst-)Vertrauen; sie wurde häufig als Familienersatz betrachtet. Einige verfügten über Ressourcen im familiären oder Verwandtschaftsbereich; mehrheitlich jedoch konnten die während der Primärsozialisation entstandenen Negativerfahrungen mit den HBP auch „auf der Straße" nicht reduziert werden, vertieften sich vielmehr eher. Einige Befragte, vorwiegend weibliche, äußerten den Wunsch nach einer stärkeren psychosozialen Betreuung, die aufgrund mangelnder Kapazitäten nicht ausreichend gewährleistet werden konnte.

4.5.3 Folgen der „Überlebens"-Deprivationen

Die individuellen Ressourcen der befragten Jugendlichen (Kapitalien i.S. von Bourdieu) beziehen sich in dieser Untersuchung hauptsächlich auf die Bewältigungs- und Überlebensstrategien. Generell lassen sich der Aufbau individueller Ressourcen und die Entwicklung von Bewältigungsstrategien in Kindheit und Jugend auf der Basis individueller Einschätzungen der Befragten nur sehr begrenzt per Interview abfragen. Daher sind die einzelnen Einordnungen, Darstellungen etc. eine Mischung aus individuellen Aussagen der Befragten und Zuschreibungen. Unter den individuellen Ressourcen werden, ausgehend vom Bourdieu'schen Kapitalienbegriff, soziales (z.B. emotional-affektive Fähigkeiten), kulturelles (z.B. kognitiv-rationale Fähigkeiten) und biophysisches Kapital (z.B. psychomotorische Fähigkeiten) verstanden, die im Hinblick auf in der Sozialisation entwickelte und in der Zeit auf der Straße auftretende Bewältigungsformen analysiert werden sollen.

Gerade in Bezug auf intrapsychische Phänomene war die Auswertung der südamerikanischen Datensätze extrem schwierig. Zur Analyse der Copingstrategien konnten nur die Aussagen der Befragten herangezogen werden, während jegliche Kenntnis über ihr Auftreten und den vermittelten Eindruck sowie Sprachgestaltung und Kooperation fehlten.

4.5.3.1 Analyse des sozialen Kapitals der befragten Jugendlichen

Um das soziale Kapital besser erfassen zu können, wurde zwischen emotional-affektiven und sozial-kommunikativen Fähigkeiten unterschieden. Der emotional-affektive Bereich umfasst die Fähigkeiten, die dem Individuum im Umgang mit intrapsychischen Phänomenen zur Verfügung stehen. Im Sinne einer Betrachtung der einzelnen Teilaspekte als Fähigkeiten werden sie in Bezug auf ein potenzielles Bewältigungsverhalten analysiert.

Selbstverletzungen bildeten schon in der Kindheit eine auffällige Verhaltenweise der weiblichen Befragten. In der Analyse der Ressourcen zum Zeitpunkt der Interviews stellte sich heraus, dass alle 6 diese Art der Problembewältigung beibehalten haben und noch immer anwendeten. 3 der jungen Frauen (Julia, Sandy und Melanie) bezeichneten sich explizit als Borderline-Persönlichkeit. Sandy z.B. wies deutlich auf das selbstverletzende Verhalten als Problemlösungsstrategie hin: „Oh, ich bin Borderliner. Dann sind meine Arme dran, so wie gestern halt. (I: Gibt's da keine Menschen, mit denen du darüber reden kannst?) Doch schon, aber erst im Nachhinein, weil reden nützt dann bei mir in dem Moment nicht." Und in einem späteren Teil: „(I: Wenn du Probleme hattest, was hast du da gemacht?) Ich hatte eigentlich immer 'ne Rasierklinge dabei."

Von den männlichen Befragten äußerte sich keiner zu dieser Art der Problembewältigung. 4 von ihnen (Antonio, Dieter, Hacki und Ralf) nannten stattdessen gewalttätiges, aggressives Verhalten als Mittel zur Lösung und Bewältigung von Konflikten. Hacki skizzierte die körperliche Auseinandersetzung als Bewältigungshandeln: „Ja, das hab ich 'ne lange Zeit lang gemacht, hab' ich alles in mich rein gefressen. Und irgendwann ist dann halt der Punkt gekommen, wo halt alles hochgekommen ist und meistens gab's dann irgendwie 'ne Schlägerei und dann war's halt irgendwie auch okay." Neben den männlichen Befragten, die in Gewaltausübung eine Möglichkeit zur Problemlösung sahen, äußerten sich auch 3 weibliche Jugendliche (Julia, Lucy und Sandy) zu dieser Art der Bewältigung.

6 der 14 befragten Jugendlichen (Antonio, Hacki, Jens, Pascal, Rachel und Sandy) verfügten über ein positives Selbstwertgefühl, was besonders in den Aussagen der Jugendlichen zum Ausdruck kam, die selbstständig und aus eigener Motivation heraus einen Drogenentzug durchführten (Antonio und Rachel). Antonio z.B. vertrat die Ansicht, dass es seine eigene „Schuld" gewesen sei, weshalb er sie allein begleichen müsse: „Bin allein drauf (auf Heroin; d.Verf.) gekommen, also musste ich mir auch irgendwie selbst helfen. Ich mein', die haben mich da unterstützt, indem die mir auch was gegeben haben, womit ich mich beschäftigen konnte und Gummibärchen und was weiß ich nicht noch alles. Das ist klar, aber so sonst – ich hab' nicht gesagt: ,Gib mir Schmerzmittel!' oder so. Musste alleine mit fertig werden. Und das hat ganz gut geklappt."

Erkennbar wurde ein positives Selbstwertgefühl häufig im Zusammenhang mit der Abgrenzung von anderen oder einer Betonung der eigenen Problemlösungskompetenz. 6 Jugendlichen mit einer positiven Selbsteinschätzung stehen 7 Jugendliche (Dieter, Franzi, Julia, Lucy, Melanie, Nico und Sanni) gegenüber, deren Aussagen teilweise auf Gegenteiliges schließen lassen. Dieter z.B. stellte bei sich eine negative Persönlichkeitsveränderung fest: „Ich denke mir mal also, ich werd', ich denk mir mal immer etwas negativer, weil ich bin sehr aggressiv geworden. Weiß ich nicht, hab' weiß nicht, muss mich prügeln. Ich bin momentan wirklich darauf aus, ja und mit den Drogen ist auch immer schlimmer geworden."

8 der befragten Jugendlichen (Antonio, Hacki, Julia, Jens, Melanie, Nico, Pascal und Rachel) äußerten sich optimistisch im Hinblick auf ihre Zukunft. Nico, der nur sehr wenige positive Erfahrungen in seinem bisherigen Leben gemacht hatte, begründete dies folgendermaßen: „Ich find', das macht alles ja

noch schlimmer, wenn man immer daran denkt, wie scheiße das früher war. Denk ich mir lieber irgendwie, es kann noch schöner werden, oder so." Optimismus als Copingressource ist ein wesentliches Element des Bewältigungsverhaltens, das vor Resignation oder Depression bewahrt und einen Ansporn im Umgang mit Problemen und Schwierigkeiten gibt. In den Aussagen von 4 befragten Jugendlichen (Dieter, Franzi, Lucy und Sanni; Ralf und Sandy machten dazu keine Angaben) zeigte sich allerdings, dass durch extreme Belastungserfahrungen und traumatische Erlebnisse die Hoffnung auf eine positive Zukunft und der Glaube an „das Gute im Menschen" stark beeinträchtigt waren, was sich in den Handlungsspielräumen und im Umgang mit anderen niederschlug.

Angst ist – anders als Optimismus – ambivalent. Sie kann als das bewusste Erleben eines Erregungszustandes definiert werden und somit als Schutzmechanismus funktionieren, als Warnfunktion in bestimmten Situationen, aber auch als Hemmschwelle, als Einschränkung der aktiven Handlungen. Gerade Zukunftsangst gehört in die letzte Kategorie und war im Bereich der Nennungen zu dieser Variablen am häufigsten vertreten. Viele Äußerungen deuten darauf hin, dass bei den befragten Jugendlichen die Vulnerabilitäts- gegenüber resilienten Faktoren überwogen und dass sie Unterstützung von außen benötigten.

Neben 8 Befragten (Franzi, Julia, Jens, Lucy, Melanie, Nico, Sandy und Sanni), die sich zumindest zeitweise der Verdrängung als Bewältigungsstrategie bedienten, dokumentierten 5 Jugendliche (Antonio, Dieter, Hacki, Pascal und Rachel) in ihren Aussagen, dass sie sich sehr bewusst mit ihrer Lebenssituation auseinandersetzten. Hacki äußerte: „Ich denk oft an meine Vergangenheit, was ich hätte anders machen können. Doch, ich hab' auch viel Scheiße gebaut und ich wünschte manchmal, ich könnt' die Zeit zurückdrehen einfach und mir selber ein paar auf die Schnauze hauen."

Der (unbewusste) Einsatz von Verdrängungsmechanismen als Bewältigungsstrategie bedeutet nicht unbedingt, dass die Jugendlichen über ein geringes selbstreflexives Potenzial verfügten. Vielmehr waren sie sich (z.B. Julia) dieser Tatsache durchaus bewusst, was die Ressourcen im reflexiven Bereich eher verstärkt als verringert. Daher wurden auch 10 der 14 Befragten solche Kompetenzen zugeschrieben; lediglich 4 Befragte (Franzi, Nico, Ralf und Sanni) vermittelten durch ihre Aussagen und ihr Verhalten vor, während und nach den Interviews den Eindruck, dass sie sich nur sehr wenig mit sich selbst auseinandersetzten.

Zusammenfassend lässt sich feststellen, dass im Bereich der emotional-affektiven Fähigkeiten bei über der Hälfte der Befragten individuelle Ressourcen zur Verfügung standen, die als soziales Kapital eingesetzt werden konnten. Besonders deutlich zeigten sich Kompetenzen im Bereich des Selbstwertgefühls, der Möglichkeit zur Selbstreflexion und der Fähigkeit zum optimistischen Denken. Allerdings traten bei (mindestens) 4 der Befragten z.T. extreme Defizite im emotional-affektiven Bereich der individuellen Ressourcen auf, welche die Handlungsspielräume der Jugendlichen vermutlich stark beeinträchtigten.

Die sozial-kommunikativen Fähigkeiten beziehen sich in erster Linie auf die interpsychischen Kompetenzen der befragten Jugendlichen. Die Analyse dieser Fähigkeiten soll Aufschluss über die individuellen Ressourcen im Umgang mit anderen Menschen geben, z.B. beim Kontaktaufbau, der sowohl soziale als auch sprachlich-kommunikative Kompetenzen erfordert.

Insgesamt ist bei den Befragten eine Fähigkeit zum Aufbau formeller Netzwerke erkennbar, die das Überleben sichern helfen. Allerdings fiel auf, dass nach Einschätzung der Befragten zu wenig Einrichtungen existieren und die Kapazitäten der bestehenden unzureichend sind. Viele Befragte äußerten sich über den höheren Bedarf, vor allem in Bezug auf die Aufenthaltsmöglichkeiten während des Tages.

4.5.3.2 Analyse des kulturellen Kapitals

Um die kognitiv-rationalen Fähigkeiten der befragten Jugendlichen einschätzen zu können, wurden Variablen zum Bildungsstand und zur Bildungsaspiration entwickelt. Im Rahmen einer Beurteilung der Intelligenz wurden die Schullaufbahnen und -abschlüsse der Jugendlichen untersucht. Aussagekräftig im Hinblick auf den Erwerb von kognitiv-rationalen Fähigkeiten ist neben der Tatsache, dass nur 2 der 14 Befragten über einen Schulabschluss verfügten, auch der Umstand, dass 13 Jugendliche die Haupt- oder Sonderschule besuchten und nur ein männlicher Befragter zeitweilig zur Realschule ging. Der zum Zeitpunkt der Interviews erreichte Bildungsstand sagt aber wenig über die Intelligenz der Befragten aus, kann vielmehr als Zeugnis von Schwierigkeiten (d.h. materiellen bzw. sozialen Ressourcendeprivationen) und mangelnder Hilfestellung gelten.

Der Blick auf die (Aus-)Bildungsaspiration gibt einen besseren Aufschluss über die Kompetenz im kognitiv-rationalen Bereich. Schon der Wunsch der Jugendlichen, ihre Schullaufbahn (oder ihre Berufsausbildung) zu beenden, weist auf die Möglichkeit einer Erweiterung der Fähigkeiten hin. 3 der befragten Jugendlichen (Antonio, Pascal und Rachel) befanden sich zum Zeitpunkt der Interviews in Maßnahmen, die ihrer schulischen Weiterbildung dienten. Für 2 Befragte (Sandy und Julia) war ein erneuter „Beschulungsbeginn" definitiv. 3 männliche Befragte (Dieter, Hacki und Jens) hatten das Ziel, eine Ausbildung zu beginnen bzw. zu Ende zu bringen. Besonders in den Aussagen von Julia und Jens wurde deutlich, dass sie Zukunftspläne schmiedeten, deren Realisierung viele Ressourcen erfordern. Um diese Ziele zu erreichen, müssten sie ihre Lebenssituation grundlegend ändern (beide lebten in einer Notschlafstelle). Die übrigen 6 Jugendlichen verfügten über keine Aspiration im Hinblick auf ihre Bildungskarriere: 2 Befragte (Franzi und Lucy) lehnten die Schule als Institution ab, 3 Befragte (Nico, Sanni und Ralf) erschienen in dieser Hinsicht perspektivlos und Melanies Aussagen zu diesem Punkt waren unklar.

Zusammenfassend lässt sich sagen, dass zwar nur 2 von 14 Befragten kulturelles Kapital i.S. von Schulabschlüssen hatten, aber immerhin mehr als die Hälfte der Befragten Aspirationen zum Erwerb kulturellen Kapitals erkennen ließen. Jene, die über keinen Abschluss und (fast) keine Aspiration verfügten, waren dementsprechend auch im Bereich der (sozial-)kommunikativen Fähigkeiten eher benachteiligt.

Dem kulturellen Kapital ist in dieser Untersuchung neben den kognitiv-rationalen Fähigkeiten auch die Außendarstellung von kulturellem Kapital zugeordnet. 6 der Befragten (Antonio, Julia, Jens, Pascal, Rachel und Sanni) machten explizite Aussagen zur Beschäftigung mit Kunst und/oder Literatur. Antonio, Pascal und Rachel beschäftigten sich z.B. aktiv mit Kunst, indem sie malten bzw. Graffiti sprayten. Neben der Kunst wurde von 2 Befragten (Jens und Julia) das Lesen besonders herausgestellt. Für Julia bedeutete es Tagesgestaltung, Ablenkung und Flucht, aber auch kognitive Auseinandersetzung mit und Verarbeitung von Problemen: „Wenn ich auf der Straße bin, lese ich eigentlich die ganze Zeit. Hauptbahnhof, Bahngleis 1. (I: Auch wenn's kalt ist?) Ja ja, dann bin ich eben im Wartesaal oder irgendwo in Zügen, dann fahr' ich den ganzen Tag von Bonn nach Köln oder Düsseldorf. (...) hab' ich mir immer wieder Bücher ausgeliehen und seitdem immer wieder, wenn ich irgendwie kann, dann lese ich immer." Der Aufenthalt in Bahnhöfen oder Zügen barg für Julia immer das Risiko, mit der Polizei in Konflikt zu geraten, da sie Bahnhofsverbot hatte und sich keine Fahrkarte kaufen konnte.

Die Variable „Kleidung/äußeres Erscheinungsbild" kann nur aufgrund des ersten Eindrucks im Rahmen der Interviewsituation beurteilt werden. Bis auf eine Befragte (Sanni) machten alle Jugendlichen einen sehr gepflegten Eindruck, d.h. sie trugen saubere Kleidung und waren häufig frisch geduscht. Einige Befragte distanzierten sich von Erwachsenen ohne Wohnung bzw. Heroinabhängigen und betonten, dass sie nicht so werden wollten, was sich auch in ihrem Erscheinungsbild äußerte. Für alle bildete ein gepflegtes Äußeres eine Art Schutzraum, denn sie fielen Sicherheitsdiensten und Polizei nicht so schnell auf, was ihnen einen längeren Aufenthalt in öffentlichen Räumen ermöglichte.

4.5.3.3 Analyse des biophysischen Kapitals

Als letzter Bereich der individuellen Ressourcen soll das biophysische Kapital der befragten Jugendlichen analysiert werden. Darunter sind die psychomotorischen und biologisch-vitalen Fähigkeiten zu verstehen, wozu auch der Drogenkonsum gezählt wird, da sich beide Elemente auf die Biophysis der Jugendlichen auswirken und entweder ein Ressourcenpotenzial oder Defizite aufzeigen. Über die Hälfte der Jugendlichen sagten, dass ihnen die aktive Betätigung sehr wichtig sei und Sport oder auch nur die körperliche Bewegung einen hohen Stellenwert in ihrem Tagesgeschehen habe.

Der als abschließende Variable den Bereich des biophysischen Kapitals näher beleuchtende Drogenkonsum wurde schon dargestellt, weshalb an die-

ser Stelle nur noch auf die Funktion von Drogen als Mittel zur Lebensbewältigung eingegangen werden soll: Jürgen Meyer zufolge liegt der Grund für
den Drogenkonsum in der deutschen Straßenszene darin, „daß psychosoziale
Belastungen durch ‚Gefühle wie Angst, Ekel, Frust, Wut, Perspektivlosigkeit
und Langeweile etc. unter Einfluss der Drogen nicht mehr gespürt werden‘".[62] Dies allein scheint allerdings zu kurz gegriffen, denn das Suchtver-
halten kann (wie auch in der DJI-Studie dargestellt) die Übernahme eines bekannten Bewältigungs- und Handlungsschemas sein, das die Jugendlichen
„aus ihren Familienzusammenhängen kennen und das sie auf der Straße lediglich fortsetzen, wenn auch häufig mit anderen Mitteln bzw. Drogen."[63] Bei
10 der befragten 14 Jugendlichen wurde von mindestens einem Elternteil
bzw. einer HBP Drogen konsumiert.

4.5.3.4 Subjektive Einschätzung des Problemlösungsverhaltens

Den Bereich der individuellen Ressourcen abschließen soll eine Darstellung
des subjektiv beurteilten Problemlösungsverhaltens, das u.a. durch die Frage
„Wenn du ein Problem hast, was machst du dann?" ermittelt wurde. Insgesamt lässt sich sagen, dass jene Befragten, die schon in ihrer Kindheit über
positive Bewältigungsstrategien verfügten, auch zum Zeitpunkt der Interviews ein produktives Problemlösungsverhalten zeigten, während jene Jugendlichen, die in ihrer Kindheit kaum Gelegenheit hatten, den Umgang mit
Konflikten oder Problemen zu lernen, auch im späteren Verlauf keine positiven Strategien entwickelten. 9 der Befragten beantworteten die Frage nach
ihrem Problemlösungsverhalten mit der Nennung positiver Strategien (was
allerdings gleichzeitig eingesetzte negative nicht ausschloss), wozu neben
Selbstreflexion und der Aktivierung formeller Ressourcen vor allem Gespräche gehörten. 7 Jugendliche (Antonio, Dieter, Julia, Jens, Lucy, Pascal und
Rachel) verwiesen u.a. auf diese Strategie.
    Eine weitere Variante der Problembewältigung, die sicherlich auch in der
kommunikativen Auseinandersetzung zum Tragen kommt, ist die Selbstreflexion. 3 Befragte (Rachel, Sandy und Sanni) nannten explizit diese Strategie. Bei Sandy stellte sie sich eher subtil dar: „Ich musste mit meinen Problemen immer alleine klar kommen. (...) Ich lass' mir schon helfen, aber nur
im Moment nicht. Weil, das ist halt ungewohnt, muss man sich erst dran ge-
wöhnen." Berücksichtigt werden muss, dass sich Sandy mit dieser „Lösungsstrategie" überforderte, da sie sich – ähnlich wie 4 andere weibliche Befragte
(Franzi, Julia, Melanie und in ihrer Zeit auf der Straße auch Rachel) – bei
Problemen autoaggressiv bzw. selbstverletzend verhielt.
    Neben dem selbstverletzenden Verhalten, zu dem bei einigen auch Sui-
zidversuche gehörten, waren Gewalt und Verdrängung bzw. „In-sich-Rein-

---

62 Jürgen Meyer, zit. nach: Gabriele Pfennig, Lebenswelt Bahnhof, a.a.O., S. 15
63 Siehe Hanna Permien/Gabriela Zink, Endstation Straße?, a.a.O., S. 259

fressen" die häufigsten Nennungen im Bereich eher „aktionshemmender" Bewältigungsstrategien. Bis auf 2 Jugendliche nannten alle Befragten dafür Beispiele. 5 Jugendliche (Antonio, Dieter, Hacki, Lucy und Ralf) berichteten von aggressivem Verhalten, mit dem sie sich bei Problemen zu helfen versuchten.

Eine „Nichtauseinandersetzung" mit Problemen war die Lösungsstrategie von weiteren 5 Befragten (Antonio, Franzi, Hacki, Julia und Nico). Nico z.B. hat nach eigener Aussage nie gelernt, mit Problemen umzugehen, und fraß sie deshalb „in sich rein": „(Und was machst du, wenn du Probleme hast?) Gar nichts, so, ich weiß nich. Also, ich hab' noch nie so richtig mit einem darüber geredet so. Also, da hat ich – obwohl, das is auch das, meine Eltern so, die haben irgendwie ja nie mit mir geredet so, irgendwie. Wenn 'n Problem da war, irgendwie, zack eins auf die Löffel." An dieser Stelle ist ein direkter Zusammenhang zwischen kindlicher Sozialisation und den individuellen Ressourcen zum Zeitpunkt der Interviews erkennbar. Auch Dieter stellte einen Zusammenhang zwischen seiner Aggressivität und dem durch den Vater vorgelebten Verhalten her: „Ja, ich hab' sehr viel, sehr viel Schläge gekriegt. Der ist mir mit den Schuhen auf den Fingern rumgetrampelt und so." In der Kindheit vorgelebte Verhaltensweisen haben demnach starke Auswirkungen auf das Coping zu einem späteren Zeitpunkt.

Die häufigste Bewältigungsstrategie der Befragten in Bolivien war (ähnlich wie bei den deutschen Jugendlichen) das Gespräch bzw. die Suche nach einem Gesprächspartner, um Probleme zu diskutieren. 11 der 14 Jugendlichen berichteten, sich mit ihren Sorgen und Schwierigkeiten an Freunde oder Erzieher/innen zu wenden. Einige hatten ein sehr gutes Verhältnis zu den professionellen Bezugspersonen, wie z.B. Lenny: „Ich spreche mit den Erziehern, oder wenn es zu persönlich ist, mit dem Vater meiner Tochter. Ich versuche, das Problem zu lösen, aber es gelingt mir manchmal nicht. Deswegen ist es wichtig, mit den Erziehern zu sprechen."

Neben der Aktivierung sozialer Ressourcen war bei mindestens 7 Befragten (Ines, Lenny, Nelson, Jesús, Pilar, Cesar und Richard) ein hohes selbstreflexives Potenzial ersichtlich. Sie berichteten von einer kognitiven Auseinandersetzung mit Problemen, schätzten ihre Kompetenzen differenziert ein und erschienen in ihren Aussagen selbstsicher. Für die Hälfte der Befragten spielte Sport eine wichtige Rolle in ihrem Leben, der von 2 Befragten (Ruben und Waldo) explizit auch zum Stressabbau genutzt wurde.

Im Bereich negativer Bewältigungsstrategien war es vor allem aggressives Verhalten, das von den Befragten beschrieben wurde. Cesar sah darin sogar eine positive Kompetenz, was er in folgendem Zitat verdeutlichte: „Wenn mich jemand beleidigt, dann schlage ich ihn – das ist meine Stärke." Insgesamt überwogen bei den bolivianischen Befragten allerdings positive Bewältigungsstrategien, was u.a. darauf zurückzuführen ist, dass bis auf eine Jugendliche zum Zeitpunkt der Interviews alle in einem Projekt betreut wurden, wo sie Gelegenheit hatten, in der Gruppe Probleme zu diskutieren und sich mittels professioneller Hilfe mit ihrer Vergangenheit auseinanderzusetzen.

Auch Zukunftsperspektiven, die durch das Projekt z.T. reale Chancen hatten, beeinflussten eine positive Form der Bewältigung.

Die Befragten in Chile lebten zum Zeitpunkt der Interviews ebenfalls zu einem Großteil (11 von 14) in einem Projekt. In Bezug auf ihre subjektiven Bewältigungsstrategien nannten über die Hälfte der Jugendlichen die Suche nach einem Gespräch. Ähnlich wie in Bolivien maßen 8 der Befragten sozialen Ressourcen einen hohen Stellenwert zu, wenn es um die Lösung von Problemen ging. Neben den Erzieher(inne)n im Projekt spielten dabei Freunde, die sich in der gleichen Situation befanden, eine große Rolle, z.B. für Nelson: „Wenn ich Probleme habe, dann spreche ich mit einem Freund. Er hört mir immer zu und gibt mir immer Ratschläge. Er sagt, dass wenn ich noch mal mit Waffen handele oder Drogen nehme, wird er nicht mehr mein Freund sein. (...) So unterstützen wir uns gegenseitig."

6 Befragte äußerten, Probleme hauptsächlich mit sich allein auszumachen, da ihnen entweder enge Bezugspersonen fehlten oder sie es nie anders gelernt hätten. Wenn etwa Marcos Sorgen hatte, dann sprach er „mit niemandem. Weil ich gewohnt bin, meine Probleme allein zu lösen. Ich rede nicht gerne darüber." 4 Jugendliche nahmen zum Zeitpunkt der Befragung noch Drogen und 3 Befragte griffen manchmal zur Gewalt, um ihre Probleme zu lösen. Insgesamt überwogen bei den chilenischen Befragten jedoch positive Bewältigungsstrategien, die sich auch im Hinblick auf ihre Zukunftswünsche auswirkten.

4.6 Zukunftsperspektiven der befragten Jugendlichen

Am Ende der Interviews wurde allen Jugendlichen die Frage gestellt, was sie sich für die Zukunft wünschten. Anhand der Antworten, die darauf gegeben wurden, und sonstiger Aussagen während der Gespräche lassen sich die Zukunftswünsche bzw. -perspektiven skizzieren.

Alle deutschen Befragten äußerten, dass sie in Zukunft in einer eigenen Wohnung leben wollten, gefolgt von dem Wunsch, einer Arbeit nachzugehen bzw. eine Ausbildung oder einen Schulabschluss zu machen, um eigenes Geld zu verdienen. Allerdings muss zwischen Wunsch und Perspektive unterschieden werden, denn einige Aussagen zu diesem Bereich erscheinen zunächst realitätsfern und stellen Tagträume (i.S. von Ernst Bloch) dar, was im Rahmen von Zukunftsplänen als Bewältigungsverhalten gedeutet werden kann. Der Glaube an eine positive Zukunft kann helfen, die momentane Situation zu erleichtern, auch wenn sich die Wünsche wegen äußerer Umstände (z.B. eines fehlenden Schulabschlusses) nicht erfüllen.

3 Jugendliche (Dieter, Melanie und Sanni) beschrieben die nähere Zukunft generell als problematisch. Sie sahen keine kurzfristig möglichen Veränderungen und hatten aufgrund ihrer Drogen- bzw. gesundheitlichen Situation weitere Probleme. 2 Befragte litten unter ihrer familiären Situation

(Franzi und Lucy, die beide ein Kind hatten bzw. erwarteten), und auf 3 Befragte (Sandy, Lucy und Sanni) kamen eine Gefängnisstrafe bzw. Gerichtsverhandlungen in der näheren Zukunft zu.

Resümierend kann festgestellt werden, dass alle der in der deutschen Untersuchung befragten Jugendlichen über Zukunftswünsche verfügten, die manchmal sogar zu Tagträumen wurden, dass zum Zeitpunkt der Interviews aber nur 6 der Befragten in verschiedenen Bereichen (Job/Ausbildung, Wohnung) realistische Perspektiven zur Verwirklichung hatten. Für alle anderen war zum Zeitpunkt der Interviews noch kein Ende ihrer Straßenkarriere in Sicht. Perspektivlos erschienen jedoch nur 3 Jugendliche.

In Bolivien stellte sich die Situation ein wenig anders dar, da (bis auf eine Befragte) alle Jugendlichen in einem Projekt betreut wurden und dort die Gelegenheit hatten, ihre Schullaufbahn wieder aufzunehmen, was die Chancen auf eine (positivere) Zukunft auch im beruflichen Bereich vergrößert. So gaben 11 der Jugendlichen an, die Schule beenden und teilweise eine Hochschule besuchen zu wollen. Cesar z.B. wollte „studieren, etwas werden und meiner Mutter helfen", während es Jesús als das Wichtigste in seinem Leben bezeichnete, „die Schule zu beenden, eine berufliche Ausbildung zu haben, im Programm mithelfen zu können." Weitere Nennungen im Bereich der Zukunftswünsche waren ein „normales Leben" (Ines und Roberto), Familiengründung (Sandra und Pilar) sowie eine eigene Wohnung (Alejandro, Ines, Lenny, Roberto und Sandra). Insgesamt erscheinen die Zukunftswünsche der befragten Jugendlichen in Bolivien zumindest in Ansätzen realisierbar, und nur 2 Jugendliche (Ines und Sandra) verfügten über sehr begrenzte Perspektiven.

Auch in Chile können die Zukunftsperspektiven der meisten Befragten als relativ positiv eingeschätzt werden, da auch sie Unterstützung aufgrund ihrer Projektzugehörigkeit fanden, was sich u.a. in der Fortsetzung (bzw. Aufnahme) einer schulischen und beruflichen Laufbahn manifestierte. 10 Befragte gingen zum Zeitpunkt der Interviews wieder zur Schule und einer (Luis) arbeitete nach einem abgeschlossenen Studium als Sozialarbeiter (was als Ausnahme zu bewerten ist). Neben Wünschen zur beruflichen Weiterbildung war es vor allem eine Familiengründung, die von 4 Befragten als positiv für ihre Zukunft beschrieben wurde. Insgesamt lassen die Aussagen von 10 Befragten darauf schließen, dass sie in absehbarer Zeit ein Leben abseits der Straße führen werden, während die Perspektiven für 4 Befragte (Enzo, Francisco, Fabiola und Loreto) als zunächst begrenzt einzuschätzen sind.

Selbst wenn man die Zukunftsperspektiven für ca. zwei Drittel der Befragten in allen drei Ländern als relativ positiv bewertet, sind die meisten von ihnen unter Berücksichtigung ihres klassen- bzw. schichtspezifischen Habitus und ihrer gesellschaftlichen Position auf der Skala sozialer Ungleichheit im Sinne von Bourdieu „ganz unten", was mit vermutlich geringen Chancen zur Veränderung ihrer sozialen Position korrespondiert.

5. Bildungsübergänge, Wohlbefinden und Gesundheit armer Kinder im deutschen Ost-West-Vergleich

Für einen innerdeutschen Ost-West-Vergleich der Bildungsübergänge, des Wohlbefindens und der Gesundheit armer Kinder stellt die sich hierzulande abzeichnende soziale Spaltung, welche auf die Lebenslagen der Kinder polarisierend zurückwirkt, den Ausgangspunkt dar.[1] Während es einer großen Mehrheit der Bevölkerung (noch) gut oder gar sehr gut geht, wächst die Anzahl derjenigen Personen, die in (relativer) Armut, Unsicherheit und Existenzangst leben. Am unteren Ende der Wohlstandsskala befinden sich überdurchschnittlich viele Kinder und Jugendliche.[2] Ein extrem hohes Armutsrisiko tragen junge Menschen, die in Ein-Elternteil- und/oder kinderreichen Familien aufwachsen. Ende 1998 bezogen insgesamt 1,1 Mio. Kinder bzw. Jugendliche unter 18 Jahren laufende Hilfe zum Lebensunterhalt: „Die Sozialhilfequote von Kindern ist damit fast doppelt so hoch wie im Bevölkerungsdurchschnitt."[3] Nach einem von der Hans-Böckler-Stiftung, dem DGB und dem Paritätischen Wohlfahrtsverband in Auftrag gegebenen Armutsbericht, welcher auf die unterschiedlichen Lebenslagen abstellt, müssen heute ca. 2 Mio. Kinder bis zu 15 Jahren, d.h. mehr als 14 Prozent dieser Altersgruppe, als arm gelten.[4] Angaben des Statistischen Bundesamtes zufolge be-

---

1   Vgl. Claus Schäfer, Ungleichheiten politisch folgenlos?, Zur aktuellen Einkommensverteilung, in: WSI-Mitteilungen 11/2001, S. 659ff.; Christian Alt, Kindheit in Ost und West. Wandel der familialen Lebensformen aus Kindersicht, Opladen 2001, S. 118ff.
2   Vgl. Magdalena Joos, Wohlfahrtsentwicklung von Kindern in den neuen und alten Bundesländern, in: Christoph Butterwegge (Hrsg.), Kinderarmut in Deutschland. Ursachen, Erscheinungsformen und Gegenmaßnahmen, 2. Aufl. Frankfurt am Main/New York 2000, S. 99ff.
3   Bundesministerium für Arbeit und Sozialordnung (Hrsg.), Lebenslagen in Deutschland. Der erste Armuts- und Reichtumsbericht der Bundesregierung, Bonn 2001, S. 78
4   Vgl. Walter Hanesch u.a., Armut und Ungleichheit in Deutschland. Der neue Armutsbericht der Hans-Böckler-Stiftung, des DGB und des Paritätischen Wohlfahrtsverbands, Reinbek bei Hamburg 2000, S. 81ff.

trug ihre Zahl während der 1990er-Jahre etwa 2,8 Mio.[5] Das war ungefähr jedes fünfte Kind bzw. jede/r fünfte Jugendliche.

5.1 Forschungsstand

Eine gesonderte Entwicklung war in den östlichen Bundesländern zu verzeichnen. Zu DDR-Zeiten gehörte Arbeitslosigkeit zu den unbekannten und Armut zu den zwar nicht ausschließlich, aber doch vor allem ältere Menschen belastenden Phänomenen des Lebens.[6] Arbeitslosigkeit galt in der ersten Hälfte der 1990er-Jahre auch als Hauptursache für „Umbruchsarmut" in den damals noch neuen Bundesländern; der Begriff wurde später kritisiert, weil sich die Armutsrisiken in Ostdeutschland verstetigt hatten.[7] Die neuen Bundesbürger/innen litten unter Arbeitslosigkeit und Armut nicht zuletzt deshalb mehr, weil sie kaum Strategien zu deren Bewältigung entwickelt hatten. Dies betraf keineswegs nur Un- oder Angelernte, sondern „auch Facharbeiter und höher Qualifizierte aus ehedem monostrukturellen Wirtschaftsregionen".[8]

Nach Johann Bacher und Claudia Wenzig ergaben sich für Minderjährige um die Jahrtausendwende Armutsrisiken von 12 Prozent in West- und 9,4 Prozent in Ostdeutschland. „Das Risiko, arm zu sein, war 1999 für Kinder in den alten Bundesländern fast doppelt so hoch wie für Erwachsene. In den neuen Bundesländern betrug die Relation 2,4. Kinder sind somit in einem besonderen Ausmaß armutsgefährdet."[9] In Westdeutschland sind Kinder in Ein-Elternteil-Familien, in Haushalten mit mehr als zwei Erwachsenen, Familien mit mehreren Erwerbslosen, mit geringem Bildungsniveau und mit hoher Geschwisterzahl einem besonderen Armutsrisiko ausgesetzt. „Gibt es im Haushalt keine Person ab 16 Jahre, die eine Realschule oder eine darüber hinausgehende Schulform abgeschlossen hat, so liegt das Armutsrisiko bei 20,2%. Bei zwei Geschwistern beträgt es 14,3% und erhöht sich bei drei und mehr auf 34,4%."[10]

---

5   Vgl. Statistisches Bundesamt (Hrsg.), Datenreport 1997, Bonn 1997, S. 523. Leider bietet der Datenreport 1999 (Bonn 2000) keine Aufschlüsselung der Armut nach Altersgruppen mehr.
6   Vgl. Günter Manz, Armut in der DDR-Bevölkerung. Lebensstandard und Konsumtionsniveau vor und nach der Wende, Augsburg 1992, S. 69ff.
7   Vgl. Hanna Haupt, Umbruchsarmut in den neuen Bundesländern?, in: Ronald Lutz/ Matthias Zeng (Hrsg.), Armutsforschung und Sozialberichterstattung in den neuen Bundesländern, Opladen 1998, S. 48
8   Siehe ebd., S. 49
9   Johann Bacher/Claudia Wenzig, Sozialberichterstattung über die Armutsgefährdung von Kindern, in: Hans Rudolf Leu (Hrsg.), Sozialberichterstattung zu Lebenslagen von Kindern, Opladen 2002, S. 119
10   Ebd., S. 120

Auch in den ostdeutschen Ländern unterliegen Kinder bei hoher Geschwisterzahl, Arbeitslosigkeit und geringer Bildung im Haushalt einem besonderen Armutsrisiko. Johann Bacher und Claudia Wenzig gehen davon aus, dass Kinder in Ein-Elternteil-Familien jedoch – im Unterschied zu Westdeutschland – kein erhöhtes Armutsrisiko haben. „Armut nimmt allerdings zu, wenn kleine Kinder im Haushalt leben. Dies zeigt sich auch darin, dass eine Geburt im Haushalt im letzten Jahr vor der Befragung zu einem deutlichen Anstieg des Armutsrisikos führt. Trennung und Scheidung tragen zu keiner statistisch bedeutsamen Zunahme des Armutsrisikos bei."[11] Dem widerspricht Michael Klein, wenn er – unter Bezug auf Richard Hauser und Werner Hübinger – schreibt, dass „alleinerziehende Frauen (...) in den neuen Bundesländern eine der Hauptgruppen der Armutsbevölkerung" bildeten.[12] Auch Magdalena Joos und Wolfgang Meyer verweisen auf das erhöhte Armutsrisiko für Kinder von Alleinerziehenden; ihr Anteil an den in relativer Armut lebenden Kindern sei überproportional hoch und im Osten noch höher als im Westen: „Der wesentliche Ost-West-Unterschied für die Bedeutung des Risikofaktors ist (...) in der geringeren relativen Wahrscheinlichkeit eines *Abstiegs in Armut* für die ostdeutschen Kinder von Alleinerziehenden zu sehen, da sie überproportional häufig bereits im Vorjahr unter der Armutsgrenze lagen."[13]

Nach dem Haushaltseinkommen stellt Erwerbslosigkeit den größten Risikofaktor für Haushalte mit Kindern dar. Allerdings lassen sich für ost- und westdeutsche Familien unterschiedliche Ursachen der Armut ausmachen. „In den neuen Bundesländern folgt (als Armutsrisikofaktor; *d. Verf.*) nach der Erwerbslosigkeit an nächster Stelle die Zahl der Kinder, Bildung ist weniger bedeutsam. Der Bildung kommt dagegen in den alten Bundesländern eine stärkere Bedeutung zu. Überraschend ist auch, dass die Zahl der Erwachsenen und damit unterschiedliche Familienformen einen geringen Einfluss auf das Armutsrisiko haben."[14]

Kinder und Jugendliche bis zum 15. Lebensjahr, die laufende Hilfe zum Lebensunterhalt (HLU) außerhalb von Einrichtungen bezogen, stellten am 31. Dezember 2000 33,1 Prozent aller deutschen Sozialhilfeempfänger/innen. Bei den Nichtdeutschen sinkt der Anteil unwesentlich auf 30,5 Prozent. Insgesamt waren 32,5 Prozent der HLU-Bezieher/innen 15 Jahre alt oder jün-

---

11 Ebd.
12 Vgl. Michael Klein, Familie und Armut, in Ronald Lutz/Matthias Zeng (Hrsg.), Armutsforschung und Sozialberichterstattung in den neuen Bundesländern, a.a.O., S. 106
13 Magdalena Joos/Wolfgang Meyer, Die Entwicklung der relativen Einkommensarmut von Kindern, in: Jürgen Mansel/Georg Neubauer (Hrsg.), Armut und soziale Ungleichheit bei Kindern, Opladen 1998, S. 30 (Hervorh. im Orginal)
14 Johann Bacher/Claudia Wenzig, Sozialberichterstattung über die Armutsgefährdung von Kindern, a.a.O., S. 126

ger.[15] Im innerdeutschen Ost-West-Vergleich verzeichneten 1998 die östlichen Bundesländer mit 19,5 Prozent zwar eine höhere Arbeitslosenquote (gegenüber 10,5 Prozent), aber erstaunlicherweise (mit 2,7 Prozent) eine niedrigere Sozialhilfequote als die westlichen (3,7 Prozent). Bernd Eggen erklärt dies mit dem Hinweis darauf, dass sich die Wahrscheinlichkeit für Familien verringert, Sozialhilfe zu benötigen, wenn beide Elternteile erwerbstätig sind: „Die stärkere Erwerbsbeteiligung der ostdeutschen Frauen mit minderjährigen Kindern verhinderte bislang trotz hoher Arbeitslosigkeit eine entsprechend häufigere Sozialhilfebedürftigkeit der Familien."[16] So gibt es im Osten einen mit 66 Prozent deutlich höheren Anteil an Familien – hier: Ehepaaren – mit zwei Erwerbseinkommen als im Westen (52 Prozent). Wird ein Mann erwerbslos, tritt im Osten aufgrund des häufiger vorhandenen zusätzlichen Erwerbseinkommens seiner Ehefrau nicht zwangsläufig Sozialhilfeabhängigkeit ein, wie dies in den Alleinernährer-Haushalten im Westen der Fall ist.[17]

Bezüglich der Lebenslage, Teilnahmedefizite und psychischen Belastungen junger Menschen beobachtet Andreas Klocke eine „Kumulation und Verstetigung von einerseits negativen und andererseits positiven Lebenssituationen".[18] Er prognostiziert für Europa eine weitere Verschärfung der sozialen Ungleichheit im Kindes- bzw. Jugendalter und spricht von der Gefahr, dass sich eine „soziale Unterschicht" (underclass) junger Erwachsener herausbilde, wie man sie bisher nur aus den USA kenne, mit ähnlichen Gefahren ihrer Entfremdung von den konsensualen Normen.[19]

Der erste Armuts- und Reichtumsbericht der Bundesregierung, im April 2001 veröffentlicht, kommt zu dem Ergebnis, dass „belastete Lebensbedingungen durch niedrige Einkommen, schlechten Zugang zu Bildung, mangelhafte Wohnsituation oder Arbeitslosigkeit (...) Auswirkungen auf die Gesundheit und das Gesundheitsverhalten (haben) und zu einem schlechteren Zugang zur gesundheitlichen Versorgung führen" können.[20] Im Hinblick auf die Folgen der Armut für Kinder und Jugendliche arbeitet Klocke – wie viele andere Fachleute auch – heraus, „dass keine unmittelbare Koppelung von sozialen Lebensbedingungen und subjektivem Verhalten bzw. emotionalem

---

15   Vgl. Statistisches Bundesamt (Hrsg.), Statistik der Sozialhilfe. Empfänger/innen von laufender Hilfe zum Lebensunterhalt am 31.12.2000, Arbeitsunterlage, Wiesbaden 2001, S. 8
16   Bernd Eggen, Familien in der Sozialhilfe und auf dem Arbeitsmarkt, in: Sozialer Fortschritt 7/2000, S. 151
17   Vgl. ebd., S. 152
18   Siehe Andreas Klocke, Die Bedeutung von Armut im Kindes- und Jugendalter – ein europäischer Vergleich, in: ders./Klaus Hurrelmann (Hrsg.), Kinder und Jugendliche in Armut. Umfang, Auswirkungen und Konsequenzen, 2. Aufl. Wiesbaden 2001, S. 287f.
19   Vgl. ebd., S. 287
20   Siehe Bundesministerium für Arbeit und Sozialordnung (Hrsg.), Lebenslagen in Deutschland, a.a.O., S. 188

Empfinden erwartet werden kann, sondern insbesondere der Familie und den Eltern-Kind-Beziehungen sowie der jugendlichen Alltagswelt eine moderierende Funktion" zukomme.[21] Hier wird davon ausgehend erörtert, was die Bedingungen von kindlicher Entwicklung förderlichen (Familien-)Verhältnissen, Eltern-Kind-Beziehungen und adäquaten jugendlichen Lebenslagen wie Lebenswelten sind bzw. sein könnten.

In einer Studie, die Großbritannien (errechnet: 21,3 Prozent Kinderarmut), Deutschland (11,6 Prozent) und Schweden (3,7 Prozent) miteinander vergleicht, macht Klocke deutlich, welche Belastungs- und Beeinträchtigungsfaktoren bei Armut von Kindern und Jugendlichen wirken können. „Geringere Lebenszufriedenheit, Gefühle der Hilflosigkeit und der Einsamkeit sowie ein geringeres Selbstvertrauen sind überproportional häufig bei Kindern und Jugendlichen in Armutsfamilien zu beobachten. Dass nicht alle Kinder und Jugendliche Armut als gleichermaßen belastend empfinden und entsprechend stabil und unbeeindruckt Armut verarbeiten, ist ebenfalls erkennbar (...). So berichten beispielsweise in Deutschland knapp ein Viertel der Kinder und Jugendlichen in Armutsfamilien, dass sie ihre aktuelle Lebenszufriedenheit als ‚nicht sehr glücklich‘ einschätzen, drei Viertel geben aber eine positivere Bewertung ab. Im Aggregat betrachtet ist jedoch der Zusammenhang von Armut und sozialpsychologischer Belastung unübersehbar."[22] Klocke kommt im Hinblick auf die Zusammenhänge zwischen sozialer Verbreitung und den Auswirkungen von Armut zu dem erstaunlichen Ergebnis, dass die psychosozialen Belastungen im Kindes- und Jugendalter umso geringer sind, je höher die nationalen Kinderarmutsquoten ausfallen. „In Schweden, wo die Kinderarmutsquote 3,7% beträgt, ist das ‚mittlere relative Risiko‘, psychosoziale Belastungen auf Grund der Armutslage zu erleiden, um das 2,2-fache erhöht. In Deutschland nimmt dieser Quotient mit steigender Kinderarmutsquote auf das 1,9-fache ab, und in Großbritannien ist er mit einem Wert von 1,4 bei der insgesamt höchsten Kinderarmutsquote am geringsten. Das heißt, die Auswirkungen der Armut auf das Wohlbefinden und die Lebensfreude der jungen Generation weisen in den einzelnen Ländern graduelle Unterschiede auf, und zwar dergestalt, dass mit der allgemeinen Verbreitung von Kinderarmut im jeweiligen Land die Auswirkungen (inverser Zusammenhang) abnehmen."[23] Eine mögliche Erklärung dafür scheint in der Tatsache zu liegen, „dass in hochgradig klassen- und milieu*un*abhängigen Gesellschaften wie der Bundesrepublik Deutschland und auch des schwedischen Wohlfahrtsstaates (...) Armut von den Menschen isolierter aufgenommen und individueller interpretiert wird und so vermutlich diskriminierender auf der individuellen Ebene wirkt. Damit sind diese Gesellschaften zugleich

---

21 Siehe Andreas Klocke, Die Bedeutung von Armut im Kindes- und Jugendalter – ein europäischer Vergleich, a.a.O., S. 278
22 Ebd., S. 282f.
23 Ebd., S. 285f.

anfälliger für die Auswirkungen der gesellschaftlichen Fragmentierungen, wie wir sie gegenwärtig in Europa beobachten."[24]

5.1.1 Gesundheitliche und psychosoziale Beeinträchtigungen des Wohlbefindens armer Kinder

Bei allen Einschränkungen hinsichtlich methodischer und empirischer Schwierigkeiten der Sozial- und Gesundheitsberichterstattung in der Bundesrepublik kann als gesichert gelten, dass materielle Armut immer auch Auswirkungen auf die Gesundheit hat. Personen, die in sozial benachteiligten Verhältnissen leben, sind gleich in mehrfacher Hinsicht gefährdet. Festzuhalten ist

– eine deutlich höhere postnatale Säuglingssterblichkeit als in den oberen sozialen Schichten;
– eine deutlich höhere Zahl jener Kinder, die mit einem Gewicht von weniger als 2.500 Gramm geboren werden;
– eine zwei Mal höhere Mortalitätsrate durch Unfälle als bei Kindern aus privilegierteren Schichten;
– ein sehr viel häufigeres Auftreten akuter Erkrankungen;
– eine höhere Anfälligkeit für chronische Erkrankungen.[25]

In einer Jugendgesundheitsstudie weist der Berufsverband der Ärzte für Kinderheilkunde und Jugendmedizin darauf hin, dass Hauptschüler/innen häufiger krank seien als Jugendliche von Realschulen und Gymnasien.[26] Gerade bei psychosomatischen Beschwerden wie Bauch- oder Kopfschmerzen und Müdigkeit, aber auch bei Übergewicht und dem Konsum von Zigaretten seien Hauptschüler/innen besonders betroffen. Als Ursachen werden u.a. der niedrige soziale Status, die Unzufriedenheit mit den Zukunftsaussichten und ein geringeres Gesundheitsbewusstsein in sozial benachteiligten Familien genannt.

---

24 Ebd., S. 286
25 Vgl. Birgit Fischer, Statt eines Vorwortes: Mit einer sozial tief gespaltenen Gesellschaft in 3. Jahrtausend?!, in: Christoph Butterwegge (Hrsg.), Kinderarmut in Deutschland, a.a.O., S. 16; Andreas Mielck, Armut und Gesundheit: Ergebnisse der sozialepidemiologischen Forschung in Deutschland, in: Andreas Klocke/Klaus Hurrelmann (Hrsg.), Kinder und Jugendliche in Armut. Umfang, Auswirkungen und Konsequenzen, Opladen/Wiesbaden 1998, S. 225ff.; Ministerium für Frauen, Jugend, Familie und Gesundheit des Landes Nordrhein-Westfalen (Hrsg.), Kinder und Jugendliche an der Schwelle zum 21. Jahrhundert. Siebter Kinder- und Jugendbericht der Landesregierung NRW, Düsseldorf 1999, S. 115f.
26 Vgl. Hauptschüler häufiger krank als andere, in: Frankfurter Rundschau v. 9.2.2001

Zu ähnlichen Ergebnissen kam eine Längsschnittuntersuchung in Brandenburg.[27] Dort wurden verschiedene Aspekte im Gesundheitsverhalten und medizinisch relevante Befunde bei Kindern sowie deren sozialer Status im Rahmen von Einschulungsuntersuchungen in den Jahren 1994 bis 1998 (mit Ausnahme von 1996) analysiert. Die Studie stützt die These eines Kausalzusammenhangs zwischen prekären Lebenslagen und einem schlechteren Gesundheitszustand. So sind Kinder aus Familien mit niedrigem sozialem Status signifikant häufiger an Unfällen im Straßenverkehr beteiligt als Kinder aus Familien mit höherem sozialem Status. Gleichfalls höher ist die Belastung bei Verbrühungsunfällen. Solche Erkenntnisse bestätigen Holger Spieckermann und Herbert Schubert in einer Studie zur Verkehrssicherheit von Kindern in Abhängigkeit zu deren sozialem Umfeld.[28]

Ferner nehmen sozial benachteiligte Personengruppen die bestehenden Gesundheitsangebote, z.B. Vorsorgeuntersuchungen, deutlich weniger wahr. In den Kommunen treten diese Probleme immer häufiger auf. So hat das Kölner Sozial- und Gesundheitsdezernat auf den Rückgang der Teilnahme an Krankheitsfrüherkennungsuntersuchungen in sozial benachteiligten Stadtteilen hingewiesen. Auch Sprachauffälligkeiten, -störungen, Koordinationsschwierigkeiten und Übergewicht treten in solchen Wohnquartieren bei Kindern vergleichsweise häufiger auf als in wohlhabenderen Gebieten.[29] Ein Modellversuch an 18 Kölner Kindertagesstätten in sozial benachteiligten Quartieren hat gezeigt, dass gerade dort die Betreuung durch Kinderärzte nicht ausreichend ist.[30] Gleichzeitig nehmen bis zu 52 Prozent der Vier- bis Fünfjährigen, die in ärmeren Stadtteilen Kölns aufwachsen, nicht an den Früherkennungsuntersuchungen im Kindergarten teil.[31] Christian Palentien, Andreas Klocke und Klaus Hurrelmann sind durch Befragung von Kindern und Jugendlichen an nordrhein-westfälischen Schulen zu ähnlichen Ergebnissen gelangt. Sie stellten fest, dass Kinder und Jugendliche in sozial benachteiligten Lebenslagen weniger gesund sind als Kinder und Jugendliche aus mittleren und oberen Schichten. Damit ist ein deutlich geringeres Wohlbefinden verbunden, was sich in größerer Lebensunzufriedenheit, stärkeren Einsam-

---

27 Vgl. Ministerium für Arbeit, Soziales, Gesundheit und Frauen des Landes Brandenburg (Hrsg.), Einschüler in Brandenburg: Soziale Lage und Gesundheit 1999, Potsdam 2000

28 Vgl. Holger Spieckermann/Herbert Schubert, Verkehrssicherheit in Abhängigkeit vom sozialen Umfeld, in: Jürgen Mansel/Georg Neubauer (Hrsg.), Armut und soziale Ungleichheit bei Kindern, a.a.O., S. 169

29 Vgl. Martina Abel, Stadtteilorientierte Projekte zur Verbesserung der Gesundheitschancen von Kindern, in: Thomas Altgeld/Petra Hofrichter (Hrsg.), Reiches Land – kranke Kinder?, Gesundheitliche Folgen von Armut bei Kindern und Jugendlichen, Frankfurt am Main 2000, S. 179ff.

30 Vgl. Kinderbetreuung nicht ausreichend, in: 20 Minuten Köln v. 6.6.2001

31 Vgl. Kölns Kids sind immer öfter krank, in: Kölner Morgen v. 6.6.2001

keitsgefühlen, größerer Niedergeschlagenheit sowie massiveren Ängsten und Sorgen (insbesondere die Zukunft betreffend) manifestiert.[32]

Andreas Klocke hält die Gesundheitsrisiken armer Kinder und Jugendlicher für höher als jene wohlhabender Altersgenoss(inn)en, und zwar unabhängig davon, welcher Indikator dafür gewählt wird. Folglich beeinflusse die Armutslage das gesundheitliche Befinden und die Lebensfreude der Heranwachsenden durchgängig negativ: „Die erhöhte psychosoziale Morbidität der Kinder und Jugendlichen aus den sozial schwachen Familien weist auf Konsequenzen für die kindlichen und jugendlichen Sozialbeziehungen und die Sozialisation hin. Rückzug aus sozialen Kontakten und eine zunehmende Einsamkeit, wie es als Reaktionsmuster von armen Menschen im Erwachsenenalter bekannt ist, zeigt nach den präsentierten Befunden seine Gültigkeit auch für die Gruppe der Kinder und Jugendlichen in Armutsfamilien."[33]

Nicht nur die gesundheitliche Situation, sondern auch das (spätere) Gesundheitsverhalten von Kindern und Jugendlichen wird durch Armut negativ beeinflusst: „So ist der Anteil der Kinder und Jugendlichen, die als regelmäßige (tägliche) Raucher anzusehen sind, in der Armutsgruppe erhöht. Ähnliche, auf Grund der geringen Prävalenzraten jedoch nur mit Vorsicht zu interpretierende Unterschiede zeigen sich beim regelmäßigen Alkoholkonsum. Die Zahnhygiene (...) ebenso wie die nur geringe Teilnahme an sportlichen Aktivitäten (außerhalb des Schulsports) oder der überdurchschnittliche TV-Konsum belegen hingegen klar ein ungünstigeres Gesundheitsverhalten der Kinder und Jugendlichen aus den sozial schwachen Familien."[34] Gleiches ließ sich bezüglich eines ungünstigen Ernährungsverhaltens (Fast Food, Mangel-, Fehl- bzw. Überernährung) feststellen.[35]

Aufgrund zunehmender sozialräumlicher Segregation wachsen immer mehr Kinder und Jugendliche in Wohnquartieren auf, die von der (Mittelschicht-)Normalität weit entfernt sind. Da sie aber an dieser gemessen werden, ist ihr Scheitern in hohem Maße vorprogrammiert und eine intergenerative Weitergabe der Armut sehr wahrscheinlich. Abgesehen von dem geringen psychosozialen Wohlbefinden der Kinder und Jugendlichen wegen mangelnder Zukunftsperspektiven hat die sozialräumliche Segregation eine weitere negative Folge. Sie entzieht der Gesellschaft den Blick auf die alltäglich in ihr stattfindende Ausgrenzung. Demzufolge ist eine gesellschaftliche

---

32 Vgl. Christian Palentien/Andreas Klocke/Klaus Hurrelmann, Armut im Kindes- und Jugendalter, in: Aus Politik und Zeitgeschichte. Beilage zur Wochenzeitung *Das Parlament* 18/1999, S. 33ff.

33 Andreas Klocke, Armut bei Kindern und Jugendlichen und die Auswirkungen auf die Gesundheit, in: Robert Koch-Institut (Hrsg.), Gesundheitsberichterstattung des Bundes 3/2001, S. 9

34 Ders., Armut bei Kindern und Jugendlichen und die Auswirkungen auf die Gesundheit, a.a.O., S. 9

35 Vgl. ebd., S. 10

Spaltung zu prognostizieren, weil Solidarität nicht mehr gelebt werden kann.[36]

5.1.2 Beeinträchtigungen im Bildungsbereich

Mit Blick auf das Verhältnis von Armut und Reichtum im Bildungsbereich stellt der Armuts- und Reichtumsbericht der Bundesregierung fest: „Der Zugang zu höherwertigen Schul-, Ausbildungs- und Berufsabschlüssen wie auch der Zugang zum Studium ist nach wie vor stark durch Herkunft, Bildungsstand und berufliche Stellung der Eltern bestimmt. Im langfristigen Trend haben sich die Anteile von Kindern ausländischer Herkunft an den höheren allgemeinbildenden Abschlüssen verbessert, gleichwohl erreichen sie immer noch vergleichsweise geringerwertige Abschlüsse. Geringere Arbeitsmarktbeteiligung und schlechtere Erwerbschancen mit einem erhöhten Armutsrisiko sind die Folge."[37]

Obwohl sich die meisten Eltern zunächst selbst einschränken, bevor sie an den Ausgaben für ihre Kinder sparen, bedeutet Armut im Familienverband, dass sich gerade die Lebensperspektiven von dessen jüngsten Mitgliedern verdüstern. Neben den materiellen Handlungsmöglichkeiten sind ihre Bildungschancen deutlich eingeschränkt, was sich vor allem im Übergang von der Grundschule zur Sekundarstufe I zeigt: „Arme Kinder können wahrscheinlich keine oder nur niedrige schulische Bildungszertifikate erwerben, die beim anschließenden Übergang vom Bildungssystem in den Arbeitsmarkt ein hohes Arbeitslosigkeitsrisiko bergen oder nur den Zugang zu beruflichen Positionen eröffnen, die niedrig entlohnt werden."[38]

In besonderer Weise sind Schulkinder von Armut in ihren Elternhäusern betroffen. Zwischen 1984 und 1995 lebten in Westdeutschland fast 14 Prozent der 10- bis 12-Jährigen in relativer Armut,[39] rund 17 Prozent in prekärem Wohlstand und beim Übergang von der Grundschule auf eine weiterführende Schule fast 70 Prozent in gesichertem Wohlstand. Dagegen befanden

---

36 Vgl. AWO-Bundesverband (Hrsg.), AWO-Sozialbericht 2000. Gute Kindheit – schlechte Kindheit. Armut und Zukunftschancen von Kindern und Jugendlichen in Deutschland, Bonn 2000, S. Xf.

37 Bundesministerium für Arbeit und Sozialordnung (Hrsg.), Lebenslagen in Deutschland, a.a.O., S. 135

38 Andreas Lange/Wolfgang Lauterbach/Rolf Becker, Armut und Bildungschancen. Auswirkungen von Niedrigeinkommen auf den Schulerfolg am Beispiel des Übergangs von der Grundschule auf weiterführende Schulstufen, in: Christoph Butterwegge/Michael Klundt (Hrsg.), Kinderarmut und Generationengerechtigkeit. Familien- und Sozialpolitik im demografischen Wandel, 2. Aufl. Opladen 2003, S. 160

39 Vgl. Wolfgang Lauterbach/Andreas Lange, Aufwachsen in materieller Armut und sorgenbelastetem Familienklima. Konsequenzen für den Schulerfolg von Kindern am Beispiel des Übergangs in die Sekundarstufe I, in: Jürgen Mansel/Georg Neubauer (Hrsg.), Armut und soziale Ungleichheit bei Kindern, a.a.O., S. 120

sich am Ende der Grundschulzeit rund 7 Prozent der ostdeutschen Schulkinder in Armut, 14 Prozent waren mit der prekären Einkommenslage ihres Elternhauses konfrontiert, und 79 Prozent lebten in gesichertem Wohlstand.[40] Während für den gesamten Beobachtungszeitraum die mittlere Armutsquote ostdeutscher Schulkinder bei 7 Prozent lag, betrug sie 1992 fast 4 Prozent und 1994 bereits über 12 Prozent. Auch unter diesen Schulkindern hat sich im Laufe des gesellschaftlichen Transformationsprozesses das Armutsrisiko spürbar erhöht.[41] Gemessen an der Gesamtbevölkerung sind sie sowohl in Ost- wie auch in Westdeutschland innerhalb der Armutspopulation deutlich überrepräsentiert. Auch befinden sich überproportional viele Schulkinder in prekärem (d.h. nicht gesichertem) Wohlstand.[42]

Wolfgang Lauterbach und Andreas Lange haben bereits 1998 die Konsequenzen von materieller Armut und sorgenbelastetem Familienklima für den Schulerfolg von Kindern am Beispiel des Übergangs zur Sekundarstufe I untersucht.[43] Sie stellten fest, dass zwischen 1984 und 1995 im Durchschnitt nur etwa 41 Prozent der Kinder im Alter von 10 bis 12 Jahren die Hauptschule besuchten; unter den armen Kindern waren es allerdings fast 55 Prozent und von denen, die in prekärem Wohlstand leben, fast 53 Prozent. Genau umgekehrt verhielt es sich mit dem Besuch eines Gymnasiums. Während im Durchschnitt fast 29 Prozent der 10- bis 12-jährigen das Gymnasium besuchten, waren es von den armen nur etwa 16 Prozent und denen, die in prekärem Wohlstand lebten, nur 14 Prozent. Die Unterschiede in Bezug auf andere Schultypen waren marginal.[44] Besonders starken Einfluss auf die Bildungskarriere des Kindes üben Lauterbach und Lange zufolge die berufliche Ausbildung des Vaters und das Vorhandensein wirtschaftlicher Sorgen bei der Mutter aus. Je geringer der Bildungsstatus des Vaters ist und je größer die wirtschaftlichen Sorgen der Mutter sind, desto wahrscheinlicher wird ein Hauptschulbesuch des Kindes und entsprechend unwahrscheinlicher das Erreichen einer Gymnasialbildung.[45]

---

40   Vgl. Rolf Becker, Kinder ohne Zukunft?, Kinder in Armut und Bildungsungleichheit in Ostdeutschland seit 1990, in: Zeitschrift für Erziehungswissenschaft 2/1999, S. 273

41   Vgl. Hartmut M. Griese, Familiale Polarisierungsprozesse. Eine vernachlässigte Strukturkategorie in der soziologischen Main-stream-Diskussion um Pluralisierung und Individualisierung, in: Alois Herlth u.a. (Hrsg.), Spannungsfeld Familienkindheit. Neue Anforderungen, Risiken und Chancen, Opladen 2000, S. 246ff.

42   Vgl. ebd., S. 251 ff.; Wolfgang Lauterbach/Andreas Lange/David Wüest-Rudin, Familien in prekären Einkommenslagen. Konsequenzen für die Bildungschancen von Kindern in den 80er und 90er Jahren, in: Zeitschrift für Erziehungswissenschaft 2/1999, S. 361ff.; Wolfgang Lauterbach/Andreas Lange, Aufwachsen in materieller Armut und sorgenbelastetem Familienklima, a.a.O., S. 106ff.

43   Vgl. Wolfgang Lauterbach/Andreas Lange, Aufwachsen in materieller Armut und sorgenbelastetem Familienklima, a.a.O.

44   Vgl. ebd., S. 123f.

45   Vgl. ebd., S. 127ff.

Noch gravierender stellt sich der Vergleich zwischen autochthonen und Schüler(inne)n ausländischer Herkunft dar. Besuchten 1998 in Deutschland rund 40 Prozent aller Kinder und Jugendlichen das Gymnasium, etwa 23 Prozent die Realschule, 20 Prozent die Hauptschule und 17 Prozent die integrierte Gesamtschule, so waren nur 9,4 Prozent der allochthonen Kinder auf dem Gymnasium vertreten, 8,4 Prozent auf der Realschule, jedoch 67,7 Prozent auf der Hauptschule.[46] Somit hat die Schulbesuchsverteilung eine deutlich herkunftsspezifische Komponente, was dem Prinzip der Chancengleichheit natürlich Hohn spricht. Stattdessen sind weiterhin migrationsspezifische, berufliche und sozioökonomische Positionen der Haushalte bzw. ihrer Vorstände ausschlaggebend für die Frequentierung der unterschiedlichen Schultypen.

Warum treffen arme Eltern für ihre Kinder nun andere Bildungsentscheidungen als wohlhabendere Eltern? Lauterbach und Lange führen neben finanziellen Erwägungen, die gegen eine längere und teurere Ausbildung sprechen, vor allem mentale Einschränkungen der Zukunftserwartungen an, die in Apathie münden können. Störungen innerhalb der elterlichen Beziehung stünden in enger Verbindung mit dem Erziehungsverhalten; fehlende Unterstützung und mangelnde Überwachung bildungsbezogener Aktivitäten seien die Folge.[47]

Klaus Lompe hat bereits 1987 auf den Teufelskreis von Sozialhilfebedürftigkeit bzw. Armut und ungünstigen Sozialisationsbedingungen (Überforderung bei der Erziehung etc.) aufmerksam gemacht, welcher tendenziell zu einer intergenerationellen Verfestigung von Armut führe. Als nachdrückliches Beispiel führen seine Mitarbeiter die Aussage eines 25-jährigen Vaters an (zitiert aus einem Interview): „Und was nachher mit der Ausbildung wird, ich hab' schon gesagt, Janina, wenn du nachher keine Arbeit hast, gehst'e zum Sozialamt (...)."[48]

Auch im deutschen Ost-West-Vergleich werden weitere Gemeinsamkeiten und Differenzen deutlich.[49] So haben Peter Büchner und Heinz-Hermann Krüger soziale Ungleichheiten beim Bildungserwerb 10- bis 15-jähriger Schüler/innen untersucht. In ihrer empirischen Studie, die Hessen und Sach-

---

46 Vgl. Bundesministerium für Arbeit und Sozialordnung (Hrsg.), Lebenslagen in Deutschland, a.a.O., S. 121

47 Vgl. Wolfgang Lauterbach/Andreas Lange, Aufwachsen in materieller Armut und sorgenbelastetem Familienklima, a.a.O., S. 113ff.

48 Zit. nach: Ingrid Krieger/Bernd Schläfke, Sozialisation im Armutsklima, in: Klaus Lompe (Hrsg.), Die Realität der neuen Armut. Analysen der Beziehungen zwischen Arbeitslosigkeit und Armut in einer Problemregion, Regensburg 1987, S. 227

49 Vgl. Hansgünter Meyer, Transformation der Sozialstruktur in Ostdeutschland, in: Wolfgang Glatzer/Ilona Ostner (Hrsg.), Deutschland im Wandel. Sozialstrukturelle Analysen, Opladen 1999, S. 65ff.; Renate Wald, Kindheit in der Wende – Wende der Kindheit?, Heranwachsen in der gesellschaftlichen Transformation in Ostdeutschland, Opladen 1998, S. 25ff.

sen-Anhalt betraf, gelangten sie zu dem Ergebnis, dass unabhängig von Ost-West-Unterschieden die Chancen, ein Gymnasium zu besuchen, mit abnehmendem sozialem Status der Herkunftsfamilie sinken. Gleichermaßen eingeschränkt wird mit der beschriebenen Tendenz das vorhandene Belastungspotenzial, wie auch die Partizipation an – besonders in Westdeutschland zahlreich vorhandenen – (außerschulischen) Freizeitangeboten in Vereinen und anderen Institutionen abnimmt. Die subjektiv wahrgenommene schulische Belastung ist in Sachsen-Anhalt deutlich ausgeprägter als in Hessen. So berichteten im Osten mehr Schüler/innen von dem Gefühl, in der Schule weniger zu leisten, den Lehrer nie zufrieden stellen zu können, vor Prüfungen und Klassenarbeiten Magen- oder Kopfschmerzen zu haben und sorgenvoll in ihre schulische Zukunft zu schauen. Dennoch stellen die Autoren eine wesentlich eindeutigere Beeinträchtigung durch herkunftsbedingte Ungleichheiten als durch Ost-West-Differenzen fest, welche offenbar weniger ins Gewicht fallen. „Die Heranwachsenden aus der niedrigen sozialen Statusgruppe sind somit nicht nur beim Besuch höherer Bildungsgänge deutlich benachteiligt. Auch die Schulform, die sie de facto besuchen, erleben sie – wie die Schule insgesamt – als deutlich stärker belastend als Kinder und junge Jugendliche aus Familien mit hohem sozialen Status."[50] Im Gefolge dieser subjektiv wahrgenommenen Belastung ist von einer negativen Prägung des gesamten Schulerlebens sowie der Einstellung zum schulischen und außerschulischen Lernen auszugehen.

Wolfgang Lauterbach, Andreas Lange und David Wüest-Rudin haben in einer weiteren Studie die spezifischen schulischen Übergänge zum Sekundarbereich I/II in Abhängigkeit von prekären Einkommenslagen untersucht. Sie kommen zu dem Ergebnis, dass Kinder durch Armut oder prekäre Wohlstandsverhältnisse an beiden wichtigen Nahtstellen des deutschen mehrgliedrigen Bildungssystems benachteiligt werden. Während die Armut beim Übergang von der Grundschule zur Sekundarstufe I besonders stark in Richtung Hauptschule wirkt, beeinflusst eine prekäre ökonomische Lebenslage vornehmlich den Übergang zur Sekundarstufe II. „Sowohl Jungen als auch Mädchen haben eine deutlich geringere Wahrscheinlichkeit, eine qualifizierte berufliche Ausbildung zu absolvieren, als Kinder in finanziell gesicherten Lagen. Zusätzlich hat bei diesen Kindern auch die Dauer der erlebten Armut einen negativen Einfluß. Sie sind also doppelt benachteiligt. Nicht nur, dass das Zusammentreffen einer Armutsphase mit dem Abschluß der 10. Klasse Hauptschule sich negativ auswirkt, zusätzlich hat die erlebte Dauer auch negative Folgen."[51] Insofern ist für die berufliche Zukunft von Schü-

---

50 Peter Büchner/Heinz-Hermann Krüger, Soziale Ungleichheiten beim Bildungserwerb innerhalb und außerhalb der Schule. Ergebnisse einer empirischen Untersuchung in Hessen und Sachsen-Anhalt, in: Aus Politik und Zeitgeschichte 11/1996, S. 27

51 Wolfgang Lauterbach/Andreas Lange/David Wüest-Rudin, Familien in prekären Einkommenslagen, a.a.O., S. 379

ler(inne)n mit Armutserfahrungen von schlechteren Einkommens- sowie niedrigeren und ungesicherteren Erwerbschancen auszugehen.

Auch der 11. Kinder- und Jugendbericht, den die Bundesregierung im Jahr 2002 vorlegte, konstatiert gravierende Folgen von ökonomischer Ungleichheit und sozialer Ausgrenzung für die Entwicklung von Kindern und Jugendlichen. Neben den oben bereits erwähnten niedrigeren Bildungsabschlüssen und einem weniger erfolgreichen Berufsstart nennt der Bericht weitere bildungsrelevante Aspekte: „Nachgewiesen sind Zusammenhänge zwischen sozioökonomischen Mängellagen und Schulverweigerung bzw. Schulversagen, Bildungserfolg, Arbeitslosigkeit, physischen und psychosozialen Beeinträchtigungen, erfasster Delinquenz, Freizeitverhalten etc."[52]

Die schlechten Ergebnisse für Deutschland bei der PISA-Studie, einem internationalen Schülerleistungsvergleich der Organisation für wirtschaftliche Zusammenarbeit und Entwicklung (OECD), können gleichfalls herangezogen werden, um zu belegen, wie stark das hiesige Bildungssystem nach der sozialen Herkunft selektiert. So kommen die Forscher/innen hinsichtlich der Lesekompetenz im internationalen Vergleich zu folgendem Ergebnis: „Betrachtet man das Niveau und den sozialen Gradienten der Lesekompetenz gleichzeitig, gehört Deutschland zu den Ländern, in denen die 15-Jährigen ein unterdurchschnittliches Kompetenzniveau erreichen und in denen gleichzeitig die engste Kopplung von sozialer Herkunft und Kompetenzerwerb nachweisbar ist. Im internationalen Vergleich steigt tendenziell die Lesekompetenz mit einer sich lockernden Kopplung von sozialer Herkunft und Kompetenzerwerb."[53]

Selbst bei der Betrachtung von Einschulungsrückstellungen lässt sich diese Abhängigkeit bereits bemerken. „Das relative Risiko eines verzögerten Schulbeginns ist ähnlich verteilt wie die relativen Chancen eines Hauptschulbesuchs im Vergleich zum Realschulbesuch. Für Kinder aus Familien der oberen und unteren Dienstklasse ist das Risiko, zurückgestellt zu werden, nur halb so groß wie für Kinder aus Arbeiterfamilien."[54] Auf diese Weise wirkt die soziale Selektivität des deutschen Bildungssystems also schon zu einem Zeitpunkt, wo die Bildungssozialisation noch gar nicht richtig angefangen hat, und beeinflusst selbige außerordentlich stark.

Angesichts obiger Zahlen muss die westdeutsche Bildungsreform der 1970er-Jahre, soweit sie den Anspruch erhob, ausgeprägte soziale Ungleichheiten in Bezug auf Bildung im Allgemeinen und den Schulbesuch im Besonderen zu beseitigen, zumindest auf lange Sicht als gescheitert gelten.

---

52 Bundesministerium für Familie, Senioren, Frauen und Jugend (Hrsg.), Elfter Kinder- und Jugendbericht. Bericht über die Lebenssituation junger Menschen und die Leistungen der Kinder- und Jugendhilfe in Deutschland, Berlin 2002, S. 147
53 Deutsches PISA-Konsortium (Hrsg.), PISA 2000. Basiskompetenzen von Schülerinnen und Schülern im internationalen Vergleich, Opladen 2001, S. 402
54 Ebd., S. 359

Auch an den Hochschulen macht sich die intragenerationelle soziale Ungleichheit heute wieder stärker bemerkbar. So kommt eine Studie im Auftrag des Bundesbildungsministeriums und des Deutschen Studentenwerks zu dem Ergebnis, dass die Sprösslinge ärmerer Familien immer seltener den Weg an die Hochschulen finden.[55] Der Anteil von Studierenden aus der sozial höchsten Herkunftsgruppe hat sich demnach von 1982 bis 2000 von 17 auf 33 Prozent fast verdoppelt, während jener der unteren Schichten von 23 auf 13 Prozent zurückgegangen ist.

Die psychosozialen Folgen von Armut und die Bewältigungsstrategien der Kinder hängen nach den vorliegenden Erkenntnissen sehr stark von den Familienverhältnissen (Beziehungsqualität und Belastungsfähigkeit), der Armutsdauer sowie vom Verhältnis der (Unter-)Versorgungslagen zueinander (Einkommen, Arbeit, Bildung, Gesundheit, Wohnen und soziale Netzwerke) ab. Es lassen sich verschiedene, auf die Lebenslage und -welt der Kinder bezogene Armutstypen herausfiltern. Dadurch gelingt im Sinne der dualen Armutsforschung eine Vermittlung zwischen Strukturen und Handlungen (sog. Bewältigungsstrategien) der Kinder.

Im 3. Zwischenbericht zu der im Auftrag des Bundesverbandes der Arbeiterwohlfahrt (AWO) angefertigten Studie werden mehrere die Lebenssituation von (armen) Kindern beeinflussende Faktoren aufgeführt. Dazu gehören neben den gesellschaftlichen Rahmenbedingungen die Lebenssituation in der Familie, das private Umfeld, die sozialen Netzwerke und die Bedingungen von Hilfe.[56] Die institutionellen Rahmenbedingungen und professionellen Unterstützungsstrukturen sind oft gekennzeichnet von nicht familiengerechten präventiven Angeboten (z.B. kurzen und wenig hilfreichen Öffnungszeiten der Kindertagesstätten) sowie der Einschränkung von Handlungsmöglichkeiten der kommunalen Ämter und Dienste, z.B. aufgrund von Sparmaßnahmen. Besonders zu nennen ist hier der Mangel an auf die Bedingungen und Bedürfnisse der Familien abgestimmter Langzeitbetreuung.[57]

Wenngleich der Wirkungsprozess sozialer Benachteiligung noch nicht als hinreichend geklärt betrachtet werden kann, gibt es doch für Roland Merten „keinen Zweifel an der Tatsache, dass Deprivationen unterschiedlichster Art die Entwicklung, Lernmöglichkeiten und Bildungschancen von Kin-

---

55   Vgl. Bericht zeigt soziale Schieflage an Unis auf, in: Frankfurter Rundschau v. 19.7.2001

56   Vgl. Gerda Holz, Armut hat auch Kindergesichter. Zu Umfang, Erscheinungsformen und Folgen von Armut bei Kindern in Deutschland, in: Winfried M. Zenz/Korinna Bächer/Renate Blum-Maurice (Hrsg.), Die vergessenen Kinder. Vernachlässigung, Armut und Unterversorgung in Deutschland, Köln 2002, S. 24ff.

57   Vgl. Beate Hock/Gerda Holz/Werner Wüstendörfer, Folgen familiärer Armut im frühen Kindesalter – eine Annäherung anhand von Fallbeispielen. Dritter Zwischenbericht zu einer Studie im Auftrag des Bundesverbandes der Arbeiterwohlfahrt, Frankfurt am Main 2000, S. 136f.

dern, Jugendlichen und auch Erwachsenen beeinflussen."[58] Von einem Teufelskreis der Armut kann man insofern sprechen, als sich Benachteiligungen
z.T. über Generationen hinweg „vererben". Sozial deprivierte und arme Kinder entwickeln sich auch bloß im Ausnahmefall zu Persönlichkeiten ohne die
geringsten Minderwertigkeitskomplexe. „Früh im Leben erfahrene Armut beeinflusst das Selbstwertgefühl der hiervon betroffenen Kinder *langfristig* negativ."[59]

Kinder armer Familien sind jedoch nicht automatisch schulisch benachteiligt, unglücklicher, häufiger krank und psychisch labiler als ihre wohlhabenderen Altersgefährt(inn)en. Vielmehr können sie dieses Handikap dann
kompensieren, wenn ihnen die Eltern das Gefühl von emotionaler Nähe,
Schutz und Geborgenheit vermitteln. Hans Weiß warnt vor einer „einseiti-
ge(n) Defizit- und Opferperspektive", die Selbsthilfepotenziale und Problem-
lösungskompetenzen der Betroffenen ignoriert: „Selbst in chronisch desola-
ten Lebensverhältnissen zeigen sich bei Erwachsenen wie Kindern nicht selten ein (Über-)Lebenswille, eine Zähigkeit, sich nicht (völlig) unterkriegen
zu lassen, ferner Eigeninitiative, auch wenn sie sich immer wieder an engen
Barrieren festbeißen, in – gemessen an gesellschaftlich abverlangten Kriteri-
en erfolgreicher Lebensführung – tradierten, wenig effektiven (sub)kulturel-
len Mustern verfangen und ihnen wegen unzureichender Ressourcen die
Kraft zum Durchhalten auszugehen droht."[60]

Obwohl die familiären Verhältnisse eine maßgebliche Rolle als Puffer
für oder als Verstärker von deprivierten Lebenslagen spielen, sollte Eltern
nicht einfach die Schuld für Armutsfolgen ihrer Kinder gegeben werden.
Vielmehr gilt es zu berücksichtigen, welche enormen Belastungen die Eltern
daran hindern, ihren Kindern ein ausreichendes Maß an Zuneigung, Wärme
und Förderung zukommen zu lassen. Insofern wäre es für Hans Weiß „ver-
fehlt, im Sinne eines ‚Vorwurfes an die Opfer' (‚blaming the victims') die
Verantwortung für ökonomische und gesellschaftlich-kulturelle Bedingungen
von Armut auf die Menschen zu verlagern, die sie zu ertragen haben (...), und
Eltern einseitig die Schuld für mögliche Entwicklungsbeeinträchtigungen ihrer Kinder zuzuordnen."[61]

Die bisherigen Forschungsergebnisse zeigen erhebliche Differenzen in
der Bewertung von Armut, prekären Lebenslagen sowie im Hinblick auf deren mehr oder weniger direkte und indirekte Folgen für Kinder. Roland Mer-

---

58 Siehe Roland Merten, Psychosoziale Folgen von Armut im Kindes- und Jugendalter,
    in: Christoph Butterwegge/Michael Klundt (Hrsg.), Kinderarmut und Generationenge-
    rechtigkeit, a.a.O., S. 139
59 Ebd., S. 148 (Hervorh. im Original)
60 Hans Weiß, Kindliche Entwicklungsgefährdungen im Kontext von Armut und Be-
    nachteiligung. Erkenntnisse aus psychologischer und pädagogischer Sicht, in: ders.
    (Hrsg.), Frühförderung mit Kindern und Familien in Armutslagen, München/Basel
    2000, S. 69
61 Siehe ebd., S. 60f.

ten hält es für falsch und irreführend, von psychosozialen Folgen der Armut zu sprechen, weil dadurch ein eindeutiger Zusammenhang suggeriert werde, der so nicht bestehe. Armut könne als Begleitumstand des Aufwachsens von Kindern und Jugendlichen zwar für deren weitere Entwicklung verheerende Folgen haben: „Aber immer wieder muss auf den *Möglichkeitscharakter* negativer Auswirkungen bezüglich der Entwicklung von Kindern und Jugendlichen hingewiesen werden. Denn es sind sowohl personale als auch soziale Bedingungsfaktoren, die moderierend – d.h. sowohl abschwächend als auch verstärkend – auf die Risikobedingungen und deren Auswirkungen Einfluss nehmen.“[62] Merten macht deutlich, wo die blinden Flecken in der bisherigen Forschung liegen. So ist davon auszugehen, dass eben nicht allein die innerfamiliären Beziehungsgefüge für die Sozialisation von Kindern und Jugendlichen prägend sind, vielmehr auch die Beziehungen in den Peergroups.

Auf diesen Gleichaltrigen-Kontext weist auch Sabine Walper hin. Seine Rolle als Vermittler von Risiken und Ressourcen bei der Bewältigung von Armutsfolgen wurde ihrer Meinung nach bislang zugunsten der Familie vernachlässigt: „Es liegt nahe zu vermuten, dass die Bedeutung familiärer Faktoren abnimmt, sobald Kinder auch vermehrt in andere Kontexte wie Schule und Freundesgruppe eingebunden sind.“[63] Diese könnten alternative, kompensatorische Erfahrungen bieten, jedoch auch armutsbedingte Belastungen, unabhängig von den innerfamiliären Problemen, verstärken. Den nötigen Paradigmenwandel rückt Hans Weiß ins Zentrum einer psychologischen und pädagogischen Untersuchung zu Gefährdungen der kindlichen Entwicklung durch Armut und soziale Benachteiligung: „Insofern ist der Perspektivenwechsel in der kindbezogenen Armutsforschung hin zu einer Sichtweise, die betroffene Kinder als Akteure in ihren prekären Lebensverhältnissen wahrnimmt und (be-)achtet, dennoch aber ihre Entwicklungsrisiken nicht klein schreibt, überfällig.“[64]

5.2 Anlage und Gang der Untersuchung

Das an der Universität zu Köln durchgeführte Forschungsprojekt behandelte neben den ökonomischen und gesellschaftspolitischen Ursachen die psychosozialen Folgen von Kinderarmut in Ost- und Westdeutschland.[65] Verglei-

---

62   Roland Merten, Psychosoziale Folgen von Armut im Kindes- und Jugendalter, a.a.O., S. 151 (Hervorh. im Original)
63   Sabine Walper, Psychosoziale Folgen von Armut für die Entwicklung von Jugendlichen, in: Unsere Jugend 9/2001, S. 386
64   Hans Weiß, Kindliche Entwicklungsgefährdungen im Kontext von Armut und Benachteiligung, a.a.O., S. 69
65   In diesem Resümee können nur ausgewählte Teilergebnisse referiert werden. Weitere Resultate finden sich bei Christoph Butterwegge/Michael Klundt/Matthias Zeng, Kin-

chend wurden in Köln und Erfurt mögliche Auswirkungen von Armut bzw. prekären Lebenslagen bei Kindern im Grundschulalter untersucht, wobei qualitative und quantitative Methoden zum Einsatz kamen.[66] Im Mittelpunkt der Studie stand die Situation von Kindern, die seit 1990, also nach dem gesellschaftlichen Umbruch im östlichen Teil Deutschlands, geboren wurden.

5.2.1 Phasen, methodische Prämissen und Ablauf der Datenerhebung

Während einer ersten Phase wurde mittels teilnehmender und nichtteilnehmender Beobachtung in einzelnen Schulklassen vor allem die Kommunikation der Kinder untersucht. Es ging um die Erarbeitung geeigneter Sprachmuster mit dem Ziel, bei den sich anschließenden Interviews darauf zurückgreifen zu können. Gleichzeitig wurden die Interviewer/innen mit den Kindern bekannt. Diesen und den sie Befragenden sollten Kontakte ermöglicht werden, was für die Interviewführung gleichfalls von erheblicher Bedeutung war.

In der zweiten Erhebungsphase wurden leitfadengestützte themenzentrierte Interviews mit Schüler(inne)n der vierten Grundschulklasse im Alter von 9 bis 11 Jahren geführt. Der Leitfaden orientierte sich am Lebenslagenkonzept. Nach einem mehr oder weniger langen Eingangsstatement der Kinder zu ihrer aktuellen Lebenssituation wurden Nachfragen zu folgenden Themenbereichen gestellt:

- Taschengeld;
- verfügbares (zeitgemäßes) Spielzeug;
- das Erleben der Einkommenssituation der Eltern (z.B. Anzahl der Urlaubsfahrten pro Jahr; vorhandene Autos; Beruf/Arbeitsplatz der Eltern etc.)[67];
- Freizeitgestaltung nach Ort und Art (organisiert – wenn ja: wo/wie, teilweise oder gar nicht organisiert?);
- Wohnsituation; Lebenssituation der Eltern (Arbeitslosigkeit/Arbeit, nur zu Hause; Kontakte);
- Wohlbefinden/Gesundheit der Kinder (z.B. Schlafstörungen, Konzentrationsschwächen);
- schulische Lernprobleme;

---

derarmut in Ost- und Westdeutschland. Ein empirischer Vergleich der Lebenslagen, Wiesbaden 2004

66 Dabei handelt es sich nicht um eine Untersuchung mit repräsentativem Charakter. Dieser war im gegebenen Zeitrahmen und mit den zur Verfügung stehenden Mitteln nicht zu gewährleisten.

67 Vgl. die Armutsindikatoren der WHO-Studie in: Andreas Klocke/Klaus Hurrelmann, Armut und Gesundheit. Inwieweit sind Kinder und Jugendliche betroffen?, in: Zeitschrift für Gesundheitswissenschaften 2/1995, S. 142f.

- Ernährung und Essgewohnheiten (Pommes, Burger, Fertiggerichte aus dem Discounthandel etc. oder Frischwaren);
- Bildung (macht die Schule Spaß, gibt es Lieblingsfächer, wo, wann und wie werden Hausaufgaben gemacht?);
- Bildungswegentscheidung.

Die gewählte Interviewform, hier als problemzentriertes narratives Interview bezeichnet, stellte eine Kombination aus narrativem und leitfadengestütztem Interview dar. Beim „problemzentrierten Interview" handelt es sich um eine offene, halbstrukturierte Befragung, die einerseits den Befragten die Möglichkeit einräumt, eigene Schwerpunkte zu setzen, und andererseits die Interviewer/innen das Grundthema des Gesprächs bestimmen lässt.[68] Über dieses Grundthema existiert ein entsprechendes Vorwissen, welches in die Interviewstruktur eingelassen wird und spezielle Fragestellungen ermöglicht. Narrative Interviews hingegen sind Stegreiferzählungen, in denen der oder die Interviewte ohne vorherige systematische Vorbereitung seinen bzw. ihren Lebensverlauf schildert.[69] Wir haben diese Form mit der Problemzentrierung verknüpft, um das Interview so am Forschungsinteresse, d.h. an den Wahrnehmungs- und Bewältigungsstrategien von Kindern in prekären bzw. deprivierten Lebenslagen, zu orientieren.

In einem dritten Schritt wurde anhand erster Resultate aus dem vorangegangenen Untersuchungsteil ein Fragebogen für eine quantitative Befragung entwickelt, mit dem in Erfurt und Köln zusammen 309 Kinder jeweils einzeln zu mehreren Problemkomplexen befragt wurden. Es ging darum, den Lebenslagenansatz auf einer kindgemäßen Ebene zu operationalisieren. Die Methodik der gesamten Untersuchung orientierte sich an dem von Udo Kelle, Susann Kluge und Thorsten Sommer beschriebenen „Phasenmodell", wonach „eine qualitative Vorstudie zur Exploration, d.h. zur Generierung von Variablen und Hypothesen eingesetzt" wird.[70] Ähnlich argumentieren die Autor(in)en einer Studie, welche Betroffeneninterviews zur operationalen Definition des Begriffs „extreme Armut" verwendet.[71]

Welche Gruppe bezüglich der psychosozialen Folgen von Kinderarmut zu untersuchen war, ergab sich u.a. aus den skizzierten Ergebnissen bisheri-

---

68   Vgl. Philipp Mayring, Einführung in die qualitative Sozialforschung, Weinheim 1999, S. 50

69   Vgl. Hans-Jürgen Glinka, Das narrative Interview: eine Einführung für Sozialpädagogen, Weinheim/München 1998, S. 9

70   Vgl. Udo Kelle/Susann Kluge/Thorsten Sommer, Integration qualitativer und quantitativer Verfahren in der Lebenslaufforschung, in: Walter R. Heinz u.a. (Hrsg.), Was prägt Berufsbiographien?, Lebenslaufdynamik und Institutionenpolitik, Nürnberg 1998, S. 336

71   Vgl. Monika Ludwig/Karl Mingot/Udo Neumann, Menschen in extremer Armut. Zwischenbericht im Auftrag des Bundesministeriums für Arbeit und Sozialordnung. Unveröffentl. Bericht des Instituts für Sozialberichterstattung und Lebenslagenforschung, Frankfurt am Main 2002, S. VIII

ger Ungleichheitsforschung[72], aber auch aus den Erkenntnissen der neueren Kindheitsforschung. Entsprechend dieser Forschungsresultate ist der Übergang von der Grundschule zur Sekundarstufe I mit seiner Bildungswegentscheidung prägend für den künftigen Zugang zu oder den Ausschluss von der – nach dem Lebenslagenbegriff als Ungleichheit konstituierend/verhindernd herausgearbeiteten – Ressource Bildung, d.h. ganz entscheidend für Lebenschancen und -risiken. Demgemäß konzentrierte sich die Untersuchung auf die Erhebung der Lebenssituation von Kindern der genannten Altersgruppe.[73]

Die Entscheidung für die beiden Untersuchungsgebiete in Köln (Nordrhein-Westfalen) und Erfurt (Thüringen) resultierte – ebenso wie jene für die genannte Untersuchungsgruppe – aus der zentralen Forschungsfrage und einer wichtigen Feststellung der Armutsforschung, wonach (Kinder-)Armut nur vor dem kontrastiven Hintergrund von Reichtum bzw. Wohlstand,[74] also auf einer Vergleichsebene, zu begreifen ist. Dementsprechend erfasste die Untersuchung in Erfurt und Köln sowohl Grundschulen in Stadtteilen mit einem überdurchschnittlich hohen Maß an Arbeitslosigkeit und Abhängigkeit von Sozialhilfe bzw. laufender Hilfe zum Lebensunterhalt als auch solche Grundschulen, die in Stadtteilen mit durchschnittlichen bzw. unterdurchschnittlichen Werten liegen.

Für die Untersuchung wurden die beteiligten Schulen nach den o.g. Kriterien ausgewählt und die Eltern aller Schüler/innen der 4. Klasse um die Erlaubnis zu einer Befragung ihrer Kinder gebeten, welche etwa 35,8 Prozent in Erfurt und 25 Prozent in Köln erteilten. Die dreijährige Laufzeit sowie die personelle und finanzielle Ausstattung des Projekts ließen eine Fallauswahl unter dem Aspekt von Armutsbetroffenheit der Kinder nicht zu, zumal der Fachbegriff „Armut" für die Lehrer/innen eine eher untergeordnete Rolle spielt, was sich auch in den Deutungen der Lebenssituationen von Kindern ihrer Klasse widerspiegelte.[75] Dem gewählten Verfahren entsprechend setzt sich das Untersuchungssample aus Kindern in unterschiedlichen Lebenssituationen zusammen. Dadurch sind innerhalb des Samples Vergleiche möglich, ohne dass eine spezielle Vergleichsgruppe befragt worden wäre.

---

72 Vgl. Stefan Hradil, Soziale Ungleichheit in Deutschland, Opladen 1999, S. 150f.; Wolfgang Lauterbach/Andreas Lange, Aufwachsen in materieller Armut und sorgenbelastetem Familienklima, a.a.O., S. 116; Elisabeth Schlemmer, Risikolagen von Familien und ihre Auswirkungen auf Schulkinder, in: Jürgen Mansel/Georg Neubauer (Hrsg.), Armut und soziale Ungleichheit bei Kindern, a.a.O., S. 138ff.

73 Zur Aussagefähigkeit von Kindern dieses Alters vgl. Jutta Ecarius, „Kinder ernst nehmen". Methodologische Überlegungen zur Aussagekraft biographischer Reflexionen 12jähriger, in: Michael-Sebastian Honig/Andreas Lange/Hans Rudolf Leu (Hrsg.), Aus der Perspektive von Kindern?, Zur Methodologie der Kindheitsforschung, Weinheim/München 1999, S. 133ff.

74 Vgl. Michael Klein, Familie und Armut, a.a.O., S. 96; Ernst-Ulrich Huster, Neuer Reichtum und alte Armut, Düsseldorf 1993, S. 47

75 Vgl. Monika Ludwig/Karl Mingot/Udo Neumann, Menschen in extremer Armut, a.a.O., S. 46 und 92

5.2.2 Überlegungen zur Konstruktion sozialer Lagen

Die Analyse der erhobenen Daten sollte als Ost-West-Vergleich (zwischen Erfurt und Köln) sowie als Vergleich zwischen prekären Lebenslagen auf der einen und wohlhabenderen Lebenslagen auf der anderen Seite erfolgen. Daher war es notwendig, innerhalb des Datensatzes Vergleichsgruppen zu bilden, die mittels verschiedener, dem Lebenslagenkonzept entsprechender Indikatoren konstruiert wurden.

Das Gesamtsample setzte sich für Erfurt und Köln aus drei Gruppen zusammen, die über den Zusammenhang zweier an das Lebenslagenkonzept angelehnte Indikatoren gebildet wurden. Als solche sind die Wohnraumversorgung, gemessen anhand der Verfügbarkeit über ein eigenes Kinderzimmer, sowie die Erwerbssituation der Eltern (Erwerbstätigkeit bzw. Arbeitslosigkeit) ausgewählt worden. Das erscheint schlüssig, weil Andreas Klocke feststellt, dass „der Haushaltskontext für die Lebenslage der Haushaltsmitglieder entscheidend" sei, weshalb „Unterversorgung immer haushaltsbezogen" zu erfassen ist: „Wenn mindestens ein Haushaltsmitglied eine Unterversorgung in einem zentralen Lebensbereich aufweist, wird das entsprechend gezählt."[76] Zunächst wurden eine am Lebenslagenansatz orientierte „untere" sowie eine „obere Schicht" konstruiert, die jedoch mit gewissen Einschränkungen bei der Indikatorenauswahl verbunden sind.[77] In der neueren Diskussion zum Lebenslagenkonzept besteht Einigkeit darüber, dass Armut bei der Unterversorgung in zwei von vier als zentral angesehenen Lebensbereichen (Arbeit/Ausbildung, Wohnen, Gesundheit und Einkommen) zu konstatieren ist.[78] Aufgrund der besonderen Konstellation in der Untersuchung – die Datenbasis bilden die Aussagen der befragten 9- bis 11-jährigen Kinder – wurden in diesem Schritt die schon genannten Indikatoren zur Konstruktion ausgewählt: Wohnen und Erwerbstätigkeit der Eltern.

Die „untere Schicht" umfasste im ersten Analyseschritt alle Fälle, in welchen den befragten Mädchen und Jungen kein eigenes Kinderzimmer zur Verfügung stand und mindestens ein Elternteil zum Zeitpunkt der Befragung ohne Erwerbsarbeit war.[79] Hierzu gehören u.E. auch Personen, die Maßnahmen nach dem Arbeitsförderungsgesetz (AFG) bzw. Sozialgesetzbuch (SGB) III – also Fortbildung und Umschulung sowie Arbeitsbeschaffungsmaßnah-

76 Andreas Klocke, Methoden der Armutsmessung. Einkommens-, Unterversorgungs-, Deprivations- und Sozialhilfekonzept im Vergleich, in: Zeitschrift für Soziologie 4/2000, S. 317f.

77 Vgl. dazu Wolfgang Voges u.a., Methoden und Grundlagen des Lebenslagenansatzes. 1. Zwischenbericht im Bundesministerium für Arbeit und Sozialordnung, Bremen 2001

78 Vgl. Walter Hanesch u.a., Armut in Deutschland. Der Armutsbericht des DGB und des Paritätischen Wohlfahrtsverbands, Reinbek bei Hamburg 1994, S. 25; Andreas Klocke, Methoden der Armutsmessung, a.a.O.

79 Vgl. Andreas Klocke, Methoden der Armutsmessung, a.a.O., S. 317f.

men – durchlaufen, weil diese angesichts der ständigen Einschränkung von Leistungen gerade in den ostdeutschen Bundesländern (aufgrund der dort herrschenden Perspektivlosigkeit) als prekär gelten müssen.[80] Mit der Festlegung, dass in dieser Gruppe nur Fälle enthalten sind, wo ein Elternteil einer Erwerbsarbeit nachgeht, sind auch diejenigen Haushalte erfasst, in denen erwerbstätige alleinerziehende Mütter und Väter mit ihren minderjährigen Kindern zusammenleben.

In der sich anschließenden Ergebnisdarstellung wird das Augenmerk auf weitere Aspekte der gemeinhin als „Risikogruppen" geltenden Haushalte, etwa jenen mit drei und mehr Kindern, jenen mit Migrationshintergrund und eben den Alleinerziehenden-Haushalten, gelegt. Die Zugehörigkeit der einzelnen Familien zu den letztgenannten Gruppen wurde im Zuge der Gruppenkonstruktion nur deshalb nicht als Indikator gewählt, weil sonst die Zwei-Elternteil-Familien mit weniger als drei Kindern bzw. Familien ohne Migrationshintergrund entweder nicht in der „unteren Schicht" enthalten gewesen wären oder aber die entstehenden Untergruppen aufgrund der mangelnden Größe unseres Samples eine zu geringe Fallzahl aufweisen würden, um relevante Aussagen treffen zu können. Bei dem gewählten Verfahren finden die genannten Indikatoren in der weiteren Untersuchung dennoch Beachtung, wobei jedoch immer von existierender Unterversorgung der Familien in den Bereichen Wohnen und Arbeit als *den* materiellen Grundlagen zur Gestaltung des Lebens ausgegangen wird.[81] Dieser eben beschriebenen Gruppe – in Erfurt handelt es sich um 14 (10,8%) und in Köln um 48 (26,8%) der befragten Jungen und Mädchen (vgl. Tabelle 1) – wurde in diesem Schritt der Analyse eine konstruierte „obere Schicht" gegenübergestellt (vgl. Tabelle 2).

Tabelle 1: Befragte Kinder, in deren Familien mindestens ein Elternteil erwerbslos ist und die nicht über ein eigenes Zimmer verfügen

			Stadt		
			Erfurt	Köln	Gesamt
Geschlecht	Mädchen	Anzahl	6	29	35
		% von Stadt	42,9	60,4	56,5
	Jungen	Anzahl	8	19	27
		% von Stadt	57,1	39,6	43,5
Gesamt		Anzahl	14	48	62
		% von Stadt	100,0	100,0	100,0

---

80 Vgl. dazu: Berthold Vogel, Strukturen der Arbeitswelt. Erfahrungen der Arbeitslosigkeit: ostdeutsche Perspektiven, in: Matthias Zeng (Hrsg.), Sozialberichterstattung in den neuen Bundesländern. Betrachtungen eines unübersichtlichen Feldes, Oldenburg 2001, S. 151. Ebenso Philipp Mayring u.a., Opfer der Einheit. Eine Studie zur Lehrerarbeitslosigkeit in den neuen Bundesländern, Opladen 2000, S. 16

81 Vgl. Wolfgang Voges u.a., Methoden und Grundlagen des Lebenslagenansatzes, a.a.O., S. 34f.

Die Kinder aus dieser Gruppe lebten in Doppelverdiener-Haushalten und verfügten über ein eigenes Zimmer. In Erfurt traf dies auf 54 (41,5% aller Erfurter Kinder) und in Köln auf 49 (27,4% aller Kölner Kinder) der befragten Mädchen und Jungen zu. Die Gruppe hat damit einen relativ hohen Anteil am Gesamtsample. Entsprechend der Konstruktion ergab sich eine Zwischengruppe, der alle Fälle angehörten, auf welche die genannte Konstellation der Auswahlindikatoren für die untere oder die obere Schicht nicht zutraf.

Tabelle 2: Befragte Kinder, die in Doppelverdiener-Haushalten leben und über ein eigenes Zimmer verfügen

			Stadt Erfurt	Köln	Gesamt
Geschlecht	Mädchen	Anzahl	31	30	61
		% von Stadt	57,4	61,2	59,2
	Jungen	Anzahl	23	19	42
		% von Stadt	42,6	38,8	40,8
Gesamt		Anzahl	54	49	103
		% von Stadt	100,0	100,0	100,0

Die Konstruktion der sozialen Lagen vernachlässigt Fakten, die in der Befragung nicht erhoben wurden bzw. nicht erhoben werden konnten.[82] Sie entspricht gleichwohl den Mindestanforderungen an eine Vergleichbarkeit von Daten gemäß dem Lebenslagenkonzept.[83] Zu den nicht erhobenen Fakten gehören

-   die materiellen Grundlagen in den Familien bezüglich der Einkommen (ausgedrückt im DM-Beträgen) bzw. Sozialhilfebezug,
-   die Kosten für die Wohnung sowie
-   der Bildungsabschluss der Eltern.

Aufgrund der Angaben zum Arbeitsumfang (Vollzeit/Teilzeit/erwerbslos) und Beruf bzw. zum angegebenen Arbeitsplatz der Eltern (unqualifiziert/ qualifiziert/hochqualifiziert) kann näherungsweise auf die Einkommenslage und das (prekäre) Beschäftigungsverhältnis der Eltern geschlossen werden.

Über die Einbeziehung dieser weitergehenden Informationen ist die Konstruktion der „unteren Schicht" erneut überprüft und dabei festgestellt worden, dass in die Erfurter „untere Schicht" zwei Fälle Eingang gefunden hatten, wo die Väter zum Zeitpunkt der Befragung einer Erwerbsarbeit nachgingen und die Mütter eine Umschulung absolvierten. Die beiden Fälle wurden

---

82   Vgl. Jens Lipski, Zur Verläßlichkeit der Angaben von Kindern bei standardisierten Befragungen, in: Friederike Heinzel (Hrsg.), Methoden der Kindheitsforschung. Ein Überblick über Forschungszugänge zur kindlichen Perspektive, Weinheim/München 2000, S. 77ff.

83   Vgl. Wolfgang Voges u.a., Methoden und Grundlagen des Lebenslagenansatzes, a.a.O., S. 36

dennoch in dieser Gruppe belassen, weil Umschulungen – wie oben begründet – als zeitlich befristete Maßnahmen nach dem AFG/SGB III nicht unbedingt Perspektiven bieten und nach dem Auslaufen der Maßnahmen für die betroffenen Familien wahrscheinlich Einkommenseinbußen drohen. In einem der beiden Fälle kam hinzu, dass der Vater Architekt, also hoch qualifiziert ist. Da aber das Kind nicht über ein eigenes Zimmer verfügte und die Mutter eine Umschulung absolvierte, wurde auch dieser Fall noch in der „unteren Schicht" belassen. In der Kölner „unteren Schicht" gibt es dagegen keinen Fall, wo von einem zweiten Erwerbseinkommen – ganz gleich auf welcher Basis – ausgegangen werden kann. Dagegen existiert mindestens eine Familie, in der Vater, Mutter sowie das befragte Kind und seine drei Geschwister Sozialhilfe bezogen.

Im zweiten Analyseschritt sollte eine genauere Definition und damit eine Eingrenzung der „unteren" bzw. der „oberen Schicht" erfolgen. Dieser Schritt umfasste die Analyse der von den Kindern angegebenen Berufe im Zusammenhang mit dem von ihnen geschätzten Arbeitszeitumfang der Eltern, welchem die Kategorien „Vollzeit" und „Teilzeit" zugewiesen wurden. Dabei zeigte sich, dass in der Erfurter „oberen Schicht" 7 Fälle enthalten waren, wo entweder die Mutter einer Teilzeitbeschäftigung nachging oder sowohl Mutter als auch Vater in Geringverdiener-Jobs bzw. geringqualifizierten Berufen tätig waren. Nach der Herausnahme dieser Fälle verblieben in der „oberen Schicht" in Erfurt noch 35 Fälle (26,9%). In der Kölner „oberen Schicht" waren 25 Fälle als problematisch bezüglich ihrer Gruppenzugehörigkeit anzusehen. In den meisten dieser Fälle übte die Mutter eine schlecht bezahlte Hilfsarbeit als Putzfrau, Lagerarbeiterin oder Küchenhilfe aus, manchmal sogar nur in Teilzeit. In einem Fall war der Vater Rentner und hatte einen Nebenverdienst, war aber zum Zeitpunkt der Befragung krank. Bei Herausnahme dieser Fälle verblieben in Köln noch 27 (15,1% aller) Fälle in der als „obere Schicht" bezeichneten Gruppe. In der Gruppe „untere Schicht" gab es weder für die Erfurter noch für die Kölner Daten irgendwelche Zuordnungsprobleme.

Eine dritte Gruppe ergab sich im ersten Arbeitsschritt aus den Fällen, in welchen

– die Kinder zwar über ein eigenes Zimmer verfügten, aber der Vater und/oder die Mutter ohne Erwerbseinkommen waren oder
– beide Elternteile (sofern es sich nicht um einen Ein-Elternteil-Haushalt handelte) über ein Erwerbseinkommen, die befragten Kinder aber nicht über ein eigenes Zimmer verfügten.

Diese zwischen der „unteren" und der „oberen Schicht" liegende Gruppe umfasste nach dem ersten Analyseschritt 144 Fälle, also 46,6 Prozent. Davon waren 62 Fälle oder 47,7 Prozent (bezogen auf alle Erfurter Fälle) aus dem Erfurter Sample und 82 Fälle oder 45,8 Prozent aus dem Kölner Sample. Aus dieser Gruppe wurden nun die Fälle ermittelt und ihre Zuordnung zu einer der drei Gruppen problematisiert, in denen Kinder eben über ein eigenes Zimmer verfügten, aber nur ein bzw. kein Elternteil ein Erwerbseinkommen hatte oder aber das Kind nicht über ein eigenes Zimmer verfügte und beide Elternteile einer Erwerbsarbeit nachgingen.

Aus dem analytischen Entwicklungsprozess heraus wurden über die Indikatoren „Wohnen", „Erwerbsarbeit" und (geschätzte) „Einkommenshöhe der Familie" anhand der unterschiedlichen „sozialen Lagen" drei Gruppen gebildet, welche die Bezeichnung „untere Schicht", „mittlere Schicht" und „obere Schicht" erhielten. Die abschließend festgelegte Zusammensetzung der einzelnen Gruppen soll hier noch einmal im Einzelnen dargestellt werden.

In der Kategorie „untere Schicht" sind alle Fälle erfasst, bei denen das befragte Kind

- über ein eigenes Zimmer verfügte, aber nur ein Elternteil eine geringqualifizierte/-bezahlte Erwerbsarbeit hatte bzw. es sich um eine Ein-Elternteil-Familie mit geringqualifizierter Tätigkeit von Mutter oder Vater handelte;
- über ein eigenes Zimmer verfügte, aber nur ein Elternteil einer geringqualifizierten „Vollzeit"-Tätigkeit und der zweite Elternteil einer geringfügigen Beschäftigung mit niedrigen Qualifikationsanforderungen nachging oder sich in einer SGB-III-Maßnahme befand;
- über ein eigenes Zimmer verfügte, aber ein Elternteil in einer SGB-III-Maßnahme und der andere arbeitslos war;
- nicht über ein eigenes Zimmer verfügte und nur ein oder kein Elternteil einen Arbeitsplatz hatte bzw. es sich um eine Ein-Elternteil-Familie handelte;
- nicht über ein eigenes Zimmer verfügte und nur ein Elternteil einer „Vollzeit"-Tätigkeit und der zweite einer geringfügigen Beschäftigung mit niedrigen Qualifikationsanforderungen nachging oder sich in einer SGB-III-Maßnahme befand.

Die Kategorie „mittlere Schicht" enthält die Fälle, bei denen das befragte Kind

- nicht über ein eigenes Zimmer verfügte, aber beide Eltern einer qualifizierten Erwerbsarbeit nachgingen;
- nicht über ein eigenes Zimmer verfügte, aber der alleinerziehende Elternteil einer Vollzeiterwerbsarbeit mit höherem bis hohem Qualifikationsniveau nachging;
- nicht über ein eigenes Zimmer verfügte, der eine Eltern-/Stiefelternteil einer höherqualifizierten Tätigkeit nachging und der andere Eltern-/Stiefelternteil als Hausfrau/-mann oder wegen Arbeitslosigkeit zu Hause blieb;
- nicht über ein eigenes Zimmer verfügte, der eine Eltern-/Stiefelternteil einer qualifizierten Erwerbsarbeit nachging und der andere Eltern-/Stiefelternteil an einer SGB-III-Maßnahme teilnahm oder Hausfrau bzw. -mann war;

- über ein eigenes Zimmer verfügte, aber nur der (Stief-)Vater eine qualifizierte Vollzeiterwerbsarbeit und die (Stief-)Mutter[84] eine Teilzeitarbeit oder eine Voll-/Teilzeitarbeit ohne bzw. mit geringen Qualifizierungsansprüchen hatte;
- über ein eigenes Zimmer verfügte, aber beide Elternteile jeweils einer niedrig bis gering qualifizierten Tätigkeit nachgingen;
- über ein eigenes Zimmer verfügte und bei einem alleinerziehenden Elternteil mit Erwerbsarbeit in einem (höher)qualifizierten Beruf lebte;
- über ein eigenes Zimmer verfügte, aber der Erwerbsstatus der Familie nicht geklärt werden konnte, weil es nicht willens oder in der Lage war, darüber eine Aussage zu treffen, ob seine Eltern einen Arbeitsplatz hatten oder nicht.

In der Kategorie „obere Schicht" schließlich werden Fälle erfasst, in denen die befragten Kinder

- über ein eigenes Zimmer verfügten und beide Eltern einer qualifizierten, höher- oder hochqualifizierten Erwerbsarbeit nachgingen;
- über ein eigenes Zimmer verfügten und mindestens ein Elternteil einer hochqualifizierten Vollzeiterwerbsarbeit nachging oder
- über ein eigenes Zimmer verfügten, in einer Ein-Elternteil-Familie lebten und der Vater bzw. die Mutter eine hochqualifizierte Tätigkeit ausübte.

Aus dieser neuen Kategorisierung ergibt sich folgendes Bild:

Tabelle 3: Die soziale Lage der Haushalte, in denen die befragten Mädchen und Jungen in Erfurt und Köln leben

		Stadt					
		Erfurt			Köln		
		Geschlecht			Geschlecht		
		Mädchen	Jungen	Gesamt	Mädchen	Jungen	Gesamt
untere Schicht	Anzahl	11	15	26	32	25	57
	% von Geschlecht	16,7	23,4	20,0	33,0	30,5	31,8
mittlere Schicht	Anzahl	32	37	69	50	45	95
	% von Geschlecht	48,5	57,8	53,1	51,5	54,9	53,1
obere Schicht	Anzahl	23	12	35	15	12	27
	% von Geschlecht	34,8	18,8	26,9	15,5	14,6	15,1
Gesamt	Anzahl	66	64	130	97	82	179
	% von Geschlecht	100,0	100,0	100,0	100,0	100,0	100,0

---

84 Aufgrund der geschlechtsspezifischen Lohnunterschiede ist diese genaue Formulierung u.E. notwendig.

In Erfurt waren 20 Prozent der befragten Kinder einer sozialen Lage zuzuordnen, die als „untere Schicht" oder auch als „armutsgefährdet/arm" eingestuft werden kann. In Köln betrifft dies dagegen knapp 32 Prozent. Zur „oberen Schicht" gehören im Erfurter Befragungssample mit 26,9 Prozent anteilig fast doppelt so viele Fälle wie im Kölner Befragungssample mit 15,1 Prozent. Die soziale Situation des untersuchten Samples war demnach in Köln viel schlechter als in Erfurt. Wenn diese Zahlen mit den oben genannten von Rolf Becker verglichen werden,[85] so ist zu konstatieren, dass sich das Befragungssample der Untersuchung in seiner Zusammensetzung davon nicht stark absetzt.

Bezüglich der Kinder mit Migrationshintergrund – hier sind alle Fälle gemeint, in denen mindestens ein Elternteil der befragten Kinder nicht aus Deutschland stammt (die Staatsbürgerschaft der Kinder wurde nicht erfragt) –, ist festzustellen, dass in Erfurt mit einem Anteil von 7,7 Prozent ein überdurchschnittlich hoher Anteil an Mädchen und Jungen ausländischer Herkunft befragt wurde. Dort lag der Anteil der Migrant(inn)en an der Wohnbevölkerung 2001 nur bei 2,0 Prozent.[86] In Köln beträgt der Anteil der Kinder mit Migrationshintergrund im Sample 48 Prozent; das Kölner Amt für Statistik nannte im Jahre 2000 aber bloß einen Anteil von 29,1 Prozent aller Grundschulkinder, welche als „Ausländer" bezeichnet werden.[87] Insgesamt klassifizierte das Statistikamt 18,6 Prozent aller Kölner/innen als „Ausländer".[88]

Tabelle 4:   Migrationshintergrund der befragten Mädchen und Jungen in
          Erfurt und Köln

Migrationshintergrund			Stadt					
			Erfurt			Köln		
			Geschlecht			Geschlecht		
			Mädchen	Jungen	Gesamt	Mädchen	Jungen	Gesamt
	ja	Anzahl	4	6	10	45	41	86
		% von Geschlecht	6,1	9,4	7,7	46,4	50,0	48,0
	nein	Anzahl	62	58	120	52	41	93
		% von Geschlecht	93,9	90,6	92,3	53,6	50,0	52,0
Gesamt		Anzahl	66	64	130	97	82	170
		% von Geschlecht	100,0	100,0	100,0	100,0	100,0	100,0

Von den befragten Kindern mit Migrationshintergrund leben in Erfurt 20 Prozent in der „unteren Schicht", ihr Anteil an der „unteren Schicht" beträgt

---

85   Vgl. Rolf Becker, Kinder ohne Zukunft?, a.a.O., S. 273
86   Vgl. Stadtentwicklungsamt Erfurt, Bereich Statistik und Wahlen (Hrsg.), Stadtteilprofile 2001
87   Vgl. Kölner Amt für Stadtentwicklung und Statistik (Hrsg.), Schüler an allgemeinbildenden Schulen 2000, Köln 2001
88   Vgl. Kölner Amt für Stadtentwicklung und Statistik (Hrsg.), Einwohnerstruktur in
     Köln am 31.12.2000, Köln 2001

im Erfurter Gesamtsample 7,7 Prozent (2 von 26 Kindern). Außerdem finden sich 60 Prozent in der „mittleren Schicht" (8,7% der „mittleren Schicht") und 20 Prozent in der „oberen Schicht" (5,7% der „oberen Schicht"). In Köln gehören 46,5 Prozent der Kinder mit Migrationshintergrund zur „unteren Schicht"; der Anteil dieser Kinder an der „unteren Schicht" beträgt aber 70,2 Prozent. Er ist demnach deutlich größer als der Anteil an Kindern mit Migrationshintergrund im Kölner Gesamtsample. In der „oberen Schicht" leben in Köln 7 Prozent der Kinder mit Migrationshintergrund, ihr Anteil an der „oberen Schicht" beträgt aber ca. 22 Prozent.

Tabelle 5: Soziale Lage und Migrationshintergrund der befragten Mädchen und Jungen in Erfurt und Köln

soziale Lage		Stadt					
		Erfurt			Köln		
		Geschlecht			Geschlecht		
		Mädchen	Jungen	Gesamt	Mädchen	Jugend	Gesamt
untere Schicht	Anzahl		2	2	23	17	40
	% von Geschlecht		33,3	20,0	51,1	41,5	46,5
mittlere Schicht	Anzahl	2	4	6	21	19	40
	% von Geschlecht	50,0	66,7	60,0	46,7	46,3	46,5
obere Schicht	Anzahl	2		2	1	5	6
	% von Geschlecht	100,0	100,0	100,0	100,0	100,0	100,0

Grafisch stellt sich die Verteilung der Mädchen und Jungen mit Migrationshintergrund im Sample folgendermaßen dar:

Abbildung 1: Anteile der Kinder mit Migrationshintergrund am jeweiligen Sample und an den sozialen Lagen in Erfurt und Köln

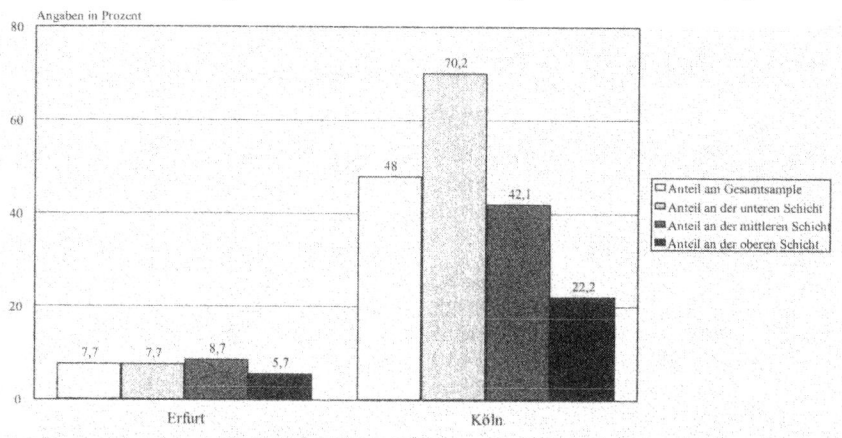

Anteile der Kinder mit Migrationshintergrund

Demnach ist trotz einer länger andauernden Migrationsgeschichte in den westlichen Bundesländern eine stärkere Benachteiligung von Kindern ohne ausschließlich deutsche Herkunft zu konstatieren. Dies könnte auf mangelnde Integrationsbemühungen zurückzuführen sein. So wurden die ersten „Gastarbeiter" in den 1960er-Jahren vor allem in un- bzw. angelernten Tätigkeiten beschäftigt; ihre Aufstiegsmöglichkeiten waren stark eingeschränkt.[89] Möglich wäre eine entsprechende Tradierung solcher beruflicher Entwicklungseinschränkungen in den Bildungsaspirationen der Familien, die sich letztlich auch in den sozialen Lagen der befragten Kinder widerspiegeln. Von der DDR-Regierung wurden die ausländischen Arbeitskräfte („Vertragsarbeiter/innen") hingegen nicht nur zwecks Verbesserung der volkswirtschaftlichen Erfolgsbilanz, sondern auch zur Weiterbildung und Qualifizierung ins Land geholt.[90] Außerdem war der Zuzug sehr stark staatlich geregelt und ihr Anteil an der DDR-Bevölkerung lag nie so hoch wie der Anteil von Migrant(inn)en in der BRD. Er betrug Ende 1989 etwa 1,4 Prozent der Beschäftigten im produzierenden Gewerbe.[91] Kinder mit Migrationshintergrund spielten in der DDR kaum eine Rolle, da die Vertragsarbeiterinnen bis Anfang 1989 im Falle einer Schwangerschaft zur Abtreibung gezwungen oder ausgewiesen wurden.[92] Trotz des nach wie vor niedrigeren Anteils von Migrant(inn)en an der Wohnbevölkerung in den östlichen Bundesländern besteht bei gleichbleibend schlechten Integrationsbedingungen, wie sie in den westlichen Bundesländern gegeben sind, die Gefahr einer ähnlichen Entwicklung.

5.3 Untersuchungsergebnisse

Die Auswahl der vorzustellenden Resultate orientierte sich an den zentralen Aussagen anderer Studien. Demnach spielen Gesundheit, Wohlbefinden und schulische Entwicklung von Kindern gerade im Zusammenhang mit Armut oder prekären Lebenssituationen eine Schlüsselrolle für die Zukunftsperspektiven der Betroffenen.

---

89 Vgl. Ulrich Herbert, Geschichte der Ausländerpolitik. Saisonarbeiter, Zwangsarbeiter, Gastarbeiter, Flüchtlinge, München 2001, S. 213f.

90 Vgl. Sandra Gruner-Domić, Beschäftigung statt Ausbildung. Ausländische Arbeiter und Arbeiterinnen in der DDR (1961 bis 1989), in: Jan Motte/Rainer Ohlinger/Anne von Oswald (Hrsg.), 50 Jahre Bundesrepublik – 50 Jahre Einwanderung. Nachkriegsgeschichte als Migrationsgeschichte, Frankfurt am Main/New York 1999, S. 215ff.

91 Vgl. ebd., S. 234

92 Vgl. ebd., S. 227

5.3.1 Bildung und Bildungsübergänge

Die Einschätzung der eigenen Leistungen in der Schule gibt Hinweise auf das Selbstbild der Kinder und ermöglicht im Zusammenhang mit Aussagen zum geplanten Bildungsübergang auch Feststellungen zum Selbstvertrauen der Kinder. Dabei ist aber zu bedenken, dass Bildungswegentscheidungen nicht (allein) von den Kindern getroffen werden. Über den Entscheidungsprozess selbst ist eine Aussage nicht möglich, da er nicht erfragt wurde. Zusätzlich war zu beachten, dass gerade im Osten der Republik anscheinend eine erheblich stärkere Tendenz zum Wechsel auf ein Gymnasium als in den westlichen Bundesländern besteht, auch wenn die Leistungen der Kinder den dort gestellten höheren Anforderungen nach Auskunft der Lehrer/innen nicht immer entsprechen. Daher sind die Zusammenhänge zwischen der eigenen Leistungseinschätzung und dem geplanten Schulwechsel vorsichtig zu interpretieren. Die von einer evtl. inadäquaten Bildungswegentscheidung der Eltern für die betroffenen Kinder ausgehenden Versagenssituationen und Frustrationserlebnisse können im Extremfall zu einem neuerlichen Schulwechsel führen, was hier aber nicht thematisiert werden kann.

5.3.1.1 Einschätzung der eigenen Leistungen

Bei der Einschätzung der eigenen Leistungen in der Schule ist eine erhebliche Diskrepanz zwischen den Aussagen der Kinder in Erfurt und Köln festzustellen (Tabelle 6). Während in Erfurt 45,6 Prozent aller befragten Mädchen und Jungen meinten, dass ihre Leistungen nicht besonders gut seien, vertraten in Köln nur 37,4 Prozent diese Ansicht. Dabei liegt in Erfurt der Anteil der Jungen, die ihre schulischen Leistungen mit „geht so" bis „nicht so gut" einschätzten, mit 47,5% über 3 Prozentpunkte höher als jener der Mädchen (43,8%), in Köln der Anteil der Mädchen mit 41,2% hingegen über 8 Prozentpunkte höher als jener der Jungen (32,9%); das Verhältnis ist also genau umgekehrt.

Betrachtet man die Aussagen der Kinder aus der „unteren Schicht" (Tabelle 7), so fällt auf, dass in Erfurt 54,2 Prozent die Ansicht vertraten, dass ihre schulischen Leistungen eher negativ („geht so" und „nicht so gut") seien, in Köln dagegen nur 42,1 Prozent. In Erfurt gab kein Kind dieser Gruppe an, dass es seine Leistungen „sehr gut" fand, in Köln waren es 7 Prozent. In beiden Städten stuften die Mädchen ihre Leistungen schlechter als die Jungen ein. Gegenüber dem Gesamtsample ist ein erheblicher Anstieg bezüglich des Anteils an Kindern in beiden Städten zu verzeichnen, die ihre eigenen Leistungen eher negativ einschätzten. Die negative Selbsteinschätzung eines so großen Anteils von Kindern aus der „unteren Schicht" könnte darauf zurückzuführen sein, dass diese sowohl in Köln als auch in Erfurt von ihren Lehrer(inne)n, eventuell aber auch von den eigenen Eltern, als leistungsschwach eingestuft oder gar abgewertet wurden und diese Sichtweise, sich den Erwachsenen anpassend, übernommen haben.[93]

Tabelle 6: Einschätzung der eigenen Schulleistungen durch die befragten Mädchen und Jungen in Erfurt und Köln

Wie würdest du deine Leistungen einschätzen?			Stadt					
			Erfurt			Köln		
			Geschlecht			Geschlecht		
			Mädchen	Jungen	Gesamt	Mädchen	Jungen	Gesamt
sehr gut	Anzahl		5	6	11	12	8	20
	% von Geschlecht		7,8	9,8	8,8	12,4	9,8	11,2
gut	Anzahl		31	26	57	45	47	92
	% von Geschlecht		48,4	42,6	45,6	46,4	57,3	51,4
geht so	Anzahl		16	21	37	30	21	51
	% von Geschlecht		25,0	34,4	29,6	30,9	25,6	28,5
nicht so gut	Anzahl		12	8	20	10	6	16
			18,8	13,1	16,0	10,3	7,3	8,9
Gesamt	Anzahl		64	61	125	95	82	179
	% von Geschlecht		100,0	100,0	100,0	100,0	100,0	100,0

Fünf Kinder in Erfurt machten zu dieser Frage keine Angaben.

Tabelle 7: Einschätzung der eigenen Schulleistungen durch die befragten Mädchen und Jungen der „unteren Schicht" in Erfurt und Köln

Wie würdest du deine Leistungen einschätzen?			Stadt					
			Erfurt			Köln		
			Geschlecht			Geschlecht		
			Mädchen	Jungen	Gesamt	Mädchen	Jungen	Gesamt
sehr gut	Anzahl					2	2	4
	% von Geschlecht				6,3	8,0	7,0	
gut	Anzahl		4	7	11	16	13	29
	% von Geschlecht		40,0	50,0	45,8	50,0	52,0	50,9
geht so	Anzahl		2	4	6	12	8	20
	% von Geschlecht		20,0	28,6	25,0	37,5	32,0	35,1
nicht so gut	Anzahl		4,3	7	2	2	4	
	% von Geschlecht		40,0	21,4	29,2	6,3	8.0	7.0
Gesamt	Anzahl		10	14	24	32	25	57
	% von Geschlecht		100,0	100,0	100,0	100,0	100,0	100,0

Ein Junge und ein Mädchen aus Erfurt machten keine Angaben.

---

93 Zur Wahrnehmung von Schulleistungen nach sozialen Gesichtspunkten vgl. Dominique Rössel/Melanie Bertz/Tina Siebert, Armut und Schule, in: Gerd Iben (Hrsg.), Kindheit und Armut. Analysen und Projekte, Münster 1998, S. 76ff.

Wenn die Annahme unterschiedlicher Rückmeldungen der Eltern oder Lehrer/innen stimmt (niedrigere Leistungsselbsteinschätzung der Erfurter Kinder in der „unteren Schicht" im Vergleich zu den Kölner Kindern der gleichen Gruppe), so kann man davon ausgehen, dass im Osten der Republik gerade Kinder aus prekären Lebenslagen in der Schule einen schwereren Stand haben als ihre Altersgefährten in den westlichen Bundesländern. Den Hintergrund dafür könnten fehlende oder nur schwach ausgeprägte Erfahrungen mit Armut und Unterversorgung sowie den damit im Zusammenhang stehenden Verhaltensmustern betroffener Kinder, die in der Regel eher als Verhaltensauffälligkeiten wahrgenommen werden, bilden. Über diese Zuschreibungen erfolgen aber wiederum eher Abwertungen erbrachter Leistungen oder eine geringere Förderung als bei Kindern mit angepassterem Verhalten. Diese Deutung legen auch die Ergebnisse einer Studie zur Wahrnehmung und Deutung von Kinderarmut in ost- und westdeutschen Tagesstätten durch die Mitarbeiter/innen nahe.[94]

In der „oberen Schicht" bewerteten nur 23,5 Prozent der Erfurter und 25,9 Prozent der Kölner Kinder ihre Leistungen eher negativ („geht so" oder „nicht so gut"), wobei in Köln kein Kind das Item „nicht so gut" wählte. Demgegenüber schätzten 76,5 Prozent (Erfurt) und 74,1 Prozent (Köln) ihre Leistungen als „gut" bis „sehr gut" ein. Abgesehen davon, dass die schulischen Leistungen in dieser Gruppe zum Teil wirklich besser sein könnten als in der „unteren Schicht", kommt hier ein stärkeres Selbstbewusstsein zum Ausdruck, das den Kindern in ihrer Entwicklung helfen dürfte, Niederlagen und Probleme besser zu verarbeiten. Außerdem dürften die Ursachen wieder in den Rückmeldungen von Eltern und Lehrer(inne)n zu suchen sein. Interessant ist, dass in der „oberen Schicht" in Erfurt die Mädchen mit 78,3 gegenüber 72,7 Prozent ihre schulischen Leistungen positiver einschätzten als die Jungen. In Köln war dies nicht der Fall; dort hatten die Jungen mit 83,3 gegenüber 76,7 Prozent eine bessere Meinung von ihren eigenen Leistungen als die Mädchen.

Die Kinder ausländischer Herkunft in Erfurt und Köln bewerteten ihre Leistungen sehr unterschiedlich. Für Erfurt müssen die Ergebnisse aufgrund der geringen Fallzahl sehr vorsichtig betrachtet werden. Hier schätzten 70 Prozent der Kinder, vor allem die Jungen (83,3%), ihre Leistungen eher negativ ein. In Köln waren es dagegen nur 33,7 Prozent, wobei es keine erheblichen Unterschiede in der Selbsteinschätzung zwischen Mädchen und Jungen gab. Dies könnte darauf hindeuten, dass die Leistungen der Kinder mit Migrationshintergrund in Erfurt – anders als in Köln – kaum auf positive Resonanz bei den Lehrkräften stießen. Freilich legt die Auswertung der Gespräche mit den Lehrer(inne)n in Erfurt und Köln andere Schlussfolgerungen na-

---

94 Vgl. Hans-Peter Frühauf/Matthias Zeng, Wahrnehmung von Kinderarmut in Kindertagesstätten. Arm oder auffällig?, in: Soziale Arbeit 10/2001, S. 374ff.

he. In Erfurt wurden die befragten Kinder mit Migrationshintergrund – 50 Prozent von ihnen stammten aus Vietnam – als eher leistungsstark eingestuft.

Tabelle 8: Einschätzung der eigenen Schulleistungen durch die befragten Mädchen und Jungen der „oberen Schicht" in Erfurt und Köln

Wie würdest du deine Leistungen einschätzen?		Stadt					
		Erfurt			Köln		
		Geschlecht			Geschlecht		
		Mädchen	Jungen	Gesamt	Mädchen	Jungen	Gesamt
sehr gut	Anzahl	4	1	5	1	1	2
	% von Geschlecht	17,4	9,1	14,7	6,7	8,3	7,4
gut	Anzahl	14	7	21	9	9	18
	% von Geschlecht	60,9	63,6	61,8	60,0	75,0	66,7
geht so	Anzahl	3	3	6	5	2	7
	% von Geschlecht	13,0	27,3	17,6	33,3	16,7	25,9
nicht so gut	Anzahl	2		2			
	% von Geschlecht	8,7		5,9			
Gesamt	Anzahl	23	11	34	15	12	27
	% von Geschlecht	100,0	100,0	100,0	100,0	100,0	100,0

Ein Junge aus Erfurt machte hier keine Angaben.

In Köln sind auch in unterschiedlichen sozialen Lagen kaum Veränderungen bei der Selbsteinschätzung festzustellen; jeweils ca. 34 Prozent der Kinder in der „unteren" und in der „mittleren Schicht" waren der Meinung, dass ihre schulischen Leistungen nicht so gut seien. In Erfurt haben die beiden Jungen ausländischer Herkunft, die zur „unteren Schicht" gehören, eine eher negative Einschätzung ihrer Leistungen vorgenommen. In der „mittleren Schicht" waren immer noch ca. 68 Prozent dieser Kinder der Meinung, in der Schule nicht gut genug zu sein.

Daraus lassen sich zwei Thesen ableiten: Einerseits haben die Kinder mit Migrationshintergrund in der Grundschule in Erfurt offenbar stärkere Probleme als in Köln; andererseits wäre auch eine realistischere Einschätzung der eigenen Leistungen bei diesen Kindern in Erfurt denkbar.

5.3.1.2 Bildungsübergang

Die Bildungswegentscheidung an der Schwelle zur Sekundarstufe I wird in einer Vielzahl von Publikationen thematisiert.[95] Demnach werden Kinder aus

---

95 Vgl. z.B. Andreas Lange/Wolfgang Lauterbach/Rolf Becker, Armut und Bildungschancen, a.a.O., S. 153ff.; Wolfgang Lauterbach/Andreas Lange, Aufwachsen in materieller Armut und sorgenbelastetem Familienklima, a.a.O., S. 106ff.; Rolf Becker, Kinder ohne Zukunft?, Kinder in Armut und Bildungsungleichheit in Ostdeutschland seit 1990, in: Zeitschrift für Erziehungswissenschaft 2/1999, S. 251ff.; Wolfgang

Haushalten in prekären Lebenslagen eher auf kürzere Bildungswege, verbunden mit niedrigeren Bildungsabschlüssen, verwiesen als Kinder aus Haushalten in sozial besseren Lebenssituationen. Die Ursachen dafür sind vielfältig. So ist neben einer häufig schlechteren Bildung/Ausbildung der Eltern in prekären Lebenssituationen eine geringere Bildungsaspiration dieser Personengruppe ausschlaggebend. Daneben können aber auch rein materielle Erwägungen – z.B. die mit einem Besuch des Gymnasiums verbundenen höheren Bildungskosten – eine nicht unerhebliche Rolle bei der Entscheidungsfindung spielen. Dass das Bildungsniveau der Eltern als eine der Ursachen von Armut aber in den östlichen Bundesländern eine geringere Rolle spielt als materielle Aspekte wie Erwerbseinkommen bzw. -losigkeit oder die Anzahl der Kinder in einer Familie, heben Johann Bacher und Claudia Wenzig hervor.[96]

Da dieses Problem bei einer Untersuchung zur Lebenssituation von Kindern in der hier betrachteten Altersgruppe eine Rolle spielen muss, lautete eine Frage an die Mädchen und Jungen, auf was für eine Schule sie nach den Sommerferien gehen würden. Dabei sind zwischen Erfurt und Köln einerseits sowie zwischen Mädchen und Jungen andererseits erhebliche Differenzen festzustellen. Einer der Unterschiede zwischen Erfurt und Köln wurde bereits angesprochen: der stärkere Drang in Richtung Gymnasium in Ostdeutschland, was mit den Ergebnissen von Bacher und Wenzig korrespondieren würde, da der Bildungsabschluss der Eltern für die Bildungsaspiration im Osten auch eine geringere Rolle spielen könnte als in den westlichen Bundesländern. Er ist in Erfurt nur in der „mittleren Schicht" weniger ausgeprägt. Der zweite Unterschied betrifft die Schulsysteme und die sich daraus ergebenden Optionen hinsichtlich des Bildungsweges. Während ca. 15 Prozent aller Kölner Schüler/innen allgemeinbildender Schulen ab Sekundarstufe I eine Gesamtschule besuchen,[97] stellen Gesamtschulen im stark gegliederten Thüringer Schulsystem die Ausnahme dar. In Erfurt gibt es lediglich zwei und in ganz Thüringen nur fünf. Dies könnte einer der Gründe für den in unseren Daten bestätigten stärkeren Drang zum Gymnasium in Thüringen sein, da spätere Übergänge zwischen einzelnen Schulformen eher in Richtung einer niedrigeren denn einer höheren realisiert werden.

Die Bildungswegentscheidungen im Gesamtsample ergeben folgendes Bild (Tabelle 9): Während in Köln 19,1 Prozent der befragten Kinder (Mäd-

---

Lauterbach/Andreas Lange/David Wüest-Rudin, Familien in prekären Einkommenslagen, a.a.O., S. 361ff.; Ingrid Krieger/Bernd Schläfke, Sozialisation im Armutsklima, a.a.O., S. 224ff.; Peter Büchner/Heinz-Hermann Krüger, Soziale Ungleichheiten beim Bildungserwerb innerhalb und außerhalb der Schule, a.a.O., S. 21ff.; Deutsches PISA-Konsortium (Hrsg.), PISA 2000, a.a.O., S. 351ff.

96 Vgl. Johann Bacher/Claudia Wenzig, Sozialberichterstattung über die Armutsgefährdung von Kindern, a.a.O., S. 126

97 Vgl. Kölner Amt für Stadtentwicklung und Statistik (Hrsg.), Schüler an allgemeinbildenden Schulen 2000, a.a.O.

chen: 17,7%; Jungen: 20,7%) angaben, nach der 4. Klasse auf eine Gesamtschule zu gehen, waren es in Erfurt – wo es eben nur zwei solche Schulen gibt – gerade einmal 10,8 Prozent (12,1% der Mädchen und 9,4% der Jungen).

Tab. 9: Geplante Schulwegentscheidung der befragten Mädchen und Jungen in Erfurt und Köln

In welche Schule wechselst du?		Stadt					
		Erfurt			Köln		
		Geschlecht			Geschlecht		
		Mädchen	Jungen	Gesamt	Mädchen	Jungen	Gesamt
Haupt/Real-/Regelschule	Anzahl	25	31	56	45	37	82
	% von Geschlecht	37,9	48,4	43,1	46,9	45,1	46,
Gesamtschule	Anzahl	8	6	14	17	17	34
	% von Geschlecht	12,1	9,4	10,8	17,7	20,7	19,1
Gymnasium	Anzahl	32	26	58	32	26	58
	% von Geschlecht	48,5	40,6	44,6	33,3	31,7	32,6
Sonderschule	Anzahl			2	2		
	% von Geschlecht			2,1		1,1	
weiß ich nicht	Anzahl	1	1	2		1	1
	% von Geschlecht	1,5	1,6	1,5		1,2	0,6
Klasse wird wiederholt	Anzahl					1	1
	% von Geschlecht					1,2	0,6
Gesamt	Anzahl	66	64	130	96	82	178
	% von Geschlecht	100,0	100,0	100,0	100,0	100,0	100,0

Ein Mädchen aus Köln machte keine Angaben.

In Erfurt ist der Anteil derjenigen, die angaben, auf ein Gymnasium zu wechseln, mit 44,6 Prozent deutlich größer als in Köln (mit 32,6%). Sowohl in Erfurt als auch in Köln nannten mehr Mädchen als Jungen das Gymnasium als neue Schule. Damit liegt der Anteil in Köln im allgemeinen Trend – 1998 besuchten nach Angaben des Statistischen Bundesamtes 30 Prozent aller 13-Jährigen in Gesamtdeutschland ein Gymnasium –, in Erfurt gaben dagegen überdurchschnittlich viele Kinder an, das neue Schuljahr auf einem Gymnasium zu beginnen.

Sonderschulen bzw. Klassenwiederholungen spielen im Befragungssample weder in Erfurt noch in Köln, wo zwei Mädchen (2,1%) angaben, auf eine Sonderschule zu gehen, und ein Junge die Klasse wiederholen sollte, eine große Rolle.

In der „unteren Schicht" (Tabelle 10) fällt auf, dass kein Erfurter Kind angab, auf eine Gesamtschule zu wechseln. Diese Tatsache könnte einerseits mit der exponierten Stellung der beiden Gesamtschulen in Erfurt zusammenhän-

gen, die sich aufgrund der hohen Nachfrage ihre Schüler/innen aussuchen können, was dazu führt, dass sich Eltern damit auseinandersetzen und für einen
solchen Wechsel engagieren müssen. Andererseits dürften auch dann, wenn der
Versuch eines Wechsels zur Gesamtschule unternommen wird, mindestens
zum Teil die schulischen Leistungen der Kinder einen Hinderungsgrund bilden.

Insgesamt wechselten in Erfurt 69,2 Prozent der Kinder aus der „unteren
Schicht"– also deutlich mehr als im Gesamtsample – auf eine mit der west-
deutschen Haupt- und Realschule vergleichbare Regelschule (72,7% der
Mädchen und 66,7% der Jungen) sowie 26,9 Prozent auf ein Gymnasium,
wobei der Anteil der Jungen mit 33,3 Prozent deutlich höher ist als jener der
Mädchen mit 18,2 Prozent.

Tabelle 10: Geplante Schulwegentscheidung der befragten Mädchen und
Jungen der „unteren Schicht" in Erfurt und Köln

		Stadt					
		Erfurt			Köln		
		Geschlecht			Geschlecht		
In welche Schule wechselst du?		Mädchen	Jungen	Gesamt	Mädchen	Jungen	Gesamt
Haupt-/Real-/Regelschule	Anzahl	8	10	18	19	15	34
	% von Geschlecht	72,7	66,7	69,2	59,4	60,0	59,6
Gesamtschule	Anzahl				6	4	10
	% von Geschlecht			18,8	16,0	17,5	
Gymnasium	Anzahl	2	5	7	7	4	11
	% von Geschlecht	18,2	33,3	26,9	21,9	16,0	19,3
weiß ich nicht	Anzahl	1		1		1	1
	% von Geschlecht	9,1		3,8		4,0	1,8
Klasse wird wiederholt					1		1
	% von Geschlecht					4,0	4,0
Gesamt	Anzahl	11	15	26	32	25	57
	% von Geschlecht	100,0	100,0	100,0	100,0	100,0	100,0

In Köln gaben 59,6 Prozent der Kinder aus der „unteren Schicht" (59,4% der
Mädchen und 60% der Jungen) an, auf eine Haupt- oder Realschule zu gehen,
17,5 Prozent besuchten eine Gesamtschule (18,8% der Mädchen und 16,0% der
Jungen). Nur 19,3 Prozent der Kölner Kinder dieser Gruppe, also deutlich weni-
ger als in Erfurt, verließen die Grundschule in Richtung Gymnasium (21,9% der
Mädchen und 16% der Jungen). Ein Kind in Köln wiederholte die 4. Klasse.

Die Bildungs- und Ausbildungschancen der Mädchen und Jungen der
„unteren Schicht" waren vor allem in Erfurt gegenüber dem Gesamtsample
deutlich geringer, als dies für Köln festzustellen ist. Wie bereits bemerkt,
geht in Erfurt keines dieser Kinder auf eine Gesamtschule, hat also auch in
den oberen Klassen kaum noch Chancen, sich auf einen höheren Bildungsabschluss zu orientieren. Dies wiederum deutet darauf hin, dass – wenn den Ergebnissen von Bacher und Wenzig zu folgen ist – gerade Eltern aus der „un-

teren Schicht" trotz eventuell vorhandener eigener Bildungsabschlüsse angesichts der Arbeitsmarktlage in den östlichen Bundesländern womöglich resi-
gnieren und in der Bildungsaspiration für ihre Kinder zurückstecken.

In der „oberen Schicht" sind zwischen Köln und Erfurt ebenfalls erhebliche Unterschiede festzustellen (Tabelle 11). So wechselten 77,1 Prozent der
Erfurter (82,6% der Mädchen und 66,7% der Jungen), aber nur 48,1 Prozent
der Kölner Kinder (40% der Mädchen und 58,3% der Jungen) dieser Gruppe
auf das Gymnasium. Demgegenüber besuchten nur 14,3 Prozent der Erfurter
Kinder dieser Gruppe die Regelschule (8,7% der Mädchen und 25% der Jungen) sowie 44,4 Prozent der Kölner Kinder die Haupt- und Realschule (60%
der Mädchen und 25% der Jungen). Bezüglich des Wechsels auf eine Gesamtschule sind keine erheblichen Differenzen zu verzeichnen, was wiederum auf den höheren Status der Gesamtschulen in Erfurt verweist, da diese
Schulen mit erheblichen Zugangshürden – Auswahl nach Leistungsstand im
Halbjahreszeugnis der 4. Klasse – ausgestattet sind, die sie aufgrund der geringen Platzzahl ausschöpfen können. Wenn unterstellt wird, dass wenigstens
ein Teil der Kinder, die eine Gesamtschule besuchen, auch das Abitur schafft,
kann in unserem Sample für die „obere Schicht" in Erfurt eine Abiturquote
von ca. 80 Prozent und für die gleiche Gruppe in Köln von ca. 50 Prozent
unterstellt werden (ohne Berücksichtigung möglicher späterer Wechsel ein-
zelner Kinder auf Schulen mit Haupt- und Realschulzweigen).

Tabelle 11: Geplante Schulwegentscheidung der befragten Mädchen und
Jungen der „oberen Schicht" in Erfurt und Köln

			Stadt				
			Erfurt			Köln	
			Geschlecht			Geschlecht	
In welche Schule wechselst du?			Mädchen	Jungen	Gesamt	Mädchen	Jungen	Gesamt
Haupt-/Real-Regelschule	Anzahl		2	3	5	9	3	12
	% von Geschlecht		8,7	25,0	14,3	60,0	25,0	44,4
Gesamtschule	Anzahl		2	1	3		2	2
	% von Geschlecht		8,7	8,3	8,6		16,7	7,4
Gymnasium	Anzahl		19	8	27	6	7	13
	% von Geschlecht		82,6	66,7	77,1	40,0	58,3	48,1
Gesamt	Anzahl		23	12	35	15	12	27
	% von Geschlecht		100,0	100,0	100,0	100,0	100,0	100,0

Im Gesamtsample scheint für die Erfurter Kinder eine höhere Bildungsaspiration – 55,4 Prozent gaben an, auf eine Gesamtschule oder ein Gymnasium
zu gehen – als für die Kölner Kinder – hier wechselten 51,7 Prozent auf eine
Gesamtschule oder ein Gymnasium – vorhanden zu sein. Aus der „unteren
Schicht" berichtete zwar in Erfurt ein größerer Anteil der Kinder von einem
Wechsel zum Gymnasium als aus der gleichen Gruppe in Köln. Allerdings
wechselten mehrere Kinder aus der „unteren Schicht" in Köln zur Gesamt-

schule, was in Erfurt gar nicht vorkam. Dadurch ist die Chance, einen höheren Bildungsabschluss zu erlangen, für Kinder der Kölner „unteren Schicht" größer als in Erfurt.

Der dort insgesamt stärkere Wechsel in Richtung des Gymnasiums könnte u.a. mit dem Mangel an Lehrstellen zusammenhängen, der in den östlichen Bundesländern generell größer ist als in den westlichen. Dazu kommt eine stärkere Selektion: Es werden vermehrt auch für Ausbildungsberufe eher Jugendliche mit gymnasialem Abschluss als solche mit Realschulabschluss ausgewählt. Dies wiederum legt, betrachtet man die Ergebnisse der Befragung, eine Benachteiligung von Kindern aus Familien in prekären Lebenslagen auch in späteren Lebensphasen nahe.

Je höher die soziale Lage der Kinder des Befragungssamples eingeschätzt werden kann, desto größer ist ihre Chance, einen besseren Bildungsabschluss zu erwerben. Dies entspricht in etwa den bereits zitierten, von Andreas Lange und Wolfgang Lauterbach formulierten Ergebnissen zu Konsequenzen von materieller Armut und sorgenbelastetem Familienklima für den Schulerfolg von Kindern beim Übergang von der Grundschule zur Sekundarstufe I. Ebenso problematisch stellen sich die Ergebnisse dar, wenn der Migrationshintergrund in die Analyse einbezogen wird. Somit hat die Schulbesuchsverteilung eine deutlich herkunftsspezifische Note, welche dem Prinzip der Chancengleichheit widerspricht. Migrationsspezifische, berufliche und sozioökonomische Positionen der Haushalte bzw. ihrer Vorstände sind für die Verteilung auf die unterschiedlichen Schulformen weiterhin ausschlaggebend. Im Kölner Sample – die Erfurter Daten lassen wegen der geringen Fallzahlen kaum Schlussfolgerungen zu – gaben mehr als ein Viertel der befragten Kinder mit Migrationshintergrund an, im neuen Schuljahr auf ein Gymnasium zu gehen, wobei der Anteil der Mädchen deutlich größer als jener der Jungen ist. Zwischen den Kindern mit und ohne Migrationshintergrund gibt es beim Besuch einer Haupt- oder Realschule (46,5% mit und 45,7% ohne Migrationshintergrund) kaum Unterschiede, die bei einer klareren Differenzierung zwischen beiden Schularten aber deutlicher werden dürften.

In der Befragung wird einmal mehr die höhere Bildungsaspiration sozial besser gestellter Familien deutlich. Deren Nachwuchs hat so mehr Chancen und unterliegt auch in Zukunft einem geringeren Risiko des Scheiterns auf dem Ausbildungs- und Arbeitsmarkt als Kinder in prekären Lebenslagen.

5.3.2 Wohlbefinden und Gesundheit

Eine Vielzahl von Studien zu (Kinder-)Armut belegen die mehr oder weniger stark ausgeprägten Zusammenhänge zwischen Gesundheit, Wohlbefinden und sozialer Lage. Dass es hierbei keine Monokausalität gibt, wird zwar regelmäßig betont, kaum von der Hand weisen lässt sich aber die Tendenz zu einem schlechteren Gesundheitszustand, einem nicht so ausgeprägten Wohlbefinden und einem weniger gesundheitsfördernden Verhalten bei Menschen in prekären Lebenslagen.

5.3.2.1 Allgemeines Wohlbefinden

Die Frage nach dem allgemeinen Wohlbefinden steht neben zwei weiteren zur Gesundheit im Zentrum der Ergebnisdarstellung. Für die Beantwortung der Frage „Wie fühlst du dich im Allgemeinen?" wurden den Kindern vier Items vorgegeben: „fast immer wohl", „manchmal wohl", „manchmal un-wohl" und „fast immer unwohl". Die Mädchen und Jungen in Erfurt und Köln machten zu dieser Frage ähnliche Angaben (Tabelle 12). Es geht dem-nach über einem Zehntel der befragten Kinder (10,7% in Erfurt und 13% in Köln) im Allgemeinen nicht so gut („manchmal unwohl" und „fast immer unwohl"). Den Mädchen scheint es dabei in Erfurt (13,6%) schlechter als den Jungen (7,8%) zu gehen. In Köln spielt der Geschlechterunterschied dagegen keine große Rolle (13,5% der Mädchen und 12,5% der Jungen). Das Item „fast immer unwohl" wurde in Erfurt von zwei Mädchen (3% der Erfurter Mädchen) und in Köln von zwei Jungen (2,5% der Kölner Jungen) gewählt.

Tabelle 12: Antworten zum allgemeinen Wohlbefinden der befragten
Mädchen und Jungen in Erfurt und Köln

Wie fühlst du dich im Allgemeinen?			Stadt				
			Erfurt			Köln	
			Geschlecht			Geschlecht	
			Mädchen	Jungen	Gesamt	Mädchen	Jungen	Gesamt
fast immer wohl	Anzahl		35	40	75	52	51	103
	% von Geschlecht		53,0	62,5	57,7	54,2	63,8	58,5
manchmal wohl	Anzahl		22	19	41	31	19	50
	% von Geschlecht		33,3	29,7	31,5	32,2	23,8	28,4
manchmal unwohl	Anzahl		7	5	12	13	8	21
	% von Geschlecht		10,6	7,8	9,2	13,5	10,0	11,9
fast immer unwohl	Anzahl		2		2		2	2
	% von Geschlecht		3,0		1,5		2,5	1,1
Gesamt	Anzahl		66	64	130	96	80	176
	% von Geschlecht		100,0	100,0	100,0	100,0	100,0	100,0

Ein Mädchen und zwei Jungen in Köln machten dazu keine Angaben.

Eine soziallagenabhängige Betrachtung der Antworten ergibt ein völlig ver-ändertes Bild (Tabellen 13 und 14). So sagten in der „unteren Schicht" von den Erfurter Kindern 19,2 Prozent, dass sie sich „manchmal" bis „fast immer unwohl" fühlten, wobei die Mädchen mit 36,4 Prozent gegenüber den Jungen mit 6,7 Prozent davon sehr viel stärker betroffen erscheinen. In Köln sagten 17,6 Prozent der Kinder dieser Gruppe, dass es ihnen nicht besonders gut gehe. Auch hier scheinen die Mädchen mit 21,9 Prozent gegenüber den Jungen mit 12 Prozent stärker betroffen zu sein. Damit ist in beiden Städten der Anteil der Mädchen und Jungen, denen es weniger gut geht, in der „unteren Schicht" größer als im jeweiligen Gesamtsample, wobei die Differenz in Erfurt mit 8,5 Prozentpunkten sehr viel größer ausfällt als in Köln mit 4,6 Prozentpunkten.

Tabelle 13: Antworten zum allgemeinen Wohlbefinden der Mädchen und Jungen aus der „unteren Schicht" in Erfurt und Köln

			Stadt				
			Erfurt			Köln	
			Geschlecht			Geschlecht	
Wie fühlst du dich im Allgemeinen?		Mädchen	Jungen	Gesamt	Mädchen	Jungen	Gesamt
fast immer wohl	Anzahl	4	6	10	8	13	21
	% von Geschlecht	36,4	40,0	38,5	25,0	52,0	36,8
manchmal wohl	Anzahl	3	8	11	17	9	26
	% von Geschlecht	27,3	53,3	42,3	53,1	36,0	45,6
manchmal unwohl	Anzahl	2	1	3	7	2	9
	% von Geschlecht	18,2	6,7	11,5	21,9	8,0	15,8
fast immer unwohl	Anzahl	2		2		1	1
	% von Geschlecht	18,2		7,7		4,0	1,8
Gesamt	Anzahl	11	15,26	32	25	57	
	% von Geschlecht	100,0	100,0	100,0	100,0	100,0	100,0

Mit einem Anteil von 14,3 Prozent in der „oberen Schicht" sagten ebenfalls mehr Kinder als im Gesamtsample in Erfurt, sie fühlten sich „manchmal unwohl". Hier stechen aber die Jungen mit 25 Prozent gegenüber 8,7 Prozent bei den Mädchen hervor. In Köln dagegen finden wir in dieser Gruppe lediglich einen Fall (3,8%), in dem das Mädchen angegeben hat, sich gelegentlich unwohl zu fühlen (Tabelle 14).

In Erfurt finden sich mit nur 5,8 Prozent der Befragten, die angaben, sich „manchmal unwohl" zu fühlen, in der „mittleren Schicht" die wenigsten Kinder mit eingeschränktem Wohlbefinden. In Köln sagten aus dieser Gruppe – ebenso wie im Gesamtsample – ca. 13 Prozent, dass sie sich im Allgemeinen nicht so wohl fühlten. Auch wenn sich demnach die Kinder der „mittleren Schicht" am besten fühlten, wird doch deutlich, dass Kinder aus der „unteren Schicht" sowohl gegenüber diesen als auch gegenüber denen der „oberen Schicht" benachteiligt sind, da weit mehr als in den anderen „Schichten" angaben, sich eher unwohl zu fühlen, also einem eingeschränkten Wohlbefinden ausgesetzt waren. Dabei sind kaum Unterschiede zwischen Ost und West festzustellen.

Tabelle 14: Antworten zum allgemeinen Wohlbefinden der Mädchen und
Jungen aus der „oberen Schicht" in Erfurt und Köln

Wie fühlst du dich im Allgemeinen?		Stadt					
		Erfurt			Köln		
		Geschlecht			Geschlecht		
		Mädchen	Jungen	Gesamt	Mädchen	Jungen	Gesamt
fast immer wohl	Anzahl	15	8	23	11	9	20
	% von Geschlecht	65,2	66,7	65,7	73,3	81,8	76,9
manchmal wohl	Anzahl	6	1	7	3	2	5
	% von Geschlecht	26,1	8,3	20,0	20,0	18,2	19,2
manchmal unwohl	Anzahl	2	3	5	1		1
	% von Geschlecht	8,7	25,0	14,3	6,7		3,8
Gesamt	Anzahl	23	12	35	15	11	26
	% von Geschlecht	100,0	100,0	100,0	100,0	100,0	100,0

Ein Mädchen und ein Junge aus Köln machten dazu keine Angaben.

Die Kinder mit Migrationshintergrund scheinen sich insgesamt besser zu
fühlen. In Erfurt gaben alle an, sich „manchmal" oder „fast immer wohl" zu
fühlen. In Köln waren mit einem Anteil von 80,2 Prozent zwar etwas weniger, aber doch deutlich mehr als im Kölner Gesamtsample dieser Überzeugung. Eine besondere Abhängigkeit von der sozialen Lage scheint es nicht zu
geben: Aus der „unteren" und „mittleren Schicht" sagten ebenfalls 80 Prozent
der Kinder mit Migrationshintergrund, dass sie sich „manchmal" oder „fast
immer wohl" fühlten.

5.3.2.2 Kopf- und Bauchschmerzen

Die Fragen nach Kopf- oder Bauchschmerzen werden hier ins Zentrum der
Darstellung gerückt, weil sie als Symptom neben somatischen auch psychosomatische Ursachen – Stress, psychische Belastung oder allgemein Überla-
stung – haben können. In der ersten Frage zur Gesundheit sollten die Kinder
angeben, wie häufig sie unter Kopfschmerzen litten.

Mehr als ein Fünftel aller Kölner Kinder gaben an, „oft" bis „sehr oft"
Kopfschmerzen zu haben (Tabelle 15). Dazu gehörten 22,6 Prozent der Mädchen, aber nur 17,1 Prozent der Jungen. In Erfurt erklärten dagegen 15,4%
der Kinder, „oft" oder „sehr oft" Kopfschmerzen zu haben, also knapp 5 Prozentpunkte weniger als in Köln. Bei geschlechterdifferenter Betrachtung fällt
ein erheblich höherer Unterschied zwischen dem Empfinden von Mädchen
und Jungen in Erfurt auf. Hier gaben „nur" 10,9% der Jungen, aber 19,7%
der Mädchen an, „oft" bzw. „sehr oft" Kopfschmerzen zu haben, was eine
Differenz von 8,8 Prozentpunkten ausmacht. In Köln ist dieser Unterschied
um 3,3 Prozentpunkte geringer.

Tabelle 15: Angaben zu Kopfschmerzen der befragten Mädchen und Jungen in Erfurt und Köln

			Erfurt		Stadt	Köln	
			Geschlecht			Geschlecht	
Hast du gelegentlich Kopfschmerzen?		Mädchen	Jungen	Gesamt	Mädchen	Jungen	Gesamt
sehr oft	Anzahl	2	2	4	8	1	9
	% von Geschlecht	3,0	3,1	3,1	8,2	1,2	5,0
oft	Anzahl	11	5	16	14	13	27
	% von Geschlecht	16,7	7,8	12,3	14,4	15,9	15,1
weniger oft	Anzahl	45	37	82	57	48	105
	% von Geschlecht	68,2	57,8	63,1	58,8	58,5	58,7
gar nicht	Anzahl	8	20	28	18	20	38
	% von Geschlecht	12,1	31,3	21,5	18,6	24,4	21,2
Gesamt	Anzahl	66	64	130	97	82	179
	% von Geschlecht	100,0	100,0	100,0	100,0	100,0	100,0

Tabelle 16: Kopfschmerzen bei den befragten Mädchen und Jungen in Erfurt und Köln, die angaben dass es ihnen im Allgemeinen nicht so gut gehe

			Erfurt		Stadt	Köln	
			Geschlecht			Geschlecht	
Hast du gelegentlich Kopfschmerzen?		Mädchen	Jungen	Gesamt	Mädchen	Jungen	Gesamt
sehr oft	Anzahl	1		1	3	1	4
	% von Geschlecht	11,1		7,1	23,1	10,0	17,4
oft	Anzahl	3	1	4	1	3	4
	% von Geschlecht	33,3	20,0	28,6	7,7	30,0	17,4
weniger oft	Anzahl	4	2	6	7	5	12
	% von Geschlecht	44,4	40,0	42,9	53,8	50,0	52,2
gar nicht	Anzahl	1	2	3	2	1	3
	% von Geschlecht	11,1	40,0	21,4	15,4	10,0	13,0
Gesamt	Anzahl	9	5	14	13	10	23
	% von Geschlecht	100,0	100,0	100,0	100,0	100,0	100,0

Bei den Mädchen und Jungen, denen es im Allgemeinen nicht so gut geht, ist der Anteil derer, die über häufigere Kopfschmerzen („oft" bzw. „sehr oft") klagten, mit knapp 36 Prozent in Erfurt und Köln deutlich größer als im Gesamtsample (Tabelle 16). Demnach scheinen Kopfschmerzen oder Schmerzen überhaupt einen erheblichen Einfluss auf die Einschätzung des Wohlbefindens durch die Kinder zu haben. Dass Schmerzen an sich das Wohlbefinden beeinträchtigen, kann schwerlich verwundern, aber ihr Einfluss darauf bei Kindern dieses Alters ist beachtlich.

In der „unteren Schicht" ergibt sich ein etwas anderes Bild: Während in Erfurt der Anteil von Kindern, die angaben, „oft" oder „sehr oft" Kopfschmerzen zu haben, auf 23 Prozent anstieg, ging ihr Anteil in Köln geringfügig auf 19,3 Prozent zurück. Eine geschlechterdifferente Analyse der Daten lässt deutliche Unterschiede erkennen: In Erfurt ist der Anteil der Jungen, die sagten, dass sie „oft" bzw. „sehr oft" Kopfschmerzen hätten, von 10,9 Prozent auf 26,7 Prozent gestiegen, während der Anteil bei den Mädchen kaum Veränderungen der Werte aufweist. In Köln beobachtet man eine ähnliche Verschiebung; auch hier ist der Anteil der Mädchen mit häufigeren Kopfschmerzen aus der „unteren Schicht" mit 18,8 Prozent geringer als im Gesamtsample (22,6%); Jungen aus der „unteren Schicht" hatten hingegen häufiger Kopfschmerzen (20 vs. 17,1%).

Tabelle 17: Kopfschmerzen bei den befragten Mädchen und Jungen der „unteren Schicht" in Erfurt und Köln

			Stadt					
			Erfurt			Köln		
			Geschlecht			Geschlecht		
Hast du gelegentlich Kopfschmerzen?			Mächen	Jungen	Gesamt	Mädchen	Jungen	Gesamt
sehr oft	Anzahl		1		1	3	1	4
	% von Geschlecht		9,1		3,8	9,4	4,0	7,0
oft	Anzahl		1	4	5	3	4	7
	% von Geschlecht		9,1	26,7	19,2	9,4	16,0	12,3
weniger oft	Anzahl		7	8	15	20	13	33
	% von Geschlecht		63,6	53,3	57,7	62,5	52,0	57,9
gar nicht	Anzahl		2	3	5	6	7	13
	% von Geschlecht		18,2	20,0	19,2	18,8	28,0	22,8
Gesamt	Anzahl		11	15	26	32	25	57
	% von Geschlecht		100,0	100,0	100,0	100,0	100,0	100,0

In Erfurt geht der Anteil der Kinder, die nach eigener Aussage „oft" Kopfschmerzen haben, in der „oberen Schicht" stark zurück – von 15,4 Prozent im Gesamtsample auf 8,7 Prozent der Mädchen, die angaben, „oft" Kopfschmerzen zu haben. Jungen dieser Gruppe wählten keins der beiden „starken" Items. In Erfurt ging damit der Anteil der Kinder, die „oft" bis „sehr oft" Kopfschmerzen hatten, um knapp 10 Punkte auf 5,7 Prozent zurück. In Köln ist eine stark gegenläufige Tendenz festzustellen: In der „oberen Schicht" wurde das Item „sehr oft" zwar nicht gewählt, dafür gaben aber 33,3 Prozent der befragten Kinder aus dieser Gruppe an, „oft" Kopfschmerzen zu haben, 13 Punkte mehr, als im Gesamtsample angaben, „oft" bis „sehr oft" unter Kopfschmerzen zu leiden. Bei einer geschlechtsspezifischen Betrachtung stellt sich heraus, dass die Mädchen in der „oberen Schicht" deutlich häufiger (46,7%) darüber klagten, „oft" Kopfschmerzen zu haben, als die Jungen (16,7%).

Tabelle 18: Kopfschmerzen bei den befragten Mädchen und Jungen der „oberen Schicht" in Erfurt und Köln

Hast du gelegentlich Kopfschmerzen?		Erfurt Geschlecht			Köln Geschlecht		
		Mädchen	Jungen	Gesamt	Mädchen	Jungen	Gesamt
oft	Anzahl	2		2	7	2	9
	% von Geschlecht	8,7		5,7	46,7	16,7	33,3
weniger oft	Anzahl	18	8	26	7	9	16
	% von Geschlecht	78,3	66,7	74,3	46,7	75,0	59,3
gar nicht	Anzahl	3	4	7	1	1	2
	% von Geschlecht	13,0	33,3	20,0	6,7	8,3	7,4
Gesamt	Anzahl	23	12	35	15	12	27
	% von Geschlecht	100,0	100,0	100,0	100,0	100,0	100,0

Der Anteil der Kinder mit „oft" oder „sehr oft" vorkommenden Kopfschmerzen liegt insgesamt recht hoch: in Erfurt bei 15,4 Prozent und in Köln bei 20,1 Prozent. Bei den Kindern aus der „unteren" und der „oberen Schicht" sind zwischen Erfurt und Köln gegenläufige Werte feststellbar: Während in Erfurt mit prekärer werdenden sozialen Bedingungen die Anteile der Kinder mit Kopfschmerzen zunehmen, sind in Köln bei Kindern mit besseren Lebensbedingungen höhere Werte zu finden.

Die nächste Frage dieses Komplexes zielte darauf ab, zu erfahren, wie sich die Belastung der Kinder mit Bauchschmerzen aus eigener Sicht darstellt. Bauchschmerzen als in nicht unerheblichem Maße psychosomatisch bedingtes Symptom deuten – ebenso wie Kopfschmerzen – auf Belastungen hin, können aber sehr viel stärker als Kopfschmerzen auch somatisch bedingt sein. In Erfurt wie in Köln wurde von den Kindern in deutlich geringerem Maße angegeben, „oft" bis „sehr oft" Bauchschmerzen zu haben, als Kopfschmerzen: 13,8 Prozent in Erfurt (18,2% der Mädchen und 9,4% der Jungen), aber „nur" 9,5 Prozent der Kinder in Köln (10,3% der Mädchen und 8,5% der Jungen).

Wird dagegen die „untere Schicht" betrachtet (Tabelle 20), so erhöht sich der Wert in Köln geringfügig auf 10,6 Prozent (9,4% der Mädchen und 12,0% der Jungen); in Erfurt geht der Anteil derer, die klagten, „oft" Bauchschmerzen zu haben, auf 11,5 Prozent (18,2% der Mädchen und 6,7% der Jungen) zurück. Wenn nur die Aussagen der Kinder aus der „oberen Schicht" analysiert werden (Tabelle 20), sind gegenteilige Werte in Erfurt und Köln feststellbar: Während die Kölner Kinder die Items „oft" und „sehr oft" überhaupt nicht wählten, gaben in Erfurt mehr Kinder dieser Gruppe an, „oft" oder „sehr oft" Bauchschmerzen zu haben. Vor allem Mädchen sind davon mit 21,7 Prozent sehr viel häufiger betroffen als Jungen (8,3%).

Tabelle 19: Bauchschmerzen bei den befragten Mädchen und Jungen in Erfurt und Köln

		Stadt					
		Erfurt			Köln		
		Geschlecht			Geschlecht		
Hast du gelegentlich Bauchschmerzen?		Mädchen	Jungen	Gesamt	Mädchen	Jungen	Gesamt
sehr oft	Anzahl	2		2	2		2
	% von Geschlecht	3,0		1,5	2,1		1,1
oft	Anzahl	10	6	16	8	7	15
	% von Geschlecht	15,2	9,4	12,3	8,2	8,5	8,4
weniger oft	Anzahl	46	38	84	69	48	117
	% von Geschlecht	69,7	59,4	64,6	71,1	58,5	65,4
gar nicht	Anzahl	8	20	28	18	27	45
	% von Geschlecht	12,1	31,3	21,5	18,6	32,9	25,1
Gesamt	Anzahl	66	64	130	976	82	179
	% von Geschlecht	100,0	100,0	100,0	100,0	100,0	100,0

Tabelle 20: Bauchschmerzen bei den befragten Mädchen und Jungen in Erfurt und Köln nach sozialer Lage

soziale Lage			Stadt				
untere Schicht			Erfurt			Köln	
			Geschlecht			Geschlecht	
Hast du gelegentlich Bauchschmerzen?		Mädchen	Jungen	Gesamt	Mädchen	Jungen	Gesamt
sehr oft	Anzahl			1			1
	% von Geschlecht				3,1		1,8
oft	Anzahl	2	1	3	2	3	5
	% von Geschlecht	18,2	6,7	11,5	6,3	12,0	8,8
weniger oft	Anzahl	6	01	16	22	15	37
	% von Geschlecht	54,5	66,7	61,5	68,8	60,0	64,9
gar nicht	Anzahl	3	4	7	7	7	14
	% von Geschlecht	27,3	26,7	26,9	21,9	28,0	24,6
Gesamt	Anzahl	11	15	26	32	25	57
	% von Geschlecht	100,0	100,0	100,0	100,0	100,0	100,0

| obere Schicht | | | | | | | |
Hast du gelegentlich Bauchschmerzen?		Mädchen	Jungen	Gesamt	Mädchen	Jungen	Gesamt
sehr oft	Anzahl	2		2			
	% von Geschlecht	8,7		5,7			
oft	Anzahl	3	1	4			
	% von Geschlecht	13,0	8,4	11,4			
weniger oft	Anzahl	15	7	22	12	7	19
	% von Geschlecht	65,2	58,3	62,9	80,0	58,3	70,4
gar nicht	Anzahl	3	4	7	3	5	8
	% von Geschlecht	13,0	33,3	20,0	20,0	41,7	29,6
Gesamt	Anzahl	23	12	35	15	12	27
	% von Geschlecht	100,0	100,0	100,0	100,0	100,0	100,0

Somit nimmt in Erfurt der Anteil jener Kinder, die angaben, „oft" bzw. „sehr oft" Bauchschmerzen zu haben, mit Verbesserung der sozialen Lage zu, während in Köln genau das Gegenteil zu verzeichnen ist. Nach den hier diskutierten Daten gibt es im Gesamtsample einen eher geringen Zusammenhang von Kopf- und Bauchschmerzen. So sagten in Erfurt nur 5,4 Prozent der Kinder, sowohl „oft" Bauchschmerzen als auch Kopfschmerzen zu haben, in Köln sind es mit 2,8 Prozent noch weniger. Bei einer Analyse nach der sozialen Lage ergibt sich folgendes Bild: In Erfurt existiert bloß ein Fall in der „unteren Schicht", wo ein Junge angab, sowohl „oft" Kopf- als auch Bauchschmerzen zu haben. In Köln betrifft dies zwei Jungen der „unteren Schicht" – einer davon kreuzte an, „sehr oft" Kopfschmerzen und „oft" Bauchschmerzen zu haben, der andere beide Male „oft". In der „oberen Schicht" kam es nur in Erfurt bei zwei Mädchen vor, dass sie angaben, „oft" Bauch- und Kopfschmerzen zu haben.

5.3.3 Zusammenfassung und abschließende Bewertung der Ergebnisse

Für die Angaben zu Kopf- und Bauchschmerzen ist insgesamt festzustellen, dass in Erfurt die Kinder in besserer sozialer Lage weniger angaben, „oft" bis „sehr oft" an Kopfschmerzen zu leiden, als die aus prekäreren sozialen Lagen; dagegen finden sich Bauchschmerzen häufiger bei Kindern aus der „oberen Schicht" als bei solchen aus der „unteren Schicht". In Köln ist das Verhältnis umgekehrt: Die Kinder in höherer sozialer Lage gaben häufiger an, unter Kopfschmerzen zu leiden, als die sozial benachteiligten Kinder. Dafür nannten Letztere öfter Bauchschmerzen als die eher privilegierten Kinder Kölns. Diese Ergebnisse liegen damit partiell quer zu den Daten von Andreas Klocke. Dort gaben in einer Gruppe von 12- bis 16-jährigen jeweils mehr Kinder der Armutsgruppe an, häufiger an Kopf- bzw. Magenschmerzen zu leiden, als die Kinder und Jugendlichen aus der als „Übrige" bezeichneten Gruppe nichtarmer Kinder und Jugendlicher.[98] Die gegenüber unseren Daten zu verzeichnenden Differenzen könnten z.B. mit dem unterschiedlichen Alter der Befragten und entsprechenden Belastungen in Schule und Familie zusammenhängen. So dürfte der als Belastung zu empfindende Druck hinsichtlich des Zugangs zu Markenbekleidung und anderen Konsumgütern bei 9- bis 11-Jährigen noch eine eher untergeordnete Rolle spielen. Außerdem ist es möglich, dass in diesem Alter das Praktizieren ungesünderer Lebensweisen, etwa durch den Konsum von Alkohol und Zigaretten, noch nicht so ausgeprägt ist wie in der Altersgruppe der 12- bis 16-Jährigen.

---

98 Vgl. Andreas Klocke, Armut bei Kindern und Jugendlichen und die Auswirkungen auf die Gesundheit, a.a.O., S. 8

Im Gesamtsample wie auch in der „oberen Schicht" scheint eine höhere Bildungsaspiration für die Erfurter als für die Kölner Kinder angelegt zu sein. Selbst in der Erfurter „unteren Schicht" ist ein stärkerer Drang zum Gymnasium erkennbar als in der gleichen Kölner Gruppe. Je höher die soziale Lage der Kinder des Befragungssamples eingeschätzt werden kann, desto größer ist ihre Chance, einen höheren Bildungsabschluss zu erwerben. Demnach haben die Kinder in Erfurt bessere Bildungschancen als die in Köln. Dabei ist aber zu beachten, dass in Erfurt gerade in der „unteren Schicht" eine größere Differenz zum Gesamtsample festzustellen ist als in Köln, was – wie erwähnt – darauf hindeutet, dass gerade in der „unteren Schicht" in Erfurt die Bildungschancen der Mädchen und Jungen stärker eingeschränkt werden als in Köln. Im Zusammenhang mit den bereits erwähnten Problemen auf dem ostdeutschen Berufsausbildungsmarkt verringert sich damit für die betroffenen Kinder auch die Chance, ihre Lebenssituation mit Hilfe eigener Ressourcen zu verbessern.

Auch Jürgen Mansel und Georg Neubauer betonen den Zusammenhang zwischen der Lebenslage von Eltern und jener der Kinder. Demnach können Kinder ihre Situation nicht „aus eigener Kraft" verbessern. Die beiden Autoren stellen im Weiteren zwar darauf ab, dass Kinder über einen realisierten höheren Schulabschluss bessere Berufsperspektiven erreichen können.[99] Wenn ihnen aber durch die Entscheidung der Eltern für einen kurzen Bildungsweg diese Möglichkeit genommen wird, verringern sich ihre Chancen nochmals. Andreas Lange, Wolfgang Lauterbach und Rolf Becker weisen darauf hin, dass vor allem auch durch die transformationsbedingte hohe Arbeitslosigkeit in den östlichen Bundesländern permanent fast 20 Prozent aller Kinder im Alter von 10 bis 13 Jahren in ungünstigen Einkommenslagen leben, insgesamt davon aber aufgrund der angenommenen Dynamik deutlich mehr betroffen sind.[100]

Hanna Haupt wiederum weist auf die Folgen der Arbeitslosigkeit in den östlichen Bundesländern hin, die aufgrund der „bisherigen Lebenserfahrungen nicht nur als materielle Armut, sondern auch als soziale Ausgrenzung, als Verlust sozialer Kontakte und als Emanzipations-Verlust, als neue Abhängigkeit und Unselbständigkeit gegenüber dem Partner/der Partnerin" erlebt werde.[101] Die damit verbundene Auflösung bisher durch Berufs- und Familienpflichten eingeübter Zeitstrukturen führt bei einem Teil der Betroffenen zur Flucht in die Sucht (Alkohol, Tabletten), was ein Verlassen der Armutssituation erschwert, weil die eigene Handlungskompetenz schwinde.[102] Wenn

99 Vgl. Jürgen Mansel/Georg Neubauer, Kinderarmut – Armutsrisiko Kinder, in: dies. (Hrsg.), Armut und soziale Ungleichheit bei Kindern, a.a.O., S. 11
100 Vgl. Andreas Lange/Wolfgang Lauterbach/Rolf Becker, Armut und Bildungschancen, a.a.O., S. 157f.
101 Siehe Hanna Haupt, Umbruchsarmut in den neuen Bundesländern?, a.a.O., S. 59
102 Vgl. ebd.

man diese Aspekte bei der Bewertung der Bildungswegentscheidungen berücksichtigt, wird deutlich, welcher Eingrenzung von Entwicklungsmöglichkeiten die Kinder in prekären Lebenslagen gerade in den östlichen Bundesländern ausgesetzt sind.

Jenseits aller zwischen Ost- und Westdeutschland sowie zwischen Mädchen und Jungen zu beobachtenden Differenzen zeigen unsere Daten, dass gerade Kinder in sozial benachteiligten Lebenslagen in den Bereichen „Gesundheit" und „Bildung" besonders starken Belastungen und Risiken ausgesetzt sind. Diese wiederum wirken sich in unterschiedlicher Art und Weise auf das Wohlbefinden sowie die Zukunftschancen der Kinder aus.

Wie die PISA-Studie bestätigt, ist der Bildungserfolg in hohem Maße von der sozialen Herkunft abhängig.[103] Schon beim Übergang zur Sekundarstufe I sind die Chancen benachteiligter Kinder massiv beeinträchtigt. Hieraus ergeben sich für die Schul- und Bildungspolitik erhebliche Anforderungen. Anders, als es in der öffentlichen Debatte um die PISA-Ergebnisse oft erscheint, geht es dabei nicht nur darum, dass Deutschland in kompetitiver und Leistungshinsicht im Bildungsstandortwettbewerb wieder zu den Besten gehört; solche Forderungen werden zumeist sehr nationalistisch aufgeladen präsentiert, teils mit dem Hinweis auf vermeintliche Sündenböcke wie Gesamtschulen, angebliche „Kuschelpädagogik" und das „Wattekartell", „Multi-Kulti-Träumer" und Migrantenkinder etc. versehen.[104]

Stattdessen ginge es nach Gerd Marstedt und Rainer Müller eigentlich um die reflektierte Wiederaufnahme kompensatorischer Förderprogramme für arme und deprivierte Schüler/innen. „Es gab in den 70er Jahren in einer Reihe von Bundesländern Programme zur kompensatorischen Förderung benachteiligter Schülerinnen und Schüler – aus unteren Sozialschichten, ungünstigen Milieus und Elternhäusern. Dieses Prinzip einer besonderen Förderung – und eben nicht formalen Gleichbehandlung – der Schwächeren wäre heute (...) nötig."[105]

Die in der öffentlichen Diskussion darüber zum Gemeinplatz avancierte Vermutung, dass eine Ausweitung der Ganztagsbetreuung im Kindergarten- und Schulalter für eine Verbesserung der Chancen gerade von Kindern in prekären Lebenslagen zwingend geboten sei, wenn die von der PISA-Studie festgestellte Segregation im Bereich von Bildung und Ausbildung aufgrund sozialer Verwerfungen zurückgedrängt werden soll, bestätigt sich. Nach wie

---

103 Vgl. Deutsches PISA-Konsortium (Hrsg.), PISA 2000, a.a.O. S. 351ff.

104 Vgl. dazu beispielhaft: Dumm gelaufen. Die neue deutsche Bildungskatastrophe, in: Der Spiegel v. 13.5.2002, S. 96ff.

105 Gerd Marstedt/Rainer Müller, Soziale Ungleichheit im Jugendalter. Geschlecht und Bildungsniveau als Einflussdimensionen für Gesundheit und kulturelle Normen des Gesundheitsverhaltens, in: Uwe Helmert u.a. (Hrsg.), Müssen Arme früher sterben?, Soziale Ungleichheit und Gesundheit in Deutschland, Weinheim/München 2000, S. 199

vor besteht ganz erheblicher Forschungsbedarf zum Problem der Armut und Unterversorgung bei Kindern sowie zu möglichen Folgen.

In einer Übersicht zeigen Andreas Lange, Wolfgang Lauterbach und Rolf Becker fördernde und erschwerende Faktoren des Weges in eine erfolgreiche bzw. wenig erfolgreiche Bildungsbiografie von Kindern in Armut. So stellen sich auf der Personenebene besonders Ressourcen wie kognitive Kompetenz, emotionale Stabilität, stabiles Temperament sowie Selbstakzeptanz und Selbstwertgefühl als förderlich heraus, während Defizite in diesem Bereich, mangelnde Ressourcen und emotionale Instabilitäten die Erfolgschancen eher beeinträchtigen. Auf der Familienebene erweisen sich stabile und verlässliche Beziehungen zu mindestens einem Familienmitglied, „kulturelles Kapital" (Pierre Bourdieu), hohe Bildungsaspirationen, elterliches Humanvermögen sowie elterliche Teilhabe am Schulgeschehen als förderlich und das Fehlen stabiler, verlässlicher Beziehungen bzw. von kulturellem Kapital, niedrige Bildungsaspirationen, geringes Humankapital der Eltern und eine fehlende Eltern-Schule-Verbindung als nachteilig für die weitere Entwicklung. Eine gelungene Bildungssozialisation begünstigen ferner soziale Netzwerke und stützende Nachbarschafts- wie Gleichaltrigenbeziehungen sowie vertrauensvolle Beziehungen zu anderen Erwachsenen, etwa Trainer(inne)n, Erzieher(inne)n und Geistlichen.

Dagegen sind der Mangel an stützenden Gleichaltrigenbeziehungen, Stigmatisierung und Ausgrenzung sowie fehlende Möglichkeiten des Aufbaus vertrauensvoller Beziehungen zu anderen Erwachsenen der Bildungsentwicklung hinderlich. Außerdem können auf der institutionellen Ebene schulische Strukturen durch spezielle Angebote, Arbeitsgemeinschaften, Ganztagskonzeptionen und Nachhilfeunterricht unterstützend oder durch Defizite in der differenziellen Behandlung nachteilig wirken. Konsequenzen sind im positiven Sinne die Bewältigung von Übergängen und eine Ausbildung von bildungsaffinen Arbeitshaltungen sowie Lernfreude über den gesamten Lebenslauf hinweg. Eine ungünstigere Bildungssozialisation armer Kinder und Jugendlicher wäre dagegen von Übergangsschwierigkeiten, niedriger Formalbildung, wenig wahrscheinlicher Einmündung in beruflich vielversprechende Felder sowie durch die Ausbildung von bildungsfeindlichen Einstellungen, geringe Lernfreude und die Orientierung am schnellen Gelderwerb gekennzeichnet.[106]

Statt auf Selektion sollten darum schulische Curricula viel deutlicher auf Förderung ausgerichtet sein. Schulische Institutionen müssen es ermöglichen, dass – z.B. durch spezielle Angebote: AGs, Nachhilfeunterricht etc. – Armutsdefizite kompensiert werden können. Darüber hinaus muss die Aus- und

---

106 Vgl. Andreas Lange/Wolfgang Lauterbach/Rolf Becker, Armut und Bildungschancen, a.a.O., S. 169

Fortbildung von Lehrer(inne)n hinsichtlich der (Kinder-)Armut und ihrer Folgen initiiert bzw. intensiviert und langfristig sichergestellt werden.[107] Um dem vermehrten Schulabbruch und sozialer Exklusion vorzubeugen, wäre es notwendig, Sozialarbeiter/innen bzw. Sozialpädagog(inn)en als Berater/innen für soziale und individuelle Problemlagen der Schüler/innen in allen Schulen einzustellen. Die schulbegleitende Sozialarbeit bzw. -pädagogik hätte sich dabei vor allem der Konfliktmediation, Formen des Anti-Aggressions-Trainings, psychosozialer Betreuung sowie der Drogenprävention und -rehabilitation zu widmen. Außer durch begleitende Schulsozialarbeit könnten die Abbruchquoten von Schüler(inne)n durch eine spürbare Verkleinerung der Klassen reduziert werden. Schließlich wäre die Konzeptionierung und Umsetzung einer lebensweltbezogenen Übergangsbegleitung von der Schule in den Beruf nötig.

---

107 Vgl. Ellen Esen, Über Armut reden!, Pädagogisch-didaktisches Material zum Thema „(Kinder-)Armut" für Schule und Weiterbildung, in: Christoph Butterwegge/Michael Klundt (Hrsg.), Kinderarmut und Generationengerechtigkeit, a.a.O., S. 201ff.

6. Strategien der Kinder zur Bewältigung von Armut im Stadt/Land-Vergleich

Untersuchungsgegenstand des Münsteraner Projekts war die duale Armut, d.h. Armut in ihren „alten" und „neuen" Erscheinungsformen. Unter Ersterer versteht man die von der Elterngeneration sozial vererbte materielle Knappheit, die den sozialen Status als Familienschicksal erscheinen lässt, während Letztere als temporäres bzw. Übergangsphänomen auftritt, das bis in die Mittelschicht hineinreicht und das Risiko des sozialen Abstiegs in sich birgt. Solche Armutserscheinungen sind häufig unauffällig, weil die davon Betroffenen sie am liebsten verbergen. Nur wenn man Armut ins Verhältnis zum Reichtum unserer Gesellschaft setzt, begreift man, was es bedeutet, arm zu sein. „Schlimmer als Armut ist das Armsein in einer reichen Gesellschaft, in der der Massenkonsum suggeriert, daß man mithalten kann, auch wenn man wenig hat."[1] Ein beachtlicher Teil der Bevölkerung wird so an der aktiven Teilhabe am gesellschaftlichen Leben gehindert und allmählich abgespalten.

6.1 Vorüberlegungen und theoretische Grundlagen

Die Grundlage des Münsteraner Projekts bildete der von Armutsforscher(inne)n entwickelte Lebenslagenansatz. Die Beurteilung der Lebenslage hängt nicht nur von objektiven Indikatoren ab, sondern auch von der subjektiven Wahrnehmung, in unserem Fall des Kindes, da Armut „ein lebensweltliches, kontextabhängiges und stets interpretationswürdiges Phänomen ist".[2] Unsere konzeptionelle Weiterentwicklung besteht darin, den Lebenslagenansatz sowohl in theoretischer als auch methodischer Hinsicht mit Blick auf die Altersgruppe der 6- bis 11-Jährigen zu modifizieren, um auch die subjektive

---

1   Lothar Böhnisch, Versorgt und doch abgeschnitten, in: Erziehung und Wissenschaft 10/1997, S. 14
2   Siehe H. Gerhard Beisenherz, Kinderarmut in der Wohlfahrtsgesellschaft. Das Kainsmal der Globalisierung, Opladen 2002, S. 293f.

Seite der Wahrnehmung, Deutung und Bewältigung von Kindern zu erfassen. Dabei beziehen wir uns nicht nur auf die Armutsforschung, sondern orientieren uns auch an der Kindheits- und Sozialisationsforschung, wodurch sich die sozialen Strukturen der kindlichen Lebenswelt genauer bestimmen lassen. Den konzeptionellen Bezugsrahmen bildet Urie Bronfenbrenners Ansatz der „Sozialen Ökologie menschlicher Entwicklung".[3] Bei der Definition von „Bewältigung" rekurrieren wir auf Lothar Böhnisch, dessen Ansatz der Handlungskompetenz mit dem soziologischen Konzept des Habitus verschränkt wurde.[4]

Die in der Bestimmung von Armut sichtbar gewordene soziale Ungleichheit und ihre Folgen für die Kinder[5] führten uns schließlich zur konstruktivistischen Sozialforschung, da sie die Sozialisation als Wechselverhältnis zwischen Sozialstruktur und Subjekt definiert.[6] Daraus erwuchs die Möglichkeit, mit gesicherten Begrifflichkeiten und in sich konsistenten Kategorien zu überprüfen, wie sich die aufgrund neoliberaler Deregulierung stetig verändernden bzw. verschlechternden gesellschaftlichen Bedingungen auf Kinder auswirken – und umgekehrt, wie die Kinder durch eigenes Handeln auf die Gestaltung ihrer Lebenswelt Einfluss zu nehmen suchen. Der Status von Kindern ist in diesem Prozess ambivalent,[7] weil ihre individuelle Aufwertung mit gesellschaftlicher Geringschätzung einhergeht.

In einem so charakterisierten Sozialisationsprozess bilden Reziprozitätserfahrungen das konstitutive Moment. „Die Verallgemeinerung der subjektiven Erfahrungen in sozialen Beziehungen und in der Auseinandersetzung mit der Umwelt führt im Individuum zu einer Strukturierung von Handlungswissen wie auch zu einer subjektiven Wissensstruktur."[8] Reziprozitätserfahrungen konstituieren demnach sowohl die sozialen als auch die individuellen Prozesse der Wissens- und Handlungsstrukturierung, woraus unterschiedliche Formen von Handlungskompetenz resultieren. Matthias Grundmann zufolge lassen sich die Bereiche der individuellen Lebenswelt sowohl

---

3   Vgl. dazu: Urie Bronfenbrenner, Die Ökologie der menschlichen Entwicklung. Natürliche und geplante Experimente, Stuttgart 1981
4   Vgl. dazu: Lothar Böhnisch, Sozialpädagogik der Lebensalter. Eine Einführung, 2. Aufl. Weinheim/München 1999, S. 24ff.; Markus Schwingel, Pierre Bourdieu zur Einführung, 2. Aufl. Hamburg 1998, S. 53ff.
5   Vgl. Barbara Imholz, Armut und Kindheit, in: Peter Biehl u.a. (Hrsg.), Gott und Geld. Jahrbuch der Religionspädagogik 17, Neukirchen/Vluyn 2001, S. 101ff.
6   Vgl. Matthias Grundmann (Hrsg.), Konstruktivistische Sozialisationsforschung. Lebensweltliche Erfahrungskontexte, individuelle Handlungskompetenzen und die Konstruktion sozialer Strukturen, Frankfurt am Main 1999
7   Vgl. Anthony Giddens, Entfesselte Welt. Wie die Globalisierung unser Leben verändert, Frankfurt am Main 2001, S. 78
8   Matthias Grundmann, Dimensionen einer konstruktivistischen Sozialisationsforschung, in: ders. (Hrsg.), Konstruktivistische Sozialisationsforschung, a.a.O., S. 24

als individuell entwicklungsrelevant wie auch in ihrer sozialintegrativen Funktion empirisch fassen.[9]

Pierre Bourdieu nimmt in Übereinstimmung mit der neueren Armutsforschung soziale Ungleichheit als theoretischen Ausgangspunkt, bestimmt aber zugleich die Bedeutung von Bildung und Kultur bei der Reproduktion von Macht näher. Auch der von uns gewählte Lebenslagenansatz verweist auf verschiedene soziale Dimensionen, deren konkrete ökonomische, soziale und kulturelle Ausgestaltung letztlich den sozialen Ort bzw. Status des Individuums bestimmt.[10] Es liegt daher nahe, Benachteiligungen von Kindern nicht auf die materielle Seite zu beschränken.[11] Das empirische Interesse unseres Projekts richtete sich vielmehr insbesondere auf die immateriellen Dimensionen von Armut, zumal Kinder, wie anzunehmen war, davon deutlich stärker betroffen sind. Insofern weist das Bourdieu'sche Habitus-Konzept über das allgemeine Alltagsverhalten hinaus und ließe sich auch als „Ethik der alltäglichen Lebensführung" umschreiben.[12] Betrachtet man seine Schemata, sind die inhaltlichen Schnittmengen zum Lebenslagenkonzept leicht erkennbar:

Wahrnehmungsschemata:	Strukturieren der alltäglichen Wahrnehmung;
Denkschemata:	Alltagstheorien über die Welt sowie unbewusste ethische Normen und ästhetische Maßstäbe;
Handlungsschemata:	Bewältigungspotenziale und -strategien.

Das Habitus-Konzept Bourdieus beschreibt die individuelle Handlungskompetenz des Subjekts, die von Geburt an durch die Verfügungsgewalt über verschiedene Kapitalformen strukturiert ist: „Ökonomisches", „soziales", „kulturelles" und „symbolisches Kapital" materialisieren bzw. „inkorporieren" das Verhältnis des Individuums zwischen Struktur und Handeln sowie seiner persönlichen Praxis.

Bourdieu hat die Implementierung seines Habitus-Konzepts in die Sozialisationsforschung zwar für notwendig erachtet, selbst jedoch nie umgesetzt, sodass wir mit diesem Versuch wissenschaftliches Neuland betraten. Erschließt man die Reproduktionsmuster sozialen Handelns sowohl auf der

---

9 Vgl. ebd., S. 30f.
10 Vgl. Pierre Bourdieu, Sozialer Sinn. Kritik der theoretischen Vernunft, Frankfurt am Main 1993, S.101ff.
11 Vgl. die von Gerhard Weisser (Wirtschaft, in: Werner Ziegenfuß [Hrsg.], Handbuch der Soziologie, Stuttgart 1956, S. 970ff.) nicht weiter entwickelte Grundannahme, wonach das subjektive Empfinden das Armutsverständnis der Betroffenen entscheidend prägt.
12 Vgl. auch Michael Vester, Soziale Milieus zwischen Individualisierung und Deklassierung, in: Jürgen Mansel/Klaus-Peter Brinkhoff (Hrsg.), Armut im Jugendalter. Soziale Ungleichheit, Gettoisierung und die psychosozialen Folgen, Weinheim/München 1998, S. 37ff.

Mikro- als auch auf der Meso- und Makroebene,[13] stellt sich die Frage, wie autonom oder abhängig sich das Subjekt in seiner Lebenswelt verhält. Man stößt damit unwillkürlich an die Bestimmung des Verhältnisses von Selbstständigkeit und Anpassung.[14] Maßstab zur Bewertung der Sozialisation ist, ob die Vermittlung zwischen selbstständigem Handeln und sozialer Einbindung gelingt oder vereitelt wird. Für die empirische Arbeit bedeutet dies, dass in Erfahrung zu bringen ist, inwieweit das Handeln der Kinder Anerkennung erfährt und sie selbst das Handeln anderer anerkennen können.

Anknüpfungsmöglichkeiten bietet Hans Rudolf Leu, der die „biographische Situation" zum Bezugspunkt seines sozialisationstheoretischen Subjektverständnisses macht.[15] Vorrangig geht es ihm um die Rekonstruktion materieller und symbolischer Teilhabe als einem „essentiellen Teil der Sozialisationsforschung".[16] In den Vordergrund rückt damit die Frage, „wie typische Lebensläufe im Sinne typischer Abfolgen von biographischen Situationen den betreffenden Individuen in typischer Weise ungleiche Zugänge zu gesellschaftlichen Ressourcen unterschiedlichster Art erschließen oder versperren."[17] Leu schreibt der wechselseitigen Anerkennung eine besondere Bedeutung zu, deren sozialisatorische Qualität er auf drei Ebenen ansiedelt: emotionale Zuwendung als Voraussetzung für die Ausbildung von Selbstvertrauen, grundsätzliche Gleichberechtigung zur Förderung von Selbstachtung und soziale Wertschätzung als Basis von Selbstwertgefühl. Es geht darum, die Kinder zu befähigen, sich selbstständig zu orientieren, eigene Entscheidungen zu treffen und die Fähigkeit zu entwickeln, allgemeine Wertorientierungen (auch) auf die sich verändernden Lebensumstände anzuwenden. Als Missachtungsformen nennt Leu in diesem Zusammenhang Entwürdigung und Beleidigung.[18]

Für unseren Untersuchungsplan ergab sich daraus die Notwendigkeit, die Frage nach der Qualität von Beziehungen und sozialen Netzen der Kinder mit Blick auf ihre Handlungskompetenz in den Vordergrund zu rücken sowie Sinngebungen und Deutungen hinsichtlich ihres Habitus herauszuarbeiten. Wichtig war dabei die Suche nach Potenzialen von Handlungsfähigkeit.

---

13 Urie Bronfenbrenner (Die Ökologie der menschlichen Entwicklung, a.a.O., S. 59) spricht in diesem Zusammenhang vom unmittelbaren, mittelbaren und ideologischen Raum.

14 Vgl. Hans Rudolf Leu, Selbständige Kinder. Ein schwieriges Thema für die Sozialisationsforschung, in: Michael-Sebastian Honig/Hans Rudolf Leu/Ursula Nissen (Hrsg.), Kinder und Kindheit. Soziokulturelle Muster – sozialisationstheoretische Perspektiven, Weinheim/München 1996, S. 174 ff.

15 Vgl. Hans Rudolf Leu, Die biographische Situation als Bezugspunkt eines sozialisationstheoretischen Subjektverständnisses, in: ders./Lothar Krappmann (Hrsg.), Zwischen Autonomie und Verbundenheit. Bedingungen und Formen der Behauptung von Subjektivität, Frankfurt am Main 1999, S. 77ff.

16 Siehe ebd., S. 91

17 Ebd.

18 Vgl. ebd., S. 83ff.

Durch die Analyse des Wechselverhältnisses von Wahrnehmung und Handlung sollten außerdem das Anpassungsverhalten wie die (Neu-)Konstruktion sozialen Handelns sichtbar gemacht werden.

6.2 Methodisches Vorgehen

Die Übertragung der theoretischen Prämissen auf die Empirie machte es erforderlich, das Konzept der Lebenslagen kindspezifisch umzuformulieren, adäquate Instrumente der qualitativen Sozialforschung zu entwickeln und sie in einem Stadt/Land-Vergleich zu erproben. Schlüsselfragen des Münsteraner Forschungsvorhabens lauteten: Wie nehmen Kinder (ihre) Armut wahr, welchen Einschränkungen bzw. Benachteiligungen unterliegen sie und wie bewältigen sie diese? Damit schließt es an ein ähnliches, von Karl August Chassé und Margherita Zander geleitetes Projekt der FH Jena an, das sich gleichfalls mit armutsgeprägten Lebenslagen von Kindern in Stadt und Land befasste.[19] Wichtige Impulse gaben darüber hinaus die Studie von Antje Richter über Belastungen und Formen der Bewältigung von Unterversorgungslagen durch Kinder[20] sowie eine vom Institut für Sozialarbeit und Sozialpädagogik (ISS) in Frankfurt am Main durchgeführte Untersuchung, die sich mit Armutserfahrungen von Kindern im Vorschulalter befasste.[21]

Um die von Kindern vermittelten Wirkungszusammenhänge von (objektiver) Lebenslage und (subjektiver) Wahrnehmung näher zu bestimmen, haben wir Urie Bronfenbrenners Konzept der „Sozialen Ökologie menschlicher Entwicklung" zugrunde gelegt, wonach die Lebenslage von Kindern dreidimensional, nämlich aus unmittelbarer (Familie, Schule etc.), mittelbarer (Wohnumfeld etc.) und ideologischer (Politik etc.) Perspektive, in den Blick zu nehmen ist.[22] Für unser Vorhaben erwies sich dieser Ansatz als besonders geeignet, weil er die Lebensbedingungen, Handlungen und interpersonalen

---

19 Vgl. Karl August Chassé/Margherita Zander/Konstanze Rasch, Meine Familie ist arm. Wie Kinder im Grundschulalter Armut erleben und bewältigen, Opladen 2003
20 Vgl. Antje Richter, Wie erleben und bewältigen Kinder Armut?, Eine qualitative Studie über die Belastungen aus Unterversorgungslagen und ihre Bewältigung aus subjektiver Sicht von Grundschulkindern einer ländlichen Region, Aachen 2000
21 Vgl. dazu vor allem: Beate Hock/Gerda Holz, Arm dran?!, Lebenslagen und Lebenschancen von Kindern und Jugendlichen. Erste Ergebnisse einer Studie im Auftrag des Bundesverbandes der Arbeiterwohlfahrt, Frankfurt am Main 1998; Beate Hock/Gerda Holz/Werner Wüstendörfer, Folgen familiärer Armut im frühen Kindesalter: eine Annäherung anhand von Fallbeispielen. Dritter Zwischenbericht zu einer Studie im Auftrag des Bundesverbandes der Arbeiterwohlfahrt, Frankfurt am Main 2000; Beate Hock u.a., Gute Kindheit – schlechte Kindheit?, Armut und Zukunftschancen von Kindern und Jugendlichen in Deutschland. Abschlussbericht zur Studie im Auftrag des Bundesverbandes der Arbeiterwohlfahrt, Frankfurt am Main 2000
22 Vgl. Urie Bronfenbrenner, Die Ökologie der menschlichen Entwicklung, a.a.O.

Beziehungen aus der subjektiven Sicht der Betroffenen respektive der sozialen Akteure/Akteurinnen ausdrücklich berücksichtigt.

6.2.1 Untersuchungsablauf

Das Kernstück der Untersuchung bildeten leitfadengestützte Interviews, die sowohl mit Expert(inn)en als auch mit Eltern/Müttern und Kindern in Armut geführt wurden.[23] Die Hospitation bei einer zuvor von uns initiierten Unterrichtsreihe zum Thema „Armut" war als teilnehmende Beobachtung angelegt, die einen ersten Kontakt mit der Zielgruppe ermöglichte.[24] Elemente gegenstandsbezogener Theoriebildung ergaben sich aus der Weiterentwicklung des Lebenslagenkonzepts, seiner Verknüpfung mit der Sozialisationsforschung und der Anwendung des Habitus-Konzepts, womit wir die Mehrdimensionalität kindlicher Lebenslagen und -welten genauer zu bestimmen suchten. Überdies haben wir eine typologische Analyse vorgenommen, um insbesondere jene Aussagen der Kinder herauszuarbeiten, die von eher grundsätzlicher Bedeutung sind. Die Sichtung der Literatur und die berufliche Erfahrung der Forscherinnen bildeten weitere Quellen, um das nötige Gleichgewicht zwischen Kreativität und Wissenschaftlichkeit zu schaffen, welches für die Herausbildung theoretischer Sensibilität unabdingbar ist.[25]

6.2.2 ExpertInneninterviews[26]

Anfangs ging es darum, die unterschiedlichen Dimensionen von Armut aus der ideologischen Perspektive (Urie Bronfenbrenner) der mit Kindern befassten Institutionen zu betrachten. Forschungsleitend war die Frage, in welcher Weise die Erscheinungsformen und Wirkungen dualer Armut in der sozialen Praxis überhaupt wahrgenommen werden. In der ersten Erhebungsphase befragten wir je 12 Expert(inn)en aus der Stadt (Münster) und der Vergleichsregion (Westmünsterland), um Aufschluss über die Ausbreitung und

---

23 Den Kindern erklärten wir, Interviews in Familien durchzuführen, die mit wenig Geld auskommen müssen.

24 Vgl. zur teilnehmenden Beobachtung in der Grundschule: Lothar Krappmann/Hans Oswald, Unsichtbar durch Sichtbarkeit. Der teilnehmende Beobachter im Klassenzimmer, in: Imbke Behnken/Olga Jaumann (Hrsg.), Kindheit und Schule. Kinderleben im Blick von Grundschulpädagogik und Kindheitsforschung, Weinheim/München 1995, S. 39ff.

25 Vgl. Anselm Strauss/Juliet Corbin, Grounded Theory: Grundlagen Qualitativer Sozialforschung, Weinheim 1996, S. 25ff.

26 Wir übernehmen hier einen von Michael Meuser und Ulrike Nagel (ExpertInneninterviews. Vielfach erprobt, wenig bedacht. Ein Beitrag zur qualitativen Methodendiskussion, in: Detlef Garz/Klaus Kraimer [Hrsg.], Qualitative empirische Sozialforschung, Opladen 1991, S. 441ff.) gewählten Begriff.

Spezifik von Kinderarmut in der Untersuchungsregion zu erhalten.[27] Die Interviews wurden tontechnisch aufgezeichnet und transkribiert.[28] Bei ihrer Auswertung orientierten wir uns an einem von Michael Meuser und Ulrike Nagel entwickelten Verfahren, das sich für unser Vorhaben als sehr hilfreich erwies.[29] Von Bedeutung waren die ExpertInneninterviews nicht nur zur Felderschließung, sondern auch für die Entwicklung des Elternleitfadens, bei dem wir bereits auf die Problemanalysen der Expert(inn)en zurückgreifen konnten.

6.2.3 Elterninterviews

Die Elterninterviews umfassten vor allem Fragen zur materiellen Lebens- und Wohnsituation der Familien sowie zur schulischen und beruflichen Ausbildung der Eltern/Mütter. Darüber hinaus suchten wir nach Anhaltspunkten, wie die Eltern/Mütter ihre Situation und Lage einschätzen und, falls diese sich krisenhaft darstellte, zu bewältigen suchen. In diesem Zusammenhang wurde auch nach den Gefühlen und Stimmungen gefragt, die den Alltag und das Wohlbefinden der Eltern/Mütter beeinflussen oder belasten.[30]

Den Zugang zu den Familien suchten wir über die Sozialämter in Münster, Borken, Bocholt und Isselburg sowie einige ausgewählte Grundschulen und Kindertagesstätten. Mit diesen wurde ein Verfahren vereinbart, welches sicherstellte, dass weder die Sozialämter noch die Schulen darüber Kenntnis erlangten, wer sich an unserem Forschungsvorhaben beteiligen würde.[31] Voraussetzung war, dass in den Familien Kinder im Grundschulalter lebten. Jene Familien, die zu einem Interview bereit waren, konnten sich mit Hilfe eines beigefügten Antwortschreibens persönlich mit uns in Verbindung setzen, um einen Interviewtermin zu vereinbaren oder ggf. noch verbleibende Fragen zu klären.[32] Erreicht wurden auf diesem Wege 16 Familien.

---

27 Expert(inn)en fanden wir überall dort, wo Kinder ihren konkreten Lebensalltag gestalten: in den Grundschulen, Kindertagesstätten und Einrichtungen der Offenen Kinder- und Jugendarbeit, in den Sozialbehörden und politischen Ausschüssen der Kommunen und Kreise sowie in den Wohlfahrtsverbänden, Kirchengemeinden und Kinderabteilungen der Krankenhäuser.
28 Im Folgenden wurden die Interviews vollständig anonymisiert, um Rückschlüsse auf bestimmte Personen auszuschließen.
29 Vgl. Michael Meuser/Ulrike Nagel, ExpertInneninterviews, a.a.O.
30 Die mit den Eltern/Müttern geführten Interviews wurden zunächst statistisch (SPSS) ausgewertet und in einem 2. Durchgang nochmals im Hinblick auf die qualitativen Fragen analysiert.
31 Ebenso wenig erhielten wir Kenntnis davon, welche Familien angeschrieben wurden. Die datenschutzrechtlichen Bestimmungen wurden auch im weiteren Prozess der Erhebung und Auswertung strengstens beachtet.
32 Das Porto für dieses Antwortschreiben wurde von der FH Münster rückwirkend übernommen.

An den Grundschulen, wo wir bereits ExpertInneninterviews durchgeführt hatten, wurde unser Schreiben in insgesamt 8 Klassen verteilt. Darin wurden die Eltern gebeten, sich mit uns in Verbindung zu setzen, falls sie Sozialhilfe beziehen oder aus anderen Gründen mit wenig Geld leben müssen.[33] Auf diese Weise konnten 5 weitere Familien gewonnen werden. Der Weg über die Kindertagesstätten erwies sich demgegenüber als sehr viel schwieriger. Entweder gab es dort keine Kinder in der fraglichen Altersgruppe, oder die Erzieherinnen scheuten sich, die Eltern/Mütter anzusprechen. Im Ergebnis konnte daher nur eine Familie mit 2 Kindern im Grundschulalter erreicht werden.[34] Eine andere Familie nahm von sich aus Kontakt zu uns auf,[35] eine weitere auf Empfehlung einer Nachbarin.

Von den insgesamt 24 Familien haben sich 17 auch an den Kinderinterviews beteiligt. In 2 Fällen kam die Absage von den Eltern/Müttern, die befürchteten, dass ihre Kinder durch das Interview auf die Sozialhilfebedürftigkeit der Familie aufmerksam gemacht oder unnötig belastet würden.[36] Schlussendlich haben sich 25 Kinder im Alter von 6 bis 12 Jahren an den Interviews beteiligt, darunter mehrere Geschwister. Die Kinderinterviews bilden das Herzstück unserer Erhebung und wurden entsprechend intensiv vorbereitet. Um das Alltagsverständnis von Kindern dieser Altersgruppe besser einschätzen zu können, entwickelten wir schon im Vorfeld die Idee, eine Unterrichtsreihe zu planen, die das Thema „Armut" in den Mittelpunkt stellt.[37] Unterstützung dafür fanden wir in einer jener Grundschulen, wo bereits ein ExpertInneninterview durchgeführt worden war.

6.2.4 Unterrichtsreihe

Die Unterrichtsreihe „Gastmahl der Armen" wurde gemeinsam mit dem Klassenlehrer für den Religionsunterricht einer 3. Klasse konzipiert. Sie

---

33 In einem Fall erklärte sich der Klassenlehrer darüber hinaus bereit, die Eltern am kommenden Elternsprechtag auf unser Vorhaben hinzuweisen.

34 In 3 Fällen mussten wir von unserem Vorhaben absehen, weil die fraglichen Familien nur mit Hilfe von Dolmetscher(inne)n zu interviewen gewesen wären oder bereits an anderen Studien beteiligt waren.

35 Die besagte Familie sah sich eigenen Angaben zufolge massivstem behördlichem Mobbing ausgesetzt. Nach mehreren Vorgesprächen nahmen wir sie in die Erhebung auf, obwohl ihr Wohnort in einer ländlichen Region nordöstlich von Münster lag und nicht zu unserem ursprünglich definierten Untersuchungsgebiet gehört.

36 Hierbei handelte es sich u.a. um ein sexuell missbrauchtes Mädchen, dessen Fall bereits mehrfach gutachterlich untersucht worden war.

37 Vgl. Unterrichtsreihe „Gastmahl der Armen" im Religionsunterricht einer 3. Klasse, in: Forschungsprojekt „Soziale Bewältigungsstrategien von Kindern in benachteiligten Lebenslagen" (Hrsg.), Dokumentation der Fachtagung „Den Dingen auf die Spur kommen. Kinderarmut auf dem Land – Kinderarmut in der Stadt", Münster 2001, S. 29ff.

sollte das Armutsverständnis von Kindern aus verschiedenen Blickwinkeln beleuchten. Ganz bewusst wurde der entwicklungspolitische Aspekt des Themas ausgeklammert, um die Wahrnehmung der Kinder nicht auf ferne Länder zu lenken. Auffällig fanden wir in diesem Zusammenhang, dass hierzu publiziertes Unterrichtsmaterial äußerst spärlich bzw. bislang kaum entwickelt ist. Für unsere weitere Planung kam der Unterrichtsreihe eine unschätzbare Bedeutung zu, weil sich im Unterrichtsverlauf die Problem- und Weltsicht von Grundschulkindern erschloss. Wir erkannten, dass Kinder in diesem Alter bereits ein vieldimensionales Verständnis von Armut besitzen, die allerdings überwiegend negativ konnotiert ist und sowohl sprachlich als auch bildlich zumeist mit Schmutz, Krankheit und Einsamkeit in Verbindung gebracht wird.[38]

6.2.5 Kinderinterviews

Um das komplexe Wirkungsgefüge von Lebenslagen und -welt analytisch präziser erfassen zu können, erschien es naheliegend, den Kinderfragebogen methodisch nach den von Ingeborg Nahnsen näher ausformulierten Spielräumen zu konzipieren.[39] Auch wenn Kinder – ebenso wie Erwachsene – ihre Alltagserfahrungen nicht nach Lebenslagen und Lebenswelt unterscheiden, so wissen sie doch oder entwickeln ein Gefühl dafür, dass mit den materiellen Möglichkeiten vieles präjudiziert wird, was ihren Alltag ausmacht. Uns ging es vor allem darum zu erfahren, was die Kinder selbst als Armut, Benachteiligung und Einschränkung wahrnehmen und wie sie mit den Folgen umzugehen suchen. Neben ihrer Wahrnehmung der materiellen Situation ihrer Familie interessierten uns vor allem die Qualität und Dichte der Rezeption für Kinder dieses Alters so relevanter Bereiche wie des Familienlebens, des Wohnumfeldes, der Schule, der Freizeit und des Konsums, der sozialen Netze (Familie, Freundschaften, Geschwister, Spielkameraden etc.) sowie der individuellen Partizipationsmöglichkeiten.

Methodisch orientierten wir uns an Friederike Heinzel und Burkhard Fuhs, die uns darin bestärkten, die Methode des qualitativen Interviews mit Kindern anzuwenden, um deren eigene Sicht „auf ihr Leben, ihre Wünsche, Interessen, Lernprozesse, Probleme und Ängste in familiären und freund-

---

38 Vgl. hierzu auch: Barbara Imholz/Gisela Wuttke, Soziale Bewältigungsstrategien von Kindern in benachteiligten Lebenslagen: Ein Forschungsprojekt über die Erscheinungsformen und Folgen von Armut und Kindheit, in Ulrike Itze/Herbert Ulonska/Christiane Bartsch (Hrsg.), Problemsituationen in der Grundschule. Wahrnehmen. Verstehen. Handeln, Bad Heilbrunn/Obb 2002, S. 271ff.

39 Vgl. Ingeborg Nahnsen, Lebenslagenvergleich. Ein Beitrag zur Vereinigungsproblematik, in: Heinrich A. Henkel/Uwe Merle (Hrsg.), Magdeburger Erklärung. Neue Aufgaben der Wohnungswirtschaft. Beiträge zum deutschen Einigungsprozeß, Regensburg 1992, S. 101ff.

schaftlichen Beziehungen, in Schule, Wohnumfeld und Freizeit wissenschaftlich zu erfassen".[40] Fuhs schlägt vor, das Problem der sprachlichen Kommunikation durch den Aspekt des Erinnerns zu überbrücken, welcher neben
sprachlichen auch dingliche Formen umfasst.[41] Wir haben daher verschiedene
methodische Elemente miteinander kombiniert.[42] Neben einem spielräume-
zentrierten Leitfaden enthielt das Kinderinterview auch Elemente, welche die
Kinder motivierten, ihre lebensweltlichen Erfahrungen auf eher spielerische
Weise darzustellen, wie etwa das Netzwerkspiel, die Zaubertafel sowie symbolische Darstellungen für Gefühlszustände und Aktionsformen. Darüber
hinaus haben wir auch einige formale Fragebögen eingesetzt, bei denen die
Kinder ihre konkrete Lebenssituation nonverbal mit Kreuzchen bestimmen
konnten.

Aufgrund der Anzahl wie auch der Dichte der Daten gestaltete sich der
Auswertungsprozess der Kinderinterviews höchst aufwändig und komplex,
wobei wir uns konsequent an der Struktur der Spielräume orientierten. Die
Interviews wurden daher zunächst systematisch spielräumebezogen und anschließend in mehreren aufeinander folgenden Arbeitsschritten einzelfallbezogen analysiert. Einige zentrale Fragestellungen der Sozialisationsforschung, welche insbesondere die Bedeutung der Beziehungsqualität hervor-
hebt und diese zur Basis von Bewältigungstrategien erklärt, erwiesen sich in
diesem Zusammenhang als sehr hilfreich. Die jeweils ca. einstündigen Interviews wurden an zwei Nachmittagen in der familiären Umgebung der Kinder
geführt, d.h. zu Hause, und – soweit möglich – im Kinderzimmer.[43] Nur in
einem Fall fanden die Interviews auf Wunsch der Mutter im Hort statt. Um
die Kinder vor „Entdeckung" zu schützen, ließen wir sie für das Interview einen „Künstlernamen" suchen, den wir auch hier verwenden. Die Suche nach
einem Pseudonym schuf quasi nebenbei eine Fülle teilweise erheiternder Ge-
sprächsanlässe, durch die den Interviews viel von der Spannung genommen
wurde, die ihnen unvermeidbar vorausging.[44]

---

40   Siehe Friederike Heinzel, Qualitative Interviews mit Kindern, in: Barbara Frieberts-
     häuser/Annedore Prengel (Hrsg.), Handbuch qualitativer Forschungsmethoden in der
     Erziehungswissenschaft, Weinheim/München 1997, S. 396
41   Vgl. Burkhard Fuhs, Qualitative Interviews mit Kindern. Überlegungen zu einer
     schwierigen Methode, in: Friederike Heinzel (Hrsg.), Methoden der Kindheitsfor-
     schung. Ein Überblick über Forschungszugänge zur kindlichen Perspektive, Wein-
     heim/München 2000, S. 87ff.
42   Vgl. Friederike Heinzel, Methoden und Zugänge der Kindheitsforschung im Über-
     blick, in: dies. (Hrsg.), Methoden der Kindheitsforschung, a.a.O., S. 31f.; Friederike
     Heinzel, Qualitative Interviews mit Kindern, a.a.O., S. 397
43   Als eigenes Untersuchungsergebnis könnte schon gelten, dass die überwiegende Zahl
     der Gespräche auf Wunsch der Eltern/Mütter im Wohnzimmer unter Beisein der
     Mutter oder des Vaters stattfanden.
44   Vgl. hierzu: Gertrud Beck, Was wissen wir über das soziale Lernen von Kindern?, Zu
     den Schwierigkeiten und Möglichkeiten von Forschung in der Praxis, in: Gerold

6.3 Resultate der Befragungen

6.3.1 ExpertInneninterviews

Im Folgenden sollen die Aussagen der Expert(inn)en in ihren Grundzügen skizziert und im Hinblick auf einige ausgewählte Fragen fokussiert werden:

- Wie stellt sich Kinderarmut aus der Sicht von Expert(inn)en dar?
- Welche Formen der Bewältigung von Armut durch Kinder bzw. Familien lassen sich erkennen?
- Welche Probleme wirft das Phänomen in der sozialen Praxis auf?
- Welche Unterschiede bestehen hinsichtlich der Erscheinungsformen von Armut zwischen Stadt und Land?

Den Expert(inn)en stellte sich Kinderarmut als vertrautes, aber vielschichtiges Phänomen dar, dessen Erscheinungsformen zunehmend widersprüchliche Züge annehmen. So wurden Tendenzen der Vernachlässigung ebenso thematisiert wie Tendenzen der Verwöhnung. Einig waren sich die Expert(inn)en hinsichtlich vielfältiger Benachteiligungen: Sonst als selbstverständlich vorausgesetzte Dinge – z.B. in der Freizeitgestaltung (kinderkulturelle Angebote, Sport- und Bewegungsmöglichkeiten, Urlaub etc.) – fehlten den Kindern genauso wie grundlegende Bildungschancen, die für sie eingeschränkt bzw. nicht gegeben seien. Bestätigt wurden darüber hinaus Anzeichen für eine Mangelernährung sowie vor allem sprachliche und motorische Entwicklungsverzögerungen. Die Expert(inn)en problematisierten in diesem Zusammenhang auch die familialen Versorgungsstrukturen, welche nicht selten von Arbeitslosigkeit, Verschuldung und Alkoholismus geprägt seien. Bemerkt wurde, dass die Kinder häufig krank (v.a. Erkältungskrankheiten) und emotional unterversorgt seien. Ihre psychosoziale Entwicklung sei oft defizitär und unterliege der Tendenz zur (Selbst-)Ausgrenzung und Isolation. Verstärkt werde diese noch durch ein ausgeprägtes Vermeidungsverhalten, mit dem die Kinder unangenehme Situationen und Gefühle von sich fernzuhalten versuchten.

Für die Expert(inn)en stellt die *kulturelle* Armut der Kinder ein markantes Charakteristikum dar. Entsprechend ausgeprägt seien Scham- und Minderwertigkeitsgefühle, die es den Kindern schwer machten, ihre Bedürfnisse zu artikulieren oder um etwas zu bitten, das ihnen eigentlich zustehe (z.B. Lernmaterial, Mittagsangebote oder Pausengetränke). Eine große Zahl von Familien lebe nahe bzw. knapp oberhalb der Sozialhilfegrenze, weshalb sie auch von allen darüber hinausgehenden Hilfen abgeschnitten seien. Für diese Kinder, so das Resümee, bleibe aufgrund der äußerst eingeschränkten materi-

Scholz/Alexander Ruhl (Hrsg.), Perspektiven auf Kindheit und Kinder, Opladen 2001, S. 89

ellen Lebensverhältnisse „einfach nichts übrig". Dies gelte insbesondere für ausländische und Spätaussiedlerfamilien, doch seien davon auch Alleinerziehende – nach Trennungen oder infolge von Frühschwangerschaften – betroffen.

Auf diesem Hintergrund werde nachvollziehbar, dass Kinder die ihnen auferlegten Einschränkungen und Versagungen individuell sehr unterschiedlich verarbeiteten. Manche reagierten eher regressiv, zögen sich zurück oder zeigten eine ungesunde Überanpassung, andere versuchten erfahrene Zurücksetzungen durch Aggression und konkurrentes Verhalten zu kompensieren. Übereinstimmend wurde eine niedrige Toleranzschwelle festgestellt, weshalb bedürftige Kinder schneller als andere gestresst seien oder untereinander in Rangeleien gerieten. Während die einen versuchten, nur nicht aufzufallen, versuchten die anderen, ihre Notlage durch kleinere Diebstähle, Ausreden und Lügen auszugleichen. Neben diesen eher negativ sanktionierten Formen der Bewältigung zeigten viele Kinder jedoch auch positive Verhaltensweisen, indem sie sich (z.B. durch Prinzessinnenspiele und Harry-Potter-Fantasien) eine „schöne" Welt zu entwerfen suchten oder mittels bestimmter Fähigkeiten (z.B. besonders „lieb" zu sein oder gut zu malen, durch sportlichen Ehrgeiz und Clownerien) nach Anerkennung strebten.

Für die Expert(inn)en ist ausgemacht, dass Kinder im Alter von 6 bis 11 Jahren Armut weitgehend als Normalität erleben, auf Herabsetzungen jedoch äußerst sensibel reagieren und leicht in Panik geraten, wenn etwas verloren (gestohlen) wurde oder kaputt gegangen ist. Bei Herausforderungen gäben sie schneller auf und zeigten in kritischen Situationen nur geringes Durchsetzungsvermögen. Die Kinder hätten bereits ein Gefühl dafür entwickelt, „irgendwie" anders zu sein. Am schwersten haben es nach Ansicht der Expert(inn)en stille Kinder, deren Notlage häufig lange Zeit nicht erkannt werde. Vielen Kindern sehe man die Bedürftigkeit nicht an, und sie sprächen auch nicht von sich aus darüber. Offenbar verfügen solche Kinder nicht über jene Ressourcen der Selbststigmatisierung, die einen offenen Umgang mit Armut erlauben würden. Das Sprechen über Armut sei daher häufig erst nach einer langen Phase der Vertrauensbildung möglich, woraus sich besondere Chancen – aber auch Verantwortung – für die Grundschulen, Kindertagesstätten und sonstigen Einrichtungen der Offenen Kinder- und Jugendhilfe ergäben.

In diesem Zusammenhang wurde die große Bedeutung des nahen (Wohn-) Umfeldes für Kinder betont, weil es ihnen den Raum und die Gelegenheit biete, ihre inneren Kräfte zu regenerieren, mit anderen zu spielen und Freundschaften zu schließen. Den Mangel an Freundschaften hoben die Expert(inn)en besonders hervor. Selbstkritisch vermerkten sie, dass es für Kinder des genannten Alters außerhalb von Familie und Schule kaum Möglichkeiten der Freude und Entspannung gebe, weshalb auch das Stichwort „Lücke-Kinder" fiel.[45] Man zeige sich davon überzeugt, dass die öffentlichen

---

45 Vgl. dazu auch: Peter Büchner, Über Lücken und „Lücke-Kinder" in der sozialwissenschaftlichen Forschung, in: Beiträge zur Reform der Grundschule – Sonderband

Ressourcen noch nicht ausreichend und gezielt genug für Kinder in Armut eingesetzt würden. Es mangle weithin an ganzheitlichen Ansätzen und Konzepten, die sowohl problemlagen- als auch sozialraumorientiert ausgerichtet sind. Dabei sollten die Kinder (Eltern/Mütter) möglichst schon in der Planungsphase an der konkreten Ausgestaltung der Angebote beteiligt werden.

Im Hinblick auf mögliche Unterschiede in den Erscheinungsformen der Armut waren die meisten Expert(inn)en zwar auf Vermutungen angewiesen, doch herrschte zwischen ihnen ein hohes Maß an Übereinstimmung darin, dass die Armut auf dem Land zwar weniger komprimiert auftrete als in der Stadt, im Vergleich zu dieser aber stärker der Stigmatisierung unterworfen sei. Die soziale Nähe auf dem Land vergrößere den Anpassungsdruck und mache Tarnungsbemühungen schwerer. Zudem sei das Hilfesystem auf dem Land weniger ausgebildet und mit längeren, für viele Familien nahezu unüberwindlichen Wegen und Wartezeiten verbunden. Dies alles erschwere es den Betroffenen zusätzlich, Hilfe(n) und Unterstützung anzufordern. Auf der anderen Seite seien die Mieten auf dem Land niedriger und der öffentliche Raum weniger kommerzialisiert. Geld spiele auf dem Land noch nicht so eine beherrschende Rolle wie in der Stadt. Aus diesem Grunde habe sich die ländliche Region (Westmünsterland) zu einem attraktiven Rückzugsgebiet für ärmere Familien aus dem Ruhrgebiet entwickelt, die hier allerdings mit Mentalitäten konfrontiert seien, die ihnen weitgehend fremd blieben. Ihre Integrationsmöglichkeiten, z.B. über das ausgeprägte ländliche Vereinsleben, seien sehr begrenzt, und zwar umso mehr, als es sich bei den „Zugezogenen" um Spätaussiedler und Flüchtlingsfamilien handle, die vielen Ressentiments und selbst Neidgefühlen ausgesetzt seien.

In der Stadt scheine es aufgrund größerer Anonymität einfacher zu sein, „gegen die Norm" zu leben und „unterzuschlüpfen". Bei allen ebenfalls zu verzeichnenden Nachteilen biete diese Anonymität mehr individuelle Freiräume und Entwicklungsmöglichkeiten. Die Abhängigkeit von Geld sei in der Stadt jedoch stärker ausgeprägt und das Leben teurer, schon weil mehr Aufmerksamkeit auf Kleidung und Aussehen gelegt werde. Das führe zu einem ganz eigenen Anpassungsdruck, der nicht selten in Verschuldung münde.[46] Entsprechendes gelte auch für den Freizeitbereich, der einen viel höheren Geldbedarf erfordere, als dies auf dem Land, insbesondere für Kinder, der Fall sei. Trotz der insgesamt besseren und teilweise eng verzahnten Hilfestrukturen falle es auch den Familien in der Stadt schwer, ihre Bedürftigkeit Dritten zu offenbaren. Für die professionellen Helfer/innen stelle sich somit das Problem, niemals genau zu wissen, ob man helfen könne, solle bzw. müsse. Der Schutz der Anonymität verstärke das Tabu, nicht anders als die so-

---

62, hrsgg. vom Grundschulverband – Arbeitskreis Grundschule e.V., Seelze/Velber 2001, S. 56ff.

46 Die Verschuldung vieler ländlicher Familien wurde primär mit dem Eigenheimbau in Verbindung gebracht, der vor allem junge Familien in die Krise stürze.

ziale Kontrolle auf dem Land, und die Gefahr der Ausgrenzung sei hier wie
dort groß. „Eigentlich", so einer der Experten, „will niemand etwas damit zu
tun haben."

6.3.2 Elterninterviews

Wie dargestellt, lag uns bei diesen Interviews vor allem daran, die materiellen wie immateriellen Dimensionen der sozialen Deprivation herauszuarbeiten und sie auf ihre Wechselwirkungen und Dynamiken hin zu untersuchen.
Dabei gerieten insbesondere die Ränder der Armut in den Blick, zum einen,
weil wir über unsere Zugänge nur wenige Familien in extremer Armut erreicht,[47] zum anderen, weil wir schon von den Expert(inn)en gehört hatten,
dass unter den Armen jene am meisten leiden, denen man die Armut nicht
„auf den ersten Blick" ansieht.

Schon bei der Wahrnehmung von Armut fällt auf, dass nur 8 der von uns
befragten 24 Eltern/Mütter sich selbst als „arm" begreifen, während 12 angaben, sich „nicht arm" zu fühlen. Die übrigen 4 Eltern/Mütter mochten sich
zwar ebenfalls nicht als arm bezeichnen, verwiesen jedoch ausdrücklich auf
das ständige Verzichten-Müssen. Dieses wurde im Vergleich zu anderen –
z.B. afrikanischen Bürgerkriegsflüchtlingen – jedoch als nicht so schwerwie-
gend angesehen. Dennoch waren Kino-, Theater- oder Zoobesuche und (gemeinsame) Urlaube in den Budgets unserer Familien zumeist nicht vorgesehen. Die meisten Eltern/Mütter (14) zeigten sich denn auch besorgt, dass ihre
Kinder darunter leiden könnten, während eine nicht geringe Zahl (8) die
Vermutung äußerte, dass die Kinder diese Situation gar nicht wahrnähmen,
da es ihnen gelungen sei, sie vor ihnen zu verbergen. Einige Eltern/Müttern
sorgten sich allerdings, dass ihre Kinder, wenn sie ein paar Jahre älter wären,
die Folgen der schwierigen Lebensverhältnisse womöglich nicht mehr so
klaglos hinnehmen würden.

Die Eltern/Mütter gaben sich offenbar Mühe, gegenüber ihren Kindern
zu verbergen, dass sie von Sozialhilfe abhängig waren. Tatsächlich wusste
keins der von uns interviewten Kinder, dass ihre Eltern finanzielle Mittel –
wie bei 18 Familien der Fall – vom Sozialamt bezogen. Bemerkenswert
scheint in diesem Zusammenhang auch, dass von 24 Familien nur 7 „komplett" zusammenlebten, während alle anderen – nach Scheidung (9), Tren-

---

47 Familien, die sich auf Untersuchungen dieser Art einlassen, verfügen in der Regel
über ein Mindest-Know-how an Artikulationsfähigkeit und Zeitmanagement. Berücksichtigung sollte auch finden, dass die Interviews in den Wohnungen der Familie stattfanden und jeweils drei Termine abstimmt werden mussten. In diesem Sinne kann hier
sicher nicht von einem niedrigschwelligen Angebot gesprochen werden. Für Familien
in extremer Armut müssen andere Zugänge und Verfahren gewählt werden, was u.E.
nur in enger Kooperation mit bestimmten Mediator(inn)en, Lehrer(inne)n, Erzie-
her(inne)n, Sozialarbeiter(inne)n usw. geschehen kann.

nung (7) oder Tod (1) – alleinerziehend waren.[48] Das Risiko der Sozialhilfebedürftigkeit tragen bei einem Scheitern der Beziehung bzw. Ehe demnach
vor allem die Frauen. So gaben 11 von ihnen an, nach der Trennung vom
Ehemann sozialhilfeabhängig geworden zu sein, weitere 7 bereits zum Zeitpunkt der Geburt des (ersten) Kindes. Zum Zeitpunkt des Interviews waren
nur 5 Frauen erwerbstätig, davon 4 in Teilzeit; 2 weitere befanden sich in einer Umschulung, eine hatte kurz vorher ein Studium aufgenommen, und eine
andere suchte nach dem erfolgreichen Abschluss einer Umschulung seit geraumer Zeit vergeblich eine Stelle, hatte für die Arbeitsaufnahme jedoch
schon alle notwendigen Vorkehrungen getroffen.[49]

Die sozialen Kontakte dieser Familien waren sehr eingeschränkt. Zwar
gaben 22 von 24 Familien an, Kontakte zu anderen Familien zu haben, doch
ergänzten fast alle, dass sie nur wenig Zeit und Gelegenheit dazu hätten. Dabei taten sich bei den alleinerziehenden Frauen weitere Probleme auf, nämlich die zeitweilige Betreuung der Kinder/des Kindes und das unangenehme
Gefühl, bloß „5. Rad am Wagen" zu sein. Hingewiesen wurde auch darauf,
dass Einladungen und Geselligkeiten, wie Essengehen, Kneipenbummel und
Kino- oder Konzertbesuche, mit erheblichen finanziellen Belastungen verbunden seien, die man lieber zu vermeiden suche. Alleinerziehende Frauen
geraten somit über die Kosten- schnell in die Isolationsfalle. Nicht wenige
Familien leben daher weitgehend auf sich selbst zurückgeworfen, mit gravierenden Folgen auch und gerade für die Kinder.

Den eingeschränkten Möglichkeiten stehen – wie bereits angedeutet –
teilweise erhebliche Anstrengungen der Eltern/Mütter gegenüber, die Armut
vor den Kindern zu verschleiern.[50] Als besonders kritisch erwies sich in diesem Zusammenhang immer wieder das Thema „Urlaub". In den meisten der
von uns interviewten Familien gab es eine solche gemeinsame Zeit der Entspannung nicht oder nur im Rahmen von Verwandtenbesuchen und Ferienfreizeiten. Selbst diese waren für viele Familien nicht „drin", weil die Kinder
entweder noch zu jung waren oder die Kosten vor allem dann, wenn mehrere
Kinder in der Familie leben, als zu hoch angesehen wurden. Stattdessen wurde viel Energie aufgewendet, um dem Lebensalltag der Familie durch ge-
schicktes Management unter Ausnutzung von Schlussverkäufen, Sonderan-
geboten, Tauschbörsen und „Tafeln" die Härte zu nehmen. Die von uns interviewten Eltern/Mütter waren trotz der geschilderten Einschränkungen of-
fenkundig bemüht, zumindest die Grundbedürfnisse der Kinder zu befriedigen, und alle hatten ein Bewusstsein dafür, dass dies nur auf niedrigem Ni-

---

48 In 2 Fällen war die Beziehung bereits während der Schwangerschaft zerbrochen bzw.
    durch den Tod des Lebenspartners beendet worden.

49 Die alleinerziehende Mutter war mit ihrem Sohn, der in eine Kindertagesstätte ging, in
    die Nähe einer Grundschule gezogen und die Katze zu seinem größten Bedauern be-
    reits in andere Hände gegeben worden.

50 Bestätigt fanden sich im Übrigen auch Fluchtpunkte des Verwöhnens, das die Kinder
    für zuvor geforderte Verzichtsleistungen entschädigen sollte.

veau möglich war. Selbst den Interviewerinnen war die Situation des Mangels nicht immer unmittelbar ersichtlich, was wir als Bestätigung dafür erachten, dass die neuen „Gesichter der Armut" sich ein unauffälliges Äußeres
zu geben vermögen.

Die bloße Frage nach dem monatlich zur Verfügung stehenden Geld gibt
einen ersten Anhaltspunkt. Darauf angesprochen, gaben 13 Eltern/Mütter an,
monatlich weniger als 1.250 Euro zur Verfügung zu haben; 8 dieser El-
tern/Mütter mussten mit weniger als 1.000 Euro auskommen. Die nächst-
größte Gruppe (8) bilden jene Familien, die mit einem Betrag von 1.000 bis
1.500 Euro auskommen mussten. Von allen befragten Familien verfügten
damit nur 3 über mehr als 1.500 Euro, wovon jedoch 2 weniger als 1.750 Euro zur Verfügung hatten. In Bezug auf die Zahl der Haushaltsmitglieder ergibt sich, dass nur in 4 Familien ausschließlich Mutter und Kind lebten, in
allen anderen jedoch noch mehr Personen zu versorgen waren, darunter 33
Kinder aus der uns besonders interessierenden Altersgruppe der 6- bis 11-
jährigen.

Wie knapp das Geld tatsächlich bemessen ist, zeigt sich auch bei der
Frage nach den monatlichen Ausgaben ohne besondere Berücksichtigung der
Miete.[51] Danach musste etwa die Hälfte aller Familien mit weniger als 1.250
Euro im Monat auskommen, während die andere Hälfte mit ihren monatlichen Ausgaben bei 1.300 bis 1.800 Euro lag. Entsprechend hoch war die
Schuldenbelastung der Familien. 17 der von uns befragten Eltern/Mütter gaben an, Schulden zu haben, nur 7 verneinten die Frage danach. Als besonders
tragisch stellt sich auch hier die Situation der Alleinerziehenden dar, die nach
dem Scheitern der Ehe häufig noch über Jahre den Schuldendienst des Ehe-
mannes ableisten müssen.[52] Als eigentliche Schulden galten jedoch nur solche Finanzmittel, die man über Raten- und Darlehensverträge aufgenommen
hatte, während private Darlehen – vermittelt durch Geschwister, Freun-
de/Freundinnen oder Eltern – davon ausgenommen wurden. Tatsächlich gaben 20 der 24 Eltern/Mütter an, Personen im näheren Umfeld zu haben, die
man im äußersten Notfall um Geld bitten könne. Nur 4 Familien meinten, auf
solche Personen nicht zurückgreifen zu können, weshalb sie die Angst vor
Sonderausgaben und Krisen noch mehr plagte.

---

51 Wir konnten feststellen, dass viele Familien keine genaue Kenntnis über die Höhe der
    Miete besaßen, sei es, weil diese vom Sozialamt übernommen wurde, sei es, weil sie
    die Warmmiete, nicht aber die Kaltmiete nennen konnten (oder umgekehrt). Wir zie-
    hen daraus den Schluss, dass Mieten nur dann eine relevante Größe darstellen, wenn
    sie von den Familien selbst aufgebracht werden müssen bzw. durch hohe Zuzahlungen
    (in einem Fall über 200 Euro) zu Buche schlagen.

52 In einem Fall verschlang dieser Schuldendienst bereits seit langem die gesamte Sozi-
    alhilfe und wird dies vermutlich auch in den nächsten Jahren tun. Die Interviewpart-
    nerin sprach in diesem Zusammenhang von einem ewigen Kreislauf ohne den Schein
    einer Perspektive.

Aus Sicht der Eltern/Mütter erzeugt diese Lage eine Vielzahl von Problemen. Neben den häufig als undurchschaubar und ungerecht empfundenen Bestimmungen des Bundessozialhilfegesetzes („Wer bekommt was und warum?") lösten vor allem die Wohnungsämter Ärger aus, von denen man sich in den Bemühungen um eine bessere/größere Wohnung nicht unterstützt sah.[53] In der Situation der Trennung glaubten sich zudem viele Frauen völlig auf sich allein gestellt. Der Gang zum Sozialamt wurde von ihnen als demütigend empfunden und löste Angst aus. Viele Eltern/Mütter klagten darüber, von den Sozialbehörden nicht ausreichend über Rechte und Ansprüche informiert zu werden. Zudem sei ihre gesamte Lebensplanung durch die Sozialhilfe einem rigiden Reglement unterworfen. Nicht wenige befanden sich in dem Dilemma, zwischen dem Jugend- und dem Sozialamt vermitteln zu müssen.[54] Immer wieder wurde auf eklatante Defizite in der Mittags-, Nachmittags- und Ferienbetreuung für Kinder verwiesen, die insbesondere Alleinerziehende belasteten.[55]

Die Unterschiede zwischen Stadt und Land sind auf den ersten Blick nicht gravierend. Ob man in einem äußeren Stadtviertel oder in einer ländlichen Kleinstadt wohnt, scheint im Hinblick auf die allgemeine Lebensführung nicht erheblich zu sein. Die Begrenztheit des Aktionsradius und Vermögens dieser Familien verwischt mögliche Gegensätze. Allerdings scheint die soziale Isolierung der Familien auf dem Land noch größer zu sein als in der Stadt. Insbesondere die Alleinerziehenden sehen sich vielen subtilen Diskriminierungen ausgesetzt, weshalb sie sich zeitweilig als „Familien 2. Klasse" fühlen. Zwar existieren auch auf dem Land zumindest Ansätze der Selbstorganisation, doch überwog im Hinblick auf die eigene Lebensgestaltung weithin Ratlosigkeit. Abseits der Sozialbehörden gibt es im Unterschied zur Stadt entweder kaum Unterstützungsstrukturen oder sie werden nicht wahrgenommen. Da „jede/r jede/n kennt", werden verfängliche Situationen tunlichst vermieden. Erschwerend kommt hinzu, dass Familien, die Sozialhilfe beziehen, in der Regel nicht über ein Auto verfügen (dürfen) und bestimmte Ziele oder Angebote für sie von daher praktisch unerreichbar sind. Auch scheint die Milieubindung auf dem Land enger zu sein als in der Stadt. Nicht unerwähnt bleiben soll, dass wir auf dem Land keinen Kontakt zu einer ausländischen Familie fanden, während an der Münsteraner Erhebung 3 beteiligt wa-

---

53 So wurde einer Familie geraten, sich nicht zu laut über ihre – tatsächlich prekären – Wohnverhältnisse zu beschweren, weil es genügend Familien gebe, die auf der Straße lebten.

54 Einige Eltern/Mütter sahen sich dabei dem Vorwurf des Sozialamtes ausgesetzt, für ihre Kinder zu sorgen statt zu arbeiten.

55 Gewünscht wurden vor allem Mittagstische in den Schulen, Hausaufgabenbetreuung sowie altersgemäße Spiel- und Bewegungsangebote.

ren.[56] Diese Befunde geben u.E. ausreichend Anlass, die feinen Differenzen in den Erscheinungsformen der Armut im Hinblick auf die Lebensbewältigung der Kinder nicht aus dem Blick zu verlieren.

6.3.3 Kinderinterviews

Wir haben die Aussagen der Kinder zunächst einzelfallbezogen ausgewertet und im Folgenden anhand zentraler bzw. übergeordneter Fragen erneut zusammengeführt. Damit sollen die Lebenslagen der Kinder aus ihrer eigenen Perspektive und Praxis sichtbar gemacht und im Anschluss daran auf mögliche Differenzerfahrungen überprüft werden. Wir orientieren uns hier an dem tatsächlichen Interviewverlauf.[57]

6.3.3.1 Kontakt- und Kooperationsspielraum

Der Kontakt- und Kooperationsspielraum soll Auskunft über die Qualität und Dichte der sozialen Beziehungen der Kinder geben. Neben der Frage nach dem besten Freund/der besten Freundin interessierte uns daher insbesondere, wie sich die Gleichaltrigenbeziehungen gestalten und durch Familie, Nachbarschaft, Schule, Nachmittage und – für die Kinder von größter Wichtigkeit – Geburtstage gefördert bzw. beeinflusst werden. Schnell stellte sich heraus, dass die Nachbarschaft von den Kindern kaum als soziales Umfeld wahrgenommen wird. Nur sehr vereinzelt wurden Personen oder Familien benannt, zu denen die Kinder gehen oder gehen könnten. Nachbarschaft findet für die Kinder offenbar nicht bzw. nur abhängig von den Eltern/Müttern statt. Sind diese isoliert, fehlen den Kindern geeignete Anknüpfungspunkte.[58]

Die meisten Kontakte ergeben sich über die Schule. Die dort entstehenden/entstandenen Freundschaften und Cliquen werden von den Kindern auch deswegen als wichtig empfunden, weil sie sich auch auf den Freizeitbereich ausdehnen. Als wichtigstes Kriterium für das Empfinden von Freundschaft wurde genannt, dass die Freunde/Freundinnen „nett" sind und gerne mit ihnen spielen, dass man sich „gut versteht" und „zusammenhält". Zumeist avancierten jene Kinder zu den „besten Freund(inn)en", mit denen man in der Schule zusammensaß und die Pausen verbrachte, wobei die individuelle Spe-

---

56 In 3 weiteren Fällen scheiterte die Beteiligung ausländischer Familien an Kommunikationsproblemen bzw. daran, dass Absprachen wegen Nichtvorhandenseins eines Telefons außerordentlich erschwert wurden.

57 Theoretisch hätten wir mit dem Einkommens- und Versorgungsspielraum beginnen müssen. Dieser Einstieg erschien uns jedoch für die Kinderinterviews ungeeignet, sodass wir die Reihenfolge der Spielräume geändert haben. Das Erstinterview begann daher mit unseren Fragen zum Kontakt- und Kooperationsspielraum.

58 2 Kinder berichteten sogar von massiven Repressalien, denen sie oder ihre Familie ausgesetzt seien, weshalb sie die Nachbarschaft als eher feindselig erlebten.

zifik bei den Mädchen ausgeprägter zu sein scheint als bei den Jungen. Fast alle Mädchen gaben an, sich auf bestimmte Mitschülerinnen besonders zu freuen, während die Jungen bei dieser Frage häufig unbestimmt blieben oder meinten, dass alle Schulkameraden ihre Freunde seien. Offenbar bilden Mädchen und Jungen unterschiedliche Muster von Freundschaftsbeziehungen aus. Hier und da entsteht allerdings der Eindruck, dass diese – wie bei Madonna und Pokémon[59] – eher erträumter als realer Natur sind. Tatsächlich scheint die Dichte der Beziehungen bei nicht wenigen Kindern (auch Mädchen) eher bedenklich zu sein. So gaben 8 der 25 Kinder an, nur wenige oder gar keine Freunde/Freundinnen zu haben, weshalb sie die Nachmittage häufig allein bzw. zu Hause verbrachten. Schwierig scheint es vor allem dort zu sein, wo wenige junge Familien in der Nachbarschaft leben oder die Schule bzw. der Hort viel Zeit in Anspruch nimmt. Unzufrieden äußerten sich in diesem Zusammenhang auch jene Kinder, die im Hort betreut werden.[60] Für diese bleibt nach eigenem Bekunden kaum mehr Zeit, um zu spielen oder sich mit Freunden zu treffen.

Als wichtigen Indikator für die soziale Eingebundenheit der Kinder erachten wir auch die Kindergeburtstage. Diesen kommt in den Aussagen der Kinder eine hohe symbolische Bedeutung zu, und es war deutlich spürbar, dass missglückte Geburtstage eine nachhaltige Traurigkeit erzeugten. Wer seinen Geburtstag nicht feiert, wird auch nicht zu den Geburtstagen anderer eingeladen. Damit unterliegen die Kinder einem doppelten Ausschlussrisiko, das unmittelbar mit den familialen Ressourcen, d.h. Wohnverhältnissen, Vermögenslage und Beziehungsnetzen, in Zusammenhang steht. Tatsächlich gaben weniger als 10 Kinder an, ihren letzten Geburtstag „richtig schön" gefeiert zu haben. Es waren genau jene, die selbst häufig und sogar oft zu Geburtstagen eingeladen werden. Die damit verbundenen Kosten wurden von den Kindern nicht als Problem gesehen, obwohl es für sie durchaus eines darstellt. Wichtiger erscheint es den Kindern, überhaupt eingeladen zu werden.

6.3.3.2 Muße- und Regenerationsspielraum

Den Muße- und Regenerationsraum haben wir dahingehend überprüft, inwieweit die Kinder in einer gedeihlichen Umgebung aufwachsen und ausreichende Regenerationsbedingungen finden. Hier wurde deutlich, dass jene Kinder, die viel Zeit in der Schule oder im Hort verbringen, ebenso wie jene, die sozialräumig eher randständig wohnen oder von begrenzter Mobilität sind,[61] nur sehr geringe Chancen haben, ihre Freizeitaktivitäten selbsttätig zu

---

59 Madonna war zum Zeitpunkt des Interviews sehr (unglücklich) in einen Jungen verliebt, während Pokémon fortwährend seine Cousins erwähnte, die er allerdings vorwiegend in der Schule zu treffen scheint.
60 Es handelt sich dabei ausschließlich um Jungen.
61 Das sind v.a. die Unter-10-Jährigen und die Mädchen.

erweitern. Entfernungen von mehr als 2 km erweisen sich für die Kinder häufig als unüberwindlich. Sie überfordern teilweise auch ihre Familien, die weder über ein Auto noch über Ressourcen verfügen (dürfen), die hier ausgleichend wirken könnten. Sehr wenige Kinder können in dieser Hinsicht auf eine aktive Unterstützung und Förderung durch ihre Familien zurückgreifen. Die Teilhabe an öffentlichen Angeboten (genannt wurden z.b. Musikschulen, Kino- und Zoobesuche sowie Tanz- und Selbstverteidigungskurse) bleibt den meisten Kindern verwehrt. Abgesehen vom Fußballspielen und Skateboardfahren,[62] gehen die meisten Aktivitäten der interviewten Kinder auf die Schule zurück. Außerhalb der Schule scheint es kaum kinderspezifische Angebote zu geben, die für diese Kinder erreichbar und kostenlos sind.

Bemerkenswert ist, dass die Kinder allen Einschränkungen zum Trotz keinen Zweifel daran lassen, dass sie gern oder sogar am liebsten zu Hause sind.[63] Unter den von uns befragten Kindern befand sich keins, das als vernachlässigt gelten könnte. Allerdings war häufig erkennbar, dass Kinder unter der Trennung ihrer Eltern nachhaltig leiden. Nur 12 der von uns interviewten 25 Kinder lebten in „kompletten" (Stief-)Familien, darunter mehrere Geschwister. Alle anderen mussten sich nach der Trennung der Eltern nicht nur mit dem Verlust des Vaters auseinandersetzen, sondern ebenso mit dem Verlust des vertrauten Wohnumfeldes und der dort lebenden Freunde/Freundinnen. Nur in 4 von 12 Familien scheint die Trennung weitgehend produktiv verarbeitet worden zu sein.[64] In den meisten Fällen gestaltete sich der Kontakt mit den Vätern zudem sehr schwierig, teilweise war er sogar unmöglich. So wünschte sich etwa Madonna, ihren Vater häufiger zu sehen,[65] während andere Kinder, z.B. Marie, Vincent oder Robi, den Kontakt zum Vater von sich aus abgebrochen hatten bzw. sich nichts mehr davon versprachen. Trotzdem wog das Unglück der Trennung bei vielen Kindern offensichtlich sehr viel schwerer als ihre – häufig erst dadurch ausgelöste – Armutslage.

Nichtsdestotrotz schafft die objektive Lebenssituation nur wenigen Kindern ausreichende Muße- und Regenerationsmöglichkeiten. Dies wird beispielsweise am Thema „Urlaub" deutlich, denn für die meisten findet ein solcher in der Regel nicht oder nur unter schwierigen Vorzeichen statt. Picasso, Shakira und Son-Goku erwähnten ebenso wie Joschi und Clarissa lediglich Besuche bei Verwandten,[66] während Pokémon, P Diddy, Angel und Robi angaben, noch nie im Urlaub gewesen zu sein. Andere Kinder erzählten, einmal mit der Familie oder im Rahmen von Ferienfreizeiten verreist gewesen zu sein. Nur Foxi, Prinzessin, Hermine und Vincent berichteten, jedes Jahr mit

---

62 Diese Bewegungsarten wurden ausschließlich von Jungen benannt.
63 Fast alle Kinder gaben an, sich zu Hause bzw. in ihrem Bett am wohlsten zu fühlen.
64 Pokémon und P Diddy sprechen von ihrem Stiefvater als Papa.
65 Madonna musste den Verlust des Vaters gleich zwei Mal hinnehmen, da der spätere Lebenspartner der Mutter tödlich verunglückte.
66 Bei Picasso und ihren Geschwistern bezog sich dieser Besuch auf ein Wochenende in Frankfurt am Main.

ihrer Familie in Urlaub zu fahren.[67] Für Kinder wie P Diddy und Robi ist es daher der größte Traum, einmal richtig Urlaub zu machen.[68] Da viele der Kinder für Ferienfreizeiten zu jung waren oder andere Schwierigkeiten im Weg standen,[69] erwies sich diese Möglichkeit für viele Familien ebenfalls als nicht realisierbar.

Die meisten Kinder verbringen ihre Freizeit, auch während der Ferien, in ihren Familien. Während die Mädchen angaben, sich gern mit anderen zu verabreden, suchen die Jungen offenbar lieber das freie Feld, um ihren Spielbedürfnissen (Fußball, Skateboard, Bande) nachzukommen. Joschi und Vincent beziehen bei diesen Spielen auch Mädchen ein. Daneben übernimmt das Zuhause eine Schlüsselrolle, auch wenn die räumlichen Verhältnisse eng bzw. zum Spielen ungeeignet sind. Viele Kinder greifen deshalb auf Gesellschaftsspiele zurück, die teilweise auch mit den Eltern/Müttern gespielt werden. Andere verbringen einen großen Teil ihrer Zeit vor dem Fernsehapparat oder dem Computer.[70] Auch Musik hat für die Kinder eine große Bedeutung, wobei fast ausschließlich Pop gehört wird.[71] Das Interesse an Hörspielen nimmt in diesem Alter bereits ab; insbesondere die Jungen gaben vor, dafür schon zu alt zu sein. Bemerkenswert ist darüber hinaus, dass nur 4 Kinder (3 Jungen) kundtaten, nicht gern zu lesen, während alle anderen Kinder in ihrer Freizeit gern oder sogar sehr gern lesen.[72]

Zu den Hobbys, die von den Kindern genannt wurden, zählten neben Fußball (Jungen) sowie Sport und Turnen (Mädchen) hauptsächlich Fahrradfahren[73], Schwimmen, Musikhören, Malen, Tanzen und Computerspiele. Nur 5 der 25 Kinder spielen selbst ein Instrument, aber ungefähr ebenso viele gaben an, dies gerne zu wollen.[74] Andere sammeln bestimmte Dinge, z.B. Ü-Eier, Diddl-Motive, Pokémon- bzw. Fußballkarten oder – wie Vincent – besondere Steine und Kakteen, die uns mit viel Freude und Stolz präsentiert

---

67 Nach Borkum, in den Schwarzwald sowie auch schon mal ins Ausland (Vincent)
68 P Diddy träumt von Mallorca, Robi von einer Reise nach Italien mit der Eisenbahn. Für Robi ist es ganz wichtig, die Familie/Mutter dabei zu haben.
69 Dies war sowohl bei den Geschwisterkindern als auch bei den muslimischen Kindern der Fall, wo das Problem für die Mädchen in der Übernachtung besteht.
70 Besonders hoch im Kurs stehen bei diesen Kindern Unterhaltungsserien wie „Gute Zeiten, schlechte Zeiten", Zeichentricksendungen wie „Dragon Ball Z" sowie Nintendo- und andere Computerspiele.
71 Dies teilweise unter dem Kopfhörer, um die anderen nicht zu stören bzw. selbst nicht gestört zu werden
72 Für 2 weitere Kinder beginnt das Lesen gerade erst.
73 Fahrradfahren ist in Münster Volkssport und wird daher von vielen Kindern genannt.
74 Der Wunsch nach einem Klavier oder einem Schlagzeug wird diesen Kindern sicher nicht erfüllt werden können. Nur die kleine Stadt Isselburg bietet allen Kindern die Möglichkeit, im Rahmen des Spielmannszuges ein Instrument zu erlernen, ohne dass sie bzw. ihre Eltern/Mütter dafür zu zahlen haben. Dies ist eine, wie wir meinen, vorbildliche kommunale Kulturleistung.

wurden. Offensichtlich lag allen Kindern daran, etwas Besonderes von sich sagen oder zeigen zu können.

Wir waren erstaunt, teilweise auch bestürzt, wie belastbar sich Kinder in der Situation von Armut und Unterversorgung zeigen. Niemand wollte mit anderen Kindern tauschen oder das Kind anderer Eltern/Mütter sein. Auch ließ kein Kind erkennen, dass seine Eltern/Mutter es nicht gut mit ihm meinten. Gleichwohl hatten die Belastungen des Alltags bei einigen Kindern bereits deutliche Spuren hinterlassen, die als Rückzugstendenzen, Schlafstörungen, Lernschwierigkeiten sowie körperliches Unwohlsein in Erscheinung traten. Trotz aller Anstrengungen zeichnen sich hier bereits die ersten aus der materiellen Deprivation resultierenden Folgen von Kinderarmut ab.[75]

6.3.3.3 Einkommens- und Versorgungsspielraum

Aus Sicht der Kinder gibt die Einkommens- und Versorgungslage zwar erkennbar zu Sorgen Anlass, ohne jedoch von den meisten als Bedürftigkeit wahrgenommen zu werden. Interessant sind die Abweichungen zwischen mündlichen Interviewäußerungen und Antworten in den Fragebögen, die von den Kindern in Stillarbeit (was auch heißt: unkontrolliert von Eltern/Müttern) ausgefüllt wurden. Clarissa zum Beispiel gab im Interview an, dass ihre Familie genug Geld zum Leben habe und sich auch keine Sorgen darüber machen müsse. Ihren gesamten Aussagen zu diesem Spielraum ist an keiner Stelle zu entnehmen, dass sie die prekäre Lage in irgendeiner Weise als belastend empfindet.[76] Demgegenüber zeigt der Fragebogen („stimmt"/"stimmt nicht") ein völlig anderes Bild. Hier gab Clarissa an, ihre Familie sei arm. Es stimme, dass die Eltern sich Sorgen machen, und es stimme auch, dass das Geld nie reicht. Das alles machte sie traurig. Dass die eigene Familie arm ist, bestätigten außer Clarissa nur die Geschwister Robi und Angel sowie Böggy und Schmoh, wobei Letztere einschränkend meinten, dies sei nur manchmal der Fall. Traurig waren deswegen außer Clarissa nur Böggy und Robi, während alle übrigen angaben, dass sie der Geldmangel nicht störe. Fast gleichmütig sagte Angel: „Mir ist es egal, ob die Familie viel Geld hat oder nicht."[77]

Geld scheint für diese Kinder keine Rolle zu spielen; sie ignorieren es einfach. Dass wenig Geld da ist, lesen die Kinder von den Gesichtern ab oder sie nehmen es wahr, weil die Eltern/Mütter darüber sprechen oder sich Sorgen machen. Einige Kinder sprachen in diesem Zusammenhang von einer merkwürdigen Stimmung, andere brachten damit den Zeitpunkt in Verbindung, „wenn nichts im Kühlschrank ist" (P Diddy) oder „Mama kein Geld

---

75 Vgl. das Kapitel zu Folgen und Wirkungen der Armut auf Kinder im Anschluss
76 Die Familie lebt von der Sozialhilfe sowie einem geringen Zuverdienst der Mutter.
77 Die Situation von Angels Familie ist nicht nur durch wenig Geld, sondern auch bedrückend enge Wohnverhältnisse gekennzeichnet.

zum Einkaufen hat" (Schmoh). Selbst Mika, der die Armut seiner Familie mit einer Engelsgeduld zu ertragen scheint, bemerkte: „Ich finde es auch blöd, dass wir wenig Geld haben." Woher die Armut kommt, bleibt den meisten Kindern verborgen oder wird nicht zur Sprache gebracht, vielleicht auch deswegen, weil diese Frage zu den Familiengeheimnissen zählt, die nicht preisgegeben werden (dürfen). Folgerichtig wird auch die Sozialhilfebedürftigkeit der Familie in den Interviews mit keinem Wort erwähnt. Definitiv ist uns nur von Alex bekannt, dass er nichts vom Sozialhilfebezug seiner Mutter weiß, während Klara und Vincent auf jeden Fall wissen, dass sie von Sozialhilfe leben.[78] Mag sein, die anderen Kinder wissen es nicht; mag sein, sie wissen es, sprechen aber nicht darüber; mag sein, sie messen dem keine große Bedeutung zu. Selbst dort, wo Sozialhilfe ein explizit problembeladenes Thema darstellt, erwähnen die Kinder es mit keinem Wort. Es handelt sich um ein Tabu, wie überhaupt Geld, das man nicht hat, kein Thema ist, über das Kinder von sich aus sprechen. Sie bleiben sprach-los, weshalb die dahinter liegenden Probleme und Notlagen verborgen bleiben.

Indikator für die Knappheit in den Familien ist auch das Taschengeld. Nur 16 der 25 Kinder gaben an, regelmäßig Taschengeld zu bekommen, bei den verbleibenden stellt es sich nach ihren Worten so dar, dass sie hier und da Geld zugesteckt bekommen bzw. ihre Eltern/Mütter fragen (können), wenn sie etwas brauchen. Bei der Höhe des Taschengeldes orientieren sich die Eltern/Mütter in erster Linie am Alter des Kindes. So erhält etwa die 6-jährige Angel 3 Euro/Monat, während die 4 Jahre älteren Arnie und P Diddy 10 Euro/Monat erhalten. Die meisten Kinder bekommen ihr Taschengeld wöchentlich – in der Familie von Foxi und Prinzessin wird aus diesem Grunde von „Sonntagsgeld" gesprochen –, und nicht wenige erhalten es auf ein Taschengeldkonto, über das sie – soweit es sich um kleinere Beträge handelt – frei verfügen können.[79] Nach einer Erhebung des Deutschen Jugendinstituts (DJI) erhalten Kinder im Alter von 6 bis 12 Jahren seit der Umstellung auf den Euro ein etwas höheres Taschengeld, und zwar durchschnittlich 2,60 Euro/Woche, das sie zumeist für Süßigkeiten, Eis, CDs, Comics oder DVDs verwenden.[80] Bis auf DVDs zählen diese Dinge auch bei „unseren" Kindern zu den begehrtesten Artikeln, doch wurden auch Cola, Malutensilien und andere kleinere Dinge genannt. Das durchschnittliche Taschengeld liegt gegenüber den 700 vom DJI befragten Kindern sehr viel niedriger, nämlich bei 1,70 Euro/Woche. Dennoch kamen außer Robi alle Kinder, die regelmäßig Taschengeld erhalten, wie auch jene, denen nur manchmal etwas zugesteckt

---

78 Wir haben die Kinder nicht dezidiert danach gefragt, um keine Irritationen zu erzeugen.

79 Dies entspricht den Empfehlungen des Deutschen Sparkassen- und Giroverbandes, der über „Die Taschengeldfrage" eine eigene Broschüre (Bonn 2000) herausgegeben hat.

80 Vgl. Kinder bekommen dank Euro mehr Taschengeld, in: Frankfurter Rundschau v. 27.6.2002

wird, damit aus, während die Geschwister Picasso, Shakira und Son-Goku[81] sich anscheinend ins Unvermeidliche gefügt haben und auch keine Klage darüber führten, dass sie praktisch ohne eigenes Geld leben.

Es zeigte sich, dass die Kinder kleinere Erwerbsmöglichkeiten oder Gelegenheiten schätzen, die es ihnen erlauben, ihre persönliche Vermögenslage etwas aufzubessern. Neben guten Noten und Zeugnissen berichteten die Kinder vor allem von ihren Großeltern/-müttern oder anderen Familienangehörigen, auch älteren Geschwistern, die ihnen hin und wieder, ausnahmsweise oder regelmäßig, kleinere Summen zustecken. Darüber hinaus versuchen sich die Kinder im familialen oder nahen Umfeld nützlich zu machen, indem sie z.B. den Flur wischen, auf jüngere Geschwister aufpassen, den Hund ausführen oder ihren Vätern beim Heckenschneiden oder bei Nikolausaktivitäten helfen. Vincent und P Diddy erwähnten neben kleineren Dienstleistungen auch das Sammeln von Pfandflaschen, während Picasso, Shakira und Son-Goku den Flohmarkt für sich entdeckt haben. Die meisten Kinder betonten jedoch, dass sie zwar helfen, „aber nicht für Geld". Soweit sie jedoch für Arbeit Geld (oder Süßigkeiten) bekamen, räumten sie ihr einen besonderen Stellenwert ein, der mit Stolz und Selbstbewusstsein unterlegt oder mit Spaß verbunden wurde.[82]

Trotz der in diesem Spielraum teilweise deutlich sichtbaren Engpässe scheint die Versorgung der Kinder in der Familie insgesamt gut oder wenigstens ausreichend zu sein, wenngleich krisenhafte Verläufe und Versorgungsdefizite bei einigen Familien vermutet werden müssen. Die Aufrechterhaltung der Versorgung sagt wenig über deren Qualität und Verlässlichkeit aus, zumal sie teilweise durch Über-Mittag-Betreuung, Hort oder Nutzung der „Tafel" ergänzt bzw. aufgewertet werden muss. Dennoch gaben nahezu alle Kinder an, am liebsten zu Hause zu essen; darunter auch jene, die in der Schule oder im Hort versorgt werden. Dass viele Kinder das Haus ohne Frühstück verlassen, ist – wie aus den Interviews hervorgeht – nicht allein der Armut ihrer Familie geschuldet, sondern ebenso fehlenden Frühstücksritualen oder ausgeprägten Abneigungen, wie sie beispielsweise Marie äußerte. Gleichwohl trifft es jene Kinder am stärksten, die – wie Mika – „vergessen" haben, das Milchgeld abzugeben, und noch dazu kein Butterbrot und Trinkpäckchen in die Schule mitnehmen.

Folgt man den Ausführungen der Kinder, nehmen sie die Lebensbedingungen so, wie diese nun einmal sind. Die wenigsten Kinder beklagen sich oder lassen erkennen, dass es ihnen an etwas fehlt. Wenn sie an ihre Familie denken, vermissen sie nichts, oder sie nennen das, was sie sich wünschen

---

81   Picasso ist 11, ihre Schwester Shakira 10 und ihr Bruder Son-Goku 9 Jahre alt.
82   Vgl. zur neueren Diskussion über die Erscheinungsformen von Kinderarbeit und deren Bedeutung für die Kinder: Manfred Liebel, Kindheit und Arbeit. Wege zum besseren Verständnis arbeitender Kinder in verschiedenen Kulturen und Kontinenten, Frankfurt am Main/London 2001

oder für sie unbedingt dazu gehört, z.B. den Papa, die Oma, die Katze, das Meerschweinchen und ein Klavier. Nur Robi vermisst etwas, das für die Lebenssituation seiner Familie Bände spricht: Er würde gern einmal mit seiner Familie nach Spanien fahren, denn „da gibt es Sonne, schönes Meer und Katzen".

6.3.3.4 Lern- und Erfahrungsspielraum

Der Schule und den damit einhergehenden Entwicklungsmöglichkeiten wird von allen Kindern große Bedeutung beigemessen. Sie gehen zur Schule, um etwas zu lernen, später einen Beruf bzw. Arbeit zu finden, oder wie Picasso, eines der irakischen Kinder, es ausdrückte, ihr Leben darauf aufzubauen. Schule ist wichtig, um nicht dumm dazustehen. Die 6-jährige Angel findet Schule wichtig, weil sie schlau werden will, die 8-jährige Madonna verbindet damit den Wunsch, sich später mit ihrem Freund unterhalten zu können, denn „wenn der mich etwas fragt, und ich weiß gar nicht, was das ist, dann kriegt man nie einen Freund". Die Frage, ob sie gerne zur Schule gehen, beantwortete 17 von 25 Kindern mit „gerne" oder „sehr gerne", während die übrigen angaben, Schule nicht zu mögen oder die „Scheiß-Schule" zu hassen. Sie gehören, wie Mika und Vincent, zu jenen Kindern, für die Schule mit Problemen und sogar Minderwertigkeitsgefühlen verbunden ist, während Robi, der – wie Mika – die Sonderschule besucht, zu denen gehört, die gerne zur Schule gehen. Auf der anderen Seite gaben auch gute Schüler/innen wie Marie an, nicht gerne zur Schule zu gehen („kommt darauf an"). Allerdings äußerten selbst jene Kinder, die nicht gerne zur Schule gehen, die Vermutung, dass sie einen Nutzen davon haben (werden).[83]

Der überwiegende Teil der Kinder äußert sich auch sehr positiv über die Lehrer/innen. Nicht wenige Kinder freuen sich auf diese mehr als auf ihre Mitschüler/innen. 20 von 25 Kindern geben an, dass sie zu den Lehrer(inne)n gehen können, wenn sie ein Problem haben oder Hilfe brauchen. Allerdings bezogen die Kinder diese Hilfe ausschließlich auf den schulischen Bereich, wenn sie z.B. etwas nicht verstanden hatten oder von ihren Mitschüler(inne)n drangsaliert wurden. Insbesondere die Mädchen scheinen sich in der Schule häufig von Jungen angegriffen zu fühlen, weil diese sie ärgern, schubsen oder „blöde Wörter" sagen, doch gaben auch einige Jungen an, von anderen verbal oder körperlich attackiert zu werden.[84] Einige sahen sich in diesem Zusammenhang noch dazu ungerechten Vorwürfen ausgesetzt, wenn sie – ungeachtet des von ihnen selbst wahrgenommenen Verlaufes – von den Leh-

---

83 Inwieweit die Kinder bei der Einschätzung von Schule lediglich reproduzieren, was sie von den Erwachsenen gehört haben, lässt sich hier nicht klären.

84 Nur in einem Fall bezog sich diese Klage auf Mädchen.

rer(inne)n für die Rempeleien verantwortlich gemacht wurden.[85] Insgesamt scheint das Verhältnis zwischen Kindern und Lehrkräften jedoch überwiegend von positiver Anteilnahme geprägt zu sein. Nur wenige Kinder gaben zu erkennen, dass sie ihre Lehrer/innen nicht mögen oder sich von diesen nicht gemocht fühlen. Selbst solche Kinder halten sich jedoch alles in allem für von ihnen gerecht behandelt.

Nicht zuletzt erfahren die Kinder in der Schule Lob und Anerkennung, wenn sie etwas besonders gut gemacht oder eine gute Leistung (Note) erzielt haben. 8 Kinder fühlen sich in solchen Situationen „so richtig groß und klasse", wobei die schulischen Leistungen von den Mädchen deutlich höher bewertet werden als von den Jungen. Diese nannten häufiger Erfolge beim Fußballspielen: „Da bin ich oft der Beste" (Robi), „wenn ich alle Schüsse gehalten habe" (Donald) oder „wenn ich ein Tor geschossen habe beim Elfmeterschießen" (Schmoh). Nur der kleine Pokémon wusste nicht, was Lob ist, und gab, nachdem wir ihm die Bedeutung des Wortes erklärt hatten, zu Protokoll, dass er „nur manchmal" gelobt werde.[86] Bemerkenswert erscheint uns auch, dass einige Kinder sich darüber beklagten, zu selten gelobt oder zu wenig beachtet zu werden, was u.E. auch als Hinweis darauf zu lesen ist, wie sensibel sie auf Lob und Anerkennung reagieren und sich davon motivieren bzw. dann, wenn sie sich übergangen fühlen, demotivieren lassen.

Immerhin scheint es in den von uns interviewten Familien keine Prügel zu setzen, wenn schlechte Leistungen (Noten) ins Haus stehen. Nur ein Kind ließ durchblicken, manchmal nicht gern nach Hause zu gehen; jedoch sind wir hier auf Vermutungen angewiesen.[87] Fast alle Kinder – auch die lernschwachen – bezeichneten sich in diesem Zusammenhang als gute Schüler/innen,[88] die bei schlechten Leistungen lediglich mit Schimpfe oder Ermahnungen zu rechnen hätten, sich beim nächsten Mal mehr anzustrengen bzw. mehr zu üben. Für gute Leistungen scheint es hingegen häufig kleinere Belohnungen in Form von Geld, Süßigkeiten oder der Erlaubnis, etwas länger fernzusehen, zu geben. Nicht wenige Kinder erwähnten in diesem Zusammenhang, für gute Leistungen von den Eltern/Müttern gelobt zu werden, verneinten aber, dafür irgendwelche materiellen Gratifikationen zu erhalten, da, wie Son-Goku pragmatisch zu erklären wusste, die Familie nur wenig Geld habe.

---

85 Inwieweit es sich dabei um ein Stigmatisierungsverhalten der Lehrer/innen oder um Wahrnehmungsprobleme der Kinder handelt, ließ sich im Rahmen der Interviews nicht klären.

86 Dieses Lob kommt seiner Aussage zufolge auch zu Hause zu kurz, da er die Frage, wann er denn dort gelobt werde, mit „weiß nicht" beantwortet. Hinzugefügt sei, dass Pokémon keineswegs in einer lieblosen Umgebung aufwächst, jedoch – als schwierigstes von 4 Kindern – offenbar zu wenig Lob und Anerkennung erfährt.

87 Die Aussage bezieht sich auf eine der Familien, wo viel Wert auf gute Schulleistungen gelegt wird.

88 Wir interpretieren dies als Ausdruck für ein positives Lernklima in der Grundschule.

Teilweise übernimmt die Schule wichtige Funktionen auch in der Versorgung und Betreuung der Kinder, worauf bereits hingewiesen wurde.[89] 4 Kinder besuchen einen Hort,[90] 3 weitere eine Schule, die ihre Über-Mittag-Betreuung gewährleistet. Nur ein Kind geht auf eine Ganztagsschule. Von einer Über-Mittag-Betreuung profitieren demzufolge nur wenige Kinder.[91] 17 der 25 Kinder essen mittags zu Hause warmes Essen. Problematischer scheint uns zu sein, dass nicht wenige Kinder das Haus ohne Frühstück verlassen und teilweise auch nicht mit dem obligatorischen Kakao versorgt werden, sondern die preisgünstigeren, wenn auch gesüßten „Trinkpäckchen" mitnehmen. Dies unterstreicht u.E. nur die Notwendigkeit einer gesicherten und preisgünstigen (!) Versorgung in der Schule.

Immense Bedeutung kommt der Schule darüber hinaus auch als Ort von Freundschaften und Gleichaltrigenbeziehungen zu. Dort treffen die Kinder auf andere, mit denen sie befreundet sind und mit denen sie sich nachmittags zum Spielen verabreden. Umgekehrt bedeutet dies, dass Kinder, die in der Schule isoliert sind, außerhalb der Schule ebenfalls nur schwer Anschluss finden, weil sich die Gleichaltrigenbeziehungen mit Übergang in die Schule offenbar völlig neu ordnen. Tatsächlich gaben fast alle Kinder an, sich morgens auf die Schule zu freuen, weil sie dort ihre Freunde/Freundinnen treffen. Diese „versüßen" den Kindern die Schule, sichern ihre Integration in den Klassenverband und helfen ihnen, wenn sie nichts zu essen dabei haben oder von Schülern höherer Klassen bedroht werden. Die Kinder finden nur dann eine positive Balance, wenn sie sich zwischen Leistung (Lehrer/innen) und Freundschaft (Schüler/innen) frei und unbeschwert von den Problemen des Alltags entfalten können und ein förderliches Klima dafür herrscht. Marie fühlt sich daher immer dann „so richtig groß und klasse", wenn sie keine Probleme hat, wozu – folgt man etwa den Aussagen von P Diddy – die Schule einen wichtigen Beitrag zu leisten vermag.

6.3.3.5 Entscheidungs- und Dispositionsspielraum

Der überwiegende Teil der Kinder fühlt sich in familiale Entscheidungsprozesse einbezogen und ernst genommen. Nur 8 von 25 Kindern sehen sich zumindest an den relevanten Entscheidungen nicht beteiligt. Die kritischen Äußerungen kamen zumeist von den 10- bis 11-Jährigen, die ihre Partizipationsrechte deutlich negativer einschätzten als die jüngeren Kinder. Zwar fühlen sich die meisten Kinder von den Erwachsenen ernst genommen, doch fällt auf, dass einige selbst bei grundlegenden Entscheidungen nicht gefragt wer-

---

89 Vgl. die Ausführungen zum Einkommens- und Versorgungsspielraum
90 Joschi tat dies nicht aus reinem Versorgungsinteresse, sondern weil seine Mutter sich davon bessere Chancen bei der Suche nach Arbeit erhoffte.
91 Teilweise liegt dies daran, dass die Schulen kein Mittagessen anbieten, teilweise daran, dass die Familien die Kosten hierfür nicht aufbringen können.

den. So erklärten 5 von 25 Kindern, dass sie nicht bestimmen dürfen, was sie an Kleidung erhalten oder tragen (müssen). In diesen Familien herrscht teilweise ein sehr pragmatischer Umgang mit Mode und ihren phänomenologischen Wirkungen, wobei die Jungen darauf teilweise auch nicht viel Wert legten. Jedenfalls beklagte sich keiner darüber, etwas tragen zu müssen, was ihm partout nicht gefiel.[92] Schwerwiegender scheint für die Kinder die Missachtung der eigenen Vorstellungen bei der Entscheidung über die Frisur bzw. den Haarschnitt zu sein. Unabhängig vom Alter der Kinder entscheiden darüber in 5 Familien allein die Eltern/Mütter, wobei diese Tatsache als Ärgernis betrachtet, aber auch in Form von verbaler Selbstabwertung artikuliert wurde. Während sich z.B. Franziska darüber beklagte, dass sie ihr Haar nicht lang tragen dürfe, beschwerten sich Prinzessin und Foxi umgekehrt darüber, dass sie ihr Haar lang zu tragen hätten. Doch während Alex und Joschi es einfach nur blöd finden, dass sie über ihre Frisur nicht selbst entscheiden dürfen, definiert sich Mika, der sein Haar etwas länger trägt, selbst als „doof", weil er sich damit, wie er auf Nachfrage erklärte, dem Gespött seiner kurz geschorenen Klassenkameraden aussetze.

Für Böggy und Schmoh indes geht es nicht um Kleidung oder Haar, sondern darum, dass sie sich nach der Trennung der Eltern unversehens in der Familie der Freundin ihres Vaters wiederfanden. Die Kinder fühlten sich bei dieser Entscheidung komplett übergangen. Sie fanden sich gegenüber den Kindern der Freundin zurückgesetzt und zudem täglich an ihre verlorene Familie erinnert, von der Schmoh sich sehnlichst wünscht, dass sie wieder zusammen kommt. Als das Interview geführt wurde, hatte die Mutter bereits Kontakt mit dem Jugendamt aufgenommen, um eine gleichfalls nicht unproblematische Rückführung der Kinder in die Wege zu leiten. Aus Sicht der Kinder ergab sich damit jedoch die Chance, selbst gehört zu werden und eine Veränderung der als unglücklich erlebten Situation herbeizuführen.

Die Veränderungswünsche der Kinder bezogen sich zumeist auf ihre unmittelbare Lebenswelt und offenbaren eigene Gestaltungs- und Partizipationsansprüche. Clarissa, die Klassenbeste, wünschte sich weniger Hausaufgaben und Robi eine andere Pausenordnung, Pokémon würde gern die Möbel umstellen und Prinzessin größere Sitzgruppen bilden, Shakira die kleineren von den größeren Kindern trennen und die Ferien verlängern, während Hermine sich wünschte, „schneller zu laufen als die anderen oder die anderen langsamer". Soweit sich die Veränderungswünsche der Kinder auf die eigene Familie bezogen, lassen sich auch einige Defizite erkennen. So wünschte sich Foxi ein eigenes Zimmer und Mika, „dass der Vermieter hier was machen sollte"; Robi würde lieber auf einem Bauernhof leben als im sozialen Wohnungsbau, Madonna neue Möbel für das Wohnzimmer anschaffen, Schmoh das hektische Familienleben ändern und P Diddy die gesamte Familie in Ur-

---

92   Mehr oder weniger hatten sich die Eltern/Mütter wohl bereits auf den Geschmack ihrer Kinder eingestellt oder umgekehrt.

laub schicken, „dass ich mal meine Ruhe hab'". Schmoh lieferte aus dem Stegreif eine tiefgründige Analyse seiner Lebenswelt, als er forderte, „dass nicht immer alles auf einen Haufen geworfen wird. Die[93] machen alles auf einmal: den Tisch decken, die Waschmaschine leeren, zwischendurch noch telefonieren, aufräumen ... Bei uns gibt es keine Sekunde, wo Papa und Sabine[94] mal frei haben. Man sollte das Wichtigste zuerst machen und das Unwichtigste am Ende."

Bei einigen (zumeist älteren) Kindern überwiegen politische Veränderungswünsche, die sich auf den Zustand der Welt und ihre Gerechtigkeitsdefizite beziehen. Nicht überraschend ist, dass die Migrantenkinder mit ihren Veränderungswünschen den politischen Hintergrund ihrer Lebenswelt vermittelten. Bulma z.B. wünscht sich, dass weniger Schmutz in der Welt wäre und weniger Streit, Böggy denkt zuerst an arme Leute und kranke Kinder, Marie würde die Todesstrafe abschaffen und dafür sorgen, dass es nicht so viele arme Menschen gibt.[95] Nur 5 Kinder wollten von sich aus gar nichts verändern oder konnten nicht sagen, was sie ändern würden, während der 9-jährige Son-Goku[96], ohne lange nachzudenken, gleich 4 Wünsche zu Protokoll gab: „dass nicht so viele getötet werden, dass die Menschen sich nicht so cool verhalten, dass sie kein Bier trinken und andere Sachen, dass es keine Armen mehr gibt". Keines der Kinder wünschte sich in diesem Zusammenhang, „mächtig" oder „reich" zu sein. Die Veränderungswünsche der Kinder lagen nicht im Bereich von Macht und Reichtum, sondern in ihrem tatsächlichen Erleben und realen Ängsten.

6.3.4 Differenzerfahrungen von Kindern in der Stadt/Land-Perspektive

Die an Spielräumen orientierte Lebenslagenanalyse verweist auf vielfältige Benachteiligungen armer Kinder, durch die spezifische Erfahrungshorizonte geschaffen werden. Diese wollen wir im Folgenden unter dem Aspekt der Differenzerfahrung zusammenfassen und analysieren. Dem Charakter der Untersuchung zufolge handelt es sich hier um erhärtete Hypothesen, von denen wir uns einen interessanten Beitrag zur fachlichen und politischen Debatte erhoffen, weil darin einige neue Akzente sichtbar werden. Wir wollen sie zunächst unter der Vergleichsperspektive Stadt – Land darstellen. Hierbei fällt zunächst auf, dass die für Jugendliche und junge Erwachsene – teilweise erst im Rückblick – festgestellten Differenzerfahrungen bei den Kindern un-

---

93 Die Rede ist vom Vater und von dessen Freundin.
94 Name der Freundin geändert
95 Auf Nachfrage konkretisiert sie: z.B. in Brasilien.
96 Sohn einer irakischen Familie, der unter dem „Cool-Sein" der anderen Jungen leidet und Wert auf die Beachtung religiöser Vorschriften legt

serer Altersgruppe nicht auffällig waren bzw. noch differenzierter untersucht werden müssten.[97] Legt man die Aussagen der von uns befragten Kinder zugrunde, treten die von den Expert(inn)en und Eltern genannten Unterscheidungsmerkmale in den Hintergrund. Vielmehr scheint es bei Kindern dieser Altersgruppe unerheblich zu sein, ob sie am Rande einer „großen" Stadt[98] oder einer kleineren Stadt leben, wie dies bei unseren Bocholter Familien der Fall ist.[99] Nur 3 Familien leben erkennbar „außerhalb" von Münster bzw. auf dem „platten Land", wobei sich die Aussagen dieser Kinder im Hinblick auf ihr soziokulturelles Erleben nicht wesentlich von den anderen unterscheiden, außer im Hinblick darauf, dass die Wege weit(er) sind. Der Aktionsradius von 6- bis 11-Jährigen übersteigt kaum die 2-km-Grenze und ist viel zu gering, als dass markante bzw. für sie wahrnehmbare Differenzen erlebbar würden. Die sozialen und kulturellen Aktivitäten der Kinder werden zudem durch ihre materielle Lage vorentschieden. So bedauerten zwar Jeanette und Franziska, dass sie nicht oft ins Kino gehen, weil Borken viel zu weit entfernt ist – Kinder in diesem Alter fahren noch nicht allein mit dem Bus –, doch würden sie, worauf die Aussagen aller Interviewten hinweisen, auch dann nicht öfter ins Kino gehen, wenn dieses „um die Ecke" läge.

Kinderkulturelle Angebote, die nicht im nahen Umfeld angesiedelt sind, finden für arme Kinder nicht statt. Kino, Theater, Musikschulen, Schwimmbäder, Abenteuerspielplätze und Zoos bleiben unerreichbar, wenn die Eltern/Mütter sie nicht begleiten oder fahren, was außer an den Kosten häufig schon daran scheitert, dass die Familie nicht über ein Auto verfügt und öffentliche Verkehrsmittel teuer sind oder die Verbindung schlecht ist. So spielen die Kinder „draußen" oder „zu Hause", so wie sie es antreffen und das Wetter es erlaubt. Die Genügsamkeit der Kinder scheint unter diesem Gesichtspunkt das auffälligste Merkmal nicht sichtbarer Differenzerfahrungen zu sein, was allerdings nicht heißt, dass diesem keine Bedeutung zukommt, zumal solche Kinder in der Regel keinen Vergleich mit anderen haben, die über bessere familiale Ressourcen verfügen als sie.

Liegt der Spielplatz oder Schulhof in der Nähe, wird er auch genutzt. Ist die Freundin/der Freund wenigstens mit dem Fahrrad oder City-Roller zu erreichen, kann man sich gegenseitig besuchen oder zum Spielen verabreden.

---

97 Anregungen finden sich u.a. bei Andreas Lange, Kinderalltag in einer modernisierten Landgemeinde. Befunde und weiterführende Überlegungen zur Untersuchung der Lebensführung von Kindern, in: Michael-Sebastian Honig/Hans Rudolf Leu/Ursula Nissen (Hrsg.), Kinder und Kindheit, a.a.O., S. 77ff.; Hartmut J. Zeiher/Helga Zeiher, Orte und Zeiten der Kinder. Soziales Leben im Alltag von Großstadtkindern, Weinheim/München 1998

98 Münster hat 280.000 Einwohner/innen, wobei einzelne Stadtviertel weit vom Zentrum entfernt liegen und über öffentliche Verkehrsmittel nicht unmittelbar zu erreichen sind.

99 Nur eine Familie lebte relativ stadtnah, alle anderen erreichten „die Stadt" nur mit öffentlichen Verkehrsmitteln.

Bis auf Robi, dessen bester Freund unerreichbar ist, weil er zwar auch in Münster, jedoch in einem weit entfernten Viertel wohnt, beschränken sich alle Gleichaltrigenbeziehungen auf den unmittelbaren Sozialraum der Kinder, in dessen Mittelpunkt – neben der Familie – die Schule steht. Da es darüber hinaus für Kinder im Grundschulalter – bis auf Fußball, Mädchengruppen und Messdienen – kaum öffentliche Freizeitangebote gibt, treten Differenzerfahrungen gar nicht erst auf, die nur möglich wären, wenn Alternativen bestünden bzw. sichtbar würden. Dafür aber ist der räumliche Wahrnehmungshorizont von Kindern viel zu begrenzt bzw. zu sehr auf die Wunschebene projiziert, wie z.B. Klavier spielen, Urlaub machen und mit den Eltern/Müttern bzw. Freund(inn)en ins Kino oder Schwimmbad gehen. Auf die Frage etwa, was sie tun würden, wenn das, was sie machen wollten, weit weg läge, gaben 8 der 25 Kinder an, sie würden mit dem Rad fahren, „wenn es nicht zu weit weg ist", während 12 ihre Eltern/Mütter um (Mitfahr-)Hilfe bitten würden („Oder es geht halt nicht"). Die übrigen Kinder nannten sehr individuelle Bewältigungsstrategien. Angel z.B. bezog diese Frage gar nicht erst auf sich, sondern würde „das dann hinschicken", Mika und Robi gingen nach draußen und spielten Fußball („Dann ist alles wieder gut"), Son-Goku könnte in diesem Fall „gar nichts" machen und Shakira wäre einfach nur traurig.

Zwar wird anhand der Fragebögen sichtbar, dass das Naturerlebnis auf dem Land etwas positiver ausfällt als in der Stadt, doch gaben die „Landkinder" häufiger als die „Stadtkinder" an, dass sie „Schmutz, Dreck und Müll" stören. Robi z.B. würde als Erstes „in meinem Wohnviertel das ganze Drekkige abreißen". Unterschiede in der Bewertung von Spielmöglichkeiten, Infrastruktur und Sozialkontakten lassen sich darüber hinaus kaum ausmachen. Nicht wenige Kinder zeigten sich auch mit äußerst reduzierten Möglichkeiten zufrieden, und eine Straße, auf der man Ball spielen oder Rad fahren kann, findet sich fast überall. Deutlich wird allerdings, dass bis auf Angel, die wöchentlich eine Mädchengruppe besucht, keines der Kinder – von Spielplätzen und Schulhöfen abgesehen – Zugänge zu (nichtkommerziellen) altersgemäßen Angeboten hat, wenn diese nicht über die Eltern/Mütter oder Schulen ermöglicht bzw. gestellt werden.[100]

Richtet man den Blick auf die Geschwister, bestätigen sich die oben skizzierten Beobachtungen. Erst im Alter ab 11 oder 12 Jahren setzen sich die Kinder entschiedener von ihrem Zuhause ab und erweitern, verbunden mit dem zwischenzeitlich vollzogenen Schulwechsel, ihren unmittelbaren Aktionsradius. So ist die 12-jährige Marie nachmittags gern mit ihren Freundinnen „unterwegs", wobei der Stadtbummel offenbar zu ihren Lieblingsbe-

---

100 Ein Abenteuer- und Bauspielplatz für Kinder von 6 bis 12 Jahren, wie im „Südviertel" der Stadt Münster angesiedelt, existiert nur dort und ist für Kinder außerhalb dieses Stadtteils unerreichbar. Mehr noch, die Kinder in anderen Stadtteilen kennen dieses vorzügliche Angebot gar nicht.

schäftigungen zählt.[101] Dort, wo die Familie (noch) soziale oder kulturelle Kompensationsleistungen erbringen kann, wachsen mit dem Alter der Kinder die Ansprüche und Entfernungen, dort jedoch, wo die Ressourcen begrenzt sind, verstärken sich latent vorhandene Stimmungen ins Resignative, wie man an den Aussagen von Picasso, Shakira und Son-Goku erkennen kann. Und während die kleine Angel erst recht nach ihrer Einschulung voller Optimismus in die Welt schaut, erfährt man von ihrem Bruder Robi, dass er die soziale Zurücksetzung seiner Person bzw. Familie sehr deutlich spürt. Ähnlich erleben wir es in der Familie von Clarissa, deren 16-jährige Brüder sich mit der Malaise ihrer Situation offenbar bereits abgefunden haben. Je älter die Kinder sind, umso stärker scheinen die Folgen und Auswirkungen der Armut empfunden bzw. durch verstärkten Rückzug oder Aggression bewältigt zu werden.

Hinsichtlich der geschlechterdifferenten Erfahrungen lässt sich feststellen, dass die Mädchen sich in Armutssituationen robuster und anpassungsfähiger zeigen als die Jungen. Keines der 13 Mädchen besucht eine Sonderschule, keines gilt als hyperaktiv, keines wird sozialpädagogisch betreut und keines geht in den Heilpädagogischen Hort. Dies ist bei insgesamt 7 von 12 Jungen der Fall. Auch zeigt sich, dass Mädchen die Schule weit positiver erleben und zumeist gute bis sehr gute Leistungen erzielen. Geschlechtsspezifische Differenzerfahrungen ergeben sich unter diesem Blickwinkel auch bei den Gleichaltrigenbeziehungen. Fast alle Mädchen hatten mindestens eine „beste Freundin", während die Freundschaften vieler Jungen eher unbestimmt blieben oder mit Spielkameradschaften gleichgesetzt wurden. Während sich das gewünschte „persönliche Verstehen" und „Mögen" in den Mädchenbeziehungen weitgehend zu erfüllen schien, kompensierten die Jungen das Fehlen solcher emotionalen Beziehungen häufig durch sportliche Aktivitäten (Fußballspiel, Skateboard-Fahren) oder die Mitgliedschaft in „Banden", die in der Freizeit entstehen und Unternehmungen wie auch Abenteuer ermöglichen, wobei jene Jungen, die ihre Freundschaften in einer „Bande" fanden oder stabilisierten, jeweils angaben, deren Boss zu sein.

Abschließend soll der Blick nochmals auf die ausländischen Kinder unserer Untersuchung gerichtet werden. Leider konnten wir nur 2 Migrantenfamilien beteiligen,[102] über die immerhin 5 Kinder erreicht wurden. Dass es sich in beiden Fällen um Familien aus dem Irak handelte, mag ein Zufall gewesen sein, doch sei darauf hingewiesen, dass irakische Familien leichter als andere ein Asylverfahren „bestanden", weshalb sie, nach erfolgter Anerkennung, u.a. Anspruch auf Sozialhilfe hatten, was ihre soziale Integration fraglos erleichterte. Der hohe Bildungsstand der Eltern hatte ebenso wie der kul-

---

101 Marie wohnt am äußersten Stadtrand von Bocholt. Die Stadtmitte ist für sie mit dem Fahrrad oder Bus erreichbar.
102 Zwar hat noch eine weitere Familie teilgenommen, doch wollte der Sohn uns kein Interview geben. In allen anderen Fällen misslang die Kontaktaufnahme, da wir keine Dolmetscher/innen stellen bzw. Terminabsprachen nicht getroffen werden konnten.

turelle Hintergrund einen starken Einfluss auf die Entwicklung der Kinder, wobei sich sowohl Übereinstimmungen als auch Differenzen ergeben, insofern es sich bei der einen um eine zwar liberale, aber religiöse Familie, bei der anderen um eine zwar muslimische, aber weltlich orientierte Familie handelt. Die Irritationen bikultureller Lebensweisen waren in Ersterer deutlich stärker ausgeprägt als in Letzterer, was sich vor allem in der Erziehung und Persönlichkeitsbildung der Töchter manifestierte. Während Picasso und Shakira das Haus immer korrekt gekleidet[103] verließen, unterschied sich Bulma in ihrem Äußeren überhaupt nicht von ihren Mitschülerinnen. Auf der anderen Seiten erwiesen sich die Mädchen – mehr noch als die Jungen – als besonders ehrgeizig und leistungsorientiert; die Familien förderten und unterstützten sie darin, gute Schülerinnen zu sein. Die Migrantenkinder wirkten teilweise sehr reflektiert und problembewusst, was vermuten lässt, dass die Erfahrung der kulturellen Fremdheit eine besondere Sensibilität für soziale Ungerechtigkeiten hervorbringt.

6.4 Folgen der Armut für Kinder – eine Lebensweltanalyse zur Situation in Familie und Schule

6.4.1 Armut und Identitätsbildung

Gegenwärtig entstehen neue Segmente dualer Armut, die vielleicht erst in der nächsten Generation deutlicher in Erscheinung treten. Ihre Ursachen liegen u.a. in gesellschaftlichen Konstellationen begründet, welche die Identitätsbildung der Kinder erheblich beeinträchtigen und ihre weiteren Entwicklungschancen negativ beeinflussen. Dennoch sind die Kinder und ihre Familien nicht einfach ihrer Situation ausgeliefert, da sie über Bewältigungspotenziale verfügen, die wir mit Hilfe des Lebenslagenkonzepts analysiert haben. Im Folgenden wollen wir die Relevanz des „kulturellen Kapitals" (Pierre Bourdieu) als eines maßgeblichen Kompensationsfaktors der betroffenen Kinder und Familien herausgreifen. Das kulturelle Kapital ermöglicht es den Kindern, Handlungspotenziale zu entwickeln, mit denen sie ihre materiellen Beschränkungen ausbalancieren und der Entwicklung ihrer Persönlichkeit positive Impulse geben können. Wir gehen drei zentralen Fragestellungen nach:

1. Welcher Zusammenhang besteht zwischen der Sozialfähigkeit der Kinder und ihrem Lernerfolg in der Schule?
2. Wie prägt das kulturelle Kapital die Ausgestaltung der sozialen Beziehungen der Kinder?
3. Worin besteht die Armut dieser Familien, worin ihr kulturelles Kapital?

---

103 Unter „korrekt" verstehen wir hier Kopftuch und gedeckte Kleidung.

Indem die Lebenslagen- mit einer Lebensweltanalyse verknüpft wird, erhalten wir Einblick in die normative und emotionale Wahrnehmung der Kinder sowie Kenntnis von ihrem Wertegefüge und Weltbild. Anhand der Analyse ihrer sozialen Netze schätzen wir ihre Reziprozitätskompetenz ein, die Hans Rudolf Leu als Voraussetzung zur Identitätsbildung in der Sozialisation definiert hat. Durch die Verknüpfung beider Analysen lassen sich habituelle Verhaltensmuster gewinnen, welche die Handlungsfähigkeit der Kinder prägen. Im Vordergrund der Lebensweltanalyse steht die Untersuchung spezifischer Bewältigungsmuster der Kinder, die wir nicht als Objekte von Sozialisationsprozessen,[104] sondern als Konstrukteure/Konstrukteurinnen ihrer Wirklichkeit „im Spannungsverhältnis von Selbständigkeit und Anpassung" betrachten.[105] Lothar Böhnisch zufolge erschließt sich die biografische Situation der Kinder über ihre Zugänge zu den unterschiedlichen Ressourcen, sodass Lebensbewältigung mit „subjektiver Handlungsfähigkeit" einhergeht.[106] Das Verhältnis von sozialer Integration und Desintegration fasst Böhnisch begrifflich mit Hilfe der Durkheim'schen Kategorie der Anomie; so lässt sich das Bewältigungshandeln von Individuen analysieren, wenn sich Brüche zwischen „gesellschaftlichen Erwartungen, Verheißungen und sozialstrukturell vermittelten biografischen Entwicklungschancen" ergeben.[107] Wir wollen diese Entwicklungschancen von Kindern im Grundschulalter ins Verhältnis zu ihren Restriktionen und Begrenzungen setzen, um so die objektiven Lebensbedingungen der Kinder mit ihren subjektiven Wahrnehmungs- und Handlungsmustern zu verschränken.

6.4.2 Die Relevanz sekundärer Sozialisationsinstanzen in Komplementarität zur Familie

Entgegen der verbreiteten Vorstellung, dass Kinder in „armen" oder „sozial schwachen" Familien vernachlässigt und durch fehlende Zuwendung soziale Auffälligkeiten entwickeln würden, legen die befragten Kinder andere Muster an den Tag, die jedoch auch zu auffälligem Verhalten und sozialen Ausschlüssen führen können. Entscheidend für die Entwicklung von Kindern in Armut ist demnach, inwieweit sie auf ihre Familien als Quelle sozialer und emotionaler Anerkennung zurückverwiesen sind. Die reduzierte Erfahrung von Gegenseitigkeit (Reziprozität) außerhalb der Familie, begründet im Fehlen kulturellen Kapitals, führt im Grundschulalter zu einer benachteiligten

---

104 Vgl. Matthias Grundmann, Dimensionen einer konstruktivistischen Sozialisationsforschung, a.a.O., S. 20ff.
105 Vgl. Hans Rudolf Leu, Selbständige Kinder, a.a.O., S. 174ff.
106 Siehe Lothar Böhnisch, Sozialpädagogik der Lebensalter, a.a.O., S. 24
107 Ebd., S. 27

Ausgangslage der Kinder, was auch den Übergang zu einer weiterführenden Schule und ihre spätere Bildungschancen beeinträchtigen kann.

Wenn wir als Ausgangsbasis sozialer Ungleichheit die Ausbildung eines bestimmten Habitus sehen, ergibt sich zwangsläufig, dass die entscheidenden Prägungen (und Deformationen) in der Familie als primärer Sozialisationsinstanz stattfinden. Erst mit zunehmendem Alter gewinnen auch die sekundären Instanzen an Bedeutung. Urie Bronfenbrenner stellt die gegenseitige Durchdringung der unmittelbaren, mittelbaren und ideologischen Umgebungen des Kindes heraus.[108] Wir untersuchten die mehrdimensionalen Lebenslagen der Kinder auch hinsichtlich ihrer habituellen Implikationen. Dabei zeigte sich, dass die Bedeutung der sekundären Sozialisationsinstanzen wie Schule und Kindertagesstätte für Kinder im Grundschulalter weit unterschätzt wird. Zwischen dem 7. und dem 11. Lebensjahr werden offenbar entscheidende Weichen für die soziale und kulturelle Entwicklung der Kinder gestellt. Gertrud Beck spricht vom „unbekannten Kind",[109] um auszudrücken, dass die Altersgruppe der Grundschulkinder weniger erforscht ist als andere. Diese Tatsache erklärt sie damit, dass die 6- bis 12-Jährigen nicht durch eine homogene Problemsicht charakterisiert werden können.[110] Hier ist also höchste Aufmerksamkeit erforderlich.

Weiter möchten wir auf die Herausbildung sozialer und kultureller Praxisformen hinweisen, die bei den Kindern unmittelbar an die Familie als primäre Sozialisationsinstanz gekoppelt sind. Dass die Kinder unseres Samples sich nämlich fast alle emotional in ihren Familien gut aufgehoben fühlen, heißt nicht zuletzt, dass sie sich aufgrund materieller, aber auch habitueller, kultureller und sozialer Defizite zunehmend darauf zurückziehen. Infolge der sozialen Randstellung und Benachteiligung ihrer Familien wurden zentrale soziale Verhaltensformen nicht „inkorporiert", weshalb das Kind die Welt außerhalb der Familie tatsächlich als „äußerlich" und fremd wahrnimmt.[111] Die habituelle Selbststeuerung entfernt das Kind von Gleichaltrigen, weil diese eine Verunsicherung auslösen können, wodurch es immer wieder in die Familie (als Ort der Geborgenheit) zurückgeworfen wird. Schauen wir auf die Ursachen sozialer Ungerechtigkeit, geht es darum, das Ineinandergreifen von Familien- und Gleichaltrigenbeziehungen bzw. von primären und sekundären Sozialisationsinstanzen als „soziale Synopse" zu erkennen. Hieraus ergeben sich für die Erziehung in Grundschule wie Kindergarten und -tagesstätte als „Orten sozialen Lernens" zentrale Schlussfolgerungen.

---

108 Vgl. Urie Bronfenbrenner, Die Ökologie der menschlichen Entwicklung, a.a.O., S. 19ff.
109 Vgl. Gertrud Beck, Was wissen wir über das soziale Lernen von Kindern?, a.a.O., S. 81
110 Vgl. ebd., S. 82
111 Vgl. Rolf Werning/Beate Wischer, Kinder am Rande der Gesellschaft. Armut in Deutschland, in: Schüler 1999, S. 64ff.

Es soll hier nicht darum gehen, die Kindertagesstätte, die Schule oder den Hort als Familienersatz zu profilieren, wenngleich dies für einen Teil der Kinder in chronifizierten Armutslagen notwendig wäre, sondern darum, die notwendige Komplementarität beider Lebenswelten für die Sozialisationserfahrung des Kindes herauszuarbeiten. Armut von Kindern präventiv zu begegnen heißt demzufolge, der Lebenswelt Schule einen maßgeblichen Stellenwert einzuräumen. Dies gilt auch für Kinder aus materiell besser gestellten Familien, die jedoch in der Lage sind, ihre Defizite durch Aktivitäten in Vereinen, im kulturellen Bereich oder durch Konsum und Wohlstandsinsignien zu kompensieren.

6.4.3 Das kulturelle Kapital und die Ausgestaltung der sozialen Beziehungen

Das ökonomische Potenzial der Familien entscheidet Bourdieu zufolge maßgeblich über den Grad des kulturellen Kapitals. Der dadurch ausgebildete Habitus der Familien gibt für die Zukunft der Kinder bestimmte Verhaltens- und Bewältigungsformen vor, die sie gesellschaftlich begünstigen oder ins Hintertreffen geraten lassen. Ein integraler Bestandteil des Habitus von Grundschulkindern ist die Herstellung von Kontakten zu Gleichaltrigen. Sie bilden Muster reziproker Beziehungen und Fähigkeiten aus, die sich über Bildungs- bzw. Schulerfolge in soziales und auch in ökonomisches Kapital verwandeln können. Fehlt es sowohl an ökonomischem wie an kulturellem Kapital, wie es bei mindestens 5 Familien unserer Untersuchungsgruppe der Fall ist, bestätigt sich die soziale Benachteiligung der Kinder schon im Grundschulalter.[112]

Entscheidend sind die Selbststeuerungsprozesse der Kinder, mit denen sich diese – ungeschützt oder unvermeidlich – selbst ins gesellschaftliche Abseits manövrieren. Da das Verhalten der Kinder vom Wunsch nach Harmonie und Verstehen dominiert wird, vermeiden sie Situationen, die ihnen Diskrepanzen zwischen ihren Wünschen und den realen Möglichkeiten vor Augen führen. Auch ihre Freundschaften folgen diesem Muster, weshalb Kinder in der Regel nicht nach Freund(inn)en suchen, die anders sind als sie, vielmehr nach solchen, die ihnen in ihrem habituellen Verhalten ähneln. Hier liegt der Grund für die teilweise harten sozialen Ausgrenzungspraktiken der Kinder untereinander. Kinder verlassen ihr Milieu nicht aus freien Stücken. Vielmehr lassen alle in diese Richtung zielenden Aussagen erkennen, dass die Kinder konsequent solchen Situationen aus dem Weg gehen, die sie ver-

---

112 Umgekehrt lässt die Bourdieu'sche Sozialraumanalyse dort Differenzierungen zu, wo der Grad an kulturellem das ökonomische Kapital übersteigt. Hier liegen Interventionsmöglichkeiten oder Chancen für Kinder, den niedrigen sozialen Status ihrer Herkunftsfamilie zu überwinden.

unsichern könnten. Die damit vermiedenen Differenzerfahrungen prägen die habituelle Selbststeuerung der Kinder nachhaltig. Folgt man ihren Aussagen, erleben Kinder – bis auf wenige Ausnahmen – die Schule als Ort sozialen Lernens, da sie den Selbststeuerungsprozessen entgegenwirken kann, indem sie Kinder aus unterschiedlichen sozialen Schichten und Milieus in ein – dem Anspruch nach – gleichberechtigtes Verhältnis setzt.

6.4.4 Worin besteht die Armut der Familien?

Der überwiegende Teil der 17 von uns befragten Familien lebt nahe der Armutsgrenze. Die Lebenssituation von 4 weiteren Familien lässt sich mit dem Begriff der chronifizierten Armut klassifizieren, da ihre Sozialhilfeabhängigkeit und Arbeitslosigkeit bereits über 10 Jahre andauert. Eine dynamische Perspektive, die Lebenssituation auch materiell zu konsolidieren,[113] scheint bei 5 Familien gegeben, von denen eine insofern aus dem Untersuchungsraster herausfällt, als sie durch zwei Elterneinkommen abgesichert ist. Die übrigen Familien dürften aufgrund der beruflichen Situation bzw. Erwerbslosigkeit und der Versorgung kleiner Kinder mittelfristig nur geringe Chancen haben, die soziale Segregation zu überwinden. Derzeit ist ihre Grundversorgung bloß eingeschränkt gewährleistet. Größere Ausgaben für Möbel, Wohnungsrenovierungen, Reparaturen etc. sowie Urlaub sind meist in weite Ferne gerückt, weil die dafür erforderlichen Summen nicht gespart werden können. Die Familien gehören – gemessen an ihrer Konsumteilhabe – zum untersten gesellschaftlichen Segment. Einigen stehen die Großeltern in sozialer/materieller Hinsicht zur Seite und federn krasse Versorgungsengpässe ab. Die soziale Herkunft und der Bildungsstand dieser Familien ermöglichen daher in Maßen einen Konsum, der alle zur Verfügung stehenden Ressourcen mit Hilfe von Second-Hand-Käufen, Lagerung, Vorratshaltung und sozialen Netzen wirtschaftlich einsetzt.

Die Familien der Untersuchungsgesamtheit bilden einen Ausschnitt der „dualen Armut". Ihr Lebensstandard ordnet sie – unabhängig davon, ob er über das Sozialamt gewährleistet wird oder durch Lohnarbeit – ökonomisch und sozial im unteren Drittel der Gesellschaft an. Mit Bourdieus Kategorie des kulturellen Kapitals lassen sich diese Familien näher ausdifferenzieren. So werden zusätzliche Ressourcen im Hinblick auf ihre Teilhabe an gesellschaftlichen Entwicklungen sichtbar. Nach den Kriterien des Bildungsstandes und der Berufsausbildung der Eltern ergibt sich, angelehnt an das gängige Schulsystem, eine dreigliedrige Typologie: 1. Familien mit hohem kulturellem

---

113 Vgl. im Sinne der dynamischen Armutsforschung: Petra Buhr, Übergangsphase oder Teufelskreis?, Dauer und Folgen von Armut bei Kindern, in: Andreas Klocke/Klaus Hurrelmann (Hrsg.), Kinder und Jugendliche in Armut. Umfang, Auswirkungen und Konsequenzen, 2. Aufl. Wiesbaden 2001, S. 78ff.

Kapital, d.h. Abitur oder Fachhochschulreife und akademischem Abschluss, 2. Familien mit mittlerem kulturellem Kapital, d.h. Realschul- oder Hauptschulabschluss, abgeschlossener Berufsausbildung und -praxis, sowie 3. Familien mit niedrigem kulturellem Kapital, d.h. Hauptschulabschluss, abgeschlossener Berufsausbildung ohne -praxis bzw. ohne Ausbildung. Demnach verfügen 5 Familien von 17 über einen hohen Anteil an kulturellem Kapital, von denen 2 gesondert zu betrachten sind, da die Eltern zwar eine akademische Ausbildung, als Migrant(inn)en aber schlechtere Chancen haben, ihr kulturelles Kapital in ökonomisches zu transformieren. Weitere 7 Familien gruppieren sich in der mittleren Kategorie, wo Berufe wie kaufmännische Angestellte, Verkäuferin, Friseurin, Erzieherin, Floristin etc. genannt wurden, während 5 Familien der Gruppe mit geringem kulturellem Kapital angehören, deren Eltern/Mütter zwar einen Schulabschluss haben, aber aufgrund von Kindererziehung keine Ausbildung abschließen bzw. nur kurze Zeit Berufserfahrung (Jobs) erwerben konnten.

6.4.4.1 Anomie und Desintegration: die Benachteiligung der Kinder

Wenn wir die Untersuchungsgesamtheit beispielhaft für duale Armut begreifen, wird deutlich, dass sich die soziale Segregation als versteckte Anomie darstellen lässt. Die Erkenntnis eingeschränkter Konsummöglichkeiten gewinnen Kinder mit etwa 10, 11 Jahren. Sie greift deren Selbstbewusstsein massiv an. Es geht hier weniger um die soziale Ausgrenzung von „Schmuddelkindern", welche die äußeren Merkmale ihrer Segregation (z.B. abgerissene Kleidung) deutlich sichtbar tragen, sondern um den unsichtbaren Prozess der Nichtteilhabe am durchschnittlichen Konsum in Relation zur Gesamtgesellschaft. Verfügt eine Familie über genügend kulturelles und soziales Kapital, um die konsumtiven Mängel zu kompensieren, wird dieser Desintegrationsprozess bis zu einem gewissen Grad abgefangen und das Selbstbewusstsein der Kinder nicht in Mitleidenschaft gezogen. Wie das Beispiel einer alleinerziehenden Mutter mit 4 Kindern demonstriert,[114] können auf diese Weise genügend andere Anregungen geschaffen werden.

Die Teilhabe am Konsum und an räumlicher Mobilität ist ein entscheidender Schlüssel zur sozialen Integration, die gesellschaftlich auf Partizipation basiert. Aufgrund ihrer materiellen Lage werden viele Familien an den

---

114 Die Mutter nimmt alle zur Verfügung stehenden Vergünstigungen im kulturellen Bereich (z.B. ermäßigte Kinopreise am Dienstag, die kostenlose Musikschule für Sozialhilfeempfänger/innen, den Flötenunterricht in der Kirchengemeinde und den Familienpass der Stadt) für ihre Kinder in Anspruch und gibt ihnen abwechslungsreiche, kreative Anregungen für die Freizeitgestaltung. Indem sich die Mutter in der Kirchengemeinde und der Elternvertretung engagiert, entstehen soziale Netze, die sich auch materiell günstig auswirken. So initiierte sie die Gründung einer Schulzeitung und betreut seitdem deren Herausgabe, was die Schule mit gelegentlichen Vergünstigungen honoriert.

Rand der Gesellschaft gedrängt, was im ländlichen Bereich bei 4 Familien, in der Stadt bei 5 Familien auch mit sozialräumlicher Marginalisierung einhergeht. Die temporäre Armut gleicht einer versteckten Anomie, weil sie eben nicht an armseliger Kleidung, sozialräumlicher Stigmatisierung oder anderen äußeren Kennzeichen sichtbar wird. „Diese anomische Struktur ist zwar in der modernen Konsumgesellschaft überformt – der Konsum suggeriert gesellschaftliche Teilnahme und auslebbare Individualität gleichermaßen, aber der Konsum ist in sich grenzenlos: Konsum drängt auf immerwährenden Verbrauch. So entsteht eine verdeckte Anomiekonstellation: die Menschen können zwar die Folgen sozialer Desintegration konsumtiv überspielen, sind aber um so mehr sozial ausgesetzt und hilflos, wenn die Konsumillusion abnimmt bzw. die Selbstwertstörungen sich soweit entwickelt haben, dass sie konsumtiv nicht mehr ausbalanciert werden können."[115]

Äußerst relevant für das Bewältigungshandeln in kritischen Situationen ist die Fähigkeit der Familie wie auch der Kinder, mit dem Mangel umzugehen. Hier greifen das ökonomische und das kulturelle Kapital der Familie ineinander und bilden ein wechselseitiges Gefüge. Eine Familie mit höherem kulturellem Kapital verfügt über eine differenziertere Palette von Bewältigungsmustern als eine Familie mit geringem kulturellem Kapital, das wesentlich durch Bildung erworben wird. Kinder, die aufgrund ihrer Klassenlage ein höheres Maß an kulturellem Kapital einbringen (können), sind in der Schule zumeist erfolgreich, haben trotz widriger Umstände eine ungestörte Entwicklung zu erwarten und bilden ihre Persönlichkeit in einem weithin funktionierenden Sozialgefüge aus. Eltern/Mütter und Großeltern unternehmen erhebliche Anstrengungen, um den gesellschaftlichen Anschluss zu halten und drohende Anomie zu verhindern. Die meisten Kinder unseres Samples unterliegen der Gefahr, im Bildungssystem abzusteigen und benachteiligt zu werden, wenn die Schule konsumtive Anreize wie Reisen, Mobilität, Zugang zu Kultureinrichtungen, Spracherwerb und Sport nicht oder nicht ausreichend bereitstellt.

6.4.4.2 „Das gute Leben" – Differenzwahrnehmungen und Neidgefühle der Kinder

Lebensmittelpunkt der Kinder sind ihre Familien. Die Familie ist der Kosmos, die Matrix, von der aus gedacht und gehandelt wird. Der Habitus von Kindern dieser Altersgruppe setzt die Maßstäbe ihrer Familie absolut. Die Kinder gaben an, dass es ihnen an nichts fehle, dass sie ihr Zuhause schön fänden etc. Trotz der objektiv benachteiligten Lebenslagen hat (mit Ausnahme von 3 Kindern einer Asylbewerberfamilie) kein Kind in Frage gestellt, dass seine Familie genügend Geld zum Leben hat. In der Spielraumanalyse wurde bereits auf die Widersprüchlichkeit dieser Aussage hingewiesen, da

---

115 Lothar Böhnisch, Sozialpädagogik der Lebensalter, a.a.O., S. 27

sich 5 Kinder im Kontrollbogen als „arm" und „traurig" bezeichneten. Es wird kein Zufall sein, dass es sich bei Clárissa, Böggy und Schmoh sowie Robi und Angel um Kinder derjenigen Familien handelt, deren ökonomische Situation prekär ist. Wie schon die Auswertung der Unterrichtsreihe zeigte, finden die Kinder Armut abstoßend und bedrohlich. Sie denken an Obdachlose in schmutzigen Kleidern. Arm sein bedeutet für sie, „nichts machen zu können". Aber auch Gefühlslagen und Verhaltensdispositionen fanden Erwähnung, z.b. traurig sein, Wünsche haben, „nicht von allen verehrt werden" oder, wie Picasso drastisch zu formulieren wusste, „dass Arme von Reichen gehasst werden". Entsprechend wird Reichtum sowohl in materieller als auch in sozialer Hinsicht komplementär zur Armut definiert. Reich zu sein bedeutet für die Kinder, unendlich viel Geld, aber auch Macht über andere Menschen, z.B. Diener zu haben, die man „herumkommandieren" kann, oder „cooles" Auftreten. Mika hält Menschen für reich, die „groß, stark, schlau und gut" sind. Während die übrigen Kinder bei der Bestimmung von Arm und Reich auf derselben begrifflichen Ebene blieben, bezog sich Mika bei Armut auf den materiellen Aspekt und bei Reichtum auf die soziale Stärke. Interessant ist sein Vorgehen insofern, als die Umkehrung „klein, schwach, dumm und schlecht" lauten würde und uns einen Hinweis liefert, warum „Armut" auf keinen Fall zur Eigencharakterisierung taugt. Selbststigmatisierung, die das Erkennen der Armutslage erleichtern könnte, wird dadurch wirkungsvoll verhindert.

So ist es für die Kinder nur folgerichtig, sich nicht selbst als „arm" einzustufen. Die älteren waren sich indes bewusst, dass sie zwar über das Lebensnotwendige verfügen, sich aber keine „Extraausgaben" leisten können, sodass ihnen die materiellen Voraussetzungen für den Zugang zu kulturellen Gütern, wie etwa Musikinstrumenten, Internetanschluss oder „Essengehen", vorenthalten bleiben. Je stärker das Bemühen der Eltern/Mütter war, ihre Kinder am durchschnittlichen Konsum teilhaben zu lassen, desto stärker kamen deren Konsumwünsche zum Tragen, doch war gleichzeitig das Bemühen feststellbar, ein Klima zu schaffen, in dem die Wünsche der Kinder nicht mehr zur Sprache gebracht wurden, um nicht ständig Konsumverzicht üben zu müssen. Bemerkenswert erscheint uns, dass sich die Wünsche der Kinder fast ausschließlich auf den Freizeitbereich richteten, wozu sportliche Aktivitäten, Schwimmbadbesuche mit der ganzen Familie und musische Interessen gehören, die sich auf ein Klavier, die Querflöte oder einen CD-Player bezogen. Besuche in Erlebnisparks standen besonders bei den Mädchen hoch im Kurs, ebenso wie Kinobesuche und Fernsehen.

Schon in der Spielraumanalyse wurde deutlich, dass die Kinder dem emotionalen und sozialen Status ihrer Familie ein weitaus größeres Gewicht beimessen als ihrer materiellen Ausstattung. Sie nehmen aber durchaus wahr, dass andere Kinder über Dinge verfügen, die sie nicht haben oder gerne hätten: „coole Klamotten", ein schönes Aussehen, ein großes Haus. Die Mehrheit der Kinder artikuliert diese Wahrnehmung jedoch nicht als Sozialneid, sodass die Differenzerfahrung ihr soziales Dasein nicht in negativem Licht erscheinen lässt. Auf die Frage „Findest du es gemein, wenn andere Kinder etwas haben, was du nicht hast?" erklärt P Diddy ohne Umschweife: „Das liegt an den Eltern. Wenn die viel Geld haben, haben die eben viel Geld." Andere Kinder bejahen jedoch die Frage nach Neidgefühlen. „Nein, das finde ich nicht gemein. Da kann man ja nichts für. Aber wenn sie Sachen haben, die ich nicht habe, dann find ich das doch irgendwo gemein." (Shakira) Neidisch ist Hermine etwa auf das schöne Einfamilienhaus der Freundin einschließlich Hund und Internetanschluss, Böggy auf ein schickes Handy und Picasso auf das Klavier der Freundin. Es handelt sich dabei um Kinder sowohl aus Familien in sehr prekären Verhältnissen, darunter eine Asylbewerberfamilie, als auch aus der Familie mit den gesichertsten materiellen Verhältnissen der gesamten Untersuchungsgruppe. Böggy und Schmoh teilen in diesem Zusammenhang mit, dass ihnen nur Dinge minderwertiger Qualität zur Verfügung stehen. „Wenn es was Teures ist, finde ich es gemein; wenn es billige Sachen sind, nur manchmal." (Schmoh) Seine Schwester Böggy formuliert es emotionaler: „Ich denke manchmal, dass ich nicht solchen Schrott haben möchte, der nicht funktioniert."

Obwohl die Kinder an den realen materiellen Bedingungen ihrer Familie keine direkte Kritik übten, interpretieren wir ihre materiellen Wünsche doch als Hinweise auf ein gutes Leben. Bei den Antworten auf die Frage „Wenn du reich wärst, was würdest du für deine Familie kaufen?" bestätigt sich erneut die Präferenz der Kinder für das Umverteilen auf die ganze Familie. Böggy fragte: „Was soll ich denn allein mit dem Geld?" Ein schönes Haus wünschten sich 11 von 25 Kindern. Auf Platz 2 der Wunschliste rangierte das von 6 Kindern genannte Auto. Die Kinder wissen sowohl um das Prestige als auch um die Bedeutung eines Autos für ihre eigene Mobilität.

Auch andere Antworten auf die Frage nach den Wunschvorstellungen der Kinder erbringen stets dieselbe ausgewogene Mischung zwischen materiellen und immateriellen Dingen des Alltags, die eng an Lebensqualität und Freizeitgestaltung gekoppelt sind. So wünschten sich 5 Kinder, in der Schule erfolgreich(er) zu sein, 3 weitere wünschten sich und ihrer Familie Gesundheit. Der so von den Kindern umrissene Horizont lässt sich nicht nach dem ökonomischen oder kulturellen Kapital der Familien unterscheiden, weil er von der realen Umsetzungsmöglichkeit unbeeindruckt bleibt. Was diese Kinder von anderen trennt, sind in erster Linie die Möglichkeiten des Zugriffs auf kulturelle, sportliche und schulische Angebote, die sie durchaus als sozialen Unterschied wahrnehmen.

6.4.4.3 Die Bildungschancen der Kinder

Im Hinblick auf die Verknüpfung des kulturellen Kapitals der Familien mit dem Schulerfolg der Kinder lassen sich folgende Schlussfolgerungen ziehen: Die Kinder aus den Asylbewerberfamilien unserer Untersuchungsgruppe haben aufgrund des akademischen Bildungshintergrundes der Eltern sehr gute Schulleistungen und Chancen, ihre eingeschränkte Lebenslage zu überwinden. Dasselbe gilt für jene Kinder, deren hohes kulturelles Kapital trotz prekärer ökonomischer Situation gute Entwicklungschancen vermuten lässt.

Chancen für die Kinder aus der Gruppe von Familien mit mittlerem kulturellem Kapital sind dann gegeben, wenn sich die Bedingungen in der Familie wie auch in der Schule stabilisieren bzw. positiv verändern. Die Kinder aus der Gruppe mit niedrigem kulturellem Kapital lassen hingegen bereits selbstgesteuerte soziale Ausschlusspraktiken erkennen, die sie mit Blick auf die Schule in eine Außenseiterposition bringen (können). Sie müssen alle Ressourcen mobilisieren, um ihre Sozialkontakte zu realisieren und ihre Anschlussfähigkeit in der Schule aufrechtzuerhalten. Diese Kinder benötigen besondere Unterstützung, um die Diskrepanz zu den in Bildungseinrichtungen als „normal" vorausgesetzten Standards abzufedern. Das heißt in der Konsequenz: Allen Kindern sind die gleichen Zugänge zu kulturellen und sozialen Aktivitäten zu ermöglichen, damit sie nicht allein über die Einkommensverteilung in den Familien gesteuert werden.

6.4.4.4 Die sozialen Netze der Kinder

Hier soll gefragt werden, ob sich in der Sozialisation der Kinder stabile Reziprozitätserfahrungen erkennen lassen. Tatsächlich weisen Kinder, deren soziale Netze nur schwach ausgebildet sind, häufiger soziale Probleme in den Bildungs- und Erziehungseinrichtungen auf, und sie verfügen tendenziell auch über ein geringeres Selbstbewusstsein.

Besonders fällt die Situation der Jungen ins Auge. Von 6 Jungen mit erkennbaren Verhaltensauffälligkeiten kommen 4 aus materiell stark belasteten Familien; ein weiterer geht auf die Sonderschule. Aufschlussreich ist, dass die Mehrzahl der Kinder, die ein geringeres Selbstbewusstsein signalisierten, zugleich über eine eingeschränkte Anzahl von Gleichaltrigenbeziehungen verfügte. Umgekehrt lässt sich allerdings nicht schlussfolgern, dass ein ausgeprägtes Selbstbewusstsein mit einem ebenso ausgeprägten Beziehungsnetz korrespondiert. Signifikant ist jedenfalls, dass alle Kinder, die wir den Familien mit geringem kulturellem Kapital zuordnen, über schwach ausgebildete soziale Netze verfügen und dies auch selbst so darstellen. Eine gewisse Ausnahme in dieser Gruppe bildet P Diddy, der angab, viele Freunde zu haben, ohne dass sie jedoch im weiteren Verlauf des Interviews auftauchten. Geht man von der These aus, dass die Reziprozitätserfahrungen der Kinder in diesem Alter wichtige Voraussetzungen für die Entwicklung ihrer Persönlichkeit und die gesellschaftliche Teilhabe bilden, so zeigt sich deutlich, dass die Kinder aus Familien mit geringem kulturellem Kapital in der Ausbildung ihrer Gleichaltrigenbeziehungen als benachteiligt anzusehen sind.

Legt man Leus Schlüsselfragen zugrunde,[116] ergibt sich ein noch klareres Bild: Erhält das Kind emotionale Zuwendung, die Selbstvertrauen schafft? Wird das Kind gleichberechtigt und gerecht behandelt, was Selbstachtung schafft? Erhält das Kind soziale Wertschätzung, die Selbstwertgefühl schafft? Unabhängig von der materiellen Lebenslage der Familie begegneten uns Eltern/Mütter, die liebevoll mit ihren Kindern umgingen und an einem bestehenden Vertrauensverhältnis keinen Zweifel aufkommen ließen. Die 2. und 3. Frage sind dagegen schwieriger zu beantworten. Der überwiegende Teil der Kinder gab an, dass er sich von den Erwachsenen gerecht behandelt fühle. Einschränkende Anmerkungen machten vor allem ältere Kinder. Dabei fiel auf, dass die Erwachsenen im unmittelbaren Umfeld der Kinder insgesamt besser abschnitten als Erwachsene außerhalb der Familie.

Fasst man die Aussagen der Kinder zusammen, so ergibt sich, dass die emotionale Zuwendung in der Familie als Basis für Selbstvertrauen vorhanden ist und die wichtigste Ressource überhaupt darstellt. In weitergehender Perspektive reichen die Stabilität und der emotionale Rückhalt in der Familie allerdings oft nicht mehr aus, um die Sozialfähigkeit der Kinder für ihre gesellschaftliche Teilhabe auszubilden. Eine wichtige Rolle spielt die Selbstachtung, welche den Kindern das Wissen vermittelt, dass sie Anspruch auf gerechte Behandlung und Respekt haben. Bezogen auf unsere Untersuchungsgruppe kommen wir zu der überwiegend positiven Einschätzung, dass die Kinder sowohl in der Familie als auch in der Schule großen Rückhalt finden. Sie wissen bereits um ihre (begrenzten) Rechte und Pflichten und kritisieren eine ungerechte Behandlung, z.B. in der Schule oder im Hort. Im Hinblick auf das kindliche Selbstbewusstsein zeigen sich allerdings einige sozial geprägte Unterschiede. Kinder aus Familien mit geringem ökonomischem Kapital verfügen häufig nicht über ausgebildete soziale Netze, wie erste Hinweise auf Defizite in den reziproken Beziehungssystemen ergeben. Offenbar besteht ein direkter Zusammenhang zwischen geringer sozialer Wertschätzung und eingeschränkten Autonomiepotenzialen. Die Kinder, deren soziale Netze wenig entwickelt sind, haben vielfach auch ein geringeres Selbstbewusstsein, was wiederum ihr Handlungs- und Bewältigungspotenzial einschränkt. Die Kinder, deren soziales Netz stabil und ausgebildet ist, erfahren umgekehrt ein hohes Maß an sozialer Wertschätzung, wodurch ihr Selbstbewusstsein gestärkt und ihre Handlungskompetenz vielseitig entfaltet wird. Dieses Ergebnis könnte als Indiz dafür gelten, dass die sozialen Kompetenzen der Kinder unserer Altersgruppe gestärkt bzw. gezielt entwickelt und im Kontext ökonomischen, sozialen und kulturellen Mangels, nicht aber als deviantes Verhalten betrachtet werden sollten.

---

116 Vgl. Hans Rudolf Leu, Selbständige Kinder, a.a.O., S. 174ff.

6.4.5 Schule als Ort sozialen Lernens

Die Schule hat einen hohen Stellenwert in der Persönlichkeitsentwicklung der Kinder, nicht nur in bildungspolitischer Hinsicht. Ihre soziale und kulturelle Relevanz bestätigen alle Ergebnisse der Untersuchung nachdrücklich. Herauszustellen ist, dass die Schule aus Sicht der Kinder ihrem Anspruch, ein Ort sozialen Lernens zu sein, gerecht wird. Sie lernen gern, machen pflichtbewusst ihre Hausaufgaben und haben überwiegend Erfolgserlebnisse, die ihre Persönlichkeitsentwicklung fördern. Schaut man sich die Aussagen genauer an, so wird deutlich, dass die Schule bei einigen Kindern die soziale Ungleichheit jedoch noch verstärkt, weil sie das Gefälle zwischen dem sozialen und kulturellen Kapital der Familie einerseits und den sozialen und kulturellen Anforderungen der Schule andererseits nicht auszubalancieren vermag.[117] Im Folgenden soll das Augenmerk daher nochmals auf belastende wie fördernde Erlebnismomente von Schule gelegt werden, um die Anforderungen an das Bewältigungspotenzial der Kinder und ihrer Familien deutlich zu machen.

6.4.5.1 Grenzerfahrungen

Die Mädchen machen nach eigener Aussage sowohl in körperlicher als auch verbaler Hinsicht nahezu täglich Gewalterfahrungen, die wir als deutliche Grenzüberschreitungen interpretieren. 10 von 14 Mädchen beschwerten sich über Belästigungen seitens der Jungen. Allein die häufige Verwendung des Ausdrucks „böse Wörter" bei den Nennungen lenkt die Aufmerksamkeit darauf, dass Fluchen und Beschimpfen in der Schule gang und gäbe ist und in den Familien auch thematisiert zu werden scheint. Wie Gertrud Beck in diesem Zusammenhang feststellt, ist „die Beziehung zwischen Jungen und Mädchen (...) höchst ambivalent, man grenzt sich gegeneinander ab, sucht aber zugleich durch verbale Attacken und durch das konkrete Handeln die Beziehung zu den jeweils anderen."[118] Die geballte negative Bewertung in unserer Untersuchungseinheit deuten wir als Problemanzeige, deren Ursachen und Wirkungen hier nicht weiter nachgegangen werden kann.

Auch die Jungen erwähnen Gewalterfahrungen oder sind starken sozialen Belastungen ausgesetzt, die sie durch verbale und körperliche Auseinandersetzungen zu verarbeiten suchen. 4 Jungen gaben an, dass sie bereits Opfer von Attacken anderer Jungen waren, unter denen sie litten und die ihnen das Leben in der Schule erschwerten: „Mir ist der ganze Tag versaut, wenn Toni ankommt und sagt ‚Verpiss' dich!'" (Robi) Es handelte sich dabei um jene

---

117 Hier bestätigt sich die zentrale Aussage der PISA-Studie, dass die Schule soziale Benachteiligungen der Kinder noch verstärkt.

118 Siehe Gertrud Beck, Was wissen wir über das soziale Lernen von Kindern?, a.a.O., S. 86f.

Jungen, die sich uns im Interview als sensible, weiche und emotionale Kinder darstellten. Diese haben es offenbar schwer, sich unter Jungen zu behaupten, bei denen ein ausgeprägter „männlicher" Habitus dominiert.[119] Die belegten Verhaltensauffälligkeiten der Jungen – aus ihrer eigenen Perspektive wie jener der Mädchen als Bedrohung und Übergriff dargestellt –, interpretieren wir als starke Verunsicherung. Den Fachdiskurs zu diesem Problem aufzufächern ist hier zwar nicht möglich. Ein Ergebnis der Interviews war allerdings, dass Jungen wie Mädchen als Reaktion auf Verunsicherung neben Rückzug auch Wut und „Um-sich-Schlagen" angaben. Wir sehen hier einen Zusammenhang mit bestimmten familiären Verhaltensmustern, die durch eingeschränkte Wohnverhältnisse und soziale Kontakte geprägt sind. Diese können zu Wahrnehmungsstörungen und Grenzerfahrungen führen, wodurch es den Kindern schwer fällt, gesetzte Grenzen als Respekt vor der anderen Person wahrzunehmen. Die Konfrontation mit dem Sozialverhalten anderer in Schule und Familie kann Verunsicherungen und Gewalt auslösen. In unserer Untersuchungsgruppe traf diese Vermutung womöglich auf 4 Jungen zu, die – teilweise unterstützt durch heilpädagogische Betreuung – verschiedene Entwicklungswege gegangen sind.

6.4.5.2 Die Bedeutung der Schule im Weltbild der Kinder

Ein stützendes und stärkendes Moment im Schulalltag stellen offenbar die Lehrer/innen dar. Die Mehrheit der befragten Kinder haben so viel Vertrauen zu ihnen, dass sie im Problem- oder Konfliktfall zu ihnen gehen oder gehen könnten (20 von 25). Die Kinder zeichneten überwiegend das Bild verständnisvoller und ihnen zugewandter Pädagog(inn)en, die Hilfestellung in fachlichen und sozialen Fragen leisten. Nur 3 Kinder vermissten die Anerkennung in der Schule und/oder wünschten sich mehr Hilfestellung.

Beziehen wir die Interviews auf das Bewältigungshandeln der Kinder, so lassen sich zwei Schlüsse ziehen. Zum einen wird die Schule genauso wenig grundsätzlich in Frage gestellt wie die Lebenswelt der Familie. Von wenigen Ausnahmen abgesehen akzeptieren alle Kinder das Regelwerk der Schule und betrachten es als positive Erfahrung. Als negativ bewerten die Kinder lediglich die verbalen und körperlichen Attacken, denen sie in der Schule ausgesetzt sind. Positiv erfahren sie die Anerkennung und Stabilisierung ihrer Persönlichkeit und die Unterstützung ihrer Identitätsfindung durch fachliche, sportliche oder auch soziale Leistungen. Zum anderen hat die Schule im Weltsystem der Kinder eine sehr hohe Bedeutung. Nur 3 Kinder fanden die Schule unwichtig. Dazu gehören Pokémon, der nicht gern zur Schule geht, und Klara, die eine gute Schülerin, aber der Meinung ist, dass in der Schule nichts Entscheidendes passiert, was wir angesichts ihrer reflektierten Inter-

---

119 Vgl. Hans Rudolf Leu, Die „biographische Situation" als Bezugspunkt eines sozialisationstheoretischen Subjektverständnisses, a.a.O., S. 87f.

viewäußerungen eher als Unterforderung interpretieren. Clarissa als Klassenbeste war der Grundschule einfach überdrüssig, da ihr diese nichts mehr zu
bieten vermochte. Alle anderen Kinder maßen der Schule einen hohen Stellenwert bei. Es liegt für sie auf der Hand, dass eine gute Schulbildung die
Voraussetzung für ihre spätere Berufsausbildung darstellt. Marie verband mit
der Schule die Vorstellung, kulturelles in ökonomisches Kapital umzusetzen,
„damit man später einen Beruf erlernen und viel Geld verdienen kann", während Arnie als einziger die soziale Funktion der Schule hervorhob, wo „man
Freunde findet".

Darüber hinaus beziehen sehr viele Kinder ihr Selbstbewusstsein über
Leistungen in der Schule. Auf die Frage „Was kannst du besonders gut?" re-
kurrierten viele Kinder auf bestimmte Fächer in der Schule, seien es Sport,
Kunst oder Mathematik, bzw. dort vermittelte Fähigkeiten (Lesen). Böggy,
Schmoh, Vincent und Shakira nannten als zentralen Wunsch, in der Schule
besser bzw. erfolgreich, Picasso gar, „das klügste Kind in Deutschland" zu
sein. Überwiegend die Mädchen sind in ihrem Selbstwertgefühl gestärkt,
wenn sie sehr gute Schulnoten erreichen, während die Mehrzahl der Jungen
sich eher über sportliche Leistungen definiert. Daran wird sichtbar, wie zentral die Schule für die Identitätsentwicklung des einzelnen Kindes nicht nur
im Hinblick auf die Aneignung kulturellen Kapitals, sondern auch im Hinblick auf die Aneignung sozialen Kapitals ist. Man ahnt, wie tief das schulische Scheitern umgekehrt als persönliche Niederlage und Ohnmacht empfunden werden muss, wenn der Lernerfolg den Kindern so viel Bestätigung gibt
und ihr Selbstwertgefühl derartig stärkt. Hier werden entscheidende Grund-
steine für ein Bewältigungshandeln gelegt, das in der Verantwortung der Gesellschaft und ihrer zentralen Bildungseinrichtungen liegt.

6.4.6 Fazit in der Vergleichsperspektive

Die Interviews legen eindrücklich Zeugnis davon ab, welche Verhaltensmuster Kinder entwickeln, um belastende, verunsichernde oder unerfreuliche
Situationen zu bewältigen, und welche Ressourcen ihrer Familien dabei Stüt-
ze oder Last sein können. Ließen sich an anderer Stelle Differenzen zwischen
Stadt und Land benennen, so waren weder bei den familialen Ressourcen
noch im Bewältigungsverhalten der Kinder wesentliche Unterschiede zu
identifizieren. Die schon genannte stärkere Stigmatisierung von Alleinerziehenden in der ländlichen Region wirkt auf die Kinder zurück. Davon unberührt bleiben ihre Verhaltensmuster, die jedoch keine spezifischen Zuord-
nungen nach Stadt und Land erlauben. Der wichtigste Raum für die Entwicklung von Identität und Persönlichkeit der Kinder, verbunden mit der
Möglichkeit, Reziprozitätserfahrungen positiv zu gestalten, ist für beide Vergleichsgruppen die Schule, genauer gesagt: die Klassengemeinschaft. Wohlbefinden und Selbstbewusstsein hängen daher stark davon ab, ob die Kinder

in der Schule Anerkennung finden und sich in die Gemeinschaft der Mitschüler/innen integriert fühlen. Die in der Schule gewonnenen Erfahrungen lassen sich hinsichtlich der Stärkung ihres Selbstwertgefühls gar nicht hoch genug einschätzen. Etwaige Beeinträchtigungen sind nicht durch Einschränkungen der sozial(räumlich)en Mobilität, die man „auf dem Lande" bzw. in dem peripheren Stadtteil schnell vermutet, zu erklären, weil der Aktionsradius der Kinder, wie schon ausgeführt, ohnehin begrenzt ist.

Besonders hervorzuheben ist dagegen der komplementäre Zusammenhang mit dem im Grundschulalter höchst relevanten Bezugssystem der Familie. Das Ineinandergreifen von Schule und Familie hat zur Folge, dass sich soziale und kulturelle Benachteiligungen im Elternhaus negativ auf die Schule auswirken bzw. die Kinder auf ihre Familien zurückwerfen. Soziales und kulturelles Kapital einer Familie meint nicht bestimmte Bildungsinhalte oder Verhaltensregeln, sondern das mit dem Begriff des Habitus umschriebene Konglomerat von Wissen, Status, Geld, Kommunikationsnetzen und sozialer Kompetenz, welches die Handlungsfähigkeit der Kinder prägt. Je weniger kulturelles Kapital einer Familie zur Verfügung steht, umso geringer sind die Chancen zur Entwicklung sozialer Kompetenz außerhalb der Familie.[120]

Es ist anzunehmen, dass sich die Sozialstruktur in der ländlichen Region hinsichtlich der Zugänge zu Bildung und Kultur als Kapitalform im Bourdieu'schen Sinne nicht gravierend von jener der Stadt unterscheidet. Deshalb trifft das Zusammenspiel von Habitus und Sozialverhalten auf alle Familien unseres Samples gleichermaßen zu. Der Mangel an kulturellem Kapital schränkt die Reziprozitätserfahrungen ein und führt spätestens mit Eintritt in die Schule zu Verunsicherungen, Rückzug oder Protest bei den Kindern. Ein Rückzug in die Familie vermittelt ihnen zwar die notwendige individuelle Stabilität, birgt aber im Hinblick auf ihre Gleichaltrigenbeziehungen die Gefahr der Isolation. Selbstsegregationstendenzen tragen dazu bei, dass sich die Kinder in der Schule nur bedingt wohl fühlen und Lernprozesse beeinträchtigt werden. Die Schule wirkt in diesem Sinne als „Verstärker" familialer Defizite oder erzeugt diese sogar erst. Letztlich (re)produziert dieser Mechanismus soziale Ausschlüsse und verschärft soziale Ungleichheit in einem Alter, wo alle Kinder ungeachtet ihrer sozialen Herkunft, ihrer ethnischen Zugehörigkeit und ihres Geschlechts die Chance zur gleichberechtigten gesellschaftlichen Teilhabe haben sollten.

---

120 Vgl. hierzu: Barbara Imholz/Gisela Wuttke, Lückekinder und Co. Soziale Bewältigungsstrategien von Kindern in benachteiligten Lebenslagen, in: Thema Jugend. Zeitschrift für Jugendschutz und Erziehung 4/2002, S. 5ff.

7. Schlussfolgerungen für die nationale und internationale Entwicklungspolitik gegen Kinderarmut

Nach dem Fall der Berliner Mauer am 9. November 1989 hat sich die internationale Gemeinschaft zu einer Reihe von UN-Gipfeln getroffen, die das Thema „Armut und Kindheit" ganz entscheidend berührten. Parallel dazu machte die europäische Integration erhebliche Fortschritte. In beiden Kontexten war die Bundesregierung zu programmatischen Äußerungen über Armut und Kindheit verpflichtet. Hier sollen die normativen Verpflichtungen (und auch Verflechtungen), welche Deutschland eingegangen ist, skizziert und die nationale Kinder- und Armutspolitik sowie ihre Strategien der Entwicklungsveränderung beleuchtet werden, wobei die Perspektive der „Ärmsten der Armen" – d.h. von Straßenkindern – eingenommen wird.

7.1 Möglichkeiten zur Reduktion der globalen Armut aus deutscher Sicht

Normative Zielsetzungen für politisches Handeln in diesem Kontext sind zwei Stellungnahmen der rot-grünen Bundesregierung zu entnehmen: dem Strategiepapier „Perspektiven für Deutschland. Unsere Strategie für Nachhaltige Entwicklung" sowie dem „Nationalen Aktionsplan zur Bekämpfung von Armut und sozialer Ausgrenzung".[1] Letzterer steht im Zusammenhang mit dem „National Report on Follow-up to the 1990 World Summit for Children" des Bundesministeriums für Familie, Senioren, Frauen und Jugend für den UN-Weltkindergipfel im Jahr 2002.[2]

---

[1] Vgl. Bundesministerium für Arbeit und Sozialordnung (Hrsg.), Nationaler Aktionsplan zur Bekämpfung von Armut und sozialer Ausgrenzung, Berlin 2000; Bundesregierung (Hrsg.), Perspektiven für Deutschland. Unsere Strategie für Nachhaltige Entwicklung, Berlin 2001

[2] Vgl. Bundesministerium für Familie, Senioren, Frauen und Jugend (Hrsg.), National Report on Follow-up to the 1990 World Summit for Children, Berlin 2001

7.1.1 Schaffung einer nachhaltig entwickelten Welt für Kinder im Sinne eines „children-mainstreaming"

Im Strategiepapier der Bundesregierung „Perspektiven für Deutschland" wird der Bezug zum Leitbild der Nachhaltigen Entwicklung, das die sog. Brundt-land-Kommission in ihrem Bericht „Unsere gemeinsame Zukunft" 1987 entworfen hatte, gewählt und darauf hingewiesen, dass sich die internationale Staatengemeinschaft auf der Konferenz der Vereinten Nationen für Umwelt und Entwicklung in Rio de Janeiro 1992 – auf dem ersten „Erdgipfel" – zu diesem Leitbild bekannt und sich mit der Agenda 21 ein globales Aktionsprogramm für das neue Jahrhundert gegeben hat. Nachhaltige Entwicklung, definiert als eine „Entwicklung, die den Bedürfnissen der heutigen Generation entspricht, ohne die Möglichkeiten künftiger Generationen zu gefährden, ihre eigenen Bedürfnisse zu befriedigen",[3] wird als eine Art Generationenvertrag interpretiert, der eine langfristig wirtschaftlich leistungsfähige, sozial gerechte und verträgliche Entwicklung zum Ziel hat. Man weist darauf hin, dass Nachhaltigkeit als Querschnittsaufgabe und „fundamentaler ethischer Grundsatz" zu einem Grundprinzip der Regierungspolitik gemacht werden soll.[4] Weiter heißt es dort: „Frieden ist ohne Gerechtigkeit, Stabilität und Reduzierung der globalen Armut auf Dauer nicht möglich."

Armut wird als Thema häufiger berührt, aber immer als eins, das fast ausschließlich mit den Problemen der Entwicklungsländer zu tun hat. Um den sozialen Zusammenhalt zu stärken, sollen „Armut und sozialer Ausgrenzung soweit wie möglich vorgebeugt und allen Bevölkerungsschichten Chancen eröffnet werden, sich an der wirtschaftlichen Entwicklung zu beteiligen."[5] Da der Bericht ausschließlich als programmatische Schrift zu begreifen ist, enthält er weder Daten zum Thema „Armut" noch viel zur spezifischen Armutsproblematik von Kindern bzw. Jugendlichen, obwohl diese im Sinne der generativen Nachhaltigkeit eine der betroffenen Generationen bilden. Pathetisch, aber wenig konkret wird festgestellt: „Kinder und Jugendliche verkörpern die Zukunft unseres Landes. Sie erwarten Nachhaltigkeit bei der Gestaltung von Wirtschaft und Gesellschaft. Denn angesichts der Herausforderungen durch rasche gesellschaftliche, wirtschaftliche und politische Wandlungsprozesse ist es eine zentrale Aufgabe der Kinder- und Jugendpolitik, Zukunftsperspektiven zu entwickeln und Rahmenbedingungen zu schaffen, in denen sich alle Kinder und Jugendlichen entfalten können."[6] Bei den Indikatoren zur Gestaltung der Nachhaltigkeit steht die Stabilisierung wirt-

---

3   Zit. nach: Bundesregierung (Hrsg.), Perspektiven für Deutschland, a.a.O., S. 1. Diese Darstellung bezieht sich auf die Definition der nachhaltigen Entwicklung durch die Brundtland-Kommission für Umwelt und Entwicklung aus dem Jahr 1987.
4   Siehe ebd., S. 3
5   Siehe ebd., S. 52
6   Ebd., S. 84

schaftlichen Wachstums im Vordergrund. Nur unter einem von 10 Indikatoren wird auch die „Gestaltung einer kinder- und familienfreundlichen Gesellschaft" erwähnt.[7]

Die inneren Widersprüche dieser Papiere und damit auch zentraler Teile der Nachhaltigkeitsdebatte insgesamt haben sich endgültig auf der Weltkonferenz für nachhaltige Entwicklung in Johannesburg (2002) gezeigt. Der Konflikt zwischen Ökologie und Ökonomie ist dort voll entbrannt. Das neoliberale Entwicklungsparadigma – weitere Marktöffnung, Liberalisierung des Handels und stärkere Einbeziehung der Privatwirtschaft – stand gegen die Fehlentwicklungen und Folgen für die Ökologie durch die in den Industrieländern vorherrschende Produktions- und Konsumweise.

Überraschend war dennoch, mit welcher Vehemenz die „„Dinosaurierkoalition' der rückwärts gewandten Kräfte, allen voran die USA, die Axt an die Grundwurzeln des Rio-Prozesses legte".[8] Auch die programmatische Rede von Bundeskanzler Gerhard Schröder hat sich an der Kernproblematik des Widerspruchs zwischen Ökologie und neoliberalen Marktkonzepten vorbeigedrückt. Soziale Dimensionen der nachhaltigen Entwicklung, z.B. die durch den neoliberalen Modernisierungsprozess forcierte und weltweit zunehmende Armut, fanden nur außerhalb der offiziellen Konferenz – z.B. in dem viel beachteten „Jo'burg Memo" der Heinrich-Böll-Stiftung – ein Forum.[9]

Kritisch resümieren lässt sich, dass das Thema der intergenerativen Nachhaltigkeit vorerst auf Eis liegt. Prinzipien eines weltweiten (oder auch nur nationalen) „children-mainstreaming" könnten aus dem Nachhaltigkeitsparadigma abgeleitet werden. Bisher fehlt aber weitgehend ein Bewusstsein darüber, dass sich Gesellschaften, die ihre Kinder sozial ausgrenzen, trotz Wirtschaftswachstums nicht nachhaltig entwickeln können.

7.1.2 Die Kinderrechtskonvention der UN und die Weltkindergipfel: Forderungen nach Schaffung einer kindergerechten Welt

1990 fand in New York der erste Weltkindergipfel statt. Damals unterzeichneten 71 Staats- und Ministerpräsidenten eine Welterklärung für das Überleben, den Schutz und die Entwicklung von Kindern. Fast zeitgleich mit dem Weltkindergipfel trat die Konvention der Vereinten Nationen über die Rechte des Kindes in Kraft, die bis heute von 191 Vertragsstaaten unterzeichnet wurde.[10]

---

7   Siehe ebd., S. 60
8   Siehe Jens Martens/Wolfgang Sterk, Multilateralismus zwischen Blockadepolitik und Partnerschaftsrhetorik. Der Gipfel von Johannesburg – eine Bilanz, Arbeitspapier der Nichtregierungsorganisation Weltwirtschaft, Ökologie und Entwicklung (WEED), Bonn 2002, S. 5
9   Vgl. ebd., S. 4
10 Nur Angola und USA haben die Konvention nicht ratifiziert. Die Bundesrepublik hat einen Vorbehalt angemeldet bezüglich der Aufnahme von alleinreisenden Kindern.

Das meistratifizierte UN-Dokument überhaupt bezieht sich in seiner Präambel auf die UN-Menschenrechtscharta, wonach die „Anerkennung der allen Mitgliedern der menschlichen Gesellschaft innewohnenden Würde und der Gleichheit und Unveräußerlichkeit ihrer Rechte die Grundlage von Freiheit, Gerechtigkeit und Frieden in der Welt" ist.[11]

Neben einer Übertragung der allgemeinen Grundrechte auf Kinder wird in dem hier interessierenden Kontext das Thema „Armut" nicht direkt, sondern nur mittelbar erwähnt. Art. 3 Abs. 1 erklärt das Wohl des Kindes zu einem Gesichtspunkt, der vorrangig berücksichtigt werden muss. Laut Art. 19 Abs. 1 treffen die Vertragsstaaten alle geeigneten Gesetzgebungs-, Verwaltungs-, Sozial- und Bildungsmaßnahmen, um das Kind vor jeder Form körperlicher oder geistiger Gewaltanwendung, Schadenszufügung oder Misshandlung, vor Verwahrlosung oder Vernachlässigung, vor schlechter Behandlung oder Ausbeutung einschließlich des sexuellen Missbrauchs zu schützen. Art. 27 Abs. 1 mahnt das Recht des Kindes auf einen seiner körperlichen, geistigen, seelischen, sittlichen und sozialen Entwicklung angemessenen Lebensstandard an. Es obliegt primär den Eltern, im Rahmen ihrer Fähigkeiten und finanziellen Möglichkeiten die für die Entwicklung ihres Kindes notwendigen Lebensbedingungen sicherzustellen (Abs. 2), während dem Staat „nur" auferlegt wird, den Eltern dabei zu helfen (Abs. 3). Art. 28 postuliert das allgemeine Recht auf Bildung in Grund- und weiterführenden Schulen (und ggf. Hochschulen). Es werden Maßnahmen gefordert, die den regelmäßigen Schulbesuch fördern und den Anteil derjenigen, welche die Schule vorzeitig verlassen, verringern (Abs. 1 Ziff. 4). Die Vertragsstaaten tragen laut Art. 29 Abs. 1 dafür Sorge, dass die Persönlichkeit, Begabung und die geistigen und körperlichen Fähigkeiten des Kindes voll zur Geltung gebracht werden können. Art. 31 verweist auf die freie Teilnahme am kulturellen und künstlerischen Leben; Art. 32 enthält das Recht auf Schutz vor wirtschaftlicher Ausbeutung in Arbeitsverhältnissen, die Gefahren mit sich bringen, die Erziehung des Kindes behindern oder die Gesundheit des Kindes oder seine körperliche, geistige, seelische, sittliche oder soziale Entwicklung schädigen. Art. 33 schließlich betont den Schutz vor unerlaubtem Gebrauch von Suchtstoffen.

Wie die Situation der 42 in unserer empirischen Studie erfassten „Straßenkinder" in Deutschland, Chile und Bolivien belegt, werden die von den Unterzeichnerstaaten der Kinderrechtskonvention übernommenen „Rechtsverpflichtungen" innerstaatlich nicht ausreichend durchgesetzt. Die am Wohl des Kindes im Sinne von Würde, Gleichheit, Gerechtigkeit und der Unveräußerlichkeit der Rechte orientierte „Fürsorge" ist keineswegs realisiert.

Trotz vieler Interventionen von Nichtregierungsorganisationen erhält sie diesen Vorbehalt bis heute aufrecht.

11 Vgl. Bundesministerium für Frauen und Jugend (Hrsg.), Übereinkommen über die Rechte des Kindes vom 20. November 1989 (Wortlaut der amtlichen Übersetzung), Bonn 1993

Der zweite Weltkindergipfel fand 2002 in New York statt. Neben Delegierten von 180 Staaten (darunter 70 Staats- und Regierungschefs) nahmen erstmals auch 360 Kinder- und Jugenddelegierte an der Konferenz teil. Es ging darum, die Erfüllung der Zielsetzungen des Aktionsplans von 1990 zu überprüfen, über die Verbesserung der Situation von Kindern und Jugendlichen zu beraten sowie eine neue Agenda mit mess- und überprüfbaren Handlungsschritten zu verabschieden.

Die Bilanz des ersten Aktionsplans 1990-2000 ergibt kein einheitliches Bild. Immerhin haben 155 Länder nach dem ersten Weltkindergipfel nationale Aktionspläne erstellt. Die Sterblichkeit von Kindern vor dem 6. Lebensjahr konnte um 14 Prozent gesenkt werden. Das sind 3 Mio. weniger Todesfälle bei Kindern dieses Alters. Auch bei Diarrhöe, Masern und Polio wurden große Erfolge erzielt. Defizitbereiche bilden nach wie vor die Ernährung, die hygienische Trinkwasserversorgung und die Bildung (ca. 100 Mio. Kinder besuchten bis 2001 keine Schule). Die Analphabetismusquote bleibt hoch. Ein riesiges Problem stellen die mehr als 10 Mio. mit dem HI-Virus infizierten Kinder dar.

Viele Teilnehmer/innen des zweiten Weltkindergipfels forderten, das Abschlussdokument „Eine kindergerechte Welt" (A World fit for Children) stärker mit der Kinderrechtskonvention zu verknüpfen, was die Vertreter/innen der USA jedoch strikt ablehnten. Hauptstreitpunkte waren das Recht von Kindern (und Jugendlichen) auf Sexualaufklärung und -beratung sowie das Verbot der Todesstrafe für Kinder. Das Abschlussdokument enthält eine Deklaration, eine Übersicht über die Entwicklung der Situation der Kinder auf der Welt seit dem ersten Kindergipfel 1990, einen Aktionsplan mit konkreten Zielen und Strategien, einen Aufruf zur Mobilisierung von Ressourcen sowie eine Selbstverpflichtung zur Aufstellung nationaler Aktionspläne und zur Kontrolle der angestrebten Ziele.

Der Aktionsplan, der für die laufende Dekade 2000 bis 2010 beschlossen wurde, enthält vier zentrale Programmpunkte:

- Gesundheitsförderung;
- Erziehung und Bildung;
- Schutz vor Misshandlung, Ausbeutung und Gewalt;
- Kampf gegen Aids.

Die Unterzeichnerstaaten haben sich verpflichtet, innerhalb eines Jahres überprüfbare Zielvorgaben für die Verbesserung der Lebenssituation von Kindern zu machen. Entsprechende Beschlüsse der Bundesregierung dazu liegen bisher nicht vor.

Resümieren lässt sich, dass die vorliegenden Dokumente durchaus helfen könnten, ein weltweites „children-mainstreaming" im Sinne einer nachhaltigen sozialen und integrativen kindergerechten Entwicklung zu begründen. Allerdings sprechen die harten Fakten (noch) nicht für allzu große Erfolge in der kommenden Dekade.

7.2   Internationale, europäische und nationale Strategien gegen Armut

7.2.1 Die Forderung nach Halbierung der Armut und die Strategien der UN

Die auf dem UN-Millenniumsgipfel in New York verabschiedeten Ziele (UN Millenium Development Goals, UNDG) beendeten den auf dem Weltsozialgipfel 1995 in Kopenhagen begonnenen Prozess einer Neuorientierung der Entwicklungspolitik. Als direkter UNDG-Vorläufer gilt „Shaping the 21th Century", ein Dokument, das im Entwicklungshilfeausschuss der OECD-Länder 1996 entstanden ist und die wichtigsten Verhandlungsergebnisse und Absichtserklärungen der vergangenen Weltkonferenzen zusammenfasst. Diese einseitige Verpflichtungserklärung der Industrienationen war Basis der UN-Deklaration „Kopenhagen +5" 1999 in New York, bevor sie von der Generalversammlung im Jahr 2000 ihre völkerrechtliche Gültigkeit für alle Vertragsstaaten erlangte.

Auf Kinder beziehen sich folgende Millenniumsziele der Vereinten Nationen:

− bis zum Jahr 2015 den Anteil der Weltbevölkerung, der absolut arm ist, zu halbieren;
− bis zum selben Jahr alle Kinder auf der Welt die Primarschule vollständig abschließen zu lassen und ihnen Zugang zu allen Bildungsebenen zu ermöglichen;
− bis zum selben Datum die Müttersterblichkeit um drei Viertel und die Sterblichkeit von Kindern unter 5 Jahren um zwei Drittel gesenkt zu haben;
− die Ausbreitung von HIV/Aids bis dahin zum Stillstand gebracht zu haben;
− bis zum Jahr 2020 erhebliche Verbesserungen im Leben von mindestens 100 Mio. Slumbewohner(inne)n erzielt zu haben. [12]

Die ehrgeizigen Zielsetzungen des Millenniums-Gipfels wurden auf der Konferenz der Vereinten Nationen über Entwicklungsfinanzierung im Jahr 2002 in Monterrey (Mexiko) schon wieder relativiert, die widersprüchlich bewertet wird: „Die einen sehen in ihr ein weiteres Beispiel erfolgloser UN-Diplomatie und symbolischer Weltpolitik ohne Wirkung. Andere betonen ihren innovativen ‚stakeholder'-Ansatz, der erstmals die UNO, den Internationalen Währungsfonds (IWF), die Weltbank und die Welthandelsorganisation

---

12 Vgl. Millenniums-Erklärung der Vereinten Nationen, verabschiedet von der Generalversammlung der Vereinten Nationen zum Abschluss des vom 6.-8. September 2000 abgehaltenen Millenniumsgipfels in New York, Bonn 2000

(WTO) sowie Wirtschaftsvertreter und Nichtregierungsorganisationen (NRO) zusammen brachte, um gemeinsam Lösungen für die Probleme der Entwicklungsfinanzierung zu finden."[13]

Wichtig war an der Millenniums-Erklärung, dass erstmals klare zeitliche Vorgaben zur Bekämpfung der weltweiten Armut beschlossen wurden und dass 4 der 8 Hauptziele sich auf die Lage von Kindern (und Jugendlichen) beziehen. Neben einer Vielzahl spezieller Sektor- und Querschnittsprogramme sollen Poverty Reduction Strategy Papers (PRSP), d.h. nationale Armutsbekämpfungsberichte, dazu beitragen, die gesetzten Ziele zu erreichen. Angela Grossmann und Beate Scherrer bemängeln jedoch, dass die Belange armer Familien, Kinder und Jugendlicher zu wenig berücksichtigt werden.[14] Auch UNICEF ist skeptisch, weil eine Erhöhung der offiziellen Entwicklungshilfe (Official Development Aid, ODA) um ca. 50 Mrd. US-Dollar notwendig wäre, um die Millenniumsziele in den Bereichen Grundbildung sowie Gesundheits- und Trinkwasserversorgung zu erreichen.[15] Die Weltbank schätzt, dass 88 Staaten bis 2015 die Bildungsziele verfehlen. Das UN-Entwicklungsprogramm (UNDP) weist auf die unzureichende Ausstattung der Programme hin. Die bis 2015 anvisierten Ziele seien technisch machbar und finanzierbar, die Umsetzungsdefizite also nicht auf fehlende Mittel, sondern eher auf die Nichteinhaltung der Vereinbarung und von ODA-Zusagen zurückzuführen.[16]

John Vandemoortele konstatiert, dass Durchschnittsberechnungen im Hinblick auf die Reduktion der Armut wachsende Einkommensdisparitäten zwischen verschiedenen Bevölkerungsgruppen verdecken. Weil von Einkommenszuwächsen in der Regel gerade nicht die Ärmsten profitieren, kann die Anzahl der Armen eines Landes im rechnerischen Durchschnitt sinken, die Verelendung der absolut armen Bevölkerung jedoch wachsen.[17] Weil die statistischen Durchschnittswerte (auch die Medianwerte) Armut eher unterrepräsentieren, kann leicht übersehen werden, dass vor allem wirtschafts- bzw. sozialpolitische Bottom-down-Strategien die Armen nicht erreichen. Die

---

13 Jens Martens, Ergebnisse und Perspektiven globaler Entwicklungszusammenarbeit nach der Monterrey-Konferenz, in: DGB-Bildungswerk u.a. (Hrsg.), Social Watch Report Deutschland 2002. Soziale Entwicklung in den Zeiten der Globalisierung, Bonn/Osnabrück 2002, S. 32

14 Angela Grossmann/Beate Scherrer, Die Verwirklichung der Millenniumsziele für Kinder und Jugendliche, in: Deutsche Welthungerhilfe/terre des hommes Deutschland (Hrsg.), Die Wirklichkeit der Entwicklungshilfe. Eine kritische Bestandsaufnahme der deutschen Entwicklungspolitik, Zehnter Bericht 2001/2002, Bonn/Osnabrück 2002, S. 21

15 Vgl. UNICEF, Poverty Reduction begins with children, New York 2000, zit. nach: ebd., S. 21

16 Vgl. UNDP, Bericht über die menschliche Entwicklung 2002, Bonn 2002, zit. nach: ebd., S. 22

17 Vgl. John Vandemoortele, Are the MDGs feasible?, UNDP Bureau for Development Policy, New York 2002, zit. nach: Angela Grossmann/Beate Scherrer, Die Verwirklichung der Millenniumsziele, a.a.O., S. 26

UNDP spricht in ihrem „Bericht über die menschliche Entwicklung 2002"
einen weiteren Aspekt dieses Phänomens an: „Je ungleicher die Einkommensverteilung ist, desto weniger nutzt Wachstum armen Menschen."[18]
Deutlich dürfte geworden sein, dass die Armut von Kindern international
zunehmend Beachtung findet. Immerhin sind in 4 von 10 MDGs Ziele benannt, die Kinder betreffen. Auch wenn Skepsis bezüglich der zeitgerechten
Umsetzung besteht, ist genügend Geld da, um die Ziele zu erreichen. Kinder
müssten in Armutsstatistiken gesondert ausgewiesen werden. Auf diese Personengruppe bezogene Wirkungsanalysen könnten als Teil der regelmäßigen
Armutsberichterstattung dazu beitragen, den jeweiligen Stand der Kinderarmut zu präzisieren.

7.2.2 Strategien gegen Armut in Europa

Armutsprogramme der EU gibt es schon seit Mitte der 1970er-Jahre. Allerdings führten sie ein Schattendasein, wurden von der Öffentlichkeit kaum
wahrgenommen und höchstens von Fachleuten diskutiert. In den Artikeln 136
und 137 des Vertrages von Amsterdam wurde 1997 die Bekämpfung von
Armut und sozialer Ausgrenzung erstmals als Ziel europäischer Sozialpolitik
vertraglich fixiert. Die Ratstagung in Lissabon (März 2000) erklärte, Europa
solle bis 2010 zur wettbewerbsfähigsten wissensbasierten Region der Erde
werden, wobei Armut und soziale Ausgrenzung ein Hindernis bilden könnten. Auf der Ratstagung von Nizza (Dezember 2000) vereinbarten die Staats-
und Regierungschefs vier zentrale Zielsetzungen der EU-Armutspolitik:

– die Förderung der Teilnahme am Erwerbsleben und des Zugangs aller zu
  Ressourcen, Rechten, Gütern und Dienstleistungen;
– die Vermeidung von Risiken der Ausgrenzung;
– Maßnahmen zugunsten der sozial Schwachen;
– die Mobilisierung aller Akteure.

Da Armutspolitik nach wie vor Teil der nationalen Sozialpolitik bleibt, wird
für die gemeinsame Politik der EU gegen Armut und Ausgrenzung die „Methode der Offenen Koordinierung" gewählt. Alle Länder Europas haben danach in einem zweijährigen Zyklus „nationale Aktionspläne" (NAPs) vorzu-
legen, die Aussagen zur Implementierung und Evaluierung nationaler Maßnahmen enthalten. Die praktische Umsetzung der Methode der Offenen Koordinierung beruht auf Freiwilligkeit und Konsens. Schon jetzt ist klar, dass
die Absicht, mittel- bis längerfristig eine prozessgesteuerte Konvergenz der
Sozialsysteme zu erreichen, das nationale Ausblenden des Themas „Armut

---

18 UNDP, Bericht über die menschliche Entwicklung 2002, Bonn 2002, zit. nach: ebd.,
    S. 22

und soziale Ausgrenzung" schon wegen supranationaler Rechtfertigungszwänge unmöglich machen wird.

Für die Berichterstattung wurden Indikatoren auf drei Ebenen vereinbart. Über die Indikatoren der ersten beiden Ebenen muss jährlich berichtet werden. Verbindlich festgelegte Indikatoren auf der *ersten* Ebene sind:

- Anteil der Personen in Haushalten mit weniger als 60 Prozent des nationalen durchschnittlichen Nettoäquivalenzeinkommens (nach Geschlecht, Alter, Erwerbsstatus, Haushaltstyp, Besitz von Wohneigentum);
- Anteil des 60%-Nettoäquivalenzeinkommens bei Alleinstehenden und Paaren mit zwei Kindern;
- Anteil der Personen, die längerfristig (mindestens 2 bis 3 Jahre) unterhalb des 60%-Medians liegen (unterteilt nach Geschlecht);
- Ausweis der relativen Armutslücke, d.h. Vergleich des 60%-Gruppenmedians der Armen mit dem des Durchschnitts der Gesamtbevölkerung;
- Variationskoeffizienten regionaler Arbeitslosigkeit;
- Anteil der länger als ein Jahr Arbeitlosen an der Erwerbsbevölkerung;
- Anteil der Personen bis 65 Jahren, die in Haushalten ohne Erwerbstätige leben;
- Anteil der 18- bis 24-Jährigen, die nur die Pflichtschulzeit ohne weitere Ausbildung absolviert haben;
- Lebenserwartung bei Geburt;
- selbst eingeschätzter Gesundheitszustand nach Einkommenshöhe differenziert. [19]

Auf der *zweiten* Ebene sollen folgende Daten jährlich berichtet werden:

- Anteil der Personen mit weniger als 40, 50 und 70 Prozent des Median-Nettoäquivalenzeinkommens;
- Anteil der Personen, die unterhalb des 60%-Medians leben, auf Basis der Konsumgüterpreise von 1994;
- Anteil der Personen unterhalb des 60%-Medians auf der Basis des Bruttoeinkommens (nach Geschlecht);
- Gini-Koeffizient der personellen Verteilung des Nettoäquivalenzeinkommens;
- Anteil der Personen, die mindestens 2 der vergangenen 3 Jahre unterhalb des 50%-Medians gelebt haben (nach Geschlecht);

---

19 Vgl. Richard Hauser, Soziale Indikatoren als Element der offenen Methode der Koordinierung zur Bekämpfung von Armut und sozialer Ausgrenzung in der Europäischen Union. Vortrag, gehalten im Rahmen des Aktionsprogramms zur Förderung der Zusammenarbeit der Mitgliedsstaaten bei der Bekämpfung der sozialen Ausgrenzung 2002-2006; Auftaktveranstaltung am 19. Februar 2002 in Berlin, durchgeführt vom Bundesministerium für Familie, Senioren, Frauen und Jugend und vom Bundesministerium für Arbeit und Sozialordnung, Berlin 2002, S. 6

- Anteil der mehr als 2 Jahre lang Arbeitslosen an der Erwerbsbevölkerung nach Geschlecht;
- Anteil der Personen mit geringer Ausbildung nach Altersgruppen und Geschlecht.

Für die Entwicklung der Indikatoren der *dritten* Ebene haben die Mitgliedsländer freie Hand. Sie sollen Wirkungsanalysen der ergriffenen Maßnahmen durchführen, was wissenschaftliches Neuland darstellt.[20]

Alle EU-Länder müssen regelmäßig über grundlegende Daten zur Armut und ihre Strategien zu deren Reduktion berichten. Allerdings erscheint die Armutsbekämpfung als bloße Funktion der Marktökonomie, wie es der neoliberalen Sichtweise entspricht. Interessant ist auch, dass über die Validität der jeweiligen Erhebungsmethoden keine Festlegungen vorgenommen wurden und von daher Niedrig- und Höchsteinkommen wie in der deutschen Datenerfassung unterbewertet sein könnten. Vor allem über die haushaltsbezogene Erfassung von Vermögen (Vermögensbestände, Vermögenseinkommen und Vermögensbildung inklusive der privaten Betriebsvermögen) wird nichts ausgeführt. Somit dürfte die Vermögenskonzentration statistisch nach wie vor verschleiert bleiben, was der gerechten Besteuerung aller Bürger/innen entgegensteht. Kinderarmut kommt in den europäischen Verträgen bisher nur im Zusammenhang mit „Maßnahmen zur Eingliederung sozial schwacher Kinder" und im Kontext der Forderung nach Solidarität in den Familien vor.

7.2.3 Strategien gegen Armut in Deutschland

Auf drei Ebenen ist die Bundesregierung verpflichtet, über ihren Beitrag zur Armutsreduzierung zu berichten:

- auf der internationalen Ebene der UN-Millenniumsziele und der dort verabschiedeten „Poverty-reduction-strategies" (PRPs);
- auf der europäischen Ebene nach den Vereinbarungen von Amsterdam, Lissabon und Nizza bzw. daraus entstandenen Verpflichtungen in jährlicher Datenübermittlung und zweijähriger umfassender Berichterstattung im „Nationalen Aktionsplan zur Bekämpfung von Armut und sozialer Ausgrenzung" (NAP);
- auf der nationalen Ebene durch Beschlussfassung des Bundestages zur Vorlage eines zweiten Armuts- und Reichtumsberichts in der Mitte der laufenden Legislaturperiode, also im Jahr 2004.

Auf der *internationalen* Ebene hat die Bundesregierung mit der Vorlage des Aktionsprogramms 2015 im Rahmen der Millenniumsziele eine umfassende

---

20 Vorarbeiten dazu haben Tony Atkinson u.a. (Social Indicators. The EU and Social Inclusion, Oxford 2002) geleistet.

Strategie ihres Beitrages zur Reduzierung der weltweiten Armut in ihren ökologischen, sozialen und ökonomischen Dimensionen formuliert.[21] Durch Einrichtung eines speziellen Arbeitsstabes im Bundesministerium für Zusammenarbeit, das „Aktionsprogramm Armutsbekämpfung" und dessen Ausstattung mit zusätzlichen 90 Mio. Euro hat sie ihre Verpflichtung dem Thema gegenüber öffentlich anerkannt.[22] Kinder und Jugendliche werden, wie oben dargestellt, im Zusammenhang mit einer Reduktion der Sterblichkeitsquote von Unter-5-Jährigen, der reproduktiven Gesundheitsversorgung, der Grundschulbildung, der Kinderarbeit, der Jugendbeschäftigung und der sexuellen Ausbeutung erwähnt. Für die Umsetzung von Projekten der Kinder- und Jugendförderung im Rahmen des Aktionsprogramms 2015 ist die Gesellschaft für Technische Zusammenarbeit (GTZ) zuständig. Sie fördert 89 Aktionsprogramme in vier programmatischen Schwerpunkten. Bei den Projekten mit einem Gesamtvolumen von 628,9 Mio. Euro, die gefördert werden, geht es um

–   Beratung bei der Erarbeitung von nationalen Plänen zur Verbesserung der Situation von Kindern und Jugendlichen aus den unteren Einkommensschichten;
–   Beiträge zur Fortbildung von Pädagog(inn)en und Sozialarbeiter(inne)n, die mit solchen Kindern und Jugendlichen arbeiten;
–   Aufbau und Förderung von Jugendorganisationen sowie Vernetzung von staatlichen und nichtstaatlichen Jugendbildungsprogrammen;
–   Finanzierung von Präventions- und Beratungsangeboten im Bereich von Gewalt, Drogen, Aids und Jugendschwangerschaften.

Evaluationsstudien liegen nicht vor, weshalb Angela Grossmann und Beate Scherrer bedauern, dass es nicht möglich sei, „Aussagen über die tatsächliche Wirksamkeit der einzelnen Projekte im Sinne der Armutsreduzierung bei Kindern und Jugendlichen zu treffen."[23]

Im *europäischen* Kontext hat die Bundesregierung erstmals einen 43-seitigen Bericht „Nationaler Aktionsplan zur Bekämpfung von Armut und sozialer Ausgrenzung 2001-2003" vorgelegt. Dieser steht – wie alle anderen Berichte zum Thema der Armutsreduzierung – unter dem Primat einer Förderung der Teilnahme am Erwerbsleben. Kinder finden an verschiedenen Stellen kurz Erwähnung (z.B. Familien mit Kindern). In einem Kapitel, das sich wesentlich auf den Armuts- und Reichtumsbericht der Bundesregierung stützt, wird auf 5 Seiten speziell zu Kindern und Jugendlichen Stellung genommen. Auch die Ansätze zur Bekämpfung der Kinderarmut beziehen sich

---

21   Vgl. Bundesministerium für wirtschaftliche Zusammenarbeit und Entwicklung (Hrsg.), Auf dem Wege zur Halbierung der Armut, BMZ Spezial Nr. 53, Bonn 2002, S. 28
22   Allerdings fehlt der entsprechende Umsetzungsplan bis heute.
23   Siehe Angela Grossmann/Beate Scherrer, Die Verwirklichung der Millenniumsziele für Kinder und Jugendliche, in: Deutsche Welthungerhilfe/terre des hommes Deutschland (Hrsg.), Die Wirklichkeit der Entwicklungshilfe, a.a.O., S. 21

überwiegend auf die Darlegung schon realisierter oder beabsichtigter familienpolitischer Maßnahmen. Als spezielle Präventionsmaßnahmen für „sozial
benachteiligte" Kinder- und Jugendliche im Rahmen der Kinder- und Ju-
gendhilfemaßnahmen werden vorgeschlagen:

- die Verbesserung der Entwicklungschancen für Kinder und Jugendliche
  in sozialen Brennpunkten;
- die Verbesserung der Infrastruktur in sozialen Brennpunkten und struk-
  turschwachen ländlichen Regionen im Rahmen des Bund-Länder-Pro-
  gramms „Die soziale Stadt";
- die Bereitstellung von Mitteln für lokale Aktionspläne der Jugendämter
  für Toleranz und Demokratie, gegen Gewalt und Rechtsextremismus;
- Aktionsprogramme für die bessere schulische Integration von Migrant(in-
  n)en.

Da für den zweiten Armuts- und Reichtumsbericht der Bundesregierung eine
ganze Reihe interessanter Forschungsaufträge (auch zur Kinderarmut) verge-
ben wurden, bleibt abzuwarten, ob die PRPs für die UN oder die NAPs für
die EU eher eine kindergerechte und nachhaltige Perspektive entwickeln
können, als das in den bisher vorliegenden Berichten geschehen ist. Dort ist
Kinderarmut gleichbedeutend mit Familienarmut und diese wiederum ausschließlich Beschäftigungsarmut. Hierauf richten sich sämtliche Strategien
der Armutsbekämpfung, wobei man über ein unspezifisches Minimalpro-
gramm für sozial Exkludierte selten hinausgelangt. Die Verkürzung auf fehlende Arbeitsplätze und Motivationsanreize für Arbeitgeber und Arbeitneh-
mer/innen beruht auf einer neoliberalen Marktperspektive, die Armut eindimensional auf Einkommen verengt, die Spaltung der Gesellschaft in Arme
und Reiche nicht genügend als Entwicklungshemmnis für die gesamte Gesellschaft begreift und vor allem die damit zusammenhängenden Folgen für
die Armen und insbesondere betroffene Kinder und Jugendliche ausblendet.

7.3 Entwicklungspolitik

Die Perspektive der „menschlichen Entwicklung" in den UNDP-Jahresbe-
richten und die Bestimmung von Indikatoren aus mehreren Variablen sind ein
richtiger Weg zur Bestimmung von Entwicklungsdefiziten. Leider ist Amarthya Sens Konzept der „capability-poverty-measure" (CPM) nicht weiter entwickelt worden.[24] Der indische Nobelpreisträger für Ökonomie hatte versucht, Armut vor allem als „Befähigungs"-Defizit zu begreifen und damit ei-

---

24 Vgl. Amarthya Sen, Capability and well being, in: ders./Martha Nussbaum (Hrsg.),
    The Quality of Life, Oxford 1993. Die Konkretisierung des CPM findet sich in:
    UNDP (Hrsg.), Bericht über die menschliche Entwicklung, Bonn 1996, S 136ff.

ne Handlungskomponente in die ansonsten nur auf Strukturdimensionen orientierte Armutserfassung einzuführen. Die Handlungsperspektive sollte in den internationalen Statistiken durch eine Kindheitsperspektive ergänzt werden, die ein begründetes „children-mainstreaming" im Sinne einer kindergerechten Welt ermöglichen könnte. An eine eigenständige Kindheitsperspektive im Sinne der Sen'schen „Befähigungs"-Armut ist bisher nirgendwo in Deutschland gedacht worden.

7.4 Vorschläge aus Sicht der dualen Armutsforschung

Verbindet man die Struktur- und Handlungstheorie im Sinne von Pierre Bourdieus Konstrukten des sozialen Raums, der Kapitalien und des Habitus, lassen sich Lebenslagen und -welt sozialräumlich verorten und die Entstehung (armuts)spezifischer sozialer, ökonomischer und kultureller Kapitalien begründen. Maßnahmen zur Armutsreduzierung sind somit zu spezifizieren als Maßnahmen

- eher struktur-, beschäftigungs-, bildungs-, familien- und sozialpolitischer Natur, die auf eine Veränderung der Lebenslagen zielen;
- eher handlungsorientierter und sozialpädagogischer Natur, die auf Empowerment und die Veränderung der Lebenswelt zielen.

8. Maßnahmen der Beschäftigungs-, Bildungs-, Familien- und Sozialpolitik zur Bekämpfung von (Kinder-)Armut

Wenn die heutige (Kinder-)Armut, wie oben ausgeführt, primär eine Folge der Globalisierung bzw. der neoliberalen Modernisierung ist, kann sie nicht ohne ihr Pendant, d.h. den in wenigen Händen konzentrierten Reichtum, verstanden und allein durch eine integrale Beschäftigungs-, Bildungs-, Familien- und Sozialpolitik, die miteinander kompatible Maßnahmen zur Umverteilung von Arbeit, Einkommen und Vermögen einschließt, beseitigt werden. Durch separate bzw. isolierte Schritte, etwa höhere Transferleistungen an (sämtliche) Eltern, sind prekäre Lebenslagen zwar partiell zu verbessern, ihre Ursachen aber kaum zu beseitigen. Nötig ist vielmehr ein Paradigmawechsel vom „schlanken" zu einem interventionsfähigen und -bereiten Wohlfahrtsstaat.

Eine reiche Industrienation, die den Anspruch erhebt, dafür zu sorgen, dass Jugendliche – gleich welcher Herkunft – ohne materielle Not und Entbehrungen aufwachsen, muss dementsprechend handeln. Beschäftigungs-, Familien- und Sozialpolitik können das Problem zwar lindern, aber nicht verhindern, dass die Kluft zwischen Arm und Reich fortbesteht und den inneren Frieden gefährdet. Kinderarmut konsequent zu bekämpfen heißt primär, Strukturen sozialer Ungleichheit zu beseitigen. Hierzu bedarf es einschneidender Reformen sowie entschlossener Schritte der Umverteilung von oben nach unten.[1]

Man kann Armut nicht mit Erfolg bekämpfen, ohne den im Zuge der neoliberalen Modernisierung enorm gewachsenen Reichtum anzutasten. Nötig wäre beispielsweise die Wiedereinführung der Vermögensteuer, um damit entsprechende Präventionsprogramme zu finanzieren. An die Stelle des Solidaritätszuschlages (für alle Einkommensteuerzahler/innen) müsste zudem eine zeitlich befristete Vermögensabgabe für Kapitaleigentümer und Besser-

---

1 Vgl. hierzu ausführlicher: Christoph Butterwegge, Wohlfahrtsstaat im Wandel. Probleme und Perspektiven der Sozialpolitik, 3. Aufl. Opladen 2001, S. 159ff.

verdienende treten, wie sie der frühere Arbeits- und Sozialminister Herbert Ehrenberg vorschlägt.[2]

8.1 Bekämpfung der (Langzeit-)Arbeitslosigkeit und Ausbau der Kinderbetreuung als Schritte zur Rekonstruktion des „Normalarbeitsverhältnisses"

Die sich heute in allen entwickelten Industriestaaten verfestigende Massenarbeitslosigkeit zieht oft einen sozialen Abstieg nach sich, der meist stufenförmig verläuft und nicht nur direkt Betroffene, sondern auch deren Familien hart trifft, besonders dann, wenn es sich um Alleinernährer/innen bzw. Alleinerziehende handelt. „Insofern bedarf es zur effektiven Verhinderung von Verarmung und zur Bekämpfung bereits entstandener Armutslagen vor allem einer aktiven Arbeitsmarkt- und Beschäftigungspolitik, deren Kern die Umverteilung von Arbeit durch Arbeitszeitverkürzung und -flexibilisierung, der Abbau von Überstunden sowie die Ermöglichung flexibler Übergänge von Phasen der Erwerbs- und Nichterwerbstätigkeit ist."[3]

Die spürbare und nachhaltige Verringerung der Arbeitslosigkeit bildet einen zentralen Ansatzpunkt zur Bekämpfung der Kinderarmut. „Wo und so lange wie gute Möglichkeiten zur Erwerbsarbeit angeboten werden bzw. diesen entsprochen werden kann, funktionieren auch die bestehenden Sicherungssysteme. Dort, wo dies nicht, nicht durchgängig oder nur sporadisch möglich ist, fällt die Sicherheit weg, in solchen Systemen einen angemessenen Schutz zu finden."[4] Eine konsequente Beschäftigungspolitik würde nicht nur die Arbeitslosigkeit verringern, sondern auch Kinderarmut entgegenwirken. Sie müsste von einer Umverteilung der Arbeit durch Abbau von Überstunden und Verkürzung der Wochen- wie der Lebensarbeitszeit über kreditfinanzierte Investitionsprogramme bis zu einem öffentlich geförderten Dienstleistungssektor alle Möglichkeiten wirtschaftspolitischen Staatsinterventionismus für die Schaffung von mehr Stellen nutzen.

---

2 Vgl. Herbert Ehrenberg, Erfolgreiche Armutsbekämpfung braucht neue Finanzierungsgrundlagen, in: Stefan Sell (Hrsg.), Armut als Herausforderung. Bestandsaufnahme und Perspektiven der Armutsforschung und Armutsberichterstattung, Berlin 2002, S. 462

3 Volker Offermann, Kinderarmut als Ausdruck sozialer Heterogenisierung in den östlichen Bundesländern: das Beispiel Brandenburg, in: Christoph Butterwegge (Hrsg.), Kinderarmut in Deutschland. Ursachen, Erscheinungsformen und Gegenmaßnahmen, 2. Aufl. Frankfurt am Main/New York 2000, S. 132

4 Ernst-Ulrich Huster, Kinder zwischen Armut und Reichtum, in: Christoph Butterwegge/Michael Klundt (Hrsg.), Kinderarmut und Generationengerechtigkeit. Familien- und Sozialpolitik im demografischen Wandel, 2. Aufl. Opladen 2003, S. 47

Einen wichtigen Hebel zur Verringerung der Erwerbslosigkeit bildet die sukzessive Verkürzung der Wochenarbeitszeit. Dabei müsste zumindest für Geringverdiener/innen voller Lohnausgleich das Ziel sein. „Ohne intelligente Modelle der Arbeitszeitverkürzung werden die Massenarbeitslosigkeit und die mit ihr wachsende Armut nicht zu überwinden sein. Denn selbst bei optimaler Ausnutzung der Wachstumschancen führt die hohe Produktivitätsentwicklung nicht zu ausreichendem Jobwachstum."[5] Sinnvoll wäre ein gesetzliches Verbot *bezahlter* Überstunden, damit Mehrarbeit nur noch per Freizeitausgleich abgegolten werden könnte.

Da die Aushöhlung bzw. Erosion des „Normalarbeitsverhältnisses" maßgeblich zur Verbreitung von (Kinder-)Armut beiträgt, ist die Bewahrung des Flächentarifvertrages ein weiterer Baustein zu ihrer wirkungsvollen und nachhaltigen Bekämpfung. Hinzutreten sollten Mindestlohnregelungen, wie sie in anderen westlichen Staaten (z.B. Frankreich) längst bestehen.[6] Aus dem Umstand, dass die Armut zuletzt in Teilbereiche der Arbeit vorgedrungen ist, muss EU-weit die Konsequenz eines gesetzlichen oder kollektivvertraglichen Mindestlohns gezogen werden. „Ohne Zweifel könnte mit solchen nationalen Mindestlöhnen nicht nur mehr Gerechtigkeit in der Arbeitswelt geschaffen werden; es könnte damit (...) auch Armut im herkömmlichen Sinn bzw. im Haushaltsverbund vermindert werden."[7] Trotz übertriebener Zurückhaltung der Gewerkschaften, die offenbar staatliche Eingriffe in die Tarifautonomie fürchten, sollten die Vorteile der *gesetzlichen* Garantie eines einheitlichen Mindestlohnes geprüft werden. Gabriele Peter weist auf die durchweg positiven Erfahrungen mit entsprechenden Gesetzen in Frankreich, den Niederlanden und anderen EU-Staaten hin.[8] Zudem schließt ein gesetzlicher Mindestlohn weder die (legitime) Möglichkeit der Tarifvertragsparteien aus, weiterreichende Regelungen zu treffen, noch wird man der Forderung nach Schaffung von mehr Niedriglohnbereichen und dem ständigen Ruf nach einer Verschärfung des Lohnabstandsgebotes im Sozialhilferecht begegnen können, ohne allgemeinverbindlich einen Mindestlohn festzulegen.

Ein neues, flexibles und den veränderten Bedingungen im Zeichen der Globalisierung genügendes Normalarbeitsverhältnis muss genauso wie das althergebrachte gesellschaftlich eingebettet sein und sozial flankiert werden, wozu ein Ausbau der öffentlichen Infrastruktur mit Ganztagsbetreuung für

---

5 Rudolf Hickel, Standort-Wahn und Euro-Angst. Die sieben Irrtümer der deutschen Wirtschaftspolitik, Reinbek bei Hamburg 1998, S. 271

6 Vgl. Wolfgang Strengmann-Kuhn, Armut trotz Erwerbstätigkeit in Deutschland – Folge der „Erosion des Normalarbeitsverhältnisses"?, in: Eva Barlösius/Wolfgang Ludwig-Mayerhofer (Hrsg.), Die Armut der Gesellschaft, Opladen 2001, S. 149

7 Claus Schäfer, Armut in der Arbeit. Ein (höherer) Mindestlohn als Gerechtigkeits-Instrument?, in: Soziale Sicherheit 4/1994, S. 131f.

8 Vgl. Gabriele Peter, Gesetzlicher Mindestlohn. Eine Maßnahme gegen Niedriglöhne von Frauen, Baden-Baden 1995, S. 146ff.; dies., Gesetzlicher Mindestlohn für die Bundesrepublik?, in: Gewerkschaftliche Monatshefte 2/1998, S. 96f.

Kinder unter 3 Jahren und im Schulalter (Ganztagsschule) gehört: „Dieser Ausbau muss Vorrang haben vor finanziellem Transfer für die Nichterwerbstätigkeit von Frauen (z.b. Erziehungsgeld) und auch vor einer weiteren Aufstockung des Kindergeldes. Denn nur bei verlässlichen gesellschaftlichen Infrastrukturen haben Mütter echte Wahlmöglichkeiten, wie sie ihr Arbeitsangebot gestalten wollen."[9]

8.2 Entlohnung der Eltern- bzw. Erziehungsarbeit: eine Alternative zum Familienlastenausgleich?

Kinder- lässt sich in der Regel auf Frauen- bzw. Mütterarmut zurückführen, sodass der Schlüssel zu ihrer Verringerung in einer Erhöhung der weiblichen Erwerbsbeteiligung liegt, was eine nachhaltige Verbesserung der Vereinbarkeit von Familie und Beruf durch Schaffung von mehr Teilzeitstellen einerseits sowie mehr öffentlichen Kinderbetreuungseinrichtungen, die möglichst preiswert oder kostenlos sein müssten, andererseits voraussetzt. Hierzulande ist eine ganztägige Betreuung bisher jedoch keineswegs gewährleistet. „Die Tatsache, daß in den alten Bundesländern immer noch mehr als die Hälfte aller Mütter mit Kindern unter 15 Jahren nicht erwerbstätig ist – ein im internationalen Vergleich sehr hoher Prozentsatz – sowie das verstärkte Abdrängen der Frauen und Mütter aus dem Erwerbsbereich in den neuen Bundesländern deuten darauf hin, daß in der Bundesrepublik Deutschland die sozialstrukturellen Hindernisse einer Vereinbarkeit von Familie und Erwerbstätigkeit noch stark ausgeprägt sind."[10]

Man kann zwei Strategien auf dem Weg zur besseren Vereinbarkeit von Berufstätigkeit und Familie unterscheiden: Während die *sukzessive* ein „Erziehungsgehalt" favorisiert, optiert die *simultane* für den Ausbau öffentlicher Kinderbetreuungseinrichtungen.[11] Bei Ersterer handelt es sich um den Versuch, die Familien- und die Erwerbstätigkeit in der Form gleichzustellen, dass beide, sei es vom Arbeitgeber oder vom Staat, entlohnt werden. Nicht nur Rechtsextreme und Konservative, sondern auch viele Bündnisgrüne und

9   Gerhard Bosch, Auf dem Weg zu einem neuen Normalarbeitsverhältnis?, Veränderung von Erwerbsläufen und ihre sozialstaatliche Absicherung, in: Karin Gottschall/Birgit Pfau-Effinger (Hrsg.), Zukunft der Arbeit und Geschlecht. Diskurse, Entwicklungspfade und Reformoptionen im internationalen Vergleich, Opladen 2002, S. 130

10 Sarina Keiser, Vereinbarkeit von Familie und Beruf – nur eine Frauenfrage?, in: Lothar Böhnisch/Karl Lenz (Hrsg.), Familien. Eine interdisziplinäre Einführung, 2. Aufl. Weinheim/München 1999, S. 249

11 Siehe Werner Schönig, Mitgliederorientierte Familienpolitik. Vereinbarkeitsstrategien als Akzenterweiterung in praktischer und konzeptioneller Hinsicht, in: Sozialer Fortschritt 2/2001, S. 38f.

Grün-Alternative erheben die Forderung nach einem „Elterngehalt". Es basiert auf der Grundüberzeugung, dass Erziehungs- mit normaler Erwerbsarbeit gleichzustellen und dementsprechend vom Staat in ähnlicher Weise (und Höhe) zu entgelten sei.

In einem Gutachten, das der Deutsche Arbeitskreis für Familienhilfe e.V. (Freiburg im Breisgau) in Auftrag gegeben hatte, entwickelten Christian Leipert und Michael Opielka das von der damaligen CDU/CSU/FDP-Koalition 1986 eingeführte Erziehungsgeld zu einem Konzept „Erziehungsgehalt 2000" weiter. Die materielle Honorierung von Familienarbeit in Form eines „Erziehungsgehalts" gilt Leipert und Opielka als erster, möglicherweise entscheidender Schritt zum familiengerechten Umbau des Sozialstaates, durch den zwischen Jung und Alt, Eltern und Kinderlosen, Frauen und Männern sowie Erwerbs- und Nichterwerbstätigen ein neues Gleichgewicht hergestellt werden soll.[12]

Das steuerpflichtige, für Kinder vom 1. bis zum 7. Lebensjahr (bzw. bis zum Schuleintritt) vorgesehene „Erziehungsgehalt I" sollte einen Grundbetrag von 2.000 DM pro Monat (für Alleinerziehende: 2.300 DM), der Zusatzbetrag für jedes weitere Kind 1.000 DM pro Monat (für Alleinerziehende: 1.150 DM) umfassen. Ab dem 4. Jahr sollte ein steuerfreier „Erziehungsgutschein" in Höhe von ca. 600 DM, der auf das Erziehungsgehalt I angerechnet würde, die Wahlfreiheit der Eltern, wie sie ihr Kind betreuen (lassen) wollen, erhöhen. Das vom 8. bis höchstens zum 18. Lebensjahr zu zahlende „Erziehungsgehalt II" würde auch erwerbszeitunabhängig, jedoch einkommenabhängig ausgezahlt, wobei der Grundbetrag für das erste Kind 1.400 DM pro Monat, der Zusatzbetrag für jedes weitere Kind 600 DM pro Monat betragen sollte.[13]

Angelika Krebs bescheinigt Leiperts und Opielkas Studie zwar, das am weitesten ausgearbeitete Konzept zur monetären Anerkennung der häuslichen Kindererziehung zu sein, kritisiert aber, dass seine Begründung eine „sexistische Schlagseite" habe.[14] Den überzeugendsten Einwand gegenüber dem Erziehungsgehalt bildet folgende Prognose, die Gerhard Becker stellt: „Es käme zu einer dauerhaften Verdrängung der Mütter vom Arbeitsmarkt, weil eine berufliche Wiedereingliederung nach einer derart langen Familientätigkeit

---

12 Vgl. Christian Leipert/Michael Opielka, Erziehungsgehalt 2000. Ein Weg zur Aufwertung der Erziehungsarbeit, Bonn, April 1998, S. 9

13 Vgl. ebd., S. 27ff.; Michael Opielka, Bezahlte Elternschaft. Voraussetzungen und Folgen einer monetären Anerkennung der Erziehungsarbeit durch ein Erziehungsgehalt, in: Andreas Netzler/Michael Opielka (Hrsg.), Neubewertung der Familienarbeit in der Sozialpolitik, Opladen 1998, S. 103ff.; ders., Das Konzept „Erziehungsgehalt 2000", in: Aus Politik und Zeitgeschichte. Beilage zur Wochenzeitung *Das Parlament* 3-4/2000, S. 14ff.

14 Siehe Angelika Krebs, Arbeit und Liebe. Die philosophischen Grundlagen sozialer Gerechtigkeit, Frankfurt am Main 2002, S. 81

schwer, wenn nicht unmöglich ist. Das wäre ein gleichstellungs- und arbeitsmarktpolitischer Rückschritt und würde die latente Armut vergrößern."[15]
Mit dem Vorschlag, Erziehungsarbeit in einer gehaltsähnlichen Höhe bis zum 12., 16. oder gar 18. Lebensjahr des Kindes zu entlohnen, eng verwandt ist die Idee, Eltern minderjähriger Kinder ein Familiengeld zu zahlen, das alle anderen Transferleistungen des Staates in diesem Politikbereich zusammenfasst. CDU und CSU versprachen im Bundestagswahlkampf 2002, vorbehaltlich seiner Finanzierbarkeit, ein Familiengeld in Höhe von 600 Euro pro Kind im Alter bis zu 3 Jahren, von 300 Euro pro Kind bis zur Volljährigkeit und von 150 Euro für über 17-Jährige, die sich noch in der Ausbildung befinden, zu zahlen. Renate Schmidt, seit Oktober 2002 Bundesfamilienministerin, hält das auf den ersten Blick großzügige Angebot der Union für ungeeignet, Kinderarmut zu bekämpfen und die Leistungen von Familien besser zu honorieren, weil es als „Gebärprämie" besonders junge, beruflich kaum qualifizierte Frauen verleiten würde, sich vom Arbeitsmarkt an den häuslichen Herd und auf die Mutterrolle zurückzuziehen: „Das Konzept droht (...) die Sozialhilfebedürftigkeit von Familien noch zu vergrößern."[16]
Sinnvoll wäre eine Rückbindung der Arbeit selbst wie der Arbeitszeitregelungen in den Betrieben und Verwaltungen an die Lebensbedürfnisse der Beschäftigten und ihrer Familien, was im Grunde eine Neujustierung des Normalarbeitsverhältnisses bedeuten würde: Beschäftigte müssten im Laufe ihres Lebens zwischen Vollzeitarbeit, Teilzeitarbeit und Arbeitsunterbrechung ohne Einbußen an sozialer Sicherung und an beruflichen Weiterbildungsmöglichkeiten wechseln können, Arbeitgeber sowohl in der Arbeitszeitgestaltung wie auch beim Arbeitsvolumen auf die unterschiedlichen, je nach Lebenssituation wechselnden Interessen der Beschäftigten Rücksicht nehmen.[17]

8.3 Kinder-, frauen- und familienpolitische Maßnahmen zur Herstellung von (mehr) Generationen- bzw. Geschlechtergerechtigkeit

In der Wissenschaft vollzog sich während der letzten beiden Jahrzehnte ein Paradigmenwechsel, der dazu führte, dass man die Kinder als eigenständige Persönlichkeiten mit individuellen Bedürfnissen sah, wodurch der Wandel zu

15 Gerhard Bäcker, Armut und Unterversorgung im Kindes- und Jugendalter: Defizite der sozialen Sicherung, in: Christoph Butterwegge (Hrsg.), Kinderarmut in Deutschland, a.a.O., S. 267
16 Renate Schmidt, S.O.S. Familie. Ohne Kinder sehen wir alt aus, Berlin 2002, S. 155
17 Vgl. Brigitte Stolz-Willig, Generationen- und Geschlechtergerechtigkeit oder: Familienarbeit neu bewerten – aber wie?, in: Christoph Butterwegge/Michael Klundt (Hrsg.), Kinderarmut und Generationengerechtigkeit, a.a.O., S. 221

einer subjektorientierten Familien- und Sozialpolitik möglich wurde: „Bis Ende der 70er Jahre betrachtete man Kinder – im Sinne einer entwicklungspsychologischen und sozialisationstheoretischen Perspektive – als sich entwickelnde Gesellschaftsmitglieder und stellte den Prozess des Erwachsenwerdens und der Entwicklung von Fähigkeiten und Begabungen in den Vordergrund. Im Zentrum einer Kinderpolitik standen Aspekte der Erziehung, der Pflege, des Schutzes und der Betreuung von Kindern – und zwar aus einer Erwachsenenperspektive. Unmittelbare Adressaten waren in erster Linie die Eltern und weniger die Kinder selbst.“[18] Durch die stärkere Betonung genuiner Kinderrechte sowie durch die rechtliche Gleichstellung von Mann und Frau bei der elterlichen Sorge wandelte sich die Familien- zu einer Familienmitgliederpolitik: „Dem gegenläufig wirken allerdings Tendenzen, die unter Berufung auf das Subsidiaritätsprinzip wieder mehr die Autonomie der Familie in den Vordergrund stellen und damit auch mehr familienbegleitende Kinderbetreuungsangebote durch Horte und Ganztagsschulen ablehnen.“[19]

Als bedeutendster Fürsprecher und Förderer der Familien gilt das Bundesverfassungsgericht. Schon mehrfach haben die Karlsruher Richter/innen den Gesetzgeber zu einem Kurswechsel auf diesem Politikfeld gezwungen. Genannt seien hier nur die Urteile des Bundesverfassungsgerichts zur steuerlichen Freistellung des Erziehungs- und Betreuungsaufwands vom 10. November 1998 und zur Pflegeversicherung vom 3. April 2001, wonach Eltern (wegen ihres „generativen Beitrags“) geringere Sozialbeiträge als Kinderlose zahlen sollen. Bei der erstgenannten Entscheidung ging es nicht, wie in den Medien überwiegend mit lobendem Unterton berichtet, um die Besteuerung der Familien, sondern um die angebliche Benachteiligung von (einkommensstarken) Ehepaaren mit Kindern gegenüber solchen ohne Kinder und gegenüber Alleinerziehenden. Was man als Beitrag zu einer finanziellen Besserstellung von Eltern feierte, lief auf eine massive Umverteilung von unten nach oben hinaus. „Relativ wenigen Gewinner(inne)n – gut verdienenden Elternpaaren – stehen viele Verlierer/innen – Alleinerziehende und Niedrigeinkommensbezieher/innen – gegenüber.“[20]

Statt die sozialen Unterschiede zwischen Familien zu verringern, vertiefte die Einführung eines Betreuungs-, Erziehungs- und Ausbildungsfreibe-

---

18 Claudia Wenzig, Sozial-räumliche Kontexte des Aufwachsens – Implikationen für eine kinderorientierte Sozialpolitik, in: Georg Neubauer/Johannes Fromme/Angelika Engelbert (Hrsg.), Ökonomisierung der Kindheit. Sozialpolitische Entwicklungen und ihre Folgen, Opladen 2002, S. 139

19 Andreas Netzler, Familien, in: Jutta Allmendinger/Wolfgang Ludwig-Mayerhofer (Hrsg.), Soziologie des Sozialstaats. Gesellschaftliche Grundlagen, historische Zusammenhänge und aktuelle Entwicklungstendenzen, Weinheim/München 2000, S. 298

20 Gerhard Bäcker, Armut und Unterversorgung im Kindes- und Jugendalter: Defizite der sozialen Sicherung, a.a.O., S. 265

trages auch für wohlhabende Ehepaare (bei gleichzeitiger Abschmelzung des Haushaltsfreibetrages für Alleinerziehende) die Kluft zwischen Arm und Reich, was aber weder bedürftigen Kindern noch der Gesellschaft insgesamt dient: Hauptnutznießer der neuen Regelung sind statt der *armen* Kinderreichen die *Reichen* mit vielen Kindern. Daher moniert Irene Dingeldey zu Recht, dass die Reform des Familienlastenausgleichs durch die rot-grüne Koalition an horizontalen Gerechtigkeitsprinzipien orientiert ist, Verteilungsungleichgewichte jedoch noch verstärkt und eine soziale Umverteilung zugunsten schwächerer Einkommensgruppen kaum verfolgt. „Durch die Reform verbessert sich (...) insbesondere die Einkommenssituation von Familien mit Kindern im mittleren und höheren Einkommensbereich."[21]

Tatsächlich lautet die zentrale Streitfrage: Beschränkt sich die Familienpolitik auf Maßnahmen zur Stärkung bzw. zur Wiederherstellung der Traditionsfamilie oder versteht man darunter Schritte zur Stabilisierung neuer Lebensformen und zur Unterstützung bestimmter, sozial benachteiligter oder bedürftiger Familien(mitglieder)? Anders gesagt: Soll die bürgerliche Kernfamilie als Institution perpetuiert oder sollen von Armut und Unterversorgung bedrohte Kinder durch den Staat aus ihrer prekären Situation befreit werden?

Thomas Ebert stellt der elternzentrierten Status- eine moderne Familienpolitik gegenüber, welche die Lebensbedingungen für Kinder und Jugendliche zu verbessern sowie die Gleichstellung der Geschlechter zu erreichen sucht. „Eine moderne Familienpolitik geht davon aus, dass die Eltern ihre Kinder nicht für die Gesellschaft oder den Staat und auch nicht um irgendeines fremden Zweckes willen, z.B. der Versorgung oder der Pflege im Alter, aufziehen, sondern in eigener Verantwortung und um ihrer selbst willen."[22] Margit Schratzenstaller weist darauf hin, „dass arbeitsmarktpolitische – insbesondere die Arbeitsmarktpartizipation von Frauen – und verteilungspolitische Ziele – insbesondere Armutsvermeidung – die maßgeblichen Leitlinien einer zeitgemäßen Familienpolitik sein sollten."[23]

Unterscheidet man mit Karin Müller-Heine zwischen einer institutions-, einer funktions- und einer mitgliederorientierten Familienpolitik,[24] so ist die Letztgenannte aufgrund veränderter Lebenslagen zu stärken. Nicht die Fami-

---

21 Irene Dingeldey, Familienbesteuerung in Deutschland. Kritische Bilanz und Reformperspektiven, in: Achim Truger (Hrsg.), Rot-grüne Steuerreformen in Deutschland. Eine Zwischenbilanz, Marburg 2001, S. 216

22 Thomas Ebert, Beutet der Sozialstaat die Familien aus?, Darstellung und Kritik einer politisch einflussreichen Ideologie, in: Christoph Butterwegge/Michael Klundt (Hrsg.), Kinderarmut und Generationengerechtigkeit, a.a.O., S. 106

23 Siehe Margit Schratzenstaller, Steuer- und transferpolitische Aspekte aktueller Familienpolitik, in: Friederike Maier/Angela Fiedler (Hrsg.), Gender Matters. Feministische Analysen zur Wirtschafts- und Sozialpolitik, Berlin 2002, S. 185

24 Vgl. Karin Müller-Heine, Ziele und Begründungen von Familienpolitik, in: Arbeit und Sozialpolitik 9-10/1999, S. 57ff.

lie selbst, sondern ihre abhängigen Mitglieder, Frauen und Kinder, sollte man mehr als bisher fördern. Eine zeitgemäße Sozialpolitik hat sich also nicht „der Familie" als solcher zuzuwenden, sondern jenen Familienmitgliedern, die unfähig sind, ihren Lebensunterhalt in der Leistungs- und Konkurrenzgesellschaft ohne fremde Hilfe selbstständig zu bestreiten.

Nötig wäre eine Neuordnung des Familienlastenausgleichs, welcher drei Kriterien erfüllen müsste, um dem Ziel einer wirksamen Bekämpfung bzw. Vermeidung von Kinderarmut dienen zu können:

1. Transferleistungen und steuerliche Freistellungen haben sich an einem einheitlichen soziokulturellen Mindestbedarf für Kinder zu orientieren.
2. Sie dürfen nicht zu unterschiedlichen Entlastungs- und Unterstützungsleistungen führen, also Familien mit niedrigeren Einkommen benachteiligen.
3. Um die Verarmung von Familien auszuschließen, bedarf es eines nichtdiskriminierenden bzw. -stigmatisierenden Transfersystems, das die derzeitige Sozialhilfe ablöst.[25]

Problematisch ist nicht etwa die (vermeintlich zu geringe) Höhe der familienpolitisch begründeten Transferleistungen, sondern ausschließlich deren (gegenüber sozialen Unterschieden indifferente) Struktur. Dass gerade Superreiche, Kapitaleigentümer und Spitzenverdiener/innen am meisten von Subventionen profitieren, die eigentlich *den Familien* – und das kann doch nur heißen: solchen, die sie benötigen, um ihren Kinder unbillige Entbehrungen zu ersparen – zugute kommen sollten, wird aber selten kritisiert.

„Umverteilung von oben nach unten!", nicht „Umverteilung von den Kinderlosen zu den Eltern!" müsste die Devise einer gerecht(er)en Familienpolitik lauten. Dafür bietet sich auf den ersten Blick eine massive Erhöhung des Kindergeldes an, wie sie etwa der Deutsche Kinderschutzbund verlangt. Das in der 14. Legislaturperiode des Bundestages (1998 bis 2002) drei Mal angehobene Kindergeld ist zwar die wichtigste Sozialleistung zur Bekämpfung der Armut von Familien, deckt freilich nur einen Teil des soziokulturellen Mindestbedarfs junger Menschen: „Zudem ist es nach der Anzahl der Kinder in der Familie gestaffelt und nicht bedarfsorientiert konzipiert. Letzteres würde nämlich eine altersmäßige Niveaudifferenzierung erfordern, wie dies bei der Ausgestaltung der Kinder-Regelsätze in der Sozialhilfe der Fall ist."[26] Kindergeld wird voll auf die Hilfe zum Lebensunterhalt angerechnet, was zur Folge hat, dass ausgerechnet jene Familien nicht an Erhöhungen partizipieren würden, deren Einkommen am niedrigsten ist. Bisher wurde nur ein Mal, nämlich im Rahmen der Haushaltsberatungen des Bundes für das Jahr

25 Vgl. Margherita Zander, Kinderarmut und Existenzsicherung im Sozialstaat, in: Hans Weiß (Hrsg.), Frühförderung mit Kindern und Familien in Armutslagen, München/Basel 2000, S. 100f.
26 Ebd., S. 97

2000, vom Subsidiaritätsprinzip abgewichen, eine Sonderregelung getroffen und die damalige Erhöhung des Kindergeldes um 20 DM für das 1. und 2. Kind ausnahmsweise an Bezieher/innen von Sozialhilfe weitergegeben.[27] Andernfalls entlasten Kindergelderhöhungen zwar die auch durch steigende (Sozialhilfe-)Kosten arg strapazierten Haushalte der Kommunen, nicht aber die von dieser Hilfeart abhängigen Familien.

Ob mehr soziale Gerechtigkeit erreichbar wäre, wenn das Kindergeld einkommensabhängig gewährt würde, wie Petra Beckerhoff meint,[28] ist fraglich. So plausibel der Vorschlag zunächst klingt, so wenig berücksichtigt er, dass der Sozialstaat womöglich seinen Rückhalt in anderen Teilen der Bevölkerung verliert, wenn er nur noch die Armen und Bedürftigen alimentiert. Gerade weil – und vermutlich: bloß wenn – die Mittelschichten selbst von Transfers wie dem Kindergeld profitieren, akzeptieren sie Programme für „randständige" Minderheiten: „Nur ein Sozialsystem, aus dem die Mehrheit der Bevölkerung Nutzen zieht, wird eine Staatsbürgermoral hervorbringen können. Wenn ‚Sozialstaat' ausschließlich negative Konnotationen hat und hauptsächlich für Arme da ist, wie es in den USA der Fall ist, wird er am Ende die Gesellschaft spalten."[29] Bisher ist das Kindergeld für alle Eltern, wenn man so will, der am weitesten nach vorn geschobene Brückenkopf des Wohlfahrtsstaates. Würde man den Kreis seiner Bezugsberechtigten einschränken, so wäre dies ein schwerlich zu rechtfertigender Rückschritt. Sinnvoll wäre ein für sämtliche Eltern gleiches und einheitliches Kindergeld, das nicht durch (Eltern mit höheren Einkommen stärker begünstigende) Steuerfreibeträge konterkariert werden dürfte. Freibeträge erhöhen im Optionsmodell wegen der Progression des Einkommensteuertarifs eher die soziale Ungleichheit und sind deshalb abzulehnen, es sei denn, sie würden im Sinne eines Kinder*grund*freibetrages oder nicht auf das zu versteuernde Einkommen, sondern auf die Steuerschuld gewährt und, falls eine solche nicht besteht, in eine Gutschrift umgewandelt und ausbezahlt.

Für die Bündnisgrünen entwickelte Ekin Deligöz, damals Vorsitzende der Kinderkommission des Bundestages, im Jahr 2000 das Modell einer Grundsicherung, die Armut von Heranwachsenden beseitigen sollte, ohne ähnlich horrende Kosten zu verursachen wie eine pauschale Anhebung des Kindergeldes auf das Niveau des Existenzminimums. Ausgehend vom Konzept einer allgemeinen bedarfsorientierten Grundsicherung und der Forderung des Deutschen Kinderschutzbundes nach einem Kindergeld in Höhe von 600 DM, schlug die Bundestagsabgeordnete vor, solchen Familien einen an den konkreten Bedarf gekoppelten Zuschlag zum bisherigen Kindergeld zu

---

27 Vgl. ebd., S. 98
28 Vgl. Petra Beckerhoff, Kein Kindergeld für Besserverdienende: ein Weg zu mehr Gerechtigkeit, in: Soziale Sicherheit 9-10/1999, S. 311ff.
29 Anthony Giddens, Der dritte Weg. Die Erneuerung der sozialen Demokratie, Frankfurt am Main 1999, S. 126

zahlen, „deren Einkommen unter oder knapp über dem soziokulturellen Existenzminimum liegt. Das ist um ein Vielfaches kostengünstiger als die Variante des Kinderschutzbundes und kostet auch nur einen Bruchteil einer umfassenden Grundsicherung, die für alle Bevölkerungsgruppen greift."[30] Deligöz bezifferte die zu erwartenden Kosten auf 5,9 Mrd. DM, welche nach dem gültigen Schlüssel der Einkommensteuerverteilung von Bund, Ländern und Gemeinden zu tragen seien, und wies auf Möglichkeiten der Gegenfinanzierung, beispielsweise durch Reduzierung des Ehegattensplittings im oberen Einkommensbereich, hin: „Beim Ehegattensplitting anzusetzen macht Sinn, denn es unterstützt einseitig die Ehe, während der Schwerpunkt des sozialpolitischen Handlungsbedarfs eindeutig auf dem Zusammenleben mit Kindern liegt."[31]

Obwohl die Ehe- statt einer Kinderförderung als Fehlorientierung der Familienpolitik gilt,[32] bietet die Umwandlung des Ehegatten- in ein Familiensplitting keine Lösung, weil dieses hinsichtlich der Verteilungswirkung noch ungerechter wäre. Renate Schmidt kritisiert, dass ein solches Splitting die Steuerbelastung kinderreicher Spitzenverdiener und Einkommensmillionäre deutlich verringern, kinderreichen Durchschnittsverdienern, Arbeitslosen und Sozialhilfeempfänger(inne)n jedoch wenig oder nichts bringen würde: „Alleinerziehende würden davon allerdings profitieren, aber nur minimal, weil die wenigsten in Einkommenskategorien verdienen, wo ein Familien-Splitting deutliche Steuervorteile bringt."[33]

Zu denken wäre eher an ein sog. Realsplitting, bei dem der steuerliche Splittingvorteil durch einen gar nichts oder aber erheblich weniger als der Haushaltsvorstand verdienenden Ehepartner stärker begrenzt wird. Auch ein *Grund*freibetrag (in Höhe des Existenzminimums der Kinder) hätte nicht die Progressionswirkung solcher Freibeträge, wie sie die beiden Familienförderungsgesetze der rot-grünen Koalition gewähren.

Gegen das Erziehungsgeld (wenigstens in seiner jetzigen Höhe) spricht, dass es die traditionelle Form der geschlechtsspezifischen Arbeitsteilung in Erwerbs- und Hausarbeit begünstigt.[34] Sehr viel positiver bewerten Ulrich Otto und Eberhard Bolay das Wohngeld: „Es gibt kaum einen anderen Transfer, der so direkt einer Verbesserung der Lebenslage von Kindern und Jugendlichen zugute kommt, so daß schon deshalb dringend seine inzwischen

---

30 Ekin Deligöz, Mit einer Grundsicherung gegen Armut. Wie die Lebenschancen von Kindern verbessert werden können, in: Frankfurter Rundschau v. 4.12.2000
31 Ebd.
32 Vgl. Margit Schratzenstaller, Kinder statt Ehe fördern. Steuerpolitische Aspekte aktueller Familienpolitik, in: Soziale Sicherheit 1/2001, S. 9ff.
33 Renate Schmidt, S.O.S. Familie, a.a.O., S. 157
34 Vgl. Ulrich Otto/Eberhard Bolay, Armut von Heranwachsenden als Herausforderung für Soziale Arbeit und Sozialpolitik – eine Skizze, in: Ulrich Otto (Hrsg.), Aufwachsen in Armut. Erfahrungswelten und soziale Lagen von Kindern armer Familien, Opladen 1997, S. 31

aufgelaufene Unterausstattung behoben werden muß, wobei die einschlägige Debatte auf zusätzliche Reformnotwendigkeiten verweist."[35] Dagegen wäre einzuwenden, dass diese Subvention letztlich weniger bedürftigen Familien als den Eigentümern jener Häuser, in denen sie zur Miete leben, nützt. Sinnvoller wäre mithin eine Objekt- statt einer Subjektförderung. Der soziale Mietwohnungsbau wurde allerdings seit den 1980er-Jahren immer stärker eingeschränkt.

Ungeklärt ist, ob Finanzmittel, die der (ganzen) Familie dienen sollen, den bedürftigen Kindern wirklich helfen oder nur die Haushaltsvorstände erreichen. Nicht zuletzt deshalb fordert Claudia Pinl statt höherer Zuwendungen des Staates an die Eltern einen Ausbau öffentlicher Einrichtungen, die auch (sonst womöglich leer ausgehenden) Kindern ohne familiären Rückhalt zugute kommen würden: „Der ‚Familienleistungsausgleich' entzieht den Kindern Geld an den Stellen, wo gerade sie es am meisten brauchen: in Erziehungsberatungsstellen und schulpsychologischen Diensten, in Ganztagsschulen, KiTas, Horten, Krippen und Freizeiteinrichtungen für Jugendliche."[36] Ulla Knapp plädiert gleichfalls für *Real*transfers; sie möchte die Eheförderung abschaffen, Chancengleichheit für Kinder herstellen und außerdem einen „geschlechterpolitischen Modellwechsel" herbeiführen.[37] Betreuungs- und Bildungsangebote für sozial benachteiligte Familien sind daher wirksamer als die Anhebung des Kindergeldes bzw. der steuerlichen Freibeträge. „Monetäre Transfers können zwar, wenn sie zielgruppenorientiert und degressiv ausgestaltet sind, den Zugang zum ersten Arbeitsmarkt flankieren. Eine mindestens ebenso große Bedeutung kommt indes den *Real*transfers zu (...). Als infrastrukturelle Realtransfers sind hier zum einen Angebote der Fortbildung und Umschulung und zum anderen Kinderbetreuungseinrichtungen zu nennen."[38]

8.4 Bildungs- und Betreuungsangebote als wirksamer Beitrag zur Verringerung bzw. Vermeidung von Kinderarmut

Kinder tragen nicht nur ein erhöhtes Armutsrisiko, sondern sind in bestimmten Fällen auch selbst eins, weil jene soziale Infrastruktur fehlt, die es ihren Müttern erlaubt, neben der Familien- auch Erwerbsarbeit zu leisten. Hier liegt

---

35 Ebd.
36 Claudia Pinl, Wieviele Ernährer braucht das Land?, Familienpolitik als Wahlkampfschlager, in: Blätter für deutsche und internationale Politik 9/2001, S. 1130
37 Siehe Ulla Knapp, Sozialstaat, Kinder und Familie, in: spw – Zeitschrift für Sozialistische Politik und Wirtschaft 114 (2000), S. 48f.
38 Werner Schönig, Langzeitarbeitslosigkeit und Kinderarmut, in: Christoph Butterwegge (Hrsg.), Kinderarmut in Deutschland, a.a.O., S. 219 (Hervorh. im Original)

– unabhängig von der Erhöhung monetärer Transfers zugunsten sozial benachteiligter Kinder – ein zentraler Ansatzpunkt für Gegenmaßnahmen. Es müsste nicht nur Kita-Plätze für die Sprösslinge von Alleinerziehenden und Mehrkinderfamilien in ausreichender Zahl geben, die Beiträge der Eltern sollten – falls überhaupt nötig – auch nach Einkommen und Familiengröße gestaffelt sein, um weiterer Armut entgegenzuwirken: „Die finanzielle Entlastung von Familien mit niedrigem Einkommen kann verhindern, daß insbesondere materiell unterprivilegierte Bevölkerungsgruppen vor einer Inanspruchnahme zu teurer Betreuungsangebote zurückschrecken, womit Berufstätigkeit erschwert und die Abhängigkeit von Sozialleistungen wahrscheinlicher wird."[39]

Durch die Bereitstellung von mehr außerhäuslichen Betreuungseinrichtungen verbessern sich zwar die Möglichkeiten für (alleinerziehende) Mütter, neben der Kindererziehung einer Berufstätigkeit nachzugehen. Gleichwohl belegen die Erfahrungen mit dem US-Modell „From welfare to work", wie Harry Kunz konstatiert, „dass eine Ausrichtung der Sozialpolitik auf Erwerbsarbeit um jeden Preis am gesellschaftlichen Skandal der Kinderarmut wenig ändert: Wo Arbeitslosigkeit durch einen Niedriglohnsektor verringert wird, verringert dies die Kinderarmut nicht, weil die Mehrheit der ‚working poor' dann aus Frauen mit Kindern in Niedriglohn- und Teilzeitsektoren besteht."[40]

Ganztagsschulen, die (preisgünstige oder unentgeltliche) Kindergarten-, Krippen- und Hortplätze ergänzen sollten, hätten einen Doppeleffekt: Einerseits würden von Armut betroffene/bedrohte Kinder umfassender betreut und systematischer gefördert als bisher, andererseits könnten ihre Mütter leichter als sonst einer Vollzeitbeschäftigung nachgehen, was sie finanzielle Probleme besser meistern ließe. Ergänzend dazu müssten (größere) Unternehmen für Alleinerziehende günstige Arbeitszeitmodelle und/oder Betriebskindergärten anbieten. Durch die Ganztags- als Regelschule lassen sich soziale Handikaps insofern kompensieren, als eine bessere Versorgung der Kinder mit Nahrung (gemeinsame Einnahme des Mittagessens), eine gezielte Unterstützung vor allem leistungsschwächerer Schüler/innen (nicht nur aus Migrantenfamilien) bei der Erledigung von Hausaufgaben und eine sinnvollere Gestaltung der Freizeit möglich wären. „Für die Familien selbst kann die Inanspruchnahme der Tagesbetreuung Entlastung bedeuten und damit Regenerationsmöglichkeiten schaffen, die das Familiensystem gerade noch in der Balance halten oder auch die Überwindung zugespitzter Belastungen möglich

---

39 Gitta Trauernicht, Armut von Kindern und Jugendlichen und kommunale Jugendpolitik, in: Karl-Jürgen Bieback/Helga Milz (Hrsg.), Neue Armut, Frankfurt am Main/ New York 1995, S. 225

40 Harry Kunz, Frisst die Globalisierung ihre Kinder?, Familien- und Kinderpolitik – Stand und nötige Veränderungen, in: Kommune 7/2002, S. 7; vgl. auch: Uwe Wilke, Sozialhilfe in den USA. Die Reform in Texas und Wisconsin, Frankfurt am Main/ New York 2002, S. 288f.

machen. Zugleich wird mit der Inanspruchnahme der Tagesbetreuung die Isolation aufgebrochen, in die sich ,arme Familien' häufig begeben."[41] Bildungs-, besonders die Schulpolitik, und (Sozial-)Pädagogik sind gleichermaßen gefordert, für alle Menschen befriedigende Lebensverhältnisse und ein Höchstmaß an Chancengleichheit zwischen Kindern unterschiedlicher sozialer wie ethnischer Herkunft zu schaffen. Bildung ist keine politische Wunderwaffe im Kampf gegen die Armut, kann aber gerade im viel beschworenen „Zeitalter der Globalisierung", wo (Arbeits-)Produktivität und eine hohe Qualifikation des „Humankapitals" als Standortfaktoren fungieren, zur Erhöhung der Lebenschancen von Kindern aus „Problemfamilien" beitragen, allerdings nur, wenn sie nicht den Marktgesetzen bzw. privaten Verwertungsinteressen unterworfen und für die kaufkräftige Kundschaft reserviert wird.

8.5 Aufgaben der Politik und Pädagogik im Kampf gegen die Armut von (Schul-)Kindern

Statt *alle* Eltern materiell besser zu stellen, wie es die traditionelle Familienpolitik – insbesondere jene (national)konservativer Prägung – getan hat, müssen sozial benachteiligte Kinder besonders gefördert werden. Dabei sollte die Hilfestellung unabhängig von der jeweiligen Familienform wie von der Erwerbsbiografie der Eltern erfolgen. Denn die Rechte eines Kindes leiten sich aus seiner Identität als Kind, nicht aus seinem Verhältnis zu einem anspruchsberechtigten Elternteil ab.[42] Deshalb muss die Rechtsposition der Kinder verbessert und akzeptiert, aber auch institutionell verankert werden, dass sie autonome Subjekte mit eigenen Bedürfnissen und Ansprüchen sind, was bisher selten oder gar nicht geschieht. „Da Kinder immer noch überwiegend als ,Privatsache' ihrer Eltern betrachtet werden und keinen unmittelbaren Anspruch auf Unterstützung an den Staat richten können, bedarf es einer konsequenten Umsetzung des bürgerrechtlichen Status von Kindern, damit sie – wie erwachsene Bürger auch – Teilhabeansprüche an die Gesellschaft und den Staat stellen können."[43]

---

41 Gitta Trauernicht, Armut von Kindern und Jugendlichen und kommunale Jugendpolitik, a.a.O.
42 Vgl. Magdalena Joos, Armutsentwicklung und familiale Armutsrisiken von Kindern in den neuen und alten Bundesländern, in: Ulrich Otto (Hrsg.), Aufwachsen in Armut, a.a.O., S. 76
43 Thomas Olk/Johanna Mierendorff, Kinderarmut und Sozialpolitik. Zur politischen Regulierung von Kindheit im modernen Wohlfahrtsstaat, in: Jürgen Mansel/Georg Neubauer (Hrsg.), Armut und soziale Ungleichheit bei Kindern, Opladen 1998, S. 253

Das deutsche System der sozialen Sicherung ist erwerbsarbeits-, ehe- und erwachsenenzentriert, aber bisher überhaupt nicht kindorientiert. Eine kindorientierte Sozialpolitik darf nicht zulassen, dass kommunale Betreuungsangebote aufgrund staatlicher Sparmaßnahmen und leerer öffentlicher Kassen weiter verringert werden. Detlef Baum bezeichnet es als die zentrale Herausforderung und eine adäquate Strategie zur Bekämpfung der Armut und ihrer Folgen für Kinder, den fatalen Zusammenhang, welcher zwischen räumlicher und sozialer Ausgrenzung besteht, zu durchbrechen. „Will der Staat die individuelle rechtliche und ökonomische Position von Personen verbessern, muss die kommunale Sozialpolitik die sozialräumlichen Strukturen zu gestalten suchen, unter denen Menschen leben bzw. aufwachsen, und die pädagogischen Beziehungen zu optimieren oder zu konstituieren suchen, die das Aufwachsen von Kindern und Jugendlichen in einer Kommune gelingen lassen."[44]

Bildungs-, Erziehungs- und Kultureinrichtungen sind für eine gedeihliche Entwicklung und freie Entfaltung der Persönlichkeit sozial benachteiligter Kinder unentbehrlich, weshalb sie nicht – dem neoliberalen Zeitgeist entsprechend – privatisiert, sondern weiterhin öffentlich finanziert und noch ausgebaut werden sollten. Familienpolitik ist demnach eine „umfassende Querschnittsaufgabe", die viele Politikfelder (Wohnungs- bzw. Städtebau, Soziales, Bildung, Schule, Kultur, Freizeit, Sport) gleichzeitig betrifft und die zahlreiche Akteure und Institutionen gemeinsam wahrzunehmen haben: „Angesprochen sind alle Gebietskörperschaften (Bund, Länder und Gemeinden), aber auch die Sozialversicherungsträger und die Tarifvertrags- und Arbeitsmarktparteien. Da Familienpolitik ganz maßgeblich auf dem Einsatz sozialer Dienste beruht, zählen auch frei-gemeinnützige Einrichtungen (wie Wohlfahrtsverbände), Kirchen und Selbsthilfeinitiativen zu den Trägern familienpolitischer Maßnahmen."[45]

Eine bessere, Kindergärten und Schulen weniger auf soziale Selektion ausrichtende Bildungspolitik wäre ein wichtiger Baustein zur Bekämpfung der Kinderarmut. Man muss sich künftig nicht zuletzt aufgrund schlechter Ergebnisse der Bundesrepublik bei internationalen Schulleistungsvergleichen (z.B. PISA) darum bemühen, kinderreiche Eltern finanziell zu entlasten und talentierte Kinder aus Unterschichten bzw. migrierten Familien durch ergänzende Programme stärker zu unterstützen: „Eine wichtige Funktion könnte auch der außerschulischen Bildungsarbeit zukommen, indem sie Kindern und Jugendlichen Kompetenzen im Bereich der Kultur und der Kunst vermittelt, die zur Selbstwertsteigerung beitragen können."[46]

---

44 Detlef Baum, Armut und Ausgrenzung von Kindern: Herausforderung für eine kommunale Sozialpolitik, in: Christoph Butterwegge/Michael Klundt (Hrsg.), Kinderarmut und Generationengerechtigkeit, a.a.O., S. 182
45 Gerhard Bäcker u.a., Sozialpolitik und soziale Lage in Deutschland, Bd. 2: Gesundheit und Gesundheitssystem, Familie, Alter, Soziale Dienste, 3. Aufl. Wiesbaden 2000, S. 154
46 Andreas Lange/Wolfgang Lauterbach/Rolf Becker, Armut und Bildungschancen. Auswirkungen von Niedrigeinkommen auf den Schulerfolg am Beispiel des Übergangs von

Es kommt ganz entscheidend darauf an, wie die Öffentlichkeit und die Massenmedien mit dem Thema „Kinderarmut" umgehen. Meist dominieren Bemühungen, das Problem zu tabuisieren oder gar zu vertuschen. Helgard Andrä bemerkt daher zu Recht, „dass die Schule stärker für die sich ausweitende Armut bzw. deren Folgeerscheinungen sensibilisiert werden muss."[47] Lehrerinnen und Lehrer, die meist aus der Mittelschicht stammen und nicht in sozialen Brennpunkten, vielmehr privilegierten Stadtvierteln wohnen, sind darauf nicht oder nur unzureichend vorbereitet. Folglich muss das Thema „Kinderarmut" im Rahmen der Lehrerausbildung stärker berücksichtigt werden. Wer dort mit diesem Problem, seinen Hintergründen und Auswirkungen nie auch nur ansatzweise befasst war, kann später als Pädagoge keinen ihm adäquaten Unterricht geben. „Probleme wären leichter zu bewältigen, wenn in der Schule offen über Armut, deren Ursachen und mögliche Folgen gesprochen und damit gegenseitiges Verständnis geweckt und für Unterstützung gesorgt würde. Das Thema ‚(Kinder-)Armut' sollte deshalb ausführlicher als bisher Teil der Curricula werden, und zwar nicht mehr nur bezogen auf das Elend der sogenannten Dritten Welt."[48]

Zwar kann die Pädagogik eine konsequente Politik gegen Armut nicht ersetzen, sie muss aber dafür sorgen, dass diese Problematik trotz emotionaler Barrieren und rationaler Bedenken auf die Agenda gesetzt wird: „Die weitgehende Nichtthematisierung der (Kinder-)Armut ist ein Armutszeugnis für die schulische und außerschulische Bildungsarbeit!"[49] Fächerübergreifend hätte der Unterricht zu vermitteln, welche Ursachen die neue Armut hat und dass die Betroffenen in aller Regel keine persönliche Verantwortung dafür trifft, sondern individuelle Schuldzuweisungen nur von den gesellschaftlichen und politischen Hintergründen (Globalisierung, neoliberale Hegemonie, ungerechte Verteilung des Reichtums) ablenken. Auch müsste ein Bewusstsein dafür geschaffen werden, dass mächtige Interessengruppen die Bekämpfung der (Kinder-)Armut erschweren und wie ihr Einfluss durch solidarisches Handeln, politisches Engagement und außerparlamentarische Mobilisierung zurückzudrängen ist.

---

der Grundschule auf weiterführende Schulstufen, in: Christoph Butterwegge/Michael Klundt (Hrsg.), Kinderarmut und Generationengerechtigkeit, a.a.O., S. 170

47   Siehe Helgard Andrä, Begleiterscheinungen und psychosoziale Folgen von Kinderarmut: Möglichkeiten pädagogischer Intervention, in: Christoph Butterwegge (Hrsg.), Kinderarmut in Deutschland, a.a.O., S. 281

48   Ebd., S. 282f.

49   Ellen Esen, Über Armut reden!, Pädagogisch-didaktisches Material zum Thema „(Kinder-)Armut" für Schule und Weiterbildung, in: Christoph Butterwegge/Michael Klundt (Hrsg.), Kinderarmut und Generationengerechtigkeit, a.a.O., S. 203

9. Kinderarmut als Herausforderung für die Soziale Arbeit

Angesichts der gegenwärtigen Armuts- und Sozialstaatsentwicklung ist die Soziale Arbeit als Disziplin und Profession mehr denn je gefordert, sich konzeptionell und alltagspraktisch mit der Armutsproblematik auseinanderzusetzen. Seit Beginn der 1990er-Jahre sind eine Reihe von Zeitschriftenbeiträgen sowie vereinzelt Monografien und Sammelbände erschienen, die sich damit befassen.[1] Obwohl eine systematische Aufarbeitung der Thematik noch aussteht, liegen mehrere Ansätze vor, die ein spezifisches Armutsverständnis der Sozialen Arbeit zu entwickeln und daraus eine bestimmte Aufgabenstellung abzuleiten suchen. Soziale Arbeit kommt gerade mit Blick auf ihre Geschichte und ihr Selbstverständnis nicht ohne ein explizit formuliertes und aktualisiertes Armutskonzept aus. Bei der Formulierung eines solchen Konzepts kann sie sich auf den aktuellen Stand der Armutsforschung beziehen. Das gilt jedenfalls insofern, als diese Aufschluss über gesellschaftliche Zusammenhänge und Ursachen, Erscheinungsformen und Dimensionen sowie gesellschaftliche und individuelle Auswirkungen von Armut gibt.[2]

9.1 Anknüpfungspunkte für ein spezifisches Armutsverständnis der Sozialen Arbeit

Die unterschiedlichen Konzepte der einschlägigen Forschung beschreiben Armut als soziales Problem, das durch ungleiche Zuteilung von Ressourcen

---

1 Vgl. z.B. Harald Ansen, Armut. Anforderungen an die Soziale Arbeit: eine historische, sozialstaatsorientierte und systematische Analyse aus der Perspektive der Sozialen Arbeit, Frankfurt am Main 1998; Brigitte Bauer u.a. (Hrsg.), Armut und Soziale Arbeit. Erfahrungen, Perspektiven und Methoden im internationalen Kontext, Münster 1996

2 Zu den verschiedenen Armutskonzepten vgl. Karl August Chassé, Armut in einer reichen Gesellschaft. Begrifflich-konzeptionelle, empirische, theoretische und regionale Aspekte, in: Hans Weiß (Hrsg.), Frühförderung mit Kindern und Familien in Armutslagen, München/Basel 2000, S. 12ff.

und Lebenschancen bzw. durch materielle und psychosoziale Unterversorgung in zentralen Lebensbereichen gekennzeichnet ist und als extreme Form sozialer Ungleichheit oder gesellschaftlicher Ausgrenzung gilt. Allerdings sind all diese Konzepte im Hinblick auf Erwachsene entwickelt worden, und erst vor kurzem erkannte man die Notwendigkeit, die Auswirkungen von Armut auch aus der Perspektive von Kindern zu erfassen. Deren Armut muss als kindliche und familiäre Situation begriffen werden, die durch Unterversorgung in verschiedenen Lebensbereichen (Arbeit, Wohnen, Bildung, Gesundheit, soziale und kulturelle Teilhabe) geprägt ist. Ein besonderes Augenmerk gilt dabei der Frage, wie Kinder die objektiv durch eine unzureichende Ausstattung mit (materiellen und immateriellen) Ressourcen bedingten Einschränkungen in ihren Handlungsspielräumen wahrnehmen, wie sie ihre prekäre Lebenssituation deuten und auf welche Art sie damit umgehen.[3]

Ziel des in unserem Forschungskontext entwickelten Armutsverständnisses ist es, die Analyse der kindlichen Lebenslagen mit einer alltagsnahen Lebensweltperspektive zu verbinden. Ausgehend von den Diskursen der modernen Kindheitsforschung werden die Kinder als soziale Akteure und Subjekte mit eigenen Rechten betrachtet, die ihre Lebenssituation unter den gegebenen Bedingungen selbst mit gestalten. In diesem Sinne werden die Kinder in ihren unterschiedlichen Lebenswelten – Familie, Schule, Wohnumfeld – gesehen, die Auswirkungen der materiellen Lage auf ihre Handlungsspielräume untersucht und die Wechselwirkungen zwischen den verschiedenen Bereichen analysiert. Nur so lassen sich jene Faktoren herausarbeiten, welche die Kinder bei der Bewältigung ihrer Lebenssituation unterstützen bzw. behindern oder belasten; daran kann die Soziale Arbeit bei der Erörterung entsprechender Interventionskonzepte anknüpfen.

Es ist vor allem die Verbindung von Lebenslagen- und Lebensweltperspektive, die uns das im vorliegenden Forschungszusammenhang entwickelte Armutsverständnis geeignet erscheinen lässt, sowohl die Frage nach der diesbezüglichen Rolle der Sozialen Arbeit zu beantworten als auch die damit verbundene methodische und konzeptionelle Auseinandersetzung zu befruchten. Soziale Arbeit ist in ihrem beruflichen Handeln vielfach mit Formen sozialer Ungleichheit und Tendenzen gesellschaftlichen Ausschlusses konfrontiert und muss in ihrer Alltagspraxis mit individuellen und gruppenspezifischen Folgen von Armut umgehen. Hierbei verfolgt sie als Zielsetzung die „Wiederherstellung, Sicherung und Verbesserung der physischen und kulturellen Voraussetzungen zur Teilhabe an den sozialen, ökonomischen und politischen Aktivitäten unserer Gesellschaft", wie es Bernhard Badura und Peter Gross formulieren.[4] Soziale Arbeit kann nur bedingt einen präven-

---

3   Vgl. Anton Amann, Lebenslage und Sozialarbeit. Elemente zu einer Soziologie von Hilfe und Kontrolle, Berlin (West) 1983
4   Siehe Bernhard Badura/Peter Gross, Sozialpolitische Perspektiven. Eine Einführung in Grundlagen und Probleme sozialer Dienstleistungen, München 1976, S. 13

tiven Beitrag zur Armutsvermeidung leisten; mit ihren Interventionen vermag sie aber sehr wohl – wie noch zu konkretisieren sein wird – sozialer Desintegration entgegenzuwirken und die Reintegration von Betroffenen zu fördern. Insofern ist Soziale Arbeit auf die strukturellen Aspekte von Armut und sozialem Ausschluss bezogen; sie verfolgt in ihrer Alltagspraxis aber auch das Ziel, die individuellen und gruppenspezifischen Handlungsmöglichkeiten ihrer Adressat(inn)en durch Beratung und angemessene Unterstützungsangebote zu erweitern. Soziale Arbeit will/soll in erster Linie „Hilfe zur Selbsthilfe" leisten und den Betroffenen, d.h. Kindern in sozial benachteiligten Lebenslagen, den Zugang zu materiellen und immateriellen Ressourcen vermitteln, die sie dazu befähigen, sich sozial zu (re)integrieren. Auf der strukturellen Ebene agiert die Soziale Arbeit dabei in Form sozialer Dienstleistungen und Infrastrukturangebote als Vermittlungsinstanz. Mit ihren Interventionsformen setzt sie aber auch an individuellen, lebensweltorientierten Bewältigungsstrategien, sozialen bzw. familialen Netzwerken und am sozialräumlichen Umfeld der Betroffenen an.

Für die Soziale Arbeit gilt es daher, ihrer Alltagspraxis ein Armutskonzept zugrunde zu legen, das die strukturellen Aspekte der Lebenslagen mit subjektbezogenen Aspekten von Lebenswelt verbindet, d.h. Struktur- und Handlungsebene integriert. Ein *sozialpädagogisches* Armutskonzept hat die jeweils gegebenen unterschiedlichen Formen der Benachteiligung in sozialstaatlich strukturierten Integrationsbereichen (wie Bildung, Arbeitsmarkt, soziale Risikoabsicherung, Wohnen, Gesundheit, soziale und kulturelle Teilhabe) bei der Entwicklung von Interventionskonzepten zu berücksichtigen. Gleichzeitig muss ein solches Konzept die im Einzelfall vorliegenden Verhältnisse, die daraus resultierenden Belastungen sowie die konkret gegebenen Chancen analysieren, also die trotz Einschränkungen zugänglichen und mobilisierbaren Ressourcen bzw. Entwicklungshorizonte aus der jeweiligen Subjektperspektive einbeziehen.

Diese doppelte Sichtweise entspricht dem Armutskonzept, das unseren Forschungen zugrunde lag. Von einem „dualen Armutskonzept" sprechen wir deshalb, weil es zweierlei leisten soll:

– durch seine Lebenslagenorientierung sinnvolle Aussagen über strukturelle, sozialpolitische und -pädagogische Handlungsnotwendigkeiten ermöglichen;
– durch seinen Lebensweltbezug subjektbezogene sozialpädagogische Handlungsansätze erschließen helfen.

9.2 Soziale Arbeit im Kontext dualer Armut

Neben einer Klärung des Armutsverständnisses geht es um die Identifikation der Zielgruppen sozialarbeiterischen und -pädagogischen Handelns: Welche gesellschaftlichen Gruppen sind gemeint, wenn man zu Beginn des 21. Jahrhunderts in der Bundesrepublik eine „Armutspopulation" ausmacht? Armut ist als gesellschaftliches Phänomen grundsätzlich in seinem historischen Wandel zu sehen: Dies betrifft sowohl Ursachen als auch Erscheinungsformen und Auswirkungen. Mit Blick auf die bundesrepublikanische Nachkriegsentwicklung unterscheidet Harald Ansen drei Phasen des sozialpädagogischen Diskurses, die durch spezifische Armutsbilder, Zielgruppen und armutsbezogene Handlungskonzepte gekennzeichnet sind:

1. die Phase der wirtschaftlichen Rekonstruktion und der Reetablierung des zweigeteilten Sozialstaatsmodells (von Sozialversicherung und Fürsorge), welche durch die Betonung der individuellen Ursachen von Armut (BSHG 1962) und ein sozialarbeiterisches Handlungskonzept der Einzelfallbearbeitung geprägt war;
2. die Phase zunehmender wirtschaftlicher Krisenanfälligkeit und gesellschaftlicher Politisierung (Ende der 60er-/Anfang der 70er-Jahre) und der damit einsetzenden Diskussion über strukturelle Ursachen von Armut sowie gesellschaftliche Ausgrenzungsmechanismen (im Kontext grundsätzlicher Systemkritik) und daraus abzuleitende sozialarbeiterische Konzepte von Randgruppen- bzw. Gemeinwesenarbeit;
3. die Phase der Ausweitung von Armutsgefährdung infolge sozialer Leistungskürzungen, anhaltender Massenerwerbslosigkeit sowie des Aufkommens „neuer Armut(sgefährdungen)" mit der sich daraus ergebenden Notwendigkeit, neue Handlungsperspektiven für die Soziale Arbeit zu formulieren.[5]

Ein Merkmal aktueller Erscheinungsformen von Armut ist ihre Vielfalt, die nicht zuletzt durch das kumulative Nebeneinander unterschiedlicher Armutstypen bedingt ist. Grundsätzlich gehen wir von einer Dualität der Armut aus, d.h. einem Nebeneinander „alter" und „neuer" Armutsphänomene. Der Begriff „neue Armut", erstmals Mitte der 80er-Jahre in sozialwissenschaftlichen und politischen Diskussionen bzw. gewerkschaftsnahen Veröffentlichungen aufgetaucht,[6] wies auf Verarmungsprozesse hin, die als Folge anhaltender Massenerwerbslosigkeit und einschneidender Kürzungen im Sozial-(versicherungs)bereich aufgetreten waren. Ende der 80er-/Anfang der 90er-Jahre wurde der Terminus dann zunehmend in Fachpublikationen verwendet,

---

5   Vgl. Harald Ansen, Armut, a.a.O., S. 101ff.
6   Siehe Werner Balsen u.a., Die neue Armut. Ausgrenzung von Arbeitslosen aus der Arbeitslosenunterstützung, Köln 1984

die „neue Armut", von Ulrich Becks Modernisierungstheorie ausgehend, als Folge des technologischen und sozialstrukturellen Wandels in der „Risikogesellschaft" deuteten.[7] Neben einer „alten", von der Eltern- auf die Kindergeneration sozial vererbten Armut, „die eng und ausweglos mit materieller Knappheit, mit Schicht und kollektivem Schicksal, mit Stigma und Unentrinnbarkeit korreliert", wurden Armutslagen ausgemacht, die „quantitativ breiter verteilt, zeitlich verschoben, unsystematischer lokalisierbar sowie individuell anders spürbar" seien.[8] Sozialstrukturell stellte man eine „Entgrenzung" von Armut fest, weil infolge des gestiegenen Arbeitsmarktrisikos, der Zunahme prekärer Beschäftigungsverhältnisse sowie sozialpolitisch nicht abgesicherter Statuspassagen im Lebensverlauf immer breitere Bevölkerungsgruppen von der „neuen Armut" bedroht erschienen. Als besonders von Armut gefährdete Gruppen galten nunmehr Kinder und Jugendliche, Teilzeitarbeitende, Frauen nach Trennung und Scheidung (vor allem Alleinerziehende), Migrant(inn)en sowie Langzeit- und Dauererwerbslose. Dabei wurde die „neue Armut" in deutlicher Abgrenzung zu „klassischen Armutspopulationen" gesehen, zu denen Obdachlose, Behinderte, arme Alte und (immer auch schon) alleinerziehende Frauen zählten.

In dieser Deutungsperspektive betrachtete man Armut – wie in der dynamischen Armutsforschung – vorrangig in ihrer zeitlichen Dimension, wobei temporären Erscheinungsformen besondere Aufmerksamkeit geschenkt wurde. Dadurch erschien Armut weniger als dauerhafte Lebenssituation, sondern in erster Linie als Durchgangs- oder Übergangsstadium (im Lebensverlauf). Gleichzeitig wurde darauf hingewiesen, dass Armut als latentes Risiko bis in die mittleren sozialen Schichten hineinreiche und nicht auf Randgruppen und Minderheiten beschränkt bleibe. Armutslagen und -gruppen beschrieb man als sehr komplex, heterogen und unübersichtlich; Armut wurde nicht mehr als Klassenfrage, d.h. als Gruppenphänomen, sondern stärker individualisiert gesehen. Die größte Aufmerksamkeit erregten folglich subjektive Erscheinungs- und Bewältigungsformen von Armut sowie Ausstiegsmöglichkeiten, wobei der Sozialhilfebezug in bestimmten Statuspassagen durchaus als positive Überbrückungshilfe (und nicht mehr als Stigma) galt.[9]

---

7   Vgl. Ulrich Beck, Risikogesellschaft, Auf dem Weg in eine andere Moderne, Frankfurt am Main 1986; Karl-Jürgen Bieback/Helga Milz (Hrsg.), Neue Armut, Frankfurt am Main/New York 1995

8   Siehe Karl-Jürgen Bieback/Helga Milz, Zur Einführung: Armut in Zeiten des modernen Strukturwandels, in: dies. (Hrsg.), Neue Armut, a.a.O., S. 11

9   Zur kritischen Auseinandersetzung mit der „dynamischen Armutsforschung" einer Bremer Forschungsgruppe vgl. Christoph Butterwegge, Armutsforschung, Kinderarmut und Familienfundamentalismus, in: ders. (Hrsg.), Kinderarmut in Deutschland. Ursachen, Erscheinungsformen und Gegenmaßnahmen, 2. Aufl. Frankfurt am Main/New York 2000, S. 27ff. Trotz mancher Überspitzung hat die dynamische Armutsforschung neue analytische Aspekte in die Diskussion eingeführt, die bei der

Diese neue, lebenslauforientierte Sichtweise von Armut floss samt den damit thematisierten sozialstrukturellen Veränderungen in den letzten Jahren bereits in die Debatte um ein handlungsorientiertes Armutskonzept der Sozialen Arbeit ein. So vertrat beispielsweise Thomas Rauschenbach die Auffassung, dass sich Soziale Arbeit in der „Risikogesellschaft" und unter Individualisierungsbedingungen nicht mehr vorwiegend auf ihre traditionelle Klientel beziehe(n dürfe). [10] Soziale Ungleichheit strukturiere sich immer weniger entlang der klassischen vertikalen Kategorien von Klasse und Schicht, aber immer stärker entlang horizontaler Merkmale wie Alter, Geschlecht und Ethnie.[11] Auf die zunehmende Relevanz dieser „neuen sozialen Ungleichheiten" sowie die Entgrenzung und Individualisierung sozialer Risiken müsse Soziale Arbeit mit einer Ausweitung ihres Angebots reagieren. Den zentralen Bezugspunkt stelle nicht mehr allein (oder in erster Linie) die traditionelle Klientel der sozial Benachteiligten; Soziale Arbeit müsse sich mit ihren Angeboten vielmehr an alle von sozialer Unsicherheit Betroffenen wenden, weil neue Ein- und Ausgrenzungsmuster zum Tragen kämen.[12] Zu ähnlichen Schlussfolgerungen gelangten auch Roland Hitzler und Anne Honer, die darauf hinwiesen, dass Soziale Arbeit „ihr traditionell in Rand- und Elendszonen der Gesellschaft angesiedeltes Angebot" erweitere.[13] Zudem sei als Reaktion auf die voranschreitende Individualisierung der Lebensverhältnisse eine stärkere Individualisierung des Hilfeangebots der Sozialen Arbeit wie des sozialstaatlichen Instrumentariums insgesamt vonnöten.

Wir konstatieren zwar – wie dargelegt – eine Dualität der Armut, schätzen die Reichweite und die Folgewirkungen ihrer neuen Erscheinungsformen jedoch anders ein und folgen damit eher Lothar Böhnisch, der ebenfalls postuliert, dass Sozialstaat und Soziale Arbeit hierauf zu reagieren hätten.[14] Armut bedeutet für Böhnisch aber nach wie vor, dass die Betroffenen von der sozialen Entwicklung abgekoppelt, in ihrer Handlungsfähigkeit und ihrem Bewältigungsverhalten beeinträchtigt, in ihren sozialen Beziehungen eingeschränkt und vom durchschnittlichen Alltag, d.h. der gesellschaftlichen Nor-

---

Formulierung eines armutsbezogenen Handlungskonzepts der Sozialen Arbeit Berücksichtigung finden müssen.

10 Vgl. Thomas Rauschenbach, Inszenierte Solidarität: Soziale Arbeit in der Risikogesellschaft, in: Ulrich Beck/Elisabeth Beck-Gernsheim (Hrsg.), Riskante Freiheiten. Individualisierung in modernen Gesellschaften, Frankfurt am Main 1994, S. 89ff.

11 U.E. liegt hier eher eine Überlagerung horizontaler und vertikaler Ungleichheitsphänomene vor.

12 Vgl. Thomas Rauschenbach, Inszenierte Solidarität: Soziale Arbeit in der Risikogesellschaft, a.a.O., S. 89

13 Siehe Roland Hitzler/Anne Honer, Individualisierung als Handlungsrahmen. Sozialpädagogik vor dem Hintergrund neuer sozialer Ungleichheiten, in: Archiv für Wissenschaft und Praxis der Sozialen Arbeit 2/1996, S. 159

14 Vgl. Lothar Böhnisch, Gespaltene Normalität. Lebensbewältigung und Sozialpädagogik an den Grenzen der Wohlfahrtsgesellschaft, Weinheim/München 1994, S. 122ff.

malität, ausgeschlossen sind. Das Neue an der „modernen Armut" glaubt er vor allem in ihrem „desintegrativen und sozial anomischen Charakter" zu sehen.[15] Obwohl die Konsumgesellschaft die Möglichkeit von Partizipation suggeriere, könne die Nichtteilhabe nur begrenzt verdeckt und ausbalanciert werden. Wiewohl Lothar Böhnisch die Analyse der Sozialstruktur in Bezug auf die „neue Armut" teilt, bezweifelt er deren temporären Charakter. Sie gehe nämlich mit strukturellen Armutsrisiken einher, die zu einem „Zustand von chronisch verminderter Partizipation" führen könnten.[16] Das Grundproblem sieht Böhnisch darin, dass der Modernisierungsprozess gegenwärtig nicht mehr sozialstaatlich, sondern ausschließlich ökonomisch orientiert sei. Damit liege die Definitions- und Steuerungsmacht für soziale Integration nicht mehr beim Sozialstaat, und Armut sei sozialstaatlich nicht mehr kalkulierbar.

Böhnisch zufolge haben Sozialstaat und Soziale Arbeit ihre Definitionsmacht hinsichtlich sozialstaatlicher Ein- und Ausgrenzungsmechanismen verloren, wodurch sie in die Defensive geraten seien. Die Erscheinungsform der „neuen Armut" bedeute sowohl für den Sozialstaat als auch für die Soziale Arbeit eine neue Herausforderung: Der Wohlfahrtsstaat drohe in diesem Entwicklungsprozess seine „armutspolitische Hoheit" einzubüßen und die Sozialpädagogik bzw. -arbeit könne nicht mehr so einfach mit eindeutigen Interventionsdefinitionen operieren, weil sie vor der Notwendigkeit stehe, fernab der klassisch abgegrenzten Strategie der Armutsbekämpfung eine in den durchschnittlichen gesellschaftlichen Alltag hineinreichende „Soziale-Risiko-Arbeit" zu entwickeln.[17]

Nach Ansicht von Böhnisch gewinnen jene Armutsformen, die kumulativ zu den „alten" hinzugekommen sind, insofern eine neue Qualität, als sie auf die Gefahr einer bislang in diesem Ausmaß nicht gekannten gesellschaftlichen Desintegration hinweisen. Böhnisch leitet daraus die Notwendigkeit ab, neue Orientierungen und Perspektiven für eine offensive Soziale Arbeit zu entwickeln. Wegweisend ist für ihn im Hinblick darauf die Idee, Lebensbewältigung nicht mehr an überholten Normalitäten auszurichten, sondern Strategien und Konzepte zu entwickeln, die sich an den zunehmend anomischen Strukturen der Gesellschaft orientieren. Diese Ausrichtung gelte es nun im Kontext von gesellschaftlicher Modernisierung, der damit verbundenen Erosionstendenzen (Auflösung des Normalarbeitsverhältnisses und der Normalfamilie) sowie der Ausweitung prekärer Lebenslagen zu problematisieren. Wie das sozialstaatliche Instrumentarium habe sich auch die Soziale Arbeit bislang an Normvorstellungen orientiert, die immer weniger generelle Gültigkeit beanspruchen könnten. Gleichzeitig werde das Netz der sozialen Sicherung immer löchriger, was zur Folge habe, dass künftig immer größere Gruppen aus dem Leistungsbezug ausgegrenzt würden oder nur defizitär abgesichert seien. Dies verweise

---

15 Siehe ebd., S. 123
16 Ebd., S. 128
17 Siehe Lothar Böhnisch, Gespaltene Normalität, a.a.O., S. 124

auf sozialpolitischen Reformbedarf, aber auch auf die Notwendigkeit einer perspektivischen Neuorientierung der Sozialen Arbeit.

9.3 Kinderarmut als spezifisches Aufgabenfeld der Kinder- und Jugendhilfe

In unserem Kontext gilt es nun, Kinder in Armut als spezifische Zielgruppe von Sozialer Arbeit zu betrachten. Kinderarmut ist in den westlichen Wohlfahrtsstaaten kein neues gesellschaftliches Problem. Wie die Entstehungs- und Entwicklungsgeschichte der Sozialen Arbeit generell, ist gerade auch die der Kinder- und Jugendhilfe eng mit dem Armutsproblem ihrer Zielgruppe verbunden. Dies lässt sich historisch leicht nachvollziehen, hatte die Kinder- und Jugendhilfe als Profession ihren Ausgangspunkt doch letztlich in der Arbeit mit Kindern und Jugendlichen aus dem Armutsmilieu.[18] Wie Armut generell, so ist auch Kinderarmut im Kontext des gesellschaftlichen Wandels zu betrachten; historisch gesehen ist es demzufolge korrekter, von einer „neuen Kinderarmut" zu sprechen. „Neu", d.h. in einem auf die Gegenwart bezogenen gesellschaftspolitischen Zusammenhang zu sehen, sind die aktuellen Ursachen und Erscheinungsformen von Kinderarmut, die Art und Weise ihrer öffentlichen Wahrnehmung, ihrer Deutung und teilweise auch die Folgewirkungen.

Mit der Aufnahme der Armutsproblematik in die Kinder- und Jugendberichterstattung ist während der 90er-Jahre ein entscheidender Perspektivenwechsel erfolgt. Kinder und Jugendliche werden als eigenständige Zielgruppe innerhalb der Armutspopulation gesehen; damit tritt die Kinder- und Jugendhilfe als zuständige Instanz auf den Plan. Soziale Arbeit ist demzufolge durch die Zielsetzungen des Kinder- und Jugendhilfegesetzes (KJHG) gefordert, Handlungsperspektiven zu formulieren und diese auf der kommunalen Ebene umzusetzen. Die Kinder- und Jugendhilfe scheint sich mit dieser Aufgabenstellung aktuell eher schwer zu tun, weil sich die grundsätzliche Frage stellt, wie sich ihre präventive, allgemeinerzieherische Ausrichtung mit einer spezifischen Fokussierung auf die Armutsproblematik von Kindern verbinden lässt. Diese Frage wurde bereits in einer Expertise zum 7. Kinder- und Jugendbericht des Landes NRW aufgegriffen, die hierin ein Dilemma sieht, weil die Kinder- und Jugendhilfe wegen ihrer dienstleistungsorientierten Funktionsbestimmung und ihres dementsprechend begrenzten Instrumentariums zunehmend unter enormen Problem- und Handlungsdruck mit der Folge gerate, dass Kinder- bzw. Jugendarmut und kommunale Jugendhilfe tendenziell auseinanderliefen. Eine klar konturierte Bezugnahme der Jugendhilfe

---

18 Vgl. Gitta Trauernicht, Armut von Kindern und Jugendlichen und kommunale Jugendpolitik, in: Karl-Jürgen Bieback/Helga Milz (Hrsg.), Neue Armut, a.a.O., S. 220ff.

auf die Armutsthematik gestalte sich aus zwei Gründen immer schwieriger: „Zum einen werden (...) die Konturen der Armutspopulation und der entsprechenden Lebens- und Problemlagen vermehrt unschärfer. (...) Zum anderen hat sich das Handlungsfeld und Selbstverständnis der Jugendhilfe längst von einer auf Armenpflege bedachten Kontroll- und Eingriffsinstanz in Richtung eines präventiv ausgerichteten Dienstleistungssystems, das die Interessen und Bedürfnisse *aller* Kinder und Jugendlichen anvisiert, verändert."[19]

Das muss u.E. nicht zwangsläufig zu einem Auseinanderdriften führen; im Gegenteil, das Dilemma könnte sich gerade in einer Verschränkung der allgemein-präventiven Zielsetzung von Kinder- und Jugendhilfe mit der Blickrichtung auf die spezifische Zielgruppe von Kindern und Jugendlichen, die in neuen Armutslagen leben, auflösen lassen. Die Frage ist: Wie kann eine armutsbezogene Schwerpunktsetzung, die ja in Anbetracht der zunehmenden Kinderarmut erforderlich wäre, mit der generellen, eher präventiv orientierten Ausrichtung der Kinder- und Jugendhilfe verbunden werden? Anders formuliert: Wie kann die Kinder- und Jugendhilfe solche Prioritäten setzen, ohne Gefahr zu laufen, dass sie erneut auf eine randständige fürsorgerische Position verwiesen wird, die sie historisch überwunden zu haben glaubt? Die Verbindung der beiden Zielsetzungen lässt sich u.E. gerade über die erweiterte Funktionsbestimmung des KJHG herstellen, welche „der als subsidiärem Sozialisationssystem konzipierten Jugendhilfe neben der Gewährung materieller Hilfen vor allem auch allgemeinerzieherisch-unterstützende, auf die Ermöglichung einer umfassenden Autonomie subjektiver Lebensführungen abzielende Aufgaben sowie die Funktion der anwaltschaftlich-politischen Interessenvertretung junger Menschen zuschreibt."[20]

Zwei Dinge gilt es dabei zu klären und konzeptionell zu verbinden: Das neue Armutsverständnis bezieht sich nicht nur auf die Erscheinungsformen, sondern zu Recht auch auf die erforderlichen sozialpädagogischen Formen des Umgangs mit der Problematik. Soziale Arbeit ist im Problemkontext von „neuer Kinderarmut" nicht in traditioneller Weise als Kontroll- und Eingriffsinstanz gefordert, sondern in ihrer präventiven und dienstleistungsorientierten Funktion. Die unterstützenden und förderlichen Maßnahmen, die in Bezug auf die betroffenen Kinder und Jugendlichen notwendig sind, sollen ja nicht separierend und nicht stigmatisierend, sondern niedrigschwellig sein. Wenn einer präventiv orientierten Kinder- und Jugendhilfe vorwiegend eine positive und helfende Aufgabenstellung hinsichtlich kindlicher Autonomiegewinnung und Lebensbewältigung zugeschrieben wird, dann richtet sich die Aufmerksamkeit

---

19 Ministerium für Frauen, Jugend, Familie und Gesundheit des Landes Nordrhein-Westfalen (Hrsg.), Armut bei Kindern und Jugendlichen. Lebenssituation junger Menschen, Expertise zum 7. Kinder- und Jugendbericht der Landesregierung NRW, Düsseldorf 2000, S. 29 (Hervorh. im Original)

20 Siehe ebd. (Hierbei wird Bezug genommen auf Erwin Jordan/Dieter Sengling, Jugendhilfe. Einführung in Geschichte und Handlungsfelder, Weinheim/München 1992.)

selbstredend auf die Kinder in benachteiligten Lebenslagen. Entscheidend ist daher, ob es gelingt, diese Maßnahmen so zu konzipieren, dass sie gerade auch und insbesondere die genannte Zielgruppe erreichen. Zweifellos gibt es derzeit bereits ein breites Spektrum von Hilfen und Angeboten der Jugendhilfe mit beratender, fördernder und unterstützender Ausrichtung. Die genannte Expertise betont, dass es vorwiegend benachteiligte Kinder und Jugendliche sind, die davon profitieren. Der Sozialen Arbeit wird darin eine hohe Problemlösungskompetenz bei der Bewältigung deprivationsrelevanter Problemkonstellationen zugetraut.[21] Dennoch haben wir in unseren Interviews – sowohl von mit Kindern arbeitenden Professionellen als auch von Seiten der Eltern und Kinder – immer wieder die Rückmeldung erhalten, dass sie kaum oder nur unzureichend Zugang zu öffentlichen Angeboten und spezifischen Hilfen haben.

Soziale Arbeit ist auf unterschiedlichen Arbeitsfeldern (z.B. Erziehungshilfen generell, Sozialpädagogischer Familienhilfe, Heimerziehung, Migrantenarbeit usw.) mit Kindern und Jugendlichen in benachteiligten Lebenslagen befasst, war bislang aber auf Erscheinungsformen der „alten" Armut konzentriert. In Armut lebende Kinder als Zielgruppe der Sozialen Arbeit (oder im engeren Sinne: der Kinder- und Jugendhilfe) zu betrachten bedeutet auch im sozialpädagogischen Verständnis, sie als (mit)gestaltende Subjekte ihrer Lebenssituation und in ihrer Eigenständigkeit als soziale Akteure zu begreifen. Natürlich soll nicht in Abrede gestellt werden, dass Kinder- in erster Linie auf Erwachsenenarmut zurückzuführen ist.[22] Soziale Arbeit kann Kinderarmut daher nie isoliert betrachten, sondern muss sie in ihrem familiären Kontext sowie in ihrer sozialräumlichen und milieugebundenen Ausprägung sehen. Dennoch gilt es hinsichtlich der Folgewirkungen von „neuer Armut" und der daraus abzuleitenden Handlungsstrategien die Zielgruppe der Kinder (und Jugendlichen) aus der Perspektive der Sozialen Arbeit spezifisch in den Blick zu nehmen. Prinzipiell muss sich Soziale Arbeit dabei die Frage nach der Zielsetzung, den Zugängen, den Konzepten und Methoden ihres Handelns stellen. Analog zu unserem Forschungskonzept, mit dem die Kinder in ihren Lebenswelten und in ihren – trotz genereller armutsbedingter Beschränkungen – unterschiedlichen Lebenslagen betrachtet wurden, lässt sich auch die Aufgabenstellung der Sozialen Arbeit fassen.

Familie, Schule, Kinderbetreuungseinrichtungen und der Stadtteil sind die alltäglichen Lebensräume bzw. -welten der Kinder und bieten sich damit als Zugangsmöglichkeiten für die Soziale Arbeit an. Diesen vielfältigen Zugangswegen entsprechen jeweils unterschiedliche sozialpädagogische und

---

21 Vgl. ebd., S. 31, wo insbesondere auf die Arbeitsgemeinschaft „Präventive Jugendhilfe" verwiesen wird.

22 Die Ursachen hierfür sollen an dieser Stelle nicht weiter erörtert werden. Zur Erklärung gibt es unterschiedliche Ansätze: erwerbsarbeits-, familien- und sozialstaatsorientierte. Vgl. dazu: Margherita Zander, Kinderarmut und Existenzsicherung im Sozialstaat, in: Hans Weiß (Hrsg.), Frühförderung mit Kindern und Familien in Armutslagen, München/Basel 2000, S. 89ff.

-arbeiterische Handlungsformen: Im Einzelfall ist Soziale Arbeit im Rahmen der Sozialpädagogischen Familienhilfe (häufig) mit Armut als familiärer und kindlicher Lebenssituation konfrontiert. Im außerfamilialen Bereich der Schule (vor allem in der Schulsozialarbeit) und in öffentlichen Kinderbetreuungsformen (Kindertagesstätten, Horte, Über-Mittag-Betreuungen, offenen Kindertreffs u.Ä.) geht es neben der Einzelfallarbeit vorwiegend darum, gruppenbezogene Konzepte zu entwickeln. Ähnliches gilt für die stadtteilbezogene Arbeit, die sich im Übrigen besonders dazu eignen würde, niedrigschwellige und nichtstigmatisierende Angebotsstrukturen zu schaffen. Gemeinwesenarbeit blickt mit ihren an die Idee des Empowerments anknüpfenden Konzepten auf eine lange Tradition sozialarbeiterischen Engagements in benachteiligten Stadtteilen und sozialen Brennpunkten zurück.[23] In Form der stadtteilbezogenen Gemeinwesenarbeit kann Soziale Arbeit sowohl mittels gruppenspezifischer (z.B. gezielter Freizeit- und Unterstützungsangebote für Kinder und Jugendliche) als auch mittels altersübergreifender Angebote (Nachbarschaftszentren, Tauschbörsen u.a.m.) ihre Zielgruppen erreichen.

Entsprechend der neuen Vielschichtigkeit der Kinderarmutsproblematik mit ihren oft unauffälligeren Erscheinungsformen und der Betroffenheit anderer sozialer Milieus muss sich die Soziale Arbeit bzw. die Kinder- und Jugendhilfe in der konkreten Ausgestaltung ihrer Hilfe-, Beratungs-, Förderungs- und Bildungskonzepte an den unterschiedlichen Dimensionen der kindlichen Lebenslagen orientieren. Das in unserem Forschungskontext wieder aufgegriffene Konzept der Spielräume ermöglicht einen differenzierten Blick darauf und kann zur Entwicklung praxisbezogener Konzepte der Sozialen Arbeit beitragen.[24] Unsere Ergebnisse weisen darauf hin, dass die „Armut" der Kinder nicht sofort zu erkennen ist. Die Betroffenen haben große Schwierigkeiten, ihre eigenen Notlagen zu offenbaren und ihre sozialen Rechte in Anspruch zu nehmen. Wie unsere Interviews ergaben, vermeiden die Kinder trotz ihrer objektiven Einschränkungen und Benachteiligungen alles, was dazu führen könnte, sie als „arme Kinder" zu identifizieren. Aus diesem Grunde fällt es selbst Fachleuten schwer, die Notlagen der Kinder frühzeitig zu erfassen und ihnen nachhaltig entgegenzuwirken. Dieser Tatsache muss bei der Konzipierung von Maßnahmen und Angeboten ebenso Rechnung getragen werden wie bei entsprechenden Qualifizierungsangeboten für Professionelle. Schließlich soll an dieser Stelle noch einmal ausdrücklich betont werden, dass die Benachteiligung der Kinder zwar auch, aber nicht

---

23 Vgl. z.B. Dieter Oelschlägel, Sich schämen ist nicht genug. Gemeinwesenarbeit im Armutsquartier, in: Claus Mühlfeld u.a., Armut, Neuwied 1993, S. 60ff.; neuerdings: Stefan Gillich (Hrsg.), Gemeinwesenarbeit. Eine Chance der sozialen Stadtentwicklung, Gelnhausen 2002

24 Vgl. hierzu: Margherita Zander, Welche Spielräume haben Kinder?, Kinderarmut – Ergebnisse einer Lebenslagenstudie, in: SozialExtra 4/2002, S. 33ff; Karl August Chassé/Margherita Zander/Konstanze Rasch, „Meine Familie ist arm". Wie Kinder im Grundschulalter Armut erleben und bewältigen, Opladen 2003

primär in materieller Hinsicht besteht. Vor allem die immateriellen Folgewirkungen, etwa der beschränkte Zugang zu kulturellen Ressourcen und Einschränkungen in den sozialen Kontakten, beeinträchtigen das Wohlbefinden der Kinder im Alltag. Zugleich sind dies auch die subtileren und möglicherweise problematischeren Formen ihrer Benachteiligung. Darauf gilt es in der Praxis der Sozialen Arbeit (ebenso wie im Bildungsbereich) die Aufmerksamkeit zu lenken, um die Wechselwirkungen zwischen materiellen und immateriellen Einschränkungen nicht aus dem Auge zu verlieren.

Ohne die strukturelle, gesellschaftliche Bedingtheit und Verursachung von Armut zu verkennen, gibt es einzelfallbezogen, gruppenspezifisch und sozialräumlich zweifellos Möglichkeiten, die Handlungsspielräume der in Armutslagen lebenden Kinder im Rahmen der Kinder- und Jugendhilfe zu erweitern, da der Zugang gerade auch in mehrfacher Hinsicht benachteiligter Kinder zu materiellen und immateriellen Ressourcen mittels kompensatorischer Angebote verbessert werden kann. Bezüglich deren konkreter Ausgestaltung sollten die Merkmale armutsgeprägter kindlicher Lebenslagen – differenziert nach Spielraumdimensionen – daher stärker Berücksichtigung finden. Generell lassen unsere Forschungsresultate erkennen, dass in allen untersuchten Dimensionen – wenn auch mit unterschiedlicher Gewichtung – kompensatorische Bedarfe bestehen:

1. in der materiellen Versorgung (z.B. Essen, Kleidung, Gesundheit und Wohnen);
2. in der Ermöglichung sozialer Kontakte (insbesondere mit Gleichaltrigen im außerschulischen Bereich);
3. in der Erweiterung des Lern- und Erfahrungsbereichs (schulische und außerschulische Bildungsmöglichkeiten sowie Interessenförderung);
4. in der Ermöglichung von Muße und Regeneration (z.B. sportliche und musische Aktivitäten, Erholungs- und Urlaubsmöglichkeiten für Familien);
5. in der Beteiligung von Kindern an Entscheidungen, ihre sämtlichen Lebenswelten betreffend (z.B. die Gestaltung des Wohnumfeldes).

Die Ergebnisse unserer Untersuchung geben ausreichend Hinweise auf spezifische Ausprägungen neuer Armutsformen bei Kindern, die sich für die konzeptionelle Auseinandersetzung aus Sicht der Sozialen Arbeit wie folgt zusammenfassen lassen:

1. Die Lebenssituation der Kinder, welche überwiegend in Sozialhilfefamilien leben, ist in vielfacher Weise durch materielle Einschränkungen und Unterversorgung in den verschiedenen Spielräumen (Einkommen und Versorgung, Lernen und Erfahrung, soziale Kontakte, Freizeit und Regeneration sowie Entscheidungs- und Dispositionsmöglichkeiten) gekennzeichnet. In einzelnen Fällen sind Engpässe in der Grundversorgung erkennbar. Hier könnten öffentliche, niedrigschwellig konzipierte und so-

wohl in der Schule wie auch im Freizeitbereich angesiedelte Angebote (Über-Mittag-Betreuung, Aufgabenhilfe, Betreuungsangebote mit Essensversorgung, aufsuchende Gesundheitsberatung in Stadtteilen und Einrichtungen sowie Bereitstellung von kostenlosen Materialien, Sportkleidung usw.) kompensierend wirken.

2. Obwohl die Kinder ihre Einschränkungen und Benachteiligungen mehr oder weniger bewusst selbst wahrnehmen, scheinen für sie die immateriellen Aspekte von Armut mit ihren subtileren Auswirkungen, vor allem der emotionale und soziale Status ihrer Familie und teilweise die soziale Isolation, im Vordergrund ihres Erlebens zu stehen. Damit sollen die materiellen Auswirkungen von Armut weder entdramatisiert noch bagatellisiert werden. Vielmehr sei darauf hingewiesen, dass die Kinder entsprechende Bedürfnisse und Defizite eher verdecken, was zu deren Unsichtbarkeit in der Öffentlichkeit beiträgt. In diesem Zusammenhang geht es um eine spezifische Sensibilisierung und weitere Qualifizierung der Professionellen, aber auch darum, dass Schulen und ähnliche Einrichtungen diese Problematik konzeptionell in ihr Alltagshandeln integrieren. Aufgabe der Professionellen ist es, die verborgenen Auswirkungen von Armut bei Kindern aufzuspüren, den Zugang der betroffenen Kinder zu sozialen und kulturellen Ressourcen nach Möglichkeit zu erweitern und ihre Bewältigungsanstrengungen zu unterstützen. Obwohl bereits in anderen Kontexten gefordert, hat dabei eine verstärkte Kooperation zwischen Schule und Jugendhilfe besonderes Gewicht.[25]

3. Für die Kinder der untersuchten Altersstufe nimmt Schule als außerfamiliale Lebenswelt einen wichtigen Platz ein. Sie kann im Hinblick auf unterschiedliche Formen von Benachteiligungen kompensierend wirken, wie auch andere Einrichtungen der sekundären Sozialisation (Kindertagesstätten, offene Kindertreffs und andere Betreuungsformen). Kinder in benachteiligten Lebenslagen brauchen öffentliche Orte des Sozialen Lernens und Gelegenheiten, die ihre sozialen Beziehungen zu Gleichaltrigen – auch außerhalb der Schule – fördern. Dass solche Kontaktstellen in unmittelbarer Wohnortnähe angesiedelt sein sollten, wird deutlich, wenn man den geringen räumlichen Aktionsradius berücksichtigt, den die Kinder autonom bewältigen können. Der Schule kommt hier eine wichtige Aufgabe zu, sowohl mit Blick auf die Ermöglichung sozialer Kontakte als auch für den Zugang zu kulturellen Erfahrungen und die Förderung musischer Aktivitäten, welche im traditionellen schulischen Bildungskanon nicht enthalten sind, weil sie stärker dem Freizeitbereich zugeordnet werden. Besondere Relevanz hat auch der Sport, vor allem in Bezug auf die Förderung von Mädchen sowie die Ermöglichung von Vereinsmitgliedschaften.

4. Ausgehend von ihrer Armutslage bewegen sich diese Kinder im Spannungsfeld zwischen gesellschaftlichen Erwartungen und Verheißungen ei-

---

25 Vgl. dazu: SozialExtra 2-3/2003, Themenschwerpunkt „Jugendhilfe hilft Schule"

nerseits sowie ihren tatsächlichen, im Vergleich zu anderen Gleichaltrigen eindeutig begrenzten Möglichkeiten andererseits. Dabei geht es um ihr aktuelles Wohlbefinden, aber auch um ihre Entwicklungschancen. Kinder der untersuchten Altersstufe sind bei der Aneignung von kulturellen und sozialen Mustern in erheblichem Maß auf ihre Familie und deren unterstützende Anteilnahme angewiesen. Für die Entwicklung kindlicher Bewältigungsstrategien ist daher der familiäre Hintergrund, d.h. die elterliche Zuwendung, Förderung und Anteilnahme, ausschlaggebend. Hierbei kommt dem Bildungshintergrund der Eltern bzw. dem kulturellen Kapital der Familie eine schwerlich zu unterschätzende Bedeutung zu. In der genannten Hinsicht differenzieren sich die von uns untersuchten Familien aus, was ein prägnantes Merkmal von „neuer" Armut sein kann. Mit der Ausweitung des Armutsrisikos auf breitere soziale Schichten geht eine Ausdifferenzierung der betroffenen sozialen Milieus einher, was zu neuen und subtileren Ausprägungen von Armut führt. Der Vielfalt solcher Milieus mit Beratungs- und Unterstützungsangeboten gerecht zu werden und dabei vor allem auch mögliche Zugangsschwellen zu berücksichtigen wird künftig eine der konzeptionellen Herausforderungen an die Soziale Arbeit darstellen.

5. Die lebenslaufbezogene Forschungsrichtung hat immer wieder betont, dass neue Armutsformen vor allem durch zeitliche Begrenztheit – im Sinne von Statuspassagen im Lebensverlauf – gekennzeichnet seien. Dies gilt es bezogen auf Kinder, die in Armut aufwachsen, in zweifacher Hinsicht zumindest zu relativieren: Zum einen handelt es sich bei der Kindheit um eine Lebensphase, wo sich Einschränkungen und Benachteiligungen im Zugang zu Ressourcen und Lebenschancen nicht nur auf die aktuelle Befindlichkeit, sondern auch auf die künftigen Lebensperspektiven der Betroffenen auswirken. Zum anderen ist zu beachten, dass für Familien, vor allem Alleinerziehende mit mehreren Kindern, kurzfristige Ausstiegsperspektiven eher begrenzt sind, sofern sich nicht die gesellschaftlichen Rahmenbedingungen verändern.

Zusammenfassend geht es darum, Professionelle insbesondere für die neuen, eher unsichtbaren Formen der Armut von Kindern zu sensibilisieren und entsprechende Konzepte zu entwickeln, die den Kindern angemessene Kompensationen bieten und sie in ihren Bewältigungsformen stärken bzw. unterstützen. Von ihrer Zielsetzung her ist Soziale Arbeit eindeutig auf Integrationsvermittlung hin orientiert; inwieweit sie diese Zielsetzung auch erreicht, dürfte unter anderem davon abhängen, ob es ihr gelingt, die verschiedenen Hilfe-, Förderungs- und Unterstützungsangebote aufeinander abzustimmen und so zu gestalten, dass sie weder diskriminierend noch stigmatisierend wirken. Nur mit einer solchen sozialintegrativen Perspektive kann sie zugleich verhindern, als Profession wieder in eine fürsorgerische Randposition abgedrängt zu werden.

Literaturauswahl

Armut, soziale Ausgrenzung und Unterversorgung: Begriffe – Grundlagen – Geschichte

Adamy, Wilhelm/Steffen, Johannes: Abseits des Wohlstands. Arbeitslosigkeit und neue Armut, Darmstadt 1998

Barlösius, Eva/Ludwig-Mayerhofer, Wolfgang (Hrsg.): Die Armut der Gesellschaft, Opladen 2001

Dietz, Berthold: Soziologie der Armut. Eine Einführung, Frankfurt am Main/New York 1997

Geremek, Bronislaw: Geschichte der Armut. Elend und Barmherzigkeit in Europa, München 1991

Jütte, Robert: Arme, Bettler, Beutelschneider. Eine Sozialgeschichte der Armut, Weimar 2000

Krämer, Walter: Armut in der Bundesrepublik. Zur Theorie und Praxis eines überforderten Begriffs, Frankfurt am Main/New York 2000

Sachße, Christoph/Tennstedt, Florian (Hrsg.): Bettler, Gauner und Proleten. Armut und Armenfürsorge in der deutschen Geschichte, 2. Aufl. Frankfurt am Main 1998

Sell, Stefan (Hrsg.): Armut als Herausforderung. Bestandsaufnahme und Perspektiven der Armutsforschung und Armutsberichterstattung, Berlin 2002

Das empirische Bild von Armut (und Reichtum) in der Bundesrepublik Deutschland

Becker, Irene/Hauser, Richard (Hrsg.): Einkommensverteilung und Armut. Deutschland auf dem Weg zur Vierfünftel-Gesellschaft?, Frankfurt am Main/New York 1997

Eckardt, Thomas: Arm in Deutschland. Eine sozialpolitische Bestandsaufnahme, München/Landsberg am Lech 1997

Ehlers, Karen: Armut in der Bundesrepublik Deutschland. Die Entwicklung von Armutsdominanzrelationen ausgewählter Risikogruppen in den alten Bundesländern im Zeitraum 1984-1994, Frankfurt am Main 1997

Hanesch, Walter (u.a.): Armut in Deutschland. Der Armutsbericht des DGB und des Paritätischen Wohlfahrtsverbands, Reinbek bei Hamburg 1994

Hanesch, Walter (u.a.): Armut und Ungleichheit in Deutschland. Der neue Armutsbericht der Hans-Böckler-Stiftung, des DGB und des Paritätischen Wohlfahrtsverbands, Reinbek bei Hamburg 2000

Hübinger, Werner: Prekärer Wohlstand. Neue Befunde zu Armut und sozialer Ungleichheit, Freiburg im Breisgau 1996

Hübinger, Werner/Hauser, Richard (Hrsg.): Die Caritas-Armutsuntersuchung. Eine Bilanz, Freiburg im Breisgau 1995

Huster, Ernst-Ulrich: Reichtum in Deutschland. Die Gewinner der sozialen Polarisierung, 2. Aufl. Frankfurt am Main/New York 1997

Loccumer Initiative kritischer Wissenschaftlerinnen und Wissenschaftler: Armut als Bedrohung. Der soziale Zusammenhalt zerbricht. Ein Memorandum, Mit einer Einführung von Oskar Negt, Hannover 2002

Schui, Herbert/Spoo, Eckart (Hrsg.): Geld ist genug da. Reichtum in Deutschland, 3. Aufl. Heilbronn 2000

Stadlinger, Jörg (Hrsg.): Reichtum heute. Diskussion eines kontroversen Sachverhalts, Münster 2001

Neue Armut? – Ergebnisse der „dynamischen" bzw. „lebenslauftheoretischen Armutsforschung"

Bieback, Karl-Jürgen/Milz, Helga (Hrsg.): Neue Armut, Frankfurt am Main/New York 1995

Buhr, Petra: Dynamik von Armut. Dauer und biographische Bedeutung von Sozialhilfebezug, Opladen 1995

Leibfried, Stephan (u.a.): Zeit der Armut. Lebensläufe im Sozialstaat, Frankfurt am Main 1995

Ludwig, Monika: Armutskarrieren. Zwischen Abstieg und Aufstieg im Sozialstaat, Opladen 1996

Zwick, Michael M. (Hrsg.): Einmal arm, immer arm?, Neue Befunde zur Armut in Deutschland, Frankfurt am Main/New York 1994

Kinder-, Familien-, Frauen- bzw. Mütterarmut: Erscheinungsformen und Betroffenengruppen

Butterwegge, Christoph (Hrsg.): Kinderarmut in Deutschland. Ursachen, Erscheinungsformen und Gegenmaßnahmen, 2. Aufl. Frankfurt am Main/New York 2000

Butterwegge, Christoph/Klundt, Michael (Hrsg.): Kinderarmut und Generationengerechtigkeit. Familien- und Sozialpolitik im demografischen Wandel, 2. Aufl. Opladen 2003

Chassé, Karl August/Zander, Margherita/Rasch, Konstanze: Meine Familie ist arm. Wie Kinder im Grundschulalter Armut erleben und bewältigen, Opladen 2003

Hock, Beate/Holz, Gerda: Arm dran?!, Lebenslagen und Lebenschancen von Kindern und Jugendlichen. Erste Ergebnisse einer Studie im Auftrag des Bundesverbandes der Arbeiterwohlfahrt, Frankfurt am Main 1998

Hock, Beate/Holz, Gerda/Wüstendörfer, Werner: Armut – eine Herausforderung für die verbandliche Kinder- und Jugendhilfe. Zweiter Zwischenbericht zu einer bundesweiten Befragung in den Einrichtungen der Arbeiterwohlfahrt, Frankfurt am Main 1999

Hock, Beate/Holz, Gerda/Wüstendörfer, Werner: Folgen familiärer Armut im frühen Kindesalter: eine Annäherung anhand von Fallbeispielen. Dritter Zwischenbericht zu einer Studie im Auftrag des Bundesverbandes der Arbeiterwohlfahrt, Frankfurt am Main 2000

Hock, Beate/Holz, Gerda/Wüstendörfer, Werner: Frühe Folgen – langfristige Konsequenzen?, Armut und Benachteiligung im Vorschulalter. Vierter Zwischenbericht zu einer

Studie im Auftrag des Bundesverbandes der Arbeiterwohlfahrt, Frankfurt am Main 2000

Hock, Beate/Holz, Gerda (Hrsg.): Erfolg oder Scheitern?, Arme und benachteiligte Jugendliche auf dem Weg ins Berufsleben. Fünfter Zwischenbericht zu einer Studie im Auftrag des Bundesverbandes der Arbeiterwohlfahrt, Frankfurt am Main 2000

Hock, Beate (u.a.): Gute Kindheit – schlechte Kindheit?, Armut und Zukunftschancen von Kindern und Jugendlichen in Deutschland. Abschlussbericht zur Studie im Auftrag des Bundesverbandes der Arbeiterwohlfahrt, Frankfurt am Main 2000

Holz, Gerda/Skoluda, Susanne: Armut im frühen Grundschulalter. Abschlussbericht der vertiefenden Untersuchung zu Lebenssituation, Ressourcen und Bewältigungshandeln von Kindern im Auftrag des Bundesverbandes der Arbeiterwohlfahrt, Frankfurt am Main 2003

Iben, Gerd (Hrsg.): Kindheit und Armut. Analysen und Projekte, Münster 1998

Kamensky, Jutta/Heusohn, Lothar/Klemm, Ulrich (Hrsg.): Kindheit und Armut in Deutschland. Beiträge zur Analyse, Prävention und Intervention, Ulm 2000

Klocke, Andreas/Hurrelmann, Klaus (Hrsg.): Kinder und Jugendliche in Armut. Umfang, Auswirkungen und Konsequenzen, 2. Aufl. Wiesbaden 2001

Mädje, Eva/Neusüß, Claudia: Frauen im Sozialstaat. Zur Lebenssituation alleinerziehender Sozialhilfeempfängerinnen, Frankfurt am Main/New York 1996

Mansel, Jürgen/Brinkhoff, Klaus-Peter (Hrsg.): Armut im Jugendalter. Soziale Ungleichheit, Gettoisierung und die psychosozialen Folgen, Weinheim/München 1998

Mansel, Jürgen/Neubauer, Georg (Hrsg.): Armut und soziale Ungleichheit bei Kindern, Opladen 1998

Otto, Ulrich (Hrsg.): Aufwachsen in Armut. Erfahrungswelten und soziale Lagen von Kindern armer Familien, Opladen 1997

Zenz, Winfried M./Bächer, Korinna/Blum-Maurice, Renate (Hrsg.): Die vergessenen Kinder. Vernachlässigung, Armut und Unterversorgung in Deutschland, Köln 2002

(Kinder-)Armut im Vergleich: Ost- und Westdeutschland, Europa und Nordamerika

Butterwegge, Christoph/Klundt, Michael/Zeng, Matthias: Kinderarmut in Ost- und Westdeutschland. Ein empirischer Vergleich der Lebenslagen, Wiesbaden 2004

Gebhardt, Thomas: Arbeit gegen Armut. Die Reform der Sozialhilfe in den USA, Opladen/Wiesbaden 1998

Holm, Karin/Schulz, Uwe (Hrsg.): Kindheit in Armut weltweit, Opladen 2002

Huster, Ernst-Ulrich: Armut in Europa, Opladen 1996

Lutz, Ronald/Zeng, Matthias (Hrsg.): Armutsforschung und Sozialberichterstattung in den neuen Bundesländern, Opladen 1998

Manz, Günter: Armut in der „DDR"-Bevölkerung. Lebensstandard und Konsumtionsniveau vor und nach der Wende, Mit einem Vorwort von Wolfgang Voges, Augsburg 1992

Wilke, Uwe: Sozialhilfe in den USA. Die Reform in Texas und Wisconsin, Frankfurt am Main/New York 2002

Ursachen der (Kinder-)Armut: Globalisierung, Individualisierung und neoliberale Modernisierung

Afheldt, Horst: Wirtschaft, die arm macht. Vom Sozialstaat zur gespaltenen Gesellschaft, München 2003

Beisenherz, H. Gerhard: Kinderarmut in der Wohlfahrtsgesellschaft. Das Kainsmal der Globalisierung, Opladen 2002

Butterwegge, Christoph: Krise und Zukunft des Sozialstaates, Wiesbaden 2004

Butterwegge, Christoph: Wohlfahrtsstaat im Wandel. Probleme und Perspektiven der Sozialpolitik, 3. Aufl. Opladen 2001

Dangschat, Jens S. (Hrsg.): Modernisierte Stadt – gespaltene Gesellschaft. Ursachen von Armut und sozialer Ausgrenzung, Opladen 1999

Diamond, Jared: Arm und Reich. Die Schicksale menschlicher Gesellschaften, 2. Aufl. Frankfurt am Main 2001

Herkommer, Sebastian (Hrsg.): Soziale Ausgrenzungen. Gesichter des neuen Kapitalismus, Hamburg 1999

Kronauer, Martin: Exklusion. Die Gefährdung des Sozialen im hoch entwickelten Kapitalismus, Frankfurt am Main/New York 2002

Landes, David: Wohlstand und Armut der Nationen. Warum die einen reich und die anderen arm sind, Berlin 1999

Pohl, Gerd/Schäfer, Claus (Hrsg.): Niedriglöhne. Die unbekannte Realität: Armut trotz Arbeit, Hamburg 1996

Seeleib-Kaiser, Martin: Globalisierung und Sozialpolitik. Ein Vergleich der Diskurse und Wohlfahrtssysteme in Deutschland, Japan und den USA, Frankfurt am Main/New York 2001

Gesundheitliche bzw. psychosoziale Folgen von (Kinder-)Armut: Krankheiten, Ernährungsmängel und Suchtgefahr

Altgeld, Thomas/Hofrichter, Petra (Hrsg.): Reiches Land – kranke Kinder?, Gesundheitliche Folgen von Armut bei Kindern und Jugendlichen, Frankfurt am Main 2000

Andreß, Hans-Jürgen: Leben in Armut. Analysen der Verhaltensweisen armer Haushalte mit Umfragedaten, Opladen/Wiesbaden 1999

Barlösius, Eva (u.a., Hrsg.): Ernährung in der Armut. Gesundheitliche, soziale und kulturelle Folgen in der Bundesrepublik Deutschland, Berlin 1995

Helmert, Uwe (u.a., Hrsg.), Müssen Arme früher sterben?, Soziale Ungleichheit und Gesundheit in Deutschland, Weinheim/München 2000

Henkel, Dieter/Vogt, Irmgard (Hrsg.): Sucht und Armut. Alkohol, Tabak, Medikamente, illegale Drogen, Opladen 1998

Laaser, Ulrich/Gebhardt, Karsten/Kemper, Peter (Hrsg.): Gesundheit und soziale Benachteiligung. Informationssysteme – Bedarfsanalysen – Interventionen, Lage 2000

Mielck, Andreas: Soziale Ungleichheit und Gesundheit. Empirische Ergebnisse, Erklärungsansätze, Interventionsmöglichkeiten, Bern 2000

Richter, Antje: Wie erleben und bewältigen Kinder Armut?, Eine qualitative Studie über die Belastungen aus Unterversorgungslagen und ihre Bewältigung aus subjektiver Sicht von Grundschulkindern einer ländlichen Region, Aachen 2000

Maßnahmen gegen (Kinder-)Armut: Intervention und Prävention durch Familien- und Sozialpolitik, Frühförderung und Soziale Arbeit

Alisch, Monika/Dangschat, Jens S.: Armut und soziale Integration. Strategien sozialer Stadtentwicklung und lokaler Nachhaltigkeit, Opladen 1998

Ansen, Harald: Armut. Anforderungen an die Soziale Arbeit: eine historische, sozialstaatsorientierte und systematische Analyse aus der Perspektive der Sozialen Arbeit, Frankfurt am Main 1998

Bäcker, Gerhard/Stolz-Willig, Brigitte (Hrsg.): Kind, Beruf, Soziale Sicherung. Zukunftsaufgabe des Sozialstaats, Köln 1994

Bauer, Brigitte (u.a., Hrsg.): Armut und Soziale Arbeit. Erfahrungen, Perspektiven und Methoden im internationalen Kontext, Münster 1996

Dann, Sabine (u.a., Hrsg.): Kombi-Einkommen – ein Weg aus der Sozialhilfe?, Baden-Baden 2002

Eichler, Daniel: Armut, Gerechtigkeit und soziale Grundsicherung. Einführung in eine komplexe Problematik, Wiesbaden 2001

Hanesch, Walter (Hrsg.): Sozialpolitische Strategien gegen Armut, Opladen 1995

Hanesch, Walter (Hrsg.): Überlebt die soziale Stadt?, Konzeption, Krise und Perspektiven kommunaler Sozialstaatlichkeit, Opladen 1997

Hauser, Richard: Ziele und Möglichkeiten einer Sozialen Grundsicherung, Baden-Baden 1996

Hengsbach, Friedhelm: Abschied von der Konkurrenzgesellschaft. Für eine neue Ethik in Politik, Wirtschaft und Gesellschaft, München 1995

Kaltenborn, Bruno: Von der Sozialhilfe zu einer zukunftsfähigen Grundsicherung, 2. Aufl. Baden-Baden 1998

Kleinert, Ulfried/Leutzsch, Martin/Wagner, Harald: Herausforderung „neue Armut". Motive und Konzepte sozialer Arbeit, Leipzig 1996

Knecht, Alban: Bürgergeld: Armut bekämpfen ohne Sozialhilfe. Negative Einkommensteuer, Kombilohn, Bürgerarbeit und RMI als neue Wege, Mit einem Vorwort von Isidor Wallimann, Bern/Stuttgart/Wien 2002

Krebs, Hans-Peter/Rein, Harald (Hrsg.): Existenzgeld. Kontroversen und Positionen, Münster 2000

Mäder, Ueli: Für eine solidarische Gesellschaft. Was tun gegen Armut, Arbeitslosigkeit und Ausgrenzung?, Zürich 1999

Marris, Robin: Das Ende der Armut. Perspektiven für eine gerechtere Zukunft, Bern/Stuttgart/Wien 2001

Möhring-Hesse, Matthias (u.a., Hrsg.): Wohlstand trotz alledem. Alternativen zur Standortpolitik, München 1997

Schmid, Susanne/Wallimann, Isidor: Armut: „Der Mensch lebt nicht vom Brot allein". Wege zur soziokulturellen Existenzsicherung, Bern/Stuttgart/Wien 1998

Weiß, Hans (Hrsg.): Frühförderung mit Kindern und Familien in Armutslagen, München/Basel 2000

Neu im Programm
Politikwissenschaft

Otto Depenheuer (Hrsg.)
Recht und Tabu
2003. 212 S. Br. EUR 24,90
ISBN 3-531-14065-5

Edith Gindulis
Der Konflikt um die Abtreibung
Die Bestimmungsfaktoren
der Gesetzgebung zum Schwanger-
schaftsabbruch im OECD-Länder-
vergleich
2003. 220 S. mit 4 Abb. und 10 Tab.
Br. EUR 32,90
ISBN 3-531-14119-8

Stefan Lange
**Niklas Luhmanns Theorie
der Politik**
Eine Abklärung der
Staatsgesellschaft
2003. 330 S. mit 6 Tab. Br. EUR 34,90
ISBN 3-531-14125-2

Matthias Morgenstern
**Kirchenasyl in der
Bundesrepublik Deutschland**
Historische Entwicklung – Aktuelle
Situation – Internationaler Vergleich
2003. 396 S. mit 3 Tab. (Politik und
Religion) Br. EUR 34,90
ISBN 3-531-14067-1

Maria-Luise Schneider
**Zur Rationalität
von Volksabstimmungen**
Der Gentechnikkonflikt im
direktdemokratischen Verfahren
2003. 291 S. mit 9 Abb. und 29 Tab.
Br. EUR 34,90
ISBN 3-531-14090-6

Harald Schoen
**Wählerwandel
und Wechselwahl**
Eine vergleichende Untersuchung
2003. 362 S. Br. EUR 34,90
ISBN 3-531-14066-3

Alexander Straßner
**Die dritte Generation
der „Roten Armee Fraktion"**
Entstehung, Struktur, Funktionslogik
und Zerfall einer terroristischen
Organisation
2003. 426 S. Br. EUR 39,90
ISBN 3-531-14114-7

Erhältlich im Buchhandel oder beim Verlag.
Änderungen vorbehalten. Stand: Januar 2004.

www.vs-verlag.de

VS VERLAG FÜR SOZIALWISSENSCHAFTEN

Abraham-Lincoln-Straße 46
65189 Wiesbaden
Tel. 0611.7878-285
Fax 0611.7878-400

Printed in Poland
by Amazon Fulfillment
Poland Sp. z o.o., Wrocław

74468623R00184